创于1897

POWER, INC.

The Epic Rivalry Between Big Business and Government — and the Reckoning That Lies Ahead

David Rothkopf

权力组织

大公司与政府间历史悠久的博弈及前景思考

〔美〕戴维 · 罗特科普夫 著

梁卿 译

商務印書館
The Commercial Press
2014年·北京

David Rothkopf

Power, Inc.
The Epic Rivalry Between Big Business and Government
—and the Reckoning That Lies Ahead

图书在版编目(CIP)数据

权力组织：大公司与政府间历史悠久的博弈及前景思考/（美)罗特科普夫著；梁卿译. —北京：商务印书馆，2014
ISBN 978-7-100-10096-0

I.①权… II.①罗… ②梁… III.①行政干预—关系—企业管理—研究 IV.①F270

中国版本图书馆 CIP 数据核字(2014)第 152360 号

权力组织
——大公司与政府间历史悠久的博弈及前景思考
〔美〕戴维·罗特科普夫 著
梁卿 译

商 务 印 书 馆 出 版
（北京王府井大街36号 邮政编码 100710）
商 务 印 书 馆 发 行
北京瑞古冠中印刷厂印刷
ISBN 978-7-100-10096-0

2014年10月第1版 开本 787×1092 1/16
2014年10月北京第1次印刷 印张 29¼
定价：75.00元

献给我的弟弟妹妹和世界各地的同龄人，你们最早让我们懂得，竞争无时不在，无处不在。

现在可能是活着的最好时代，你自以为知道的一切几乎都是错的。

——《阿卡狄亚》（*Arcadia*）作者汤姆·斯托帕（Tom Stoppard）

目　录

内容简介

只有肉体没有灵魂

凡是私有制存在的地方，凡是用金钱衡量一切价值的地方，就很难甚至不可能有正义和繁荣。

——托马斯 ·莫尔爵士，《乌托邦》

公司被抬升到崇高的地位以后，将出现一个高层腐败的时代；国家将利用人们的偏见，努力靠金钱的力量延长其统治，直到全部财富集中到少数人手中，共和政体遭到破坏。

——亚伯拉罕 · 林肯，给威廉 · 埃尔金斯（William Elkins）上校的信

今天，世界上绝大多数国家都面临着一种导致人口分化的根本矛盾，这种矛盾也在一定程度上决定着一个社会的形态及其成败。争论的焦点问题是，我们如何在公共和私人权力之间取得平衡。众多的国家和地区采用各种方式来解决这种矛盾，却迟迟无法给出下列问题的结论：在 21 世纪的全球社会，谁是领袖，谁是追随者，不断演变的国际体制该发挥何种作用，以及作为地球人的我们该以何种方式组织自己。

挑战在于，人民和代表人民的政府必须有力量驾驭、加强、偶尔还要制衡谋求最大自由以追逐自我利益的私人和私人公司。近年来，这场由来已久的战斗屡屡出现意外转折，迫使许多人不得不重新思考所谓“治理”（governance）这个基本概念。

在美国，公共和私人权力的平衡已经成为当前首要的政治议题。政府是过于庞大，成了社会的负担，威胁到个人自由，还是太无能，保护不了普通人，已经被大公司和金钱利益收买？政府是在为增进公众福祉发挥作用，还是变成了一种制度化的不平等手段，为少数人而非多数人服务？

在欧洲，这些争议也沸沸扬扬，只不过他们激烈争论的还有一个问题：国家应该把多少权力交给欧盟这个政务共同体，欧盟的协作治理模式最符合谁的利益——它与传统的民族国家的概念和作用相比有所偏离。

在中国，公共和私人权力的拉锯战在社会的各个层面显现出来。国家正在发生翻天覆地的变化，稳定和发展却成了两个既密不可分又不可调和的因素。世界其他新兴国家也面临这个问题，比如俄罗斯的寡头政治和政府领导人以及两者之间有时候被斗争掩盖的秘密关系，比如我们近来看到的阿拉伯世界的社会动荡——此起彼伏的暴动既是为了争取个人的自由和机会，也是反抗政府任人唯亲和只为精英的经济利益服务。

如果说 21 世纪的流血、社会实验和意识形态两极化教我们懂得一个道理，那就是，要想平衡公共和私人权力，采用极端做法是行不通的。而如果缺少二者的平衡，社会就不可能欣欣向荣。一旦公共和私人权力失去平衡，马上就会出问题，而且是大问题。

近年来的发展要求我们重新思考这些被广泛讨论的问题——早在若干年前，我们就本以为它们已经得到了解决。冷战的结束并没有带来预期的美式资本主义的胜利。市场和市场的主导角色的影响力在不断地加强，可是，近期的丑闻和危机表明，它们显然逾越界限并且滥用了自己的权力。

在美国和其他一些采用美国模式的国家，这种滥用让人们觉得：天平明显地偏向私人权力一边。不平等加剧，实力超强的精英阶层的经济收益和法律之内——以及法律之外的特权越来越多。这种情况产生了后果，刺激了其他资本主义替代模式的涌现——这些替代模式全都建立在不同类型的公私平衡基础上，建立在不同的理念、文化和历史基础上。

所以，这本书要探讨公共和私人权力之间几百年来此消彼长的博弈以及它如何进入了一个全新的阶段；探讨两者之间达成平衡，避免让那些人民赋予其权力和那些谋求私利的人逍遥自在地相互勾结；探讨美国模式暂时乱了方寸、失去相当程度的合法性以后，为了达成平衡出现了哪些新的貌似适当、甚至可能替代美国模式的做法；探讨一种全新的世界秩序，它不再主要是国与国之间而是一批全新玩家之间的相互作用：几个传统国家与为数众多的力量削弱、如今只能算半国家（semi-state）的国家之间，一个实力越来越雄厚的全球私人行为体（private actor）、可以叫作超级公民（super-citizen）的阶层与我们普通人之间的相互作用。

因此，归根结底，这本书探讨的是今后几十年在瞬息万变的国际环境下，要想在公私权力之间达成平衡，我们面临着哪些挑战，必须做出什么样的抉择——以及为了做到这一点，历史可以给予我们怎样的启示。

新闻标题就是明证

2010 年 4 月金融危机之后，高盛 CEO 劳埃德 · 布兰克费恩（ Lloyd Blankfein）和公司的另外几名高管遭传唤到国会作证。高盛是最能代表华尔街影响力的一家金融公司。2008 年和 2009 年全球金融市场崩盘，多家公司的高管难逃其咎；和此前的听证会一样，这一次也照着传统的脚本进行。

几位高管掩饰不住对传唤自己到华盛顿的国会的轻蔑。他们认真地朗读了预先准备好的声明，矢口否认他们做过坏事。他们说到市场崩盘就好像只是变了天气。“很遗憾，”布兰克费恩干巴巴地说，“住房市场下降得太快，人们赔了钱。”

作证的时候，参议院委员会的委员用嘲讽的语调指出，高盛公司把高管们称之为“垃圾”或者“大便”的金融产品卖给投资者，岂不是一种“基本矛盾”。几位高管听了毫无反应。一位高管面无表情地否认他们用过这样的词语。国会抨击了 11 个小时，高管们虽然有些发窘，却一口咬定他们出售那些产品是为了降低客户的风险，虽然所有的证据都表明，它们其实增加了客户的风险。

金融危机引发了自 1930 年代大萧条以来最为严峻的经济衰退，震撼了美国社会。广大选民义愤填膺，国会迎合选民的心理，听证会上的措辞十分严厉。主持听证会的是参议员卡尔 · 莱文（Carl Levin），他的家乡密歇根州在这次金融海啸中遭到了重创。他斥责说，高盛之类公司在和政府打交道的时候为所欲为，各家投行派出成群结队的说客，这些人“充塞了国会的办公室，想方设法削弱法案的力量或者让法案胎死腹中。”这种状况必须停止。华盛顿必须追查到底，看看是哪些做法造成了毁灭性的全球衰退。莱文形容高盛和华尔街其他投资公司的行为是“不加节制的贪婪，因为没有警察巡逻而肆意妄为。”

参议员们表示，这个问题必须认真思考。必须进行改革。华尔街多年来对监管满不在乎，大赚其钱，造成金融灾难以后却伸手要求昂贵的紧急财政救援，而且拒不承担任何长期后果，这是不行的。变革势在必行。必须采取新的监管措施。在全国范围内打击投机和贪婪势在必行。华盛顿要有所动作了。

事情到这里泄了劲儿。

就在听证会之前，华尔街已经开始了下一年的发财致富。2010 年，高盛给它的员工发放了 153 亿美元的薪酬和奖金，还增添了 3 200 名新员工。布兰克费恩说，“2010 年大半年的市场和经济状况不景气，但是由于我们的客户遍及全球，我们的员工专注而投入，公司的业绩没有受到影响。”

两相对比，此时，年中已经通过的新的金融改革提案被搁置。具体的监管条款还没有拟定完成。政府急需的新幕僚尚未招聘。监察机构的资金严重不足，无法有效地执行新的法规。证券交易委员会（the Securities and

Exchange Commission，简称SEC）的委员们发牢骚说，新法的许多要素无法实施，因为国会没有给他们划拨必要的资源，他们无法在电脑上对大笔交易开展基本的追查。华盛顿说了它该说的话，可是在摄影机拍摄不到的地方，它却没有做它该做的事情。

全世界怨气冲天。在英国和整个欧洲，金融界的新一轮奖金红利也让人们怨声四起，就连那些政府发布了严厉的紧缩政策的国家，金融界从业人员也拿到了丰厚的奖金。各国政府还要手忙脚乱地应付欧盟内部公共和私人部门用另一种方式相互勾结造成的深化的金融危机，以免事态进一步恶化。政客向选民许下增加福利的承诺并顺利当选，却没有钱来支付这些福利，于是他们就用大银行策划的过于宽松的借贷手段来完成融资——举例说明，像希腊这样的国家，只需把某些债务从资产负债表上抹掉，就可以继续借贷。至少在风险爆发之前，政府官员对银行家的小动作视而不见，银行家对政府的小动作视而不见；结果造成公共和私人部门类似的风险循环，酝酿着从华盛顿到东京、从伊斯兰堡到布宜诺斯艾利斯的经济和社会困境。全球金融业巨头一方面让各国政府间各自为敌，另一方面又出资支持并影响那些能够营造对其有利的商业环境的候选人——哪怕意味着全面的损害，比如损害公共健康乃至整个地球。

2011年是这样一个年份：人们认为全球体制和国内制度似乎都是精心设计，专为极少部分特权阶层的利益服务；大街小巷到处流露出愤怒情绪。

在开罗的解放广场，“阿拉伯之春”示威活动在抗议穆巴拉克的专制统治的同时，也抗议权力极不公平地集中在极少数关系紧密的埃及精英手中。在雅典，政府的债务危机引发了全国范围的抗议和罢工，示威者愤怒地冲击政府大楼，因为他们觉得，希腊作为民主的发源地，它现在的制度却让他们不光要为本国的少数人干活，还要还钱给欧洲的银行家们。英国发生了几十年来最为严重的街头暴力冲突。

在下曼哈顿地区距离高盛和另外几家金融巨头的办公楼不远的祖科

蒂公园，“占领华尔街”的抗议者们高呼“我们占到99%”的口号。这句口号强调指出，财富令人不安地集中在美国和全世界上层社会1%的人手中——美国40%的财富掌握在只占1%的美国人手中。据2011年3月《华尔街日报》（*Wall Street Journal*）报道，美国排名前400位的大富豪所持有的资产净值相当于美国下层50%的人口的资产价值。与此同时，右翼茶叶党（Tea Party）运动的意识形态虽然与华尔街的抗议者不同，却也反映了美国政治异化的程度；他们动员起来，谴责美国的制度出了问题，谴责它不再为普通人服务。茶叶党指责权力过度集中在政府手中，而“99%”运动指责权力过度集中在大公司和花钱购买选票的政府官员手中。

世界各地到处涌现出愤怒、躁动的人群，它们的许多成员表示，他们彼此之间并无关系。毫无疑问，许多人彼此并不认识。可是，全世界不约而同地发生动荡，人们的根本诉求又大同小异，这个现象不能被视为巧合而置之脑后。在短短几个星期内，“占领运动”的抗议活动就扩散到全世界900多座城市。

于是，世界各国的媒体、专家乃至普通公民纷纷提出了一连串问题：由谁掌舵，规则由谁制定，是起草法律的人还是开支票的人？怎么才能实现最大的利益？在公共和私人权力相对且不断变化的角色问题上，全球经济似乎处在了一个分水岭。可是，这个问题因何而起，又有何意义？

危机造就了意外的赢家

就在全球范围内的反体制抗议活动风起云涌之际，我与奥巴马政府某高官在华盛顿的四季酒店一起吃过一顿早饭。他对这场金融震荡产生的一个出乎意料的结果抱持一种具有蛊惑力的看法。

“你要明白，”他用整天埋头于太平洋两岸地缘政治事务的权威口吻对我说，“中国人觉得他们战胜了金融危机。”

这句话悬浮在空气中；有那么一瞬间，我们俩都没有说话。这是一种并不熟悉、却马上让人觉得有道理的看法。我表示愿闻其详。

“他们是这样想的：他们的增长没有受到影响。其他大国在挣扎的时候，他们发展壮大了。也许最重要的是，金融危机暴露了美国制度深刻的腐败和不正常。”所以，美国失了势，而中国得了势。美国对中国管理其经济和社会的方式的批评失去了可信度。换句话说，美国想劝中国把货币贬值，自己的货币却被贬了值——政治上贬了值；更重要的是，美国自二战结束以后在全世界充当榜样的威信大大降低。

他描述了中国的“胜利”何以几乎马上被制度化：为了应对危机，先是布什政府、接着又是奥巴马政府热切地把G20而不是G8作为协调全球经济的核心机制。在国际体系的会议桌上，中国现在坐在首席的位置上。此外，一方面有其他新兴国家紧随其后，另一方面，传统的西方国家处于守势，也让中国获得了进一步的影响力。中国有几万亿美元的外汇储备，有大国当中最快的增长率，有巨额的投资流入，它已经上升为世界第二大经济体。在中国政府内部，胡锦涛总书记身边主张采取更为积极的国际姿态的顾问们越来越受到支持。中国的外交和财政官员很快就掌握了国际游戏的规则。

他顿了顿接着又说：“我不敢肯定我在美国政府内部的某些同事认清了形势。他们大多数是律师。他们习惯了听一听汇报，接着转向议事日程上的下一个问题。他们很少有人持有全面的国际观点。”他的意思是，世界的运行方式和人们看待美国制度的眼光在发生剧烈的改变。不仅西方国家对这一变化视而不见，许多身居要职的西方人也对正在发生的一切缺乏充分的认识。

中国在崛起，西方银行家和政客的失策帮了他们。其他经济体也从中受了益，它们一面快速增长，一面要求在国际舞台上发挥全新的作用。它们看到美国宣传了几十年的做法存在缺陷，于是在管理本国市场和处理本国的政治问题时纷纷开始探索自己独立的发展道路。就连在欧洲内部，美国最亲密的几个盟国如德国、法国和英国政府的高级官员也斥责“美国模式”是近年来经济问题的始作俑者。就连美国政府前高级官员如经济顾问委员会（the Council of Economic Advisor）主席、诺贝尔奖获得者约瑟夫·斯蒂格利茨（Joseph Stiglitz）也察觉到了这种变化。斯蒂格利茨说："世界人民曾经羡慕我们的经济，我们告诉他们，如果你们想要像我们一样，你们要这么做——把权力交给市场。现在的问题是，由于这场危机，再也没有人尊敬我们的模式。当然，危机也让人们对我们的可信度提出了质疑。人人都觉得他们是因为我们才吃了苦头。”

15年前，我们美国人庆祝美式资本主义的胜利，庆祝市场的力量打败了国家权力。我们在共产主义和社会主义的墓地上跳起了胜利的舞蹈。今天看来，我们显然高兴得太早了。

从那以后，我们就从资本主义和社会主义的斗争转向了一个更为复杂的问题：一场不同形式的资本主义之间的斗争，它们彼此之间的区别在于公共和私人行为体之间相对的角色和责任。华盛顿大肆宣传的自由市场模式由于它给自己造成的伤害而受到动摇，失去阵脚，其他模式应运而起。同时，这些崛起的模式之间也在争夺影响力——有中国的“带有中国特色的资本主义”与印度和巴西的“民主发展的资本主义”，也有北欧以强有力的公私结合为特点的资本主义与新加坡、以色列和阿联酋的新创业模式等。

倾听历史的回音

在2008—2009年危机及其余波之后，美国的政治辩论回到了熟悉的主题，就好像世界并没有发生根本的变化，现代经济与社会的运行方式也一如既往。可是，当下关于“大政府”与“大公司”的危险孰大孰小的辩论在美国以及世界许多其他国家的国民对话中已经成为核心议题，它绝非令人厌倦的老生常谈，也不是对问题的歪曲和过度简单化。这场无意中发起的争论既关涉到美国在快速变化的全球经济竞争中处于何种地位，也关涉到美国近100年来在全世界充当榜样的制度能否继续对其他国家施加影响。这场争论也是持续了至少 1 000 年的公共和私人权力相互博弈的最新体现。博弈的内容不仅是谁施加影响、谁争得经济馅饼的最大份额，还有更为深刻的问题，比如一国政府在全球化时代的角色发生了怎样的变化，以及它如何与快速壮大的跨国公司及其他大型私人机构如 NGO 或恐怖组织合作、发生关系甚至相互斗争。请不要搞错：历史呈现出惊人的规律性，国家的权力削弱时，普通公民得到的好处远没有处在有利位置的大型私人机构多；这些机构像老鹰一样俯冲下去，从新开的缺口中攫取了最大的利益。

如果只看到近期的新闻大标题的字面意思，就误解了它们的含义。举例说明，中国的崛起也许是个新现象，但那不过是它在逐渐回归以前的地位；在截至工业革命前几年的绝大部分历史时期内，中国都是世界最大的经济体。在截至 19 世纪初的整个历史时期，印度都仅次于中国位居第二。这两个国家目前的崛起和它们治理社会的不同方式都与其漫长而迥异的历史道路密不可分。

同样，几百年来，公共和私人权力之间、出资人和制定法律的人之间的权力斗争也是世界各国发动变革的主要推动力。结果则是，放眼望去，从欧洲到亚洲再到美洲，我们都能看到历史与现实的呼应，看到人们始终都在努力平衡国家与私人实体之间的利益和作用。此外，通过考察过去，我们还发现，这场持续了 1 000 多年的政治、经济和社会力量的斗争与历史上教会与国家之间的斗争不无类似之处，这一点令人深思。

金融危机期间马特 · 泰比（Matt Taibbi）在给《滚石》（*Rolling Stone*）杂志写稿的时候生动地捕捉到了公众受到伤害、群情激奋的心理，他形容高盛是“一只吸血大乌贼，缠绕在人脸上，无情地把吸管插入任何闻起来像钱的东西”。这样的语言很有冲击力。但是这个比喻与 100 多年前人们写在书里的意象存在隐秘的呼应，当时人们描绘的对象是第一代美国巨头公司张牙舞爪向四面八方伸展的势力。艾达 · 塔贝尔（Ida Tarbell）写了揭秘标准石油公司（the Standard Oil Company）发展史的经典著作，厄普顿 · 辛克莱（Upton Sinclair）写了《屠场》（*The Jungle*），弗兰克 · 诺里斯

（Frank Norris）写了反映铁路公司在美国西部无情扩张的小说，书名直白地叫做《章鱼》（*The Octopus*）。

诺里斯的小说取材于加利福尼亚农民和铁路公司之间真实而血腥的土地争夺战，书中形容铁路是："狂奔的魔鬼，钢铁与蒸汽铸成的恐怖之物，独眼巨人，它那只血红的眼睛在地平线上扫来扫去……象征着无限的力量，巨大，恐怖，漫山遍野响彻它的咆哮，它所过之处，到处留下毁灭的斑斑血迹；一只海怪，它把钢铁的触角深深插入大地；一种没有灵魂的力，长着铁石心肠的力，它是恶魔，巨兽，章鱼。"

泰比的文章和此次金融危机之后大量产生的书籍、纪录片、博客文章以及有线电视节目都在大声疾呼，不过，它们并非只是唤醒了过去的意象，它们还揭开了自从有文字记录的历史以来哲学家和政治家们就一直在进行的更深层次的思考。

柏拉图认为做生意的冲动是对美德社会的威胁，托马斯·莫尔提出了本书内容简介部分的第一句引言；从柏拉图到莫尔，人们始终在怀疑，追求财富与追求社会的公平和正义能否调和。莫尔写出《乌托邦》以后过了不到200年，英国发生了史称南海泡沫（the South Sea Bubble）（见第三章）的金融危机，罗伯特·沃波尔（Robert Walpole）的政府紧急救援了南海公司（the South Sea Company）的股东，这些股东当中有不少议员。沃波尔的两位辉格党的批评者约翰·特伦查德（John Trenchard）和托马斯·戈登（Thomas Gordon）在1720到1723年间用"卡托"（Cato）的笔名连写了140篇文章，他们猛烈抨击大不列颠国政治阶层的腐败，因为政客与大商人过从甚密，比如那些经营南海公司并导致了失败的商人。他们在文章中指出，公共和私人权力之间反复而根本的较量会导致政府和商业领袖结成貌似合伙关系，实则更像一种削弱普通公民权利的共谋。

特伦查德和戈登沿着柏拉图和莫尔的主题写道："私人手中握有巨大的财富对国家向来是一种危险，因为这些财富造成了与一切类型的政府安全所不相称的更大依赖……（它们）破坏了下议院议员们的财产与权力之间的平衡，这种平衡正是民主的必要条件。”后来，他们又非常严厉地补充道：“人们看得很清楚，公司或者人与人的政治结合只有肉体，没有灵魂，因而也没有良知。”

抛开资本化这个概念的常规用法不说，资本化及其批评者准确地预言了近几年来出现的情况。比如，他们早在 300 多年前就肯定地指出：“上届议会是英国公民的代表，更是南海公司的代表。”2009 年，英国报纸《卫报》（*the Guardian*）刊登了一篇专栏文章，像那一年的众多文章一样表达了大致相同的意思，文章写道：“人们都说，英国政府屈服于公司的利益，推迟了有意义的改革……人们常说英国享有金钱可以买到的最好的民主。”

特伦查德和戈登观察指出，“公司……改变了我们政府的平衡，过多地影响了我们的立法，它们一直都是野心勃勃、诡计多端的政客的联盟或者工具。”泰比的文章见刊前后，《金融时报》（*the Financial Times*）也刊载了一篇专栏文章写道，“金融对政治生活的影响力由于金钱而加强。华尔街的银行家定期出现在政党的大额资助人名单上……现在到了应该改变这种状况的时候……华尔街和英国金融界要理智地看待这个问题。银行家们也许不高兴对政府失去掌控，不乐意接受新观念。但是除非他们接受现实，否则他们也许会发现，那一页的确已经翻了过去，他们的名字不再列在上面。”

实际上，在本书写作期间，这场金融危机仍在继续对世界造成冲击；今天的许多重大问题虽然看似新鲜而紧迫，我们却发现，它们在历史事件和记录当中早有神秘的预兆。我们当前政治辩论的核心要素在整个历史进程中曾经反复出现。用全球化来举例，特伦查德和戈登的仰慕者、比他们晚一辈的托马斯·杰斐逊明白地写出了他的担心：“商人没有国家。他们依恋自己脚踩的土地远不如依恋能让他们获利的地方。”把这句话放在今天的辩论背景下有何感想？就连像《商业周刊》（*BusinessWeek*）这样的亲市场出版物也在贝尔斯登倒闭前几个月写道：“实际上，过去 10 年来，美国的跨国公司一直在把自己从美国经济中剥离出去。它们的总部依旧设在美国，它们依旧在美国的股市上挂牌，它们的多数股东依旧是美国人。可是，它们的扩张却主要在海外。”

历史的回响提醒我们，我们今天正在努力解决的问题不仅关涉到今天的玩家、今天的大公司和今天的态度，它们其实还关涉到一对由来已久的矛盾，那就是对完美社会的渴望和获取财富以及随财富而来的影响力的冲动。它们也推翻了今天某些领导人的主张，他们基本上仍在亦步亦趋地遵循某些前辈思想家的教诲。

主张“把它交给市场”的保守派自认为是自由精神唯一真正的捍卫者；如果让他们重读亚当·斯密（Adam Smith）的著作，当他们读到亚当·斯密对大公司的力量感到不安时，也会觉得不自在。如果他们发现主张个人自由和财产权的急先锋约翰·洛克（John Locke）与奴隶贸易大有瓜葛，恐怕会更加不自在。（详细内容见第二章。关于斯密的更多内容见第三章。）杰斐逊后来也写道：“我希望我们在公司造就的金钱贵族诞生之初就把它摧毁，它已经胆敢挑战政府，试探自己的力量，蔑视我国的法律。”另一位受人尊敬的人物林肯也表达过类似的观点，本章开头就引用了他的名言。另外几位美国总统（既有民主党也有共和党），从西奥多·罗斯福（Theodore Roosevelt）到伍德罗·威尔逊（Woodrow Wilson）等都对大公司的崛起和它们聚集的巨大力量表示过痛惜。威尔逊写道：“我们处在一种全新的社会组织当中。我们的生活与过去发生了断裂。”

威尔逊发表这番议论后过了几年，美国高院法官路易斯·布兰代斯（Louis Brandeis）在审理“路易斯·利格特公司等诉李案”（Louis K. Liggett Co. et al. v. Lee）时写文章表达了他的观点，“公司由于其规模……已经成为一种制度……一种集中了大量经济力量的制度，以至于所谓的私人公司有时候能够主宰国家。它就是国家用公司法创造出来的弗兰肯斯坦式的怪物。”时隔不久，富兰克林·罗斯福写道：“如果人们容许私人权力发展壮大到超过民主国家本身的地步，民主国家的自由就会受到威胁。这种情况本质上是法西斯主义——政府由一个人、一群人所有。”

和世世代代的人们一样，我们生活在这样一个时代：它不断地受到我们多数人早已遗忘的历史和谁也不知道的未来的交互影响并发生改变。在与现状斡旋时我们只有两套有用的工具。首先是我们一定要懂得历史，特别是大量证据表明，历史给我们自己的时代指出了重要的教训；历史指出，我们时代所面临的某些重要问题的根源可以追溯到几百年前。其次，我们要利用从历史当中学到的知识，搞清楚今天与过去有何不同，明天又将与今天有何不同。

这本书的目的是提供一个视角，把当前的喧嚣放在历史大背景下，然后展望未来，期待崭新的前所未有的新气象。

谋求一种根本而难得的平衡关系

对公私权力演变过程的所有研究均表明，两种权力都曾走过极端，也都曾提供过不争的持久的好处。两种权力的演变齐头并进，时而展开你死我活的斗争，时而形成深刻的相互依存，时而结盟，时而竞争。此类研究指出，在一切社会，与公私权力之争相关的根本而长期的挑战是在两者之间达成适度的平衡。

很显然，从1980年以后，美国就失去了公私权力之间的平衡。它所产生的破坏性结果威胁到了美国在经济和政治两方面的领导地位。正如中国的许多政府官员和约瑟夫 ·斯蒂格利茨得出的正确结论，美国的合法性遭到了削弱。它给其他国家打开了大门，这些国家提出另一种模式的公私权力平衡，提出另一套相关的价值观，为国际社会和下一个时期的经济大发展开出了条件。此前，在美国国内发生的歪曲被联邦政府和美国制度的其他代表像兜售牙膏和洗发水一样打包卖给全世界。如同采用类似营销手段的其他产品一样，它们也带着误导性的说辞。

第一个歪曲是，民主和自由市场好像是一枚硬币的两面，虽然它们推进并用制度化的手段保障了普通公民的机会，所以具有不可否认的重要而互补的作用，但上述宣言却是言过其实。事实是，市场促进效率，效率对规模给予回报，规模又导向经济乃至政治权力的集中。（实际上，“市场”这个词包含一定的组织或者社会目的，人们经常用这个词来掩盖那些贪婪地追求狭隘的自身利益的活动，它们伤害广大人口而不是让后者受益。）第二个歪曲是，对政府所谓“无孔不入”的权力给予打击是个人自由的胜利，实际上，这种打击往往不过是给在其他地方聚集起来的力量扫清了道路，给私人机构扫清了道路——私人机构不像政府那样承担责任，也不代表广大人民的利益……有时候私人机构实力雄厚，它们甚至精心策划，要代表公众施展权力。

人们在这些错误认识的基础上展开宣传并制定政策，产生了削弱政府权力、使广大人口受到危险的效果。有些是在著名的华盛顿共识（Washington Consensus）的大标题下做出的规定——以“自由化”的名义大力倡导政府退出市场，让大公司在全球舞台上占据前所未有的地位，并在我们时代的历史大潮——全球化的进程中发挥根本作用。自由化的其他要素还为一浪高过一浪的金融“创新”打开大门，金融创新具有意想不到的严峻后果，比如核心商品的资本化让投机分子能够把基本的粮食和能源价格推得越来越高，比如衍生品的扩散把世界上但凡能够承载价值的所有其他工具包括政府发行的货币全部拖下了水。这些“自由化”严重地削弱了政府为人民肩负历史责任的权力，同时把权力转移给了看不见、不肩负责任的（通常是但不全都是）私人行为体，让它们能用更有力的手段影响市场。

但是，研究历史也能让我们看到，公共和私人权力之间的再平衡（或拉锯战）不只是近年来的趋势，不只是我们有生之年在华盛顿或者其他什么地方达成的共识，而是已经持续了几百年，其结果是重新系统而全面地定义国家的作用，重建关系到亿万人民利益的缺乏管理、尚需摸索的国际体系。这些变革将导向健康、公正的平衡，还是适得其反，造成针对私人力量的专制、法西斯主义，抑或是形成一种制度，使国家权力继续在方方面面遭到无视国家利益的私人权力的削弱，我们仍需拭目以待。这是我们时代最意义深远的一个问题。

民族国家曾经是国际社会的基本支柱，我们已经从那个阶段发展到了民族国家的基本权力受到限制并继续演化的时代。新的全球挑战远远超出了单个民族能够做出应对的地步。国家之为国家的基本特征，比如能够控制边界、印刷和管理货币、征税、计划和使用武力乃至制定和执行法律等，已经大打折扣，今天的国家与其历史上的作为相比早已不可同日而语。我们一定要搞清楚，国家权力遭到侵蚀在何种程度上是自然的历史演变的结果，在何种程度上是私人行为体长期开展政治活动，限制或者重塑国家政府的作用的结果。必须澄清的还有，日益增长的政府预算未必是政府权力加强的反映，因为这些预算只表示政府在兑现先前的义务和承诺，并不表示领导者或者选民在自主地作出选择并施加影响。

在已然发生改变的国际体系中，有些国家的力量遭到严重削弱，几乎不能满足原来我们认为一个国家必须达到的标准。现在它们充其量只是一些半国家。事实上，这类被削弱的行为体数量庞大，在全世界所有国家中也许占到70%到80%。与此同时，私人行为体达到了可观的数量，2 000多个私人行为体的影响力比占到70%到80%的国家还大。这些行为体是新生的超级公民阶层，他们有能力运筹帷幄，动用经济、人力、自然或者政治资源为自己谋求优势地位，而当年只有国家享有这种能力。为什么全世界无法或者不愿意解决气候变暖、使用新能源、遏制全球疾病、对衍生品市场实施监管等问题？在所有问题背后，我们都能看到这些超大玩家若隐若现的身影。私人行为体最早是建立在服务于国民利益的公司的概念基础上，现在却变成了一个对决定国家和国际要务发挥关键作用的群体，它们经常无视任何一个社会的利益；这个群体有钱有权，能够把它的思想观念制度化，它支持政府把它的观念变成法律或者小心地利用司法和监管的空白，使之为它的利益服务。

失去视角就会迷失方向

我写这本书是出于个人原因。我既受良知、又受好奇心的推动，想要搞清楚我们在哪里出了错。我指的是两个意思。首先，我是作为一名前政府官员（我在克林顿政府期间参与过国际经济事务）提出这个问题的。在20世纪90年代一派繁荣之际，年轻气盛的我曾经到世界各地宣讲自由贸易、自由市场和日益高涨的全球化浪潮。后来我得出结论：我们一方面高估了私人行为体的品德，我们以为可以用"把它留给市场"的概念把经济和社会问题的决策权交到他们手中，另一方面也低估了自由贸易、自由市场等引起的脱节和不适。

这里不是要否认全球贸易和经济自由化带给全世界的好处，也不是要尽量淡化中央计划经济的多数实验所造成的深刻失败。相反，这里只是指出，在1980—2008年间，自由市场理念在全世界迅速传播，各国政府收回了传统的监管角色，在世界各国收入水平提升的同时，不平等加剧了。我在上一本著作《超级阶层》（*Superclass*）中指出，社会底层1/5与上层1/5之间的差距之大超过了以往任何历史时期，今天，这个差距在许多国家包括美国仍在继续拉大。

在这样一个世界，排名前1 000位的富豪拥有的资产相当于20亿穷人的资产，超大型金融公司不计后果的贪婪可以引发全球经济衰退，致使几百万人陷入贫困，能源巨头可以影响气候政策，威胁到整个地球的安危，一个迫切的问题是，我们必须经常重新评估发展全球经济的合理欲望与适度公平地发展经济的道德责任之间的平衡。

在企业力量崛起的时代，国家渐渐开始常规性地用创造财富作为大致的标杆、而不是用改善公民的普遍福祉这个更高的目标来衡量自身的成功，我认为这不完全是一种偶然现象。同理，我们必须提出一个问题：在金融危机期间，大银行对社会造成了巨大的破坏——这种破坏多是虚报财务数字、隐瞒和贪婪地追求狭隘私利的直接结果，为什么却能够施展权力，获得紧急财政救援，并且基本上没有遭到控告。这种现象的根源似乎与美国高院近年来的裁决密切相关，高院允许企业多花钱以影响选举结果，从而让超级公民相对于“普通”公民而言享有了不公平的优势。这种情况的出现并非是由于司法不公，而是我们给司法制度标了价码。

这一点与我的问题——“我们在哪里出了错”的后半部分有关：我们以为“把它交给市场”是许多问题的正确答案，这种自信是从哪里来的？是因为我们看到了美国几十年来非同一般的成功，看到我们创造了世界历史上前所未有的经济繁荣吗？（这当然是非同小可的成就。不过，历史上创造过经济繁荣的还有许多国家。）是因为我们只盯着近年来的历史，对别处正在发生的一切视而不见吗？是我们看不到浩浩荡荡的历史潮流，在这个群情振奋、被人们认为可能打破了历史规律的时代迷失了历史视角吗？

对于这本书探讨的问题，已经有很多著作提出了宝贵的观点。但是此前的许多著作要么由于成书时间的缘故有失偏颇，要么书中颇为中肯的观点由于事态的发展而在一定程度上遭到了放大或者削弱。

1970 年代，理查德 · 巴尼特（Richard Barnet）和罗纳德 E · 马勒（Ronald E. Muller）在二人合著的《全球触角》（*Global Reach*）中指出：“公司根本不像它号称的那样是‘发展的火车头’，而是在滥用它们的影响力，愚弄消费者。”他们接着写道，跨国公司削弱了“民族国家在本国保持经济和政治稳定的能力”。他们的观点得到当时许多其他著作的响应，尤其是雷蒙德 · 弗农（Raymond Vernon）的《主权困境》（*Sovereignty at Bay*）。弗农认为，跨国公司和国家政府之间的关系本身就充满了矛盾。他指出，掌控这一对矛盾具有特殊的重要性；可是，天平倒向了跨国公司一边，其方式可能引发对它的强烈反对。部分原因在于，当时人们认为大型全球企业主要是美国企业，所以引发了对其主张的抵制。

1970 年代到 1990 年代之间出现了明显转变。福利国家和世纪中叶知识界的思潮被罗纳德 · 里根（Ronald Reagan）、玛格丽特 · 撒切尔（Margaret Thatcher）、米尔顿 · 弗里德曼（Milton Friedman）及芝加哥经济学派的其他倡导者的市场导向所取代。全球化逐渐被认为是当时的主要潮流，而信息和交通技术方面的技术突破也加速了这一趋势。当然，20世纪主要的经济和政治斗争——资本主义与共产主义的斗争已经得到解决。国家主导的经济体制注定会被扫入历史的垃圾堆。当年的许多文献反映了这种认识，著名的有丹尼尔·耶金（Daniel Yergin）和约瑟夫·斯坦尼斯劳（Joseph Stanislaw）合著的《制高点：世界经济之战》（*The Commanding Heights: The Battle for the World Economy*）。他们的著作生动地讲述了二次世界大战以来，私人行为体和市场的力量如何在与国家的竞争中占有了决定性的优势地位。同样具有影响力的还有比如约翰·米克尔斯维特（John Micklethwait）与阿德里安·伍尔德里奇（Adrian Wooldridge）合写的《公司：一个划时代观念之简史》（*The Company: A Short History of a Revolutionary Idea*）等，书中都洋溢着一种必胜的信念。对英美资本主义的神化启发人们用文学手段来庆祝前面提到的为时过早的胜利。就连弗农也在1991年出版的上一本著作《身处台风眼：跨国企业的不安前景》（*In the Hurricane's Eye: Troubled Prospects for Multinational Enterprises*）中指出，跨国企业的优势地位发生了很大变化。

近年来对这个问题感兴趣的作者还有一条思路清晰可见，他们在大量的著作中试图分析大的新兴市场如中国、印度和巴西的崛起及其对美国、西方世界和公司利益的影响。这类著作有伊恩·布雷默（Ian Bremmer）的《自由市场的终结：谁将在政府与企业的战争中胜出》（*The End of the Free Market: Who Wins the War Between States and Corporations*），也有约翰·坎夫纳（John Kampfner）的《待价而沽的自由：为什么全球用民主交换自由》（*Freedom for Sale: Why the World Is Trading Democracy for Security*）等。当然，还有不少著作探讨全球化对政府和社会的长期影响，比如托马斯L·弗里德曼（Thomas L. Friedman）的两部精彩之作《世界是平的》（*The World Is Flat*）和《世界又热又平又挤》（*Hot, Flat, and Crowded*）以及安妮—玛丽·斯劳特（Anne-Marie Slaughter）引人思考的《世界新秩序》（*New World Order*）等。

这些著作和我这本书的内容有很多重合的地方，可是，虽然我从这些著作当中获得教益，学到东西，但我还是留下一个鲜明的印象，除《公司：一个划时代观念之简史》一书以外，所有书籍都把关注点放在近年而不是遥远的历史时代。而我读过这些书以后，觉得近年来发生的许多重大问题的根源都必须追溯到久远的过去。

我不禁回想起来，如何把我们当前的时刻妥善地纳入历史，这个问题是我在为写作这本书开始做采访的时候冒出来的。我约见了劳伦斯 · 萨默斯（Lawrence Summers），他当时还是巴拉克 · 奥巴马（Barack Obama）总统的首席经济顾问。我问他，近期的经济危机是否导致了重大的政治变化，可能逆转过去 30 年来市场主导的趋势。

他在椅子上动了动，没有简单地作出回答。"你知道，"他开口说道，"我认为这就是我当不了一名好记者的原因。我理解人们喜欢把每一步发展看做分水岭，看做重大的转折点，但是我却喜欢把事物放在长远的历史背景下，把它们看做是一些基本趋势缓慢发展的结果。"我记得我当时听了，认为这种态度也许会造成在转折点果真出现时对之视而不见。可是，我一方面认为奥巴马团队抱着过时的经济构想迟迟不放，认识不到或者没有对美国经济体根本的结构性变化和缺陷作出反应，另一方面，萨默斯在这个具体问题上的总体感觉却契合了我本人的观点。这件小事表明，我们每个人都免不了有点俗气的自恋心理：我们都希望把自己生活的时代看做一个独特的历史时期，它超越且不受此前一切历史规律的约束。

从维京时代到未来思考

本书接下来的第一部分从历史（一段古老的历史）上一个真正的转折点入手，其中主要讲述了现存最古老的公司崛起的故事。这家公司诞生在 1000 多年前中世纪的维京时代，诞生在瑞典连绵起伏的群山之间；它成了我们的"代表性公司"（everycompany），我们会多次回到这个案例，因为我们要用它的历史来作参照，说明企业力量几百年来的演变和发展。接着，第一部分论述了 4 个关键年份及其所处的时代，这几个时代都曾经产生过划时代的思想，进而改变了世界，改变了我们对公私权力的看法。第一个年份是 1288 年：据历史记载，最古老公司的第一笔股份交易发生在这一年。这个时期让我们想到，在公司与政府的权力之争发生之前，有过一场预示公司与政府间权力之争的根本斗争：教会与国家之间的斗争。我们要考察的第二个时期以 1648 年为中心，这一年签订的《威斯特伐利亚和约》（*Treaty of Westphalia*）对现代民族国家的涌现十分重要。第三个关键年份是 1776 年，这是美国发表《独立宣言》和亚当·斯密发表《国富论》（*Wealth of Nations*）的年份。本书第一部分认真考察的最后一个年份是 1848 年，这一年，欧洲爆发政治革命，《共产党宣言》发表，安德鲁·卡耐基（Andrew Carnegie）移民美国，工业革命全面加速。这部分内容的目的是考察我们关于政府与私人企业相对且明确的作用的基本观念是如何形成的。

历史上，国家的作用及其特殊地位曾经由某些重要的力量和权力决定，本书中间部分“竞争：国家受限，公司脱缰”探讨的就是这个问题。国家权力的范围很广，包括合法地动用武力、印刷货币、控制边境等。这一部分要探讨历史如何发挥作用，削弱甚至消除了国家的这些权力——多数时候是在私人部门的积极配合之下，私人部门也是诸多变革的直接受益者。这一部分还要考察私人行为体如何采取行动，积极利用由于政府受到限制而形成的权力真空。

最后一部分内容“思考：构建新秩序”认真分析了在当前金融危机和国际社会风云变幻的时代，我们所处的位置。它把近年来发生的事件放在本书前两部分所揭示的长期趋势中加以阐释并作出了展望。它探讨了生活在当今世界的意义：在这个世界上，只有少数几个传统大国、许多已然沦为影子的半国家、一个崛起的私人权力和超级公民阶层——这个阶层数量庞大，影响广泛，其利益遍及全球，其影响力远远超过了社会上的普通公民，而且还在继续增加。它还考察了公司为适应新情况所采取的举措何以越来越像国家，而国家的举措何以越来越像公司。它也做了展望：为了面对新情况，公司和国家必须调整各自的策略；它描述了哪些做法起效，哪些不起效，我们的理论和国际结构何以必须及时更新，才能反映全新的秩序。

本书的最后一章探讨了人们对多种资本主义的全新思考——这些资本主义从不同的社会目标出发，在国家和公司以及个人与社会该发挥何种作用的思想指导下，努力谋求公共与私人权力之间的平衡。

应该指出的是，我本来可以把中国、日本、印度等国的发展作为主要参照，与西方同期或者早先的发展进行比较，写出一本完全不同的书。但是鉴于这本书的目的，鉴于现代资本主义的许多内在机制发生在西方世界，我把天平稍微向欧美一方倾斜——不过，这本书的最后章节用相当多的篇幅论述了亚洲的崛起，论述了在今后的岁月，亚洲对公私权力平衡、对整个社会组织的观点也许将变得更加重要，乃至成为根本观点。

当然，没有一本书能够详尽地涵盖它应当论述的全部复杂的议题。不过，运气好的话，在几位有趣的亲历者（短时间内在一位好奇心重的瑞典山羊）的陪伴下，花点时间学一学历史，我们还是能够对当前所面临的挑战有所领悟，也许还能得出几条精辟的结论，学会修复我们脆弱的四分五裂的国际体系和我们生活在其中的民族国家，避免重蹈历史覆辙，在规则与现实不相匹配时导致社会动荡。

第一部分

现代权力的根源：国家与企业的崛起

第一章

红角山羊

深渊里一派疯狂混乱的景象，乱七八糟的石头，各种灰渣，让人头脑发晕的硫磺气体滚滚地从地底蒸腾上来，就像地狱的汤水正在下面发酵，它的恶臭毒死了大自然的一切绿意。人们也许会想，这就是但丁下去看到了地狱的地方，里面有各种恐怖之物和万劫不复的苦难。

——E. T. A. 霍夫曼（E. T. A. Hoffmann），《法伦矿山》（*The Mines of Falun*）

塑造我们时代的权力之争的过去、现在与未来

我在写作这本书的时候，脑子里一直想着一幅图。一幅说明人类进化过程的图。你知道这样的图：先是一只猿猴，它眉毛粗重，身体蜷曲，四脚走路。最后进化成我们智人，他直立行走，而且看上去聪明多了。不过，我脑子里的这幅图表现的是人类进化的另一个侧面。它不是从纯生物学角度探讨比如我们在人类进化系统树的哪一步长出了对生拇指，具备了消化冷冻酸奶的能力——而是描述较近的、仍在继续演化的我们的群体发展。我脑

子里的这幅图和这本书一样，关注点也是我们的社会变迁的各个阶段。具体地说，它描述我们用以给社会带来秩序、提高生产率的某些最重要的组织方式的演变过程。事实上，它们也是分配和施展权力的机制，是构建和执行规则的机制，是人类合作和协调矛盾的机制。

对这些组织进行深入研究之后，你不由地会疑心它们或许是地球上最早的有机体，或许是在地球上占据主导的生命形态，与之相比，我们人类只是短暂存在的、可替代的零件——它们就像奥氏蜜环菌（Armillaria ostoyae）一样，这种巨型蘑菇的旁支四通八达、盘根错节，能够蔓延到占地数千英亩，存活上千年。这里或者那里的一只蘑菇被切下来做成了沙拉，或者被森林里的某种可爱的动物吃掉，可是它的其余部分却还在继续生长，从高耸入云、密密匝匝的树木当中吸收水分和养料；这些蘑菇在土壤表面基本上看不见，最终却能凭借其高超的组织结构让成片的森林死去。

毕竟，我们人类的个体脆弱、渺小，至少目前还没有能力独自繁衍。我们活在世上的时间十分短暂，自然法则的这一约束沉重地压在我们心头，这种心理不足为奇。几乎所有的人类社会都幻想过更高层次的力量，它首先要具备的条件就是长生不死。我们与我们所创造的组织的差别当中也有一条：这些组织也要长生不死，要比我们的寿命长，在某种重要的意义上，要像神一样高高在上……或者像那种巨型蘑菇一样绵延、庞大而长久。

在我脑子里的这幅图上，人类进化到类人猿阶段，出现了人类文明各个时期的基本社会单位：家庭。接着出现了部落、村庄。然后，到了尼安德特人（Neanderthal）和智人共存的时期，我们看到了更大、更强、更复杂的组织进化的产物。站在十字路口不知道何去何从，是我们过去几百年来的处境。现在，一方面，存在一种组织方式，它在很多方面颇像进化到智人阶段的人，更适合于过去，如今仍然稳固，并且仍有许多可取之处。同时，我们也看到另一种组织方式的出现势不可挡，它也许还没有完全成型，却预示着未来的演变，而且显然更适合当前正在形成并不断变化的全球环境。

不过，我这张大事年表上的尼安德特人是国家政府（我要赶快解释一下，这幅图中没有画出来，不是因为政府濒临消亡，而是因为政府不像组织进化图上的同时代事物一样，适合在当前环境下兴旺发展），而似乎占有进化优势的智人则是公司——至少是更像跨国公司、而不太像我们今天看到的传统国家形态的全球结构。有人肯定会说，这是把灵长类的人类和猿猴作比，就像把苹果和橘子作比——人类和猿猴虽然是进化史上的表亲，却显然不是同一物种。可是，这个道理请向公司和政府去讲吧。从主权国家为了经济目的创立公司的早期开始，政府与公司便陷入了难分难解的权力斗争。政府和公司不是一回事，可是它们常常被迫占据相同的空间。它们不是一回事，可是为了存活，双方必须变得越来越彼此相像。它们不是一回事，可是要想在瞬息万变的国际环境下继续存在，两者都必须克服重大的障碍才能继续演变。

还有，与人类的进化过程一样，这一演变也并非没有争议。有些人认为《圣经》里的故事都是真的，他们听到人类和黑猩猩是共同的始祖传下来的后裔，会很不高兴；同理，有人听到公司正在篡夺传统上由国家在国际舞台上占据的地位，正在打破一些根深蒂固、接近于神圣的常规观念，也会很不高兴。举例说明，有一群政治学家自称“现实主义者”（realist），对这一群人来说，上述观点动摇了他们看待世界的一条根本观念。当然，我们应该始终对那些自命不凡、煞有介事的群体持怀疑态度，他们暗示只有自己的信徒才“抓住了本质”，其他人都与“现实”脱了节。在这个例子中，怀疑是有道理的，虽然“现实主义者”的理论根源可以回溯到几千年前那些让人肃然起敬的人物，他们的名字被镌刻在图书馆的中楣上作为装饰，比如修昔底德（Thucydides）。虽然现实主义号称围绕权力开展研究，“现实主义者”的理论却认为，国际权力全部集中在国家手中。在现实主义者的宇宙哲学中，私人行为体其实并没有立足之地。可是今天，私人组织经常性地，而且显然以多种方式施展权力——那是一度只有国家才有能力施展、很多时候甚至许多国家已经不再有能力施展的权力。

不少公司拥有的可供处置的经济资源超过了许多国家。国家一度拥有印刷货币的权力，可是现在，许多国家失去了这种权力或者把它让渡给了市场，让市场来规定本国货币的价值。实际上，今天金融市场上的大多数价值承载工具是由私人组织创造，在私人市场上交易，政府对之知之甚少，只是稍加监管甚至根本不予监管。近年来政府得出了结论，私人金融机构的命运对社会的福祉如此重要，当多数机构摇摇欲坠时，政府有责任出面扶持它们，正如它们过去也多次支持过政府一样。

国家曾经控制边境，可是现在，边境不再像过去那样有效地对商业或者文化交流构成障碍；政府受到削弱，全球私人行为体的力量却得到了加强。跨国公司可以轻松地跨过边境，把资金、产品、服务和生产设备转移过去，边境的渗透力也比过去强得多。私人行为体从诞生之初就有能力动用武力，影响政治结果，许多私人行为体形成了比大多数国家更为发达的国际游说机制。想一想受美国政府雇佣、在中东地区打仗的私人军事公司，想一想许多大型能源公司何以能够成功地阻挠了人们对气候变化和其他环境问题采取行动，就能明白这一点。

公平地说，就连国际关系学近年来提出的理论，比如自由主义（liberalism，类似于现实主义，只不过突出强调自由贸易、民主和国际机构的安抚效果）和建构主义（constructivism，这种理论关注文化因素，认为国际制度是一种社会结构），提到私人行为体也只是一笔带过，尽管私人行为体在全球化时代的影响力和作用正日见增强。简而言之，关于国际社会如何运行（也就是国际关系这门学科专门研究的主题），多数理论都是以国家为中心。如我指出的那样，它们要么没有看到、要么严重地低估了一个重要的组成部分，这个组成部分正在造就今日的世界，还将造就明日的世界。

知识界的这些盲点导致人们在作出重要决策时所依据的理论存在重大缺陷，这一点不足为奇。举例来说，它们导致一种观点，认为促进国家利益的根本事务在于国与国之间开展外交。它们还认为，国家边境限定了主权泡沫——居民行为体的凝聚力超过了实际，就是主权泡沫。可是我们在近来的报纸标题中已经明白地看到，非国家行为体从大公司到恐怖组织都是出于狭隘的私利采取行动，它们的行动往往与所在国的国家政策相互抵牾。虽然国家绝不会像尼安德特人那样消亡，可是，大量小国家的影响力却远远比不上活跃在全世界的新兴的“超级公民”阶层，比不上那些对经济、社会、环境和许多其他问题施加影响的超大型私人组织（它们的影响力之大远远超过了国家政治制度概念中的普通公民——所以才叫做“超级公民”）。比如说为了对全球气候谈判施加影响，你愿意和谁进行一对一的交锋，是埃克森美孚还是摩洛哥？谁对全球金融市场享有更大的影响力，是摩根大通银行还是泰国央行？如果你是一名美国州长，身在遭到侵略的伊拉克，你愿意让谁来保护你，是伊拉克军队还是美国黑水公司？

此外，虽然多数学校在教授国际关系理论时认为，国家最大的安全威胁来自别国，可是，在相当长的时间内，很显然，非国家行为体才是真正的威胁。私人行为体对国家的安全与健康构成的某些威胁也变得更为阴险而缓慢。我们会看到，过去几百年来，私人行为体的权力的缓慢集聚与国家的权力、作用和特权的萎缩之间存在看不见的直接关系。

近几年来，对国际关系观察敏锐的学生注意到，这些与世界的组织方式的许多主流观点相关的问题具有多个重要方面。我的同事杰西卡·马修斯（Jessica Mathews）1997年在《外交》（*Foreign Affairs*）杂志上发表了题为“权力转移”（Power Shift）的文章，洞察力强的学者如普林斯顿的安妮—玛丽·斯劳特和哈佛的乔·奈（Joe Nye）也分别出版了著作《世界新秩序》和《权力的未来》（*The Future of Power*），这些政治分析家们探讨了正在发生的方方面面的变化。这些作者及许多其他人注意到，多数所谓“现代”的观点是建立在17世纪中叶形成的民族国家的概念基础上。他们指出，要想真正做到实事求是，当代的理论就必须考虑到，权力比人们此前认识到的更为分散，更为复杂。他们还表示，我们正处在一个过渡时期，这一时期的标志是权力不断地由政府转移到非国家行为体手中。

当今时代，面对跨越国界的全新挑战和威胁，比如从全球变暖到防止大规模杀伤性武器的扩散等，民族国家必须采用新的更为有效的形式开展国际合作，才能实现自己的目标，保持自身的重要性。公私合作制（public-private partnership）将成为化解公私竞争的关键手段。实际上，公私合作制已经成为解决全球金融市场低迷、共同应对我们的气候问题，甚至在小半个世界动用武力等问题的关键手段。在有些时候，国家也许变得越来越像公司。与此同时，随着公司的发展及其影响力的扩大，公司也变得越来越像国家——它认识到，公司与允许公司发挥如此重要作用的文明社会之间存在着某种心照不宣的社会契约。

换句话说，我们生活在一个旧秩序不再适用、新秩序尚未全面成型的世界。世界正在发生剧变，过去10年来的每次重大发展——从金融危机到应对全球变暖都表明，像过去发生的那样，过渡时期非常危险，因为在这样的时期，人们在世界秩序应该如何构建之类的问题上存在广泛分歧。鉴于这种种原因，我们必须专门写一本书而不是用一个章节来探讨这个问题。

红角山羊

我脑海中的那幅人类组织的演变图与我们四脚走路的祖先的进化图有一个重要的不同之处。我的这幅演变图不是从一只猿猴开始，而是从一只山羊开始。

我们被告知，人类的进化从炎热潮湿的非洲大地开始。但我们的这只山羊却最早出现在一个相当寒冷的地区，出现在我们今天叫做瑞典的地方。人们很难确切地知道事情发生在什么时候，只知道大概发生在瑞典的第一位国王奥洛夫（Olof Skotkonung）统治时期。我们的故事与其说与奥洛夫有关，不如说与一位无名氏牧羊人有关。他在瑞典中部、当时叫做达拉纳（Dalarna）或者达勒卡利亚（Dalecarlia）的地区靠给人放牧山羊为生。这只山羊的农场主主人的姓名已不可考。不过根据当地的传说，这只叫科勒

（Kare）的山羊有一天游荡到靠近法伦镇的一片树木丛生的山坡上。在此之前，法伦镇只是一个不起眼的乡村，坐落在两座湖泊之间。这只山羊失踪以后，它的主人自然很是担心，不过它后来又游荡回来了。它回来以后造成了更大的轰动。因为它原本是一只普普通通的山羊，长着两只普普通通的羊角，现在，它的羊角变红了。

农场主很惊讶，就沿着科勒的足迹找了回去，想要搞清楚他的山羊出现如此变化是何缘故。他最后到达了一处泥塘，那只爱闲逛的山羊显然来过这里。农场主注意到，泥塘里一道红黄相间的土壤脉络的尽头有一汪铁锈色的水洼。根据人们讲了上千年的传说，这就是瑞典中部最早发现铜矿、日后成立斯道拉（Stora Kopparberg）公司即大铜山（the Great Copper Mountain）的由来。

在过去的一千多年来，斯道拉铜矿也是专门负责开采这座铜山的企业的名称。这家公司的发展史对我们很重要，因为它的故事不仅密切追踪了企业崛起的过程，还回顾了企业与政府之间关系的起伏波动，表现了公私权力之间既存在拉锯战，也具有共生关系。

进入这家“代表性公司”

一只淘气的山羊的发现导致一家企业发展壮大，这家企业被许多专家认为是世界上最古老的、至今仍在经营的公司。有一份文件记录了斯道拉铜矿参与过的一笔早期股票交易，它的时间是 1288 年。今天这家企业已经更名为斯道拉·索恩（Stora Enso）集团，这是一家欣欣向荣的跨国公司，业务遍及 35 个国家——它地位重要，名气却不太大，它控制的区域面积相当于半个比利时，年销售额比 100 多个国家的 GDP 还高。斯道拉是世界上一家历史悠久的公司，鉴于本书的目的，它可以便利地充当“代表性公司”，因为它既是一个独立的实体，它与瑞典及（最终不可避免地）其他民族国家之间的关系又可以给我们启示，帮助我们了解世界的经济结构何以成为今天的样子。

所以，山羊科勒的两只羊角在某种意义上就好比钢笔的笔尖，它们滴下来的红色液体就好比墨水，我们要用来书写历史上一个重要的篇章。这家因铜山而发展起来的企业和这个孕育了该企业的国家就成了我们的故事当中重要的主人公，我们会不断地回到这些角色身上，因为发生在它们身上的一系列重大的历史事件清楚地说明了我们想要搞清楚的整个演变过程。

人们几乎挑不出一个地方比法伦矿的方圆之地更像一块自由企业的伊甸园。这里位于欧洲文明的北部边疆，大半年的时间气候严寒，不宜居住。这一地区的地形多岩石，而且崎岖不平，不能进行农业耕作。很少有人在这里居住，在铜矿发现之前维京时代的几百年来，仅存的历史记录表明，这里的居民是难对付的顾客。实际上，人们一直把达勒卡利亚的居民看做是独立的一种人，所以，他们既有魄力从坚硬的岩石下面挖出巨大的财富，又与想把自己的统治强加给他们的瑞典国王之间冲突不断。

可是，就在这一地区严寒而荒凉的地表下面，埋藏着一种神奇的资源，它的储量如此丰富，以至于它后来不仅成了瑞典经济的支柱，还使瑞典在17和18世纪成为世界领先的强国，成为了欧洲经济从中世纪进入工业革命的主要驱动力。这里成了欧洲铜矿供应最充足的地区，在17世纪一度占到整个欧洲大陆铜矿产出的70%。这一地区的采矿活动被认为开始于奥洛夫国王统治时期。最早的“开采”流于浅表，也就是当地人从地表刮一些宝贵的铜矿石，冶炼以后在自己的农场和日常生活中使用。过了几十年以后，采矿越来越有组织，快到两百年的时候，人们开采地下矿藏的方法发生改变，标志着历史上的一个亮点，人类活动的一种新的组织方式在这块多岩石、铁锈色的土地上扎下根来。

当然，我们必须指出，虽然这家如今叫做斯道拉 · 恩索的公司也许是采用此种组织方式且仍在继续经营的最古老的企业，它却既不是世界上的第一家公司，也不是历史最悠久的公司；日本建筑公司金刚组（Kongo

Gumi)，现在属于高松建设（Takamatsu Corporation），据说早在578年就创立了。现存的还有十几家公司都被认为比斯道拉创立得更早，包括欧洲和日本为数不少的饭店、宾馆、酿造厂、啤酒和烈酒生产企业。

由于命运无常、造化弄人的缘故

斯道拉之所以值得书写，是因为它是一家仍在经营的公司，一个由股东拥有、有其自身地位的法律实体的最古老例子。组成公司（incorporation），它的字面意思是让一个概念具有自身的法律地位——这个概念已经随着时间的流逝起了很大变化。现代公司的许多法律特征肇始于古罗马，罗马人最先提出把一家商务公司看做是具有股东和有限责任的法“人”。公司最早被看做是由君主赋予其身份，对君主感恩，它的权利和可以开展的活动十分有限。公司的概念如何演变，如何逐渐发展成相当于公民的法律实体，后来又成为甚至可以与国家抗衡的实体，是这本书要探讨的话题。

斯道拉从成立之初，它的组织方式就适宜于公司的股东结构。矿工有权根据其挖掘和熔化矿石的努力和能力获得一定比例的矿区。在有权保护其共同利益的人们之间，必须拟定协议。最后，这些权利在股东文件中得到反映，股东文件本身也具有价值，可以买卖。

斯道拉号称是世界上经营至今的最古老公司，有一份早期的文件证明了它的历史悠久。这份文件是一份标记日期为1288年6月16日的交换契（Deed of Exchange）。这张如今已经斑斑点点、一碰就破的羊皮纸带有硕大的蜂蜡，证明了文件的正式性，它记录了一位名叫彼得的韦斯特罗斯主教（Bishop of Vasteras）与他的外甥尼古拉·克里斯蒂内森（Niccolai Kristinesson）之间的一笔交易，彼得从外甥手中回购了他在铜山上1/8的股份。此前他把这一股份转给外甥，是为了换取现金，为他的主教职位服务。

虽然文件显示，彼得遇到了现金流紧张的问题，但是文件也说明他在社会上的地位很高，有敏锐的商机意识。彼得靠大片的产业为生，他有自成一体的小规模经济包括磨房、牧场、渔场和森林，所以彼得属于瑞典的上层社会。他了解整个欧洲北部经济发展情况的最新消息。彼得购入法伦矿股份的时候，该矿已经被人们持续关注了200年；彼得在听到重要的技术进步的风声以后认为，技术进步将会增强它今后的营利性。

一群僧侣向他透露，斯道拉铜矿在动力采矿设备——水车技术方面取得了一些进步。（就我们的故事而言，这是一句既真实又带有比喻色彩的题外话：从许多方面看，天主教其实是世界上第一家全球“私营”企业，我们后面会看到，宗教改革运动从许多方面看则是民族主义者反全球化的第一次运动。）于是，彼得觉得一定要从外甥手中买回铜矿的股份，他用一处产业、几座磨房和一些捕捞权做了交换。有位记者举例提到了这笔最早记载的公司交易，说它也是最早记载的“内幕交易”。

彼得主教的股份交易得到了瑞典国王的批准，进一步说明了彼得的社会地位和这笔交易在瑞典经济生活中的地位。这份文件写道：

我，彼得，韦斯特罗斯主教，蒙上帝的恩典，以一切人的拯救者的名义，欢迎每个人看到这封信。由于命运无常、造化弄人的缘故，就连那些以法律程序完成的行为有时候也会湮灭无闻，不为人知。因此，真相的存在应当通过信件、通过见证人的代代相传而得到强化。经过此番明智的思考，我希望通过这封信让大家知道，我把1/8的铜矿让渡给我的外甥尼古拉·克里斯蒂内森……我们知道，它是我靠自身的努力获得的；以换取我从外甥手中获得一笔贷款，用于满足我任职第一年的许多需求……后来……我与上述的尼古拉进行了如下交易，尼古拉所拥有的上述1/8铜矿将交还给我和我的教会。他因此将拥有弗洛斯伦达（Froslunda）产业……和几座磨房……及其全部合法财产，永久无偿占有……为了避免将来就此事出现不实的申明，我们写了这封信，并把它用我们高贵而辉煌的主、瑞典国王马格努斯（Magnus）的封印封缄。

马格努斯国王的签名和印章保证了这笔交易被认为得到了批准，防止将来有人对它所转移的所有权提出质疑；它们也说明瑞典国王从很早就对铜矿的活动介入很深。原因有多种。首先，当时，在整个欧洲，君主的权力之大几乎不受限制，君主不仅掌控着把自己的意愿强加于人的手段，而且被看做是唯一合法的法律力量，其权力由上天赐予。此外，瑞典国王很快就认识到，大铜矿是瑞典社会支柱性的经济组织。铜矿产出的铜可以用来给瑞典的军队铸造武器。铜还被商人出口到欧洲各地，包括汉萨同盟（Hanseatic League 一个城市之间的联盟，大致位于今天的德国北部地区）的那些重要城市。通过当时也许被看做是迈向"全球"市场的重要浪潮，这些贸易商想方设法把法伦矿的铜销往欧洲各个角落，为瑞典财政以及彼得主教和该矿的其他所有人提供重要的硬通货。

铜也被用于国内用途。它被用于给皇家海军制造大炮。瑞典社会的上层用铜来装饰屋顶，制作水壶、浴缸、定音鼓和教堂的大钟等。铜被用做偿还外债的担保，用来为战争筹集资金，用于支付其他紧急开支。鉴于这种种原因，国家对达勒卡利亚地区的矿工开采铜矿的参与意义重大，而且还在日益加深，这种现象与其他国家对早期"大公司"的发展所起的作用大同小异，铜矿最终将成为瑞典皇室与矿山的私人所有者之间的权力斗争的源头。实际上，在整个中世纪和文艺复兴时期，一方面，国王发挥核心作用，控制着瑞典的铜矿贸易；另一方面，他对那些在铜山的地底下辛苦挖掘的矿工的依赖程度如此之深，以至于很难说清楚是谁在控制谁。从这个角度看，斯道拉铜矿从问世之初就为公私部门的关系奠定了基调，同时也构成了今后 800 年围绕这一关系的核心矛盾。

四旬斋第一个星期六签订的皇家地狱特许状

1336 年瑞典国王马格努斯四世、也就是马格努斯 ·埃里克森（Magnus

Eriksson）快 20 岁的时候，成了瑞典、挪威和丹麦叫做斯堪尼亚（Scania）的一大块土地的君主。他也娶了一位法国贵族，所以他理所当然地认为自己属于欧洲统治者的第一梯队。可是统治这样一个四散延伸的王国意味着时常要花费不菲的代价镇压叛乱，解决边界争端——东部与俄国大公、南部与丹麦人（代价也很高昂），要保证让那些把统治权赋予了国王的贵族们感到，他们的经济利益由于国内的增长而得到了保障（当然，达到这个目的对皇室的金库而言也是个负担）。

鉴于这诸多原因，马格努斯对法伦矿的兴趣越来越大。1347 年，他终于决定去那里看一看，目的是重申皇室的威权，也就是发布一份皇室特许状，立下一套新的更加明晰的规定，让矿工在繁荣发展的同时为王国的利益服务。马格努斯 1347 年前往法伦矿所看到的不会是一番赏心悦目的景象。抛开起伏的群山和波光粼粼的湖泊不说，矿工在半山腰挖得越深，里面的景象就越阴森。虽然我们没有找到 14 世纪的同时代人对这座矿山的描述，但是随后的几个世纪有人到过这里，提供了一些观感，他们的观感一以贯之，始终没有改变，我们可以据此推测马格努斯在 1347 年前往法伦、看到这座带动了小镇兴旺发展的矿山的景象。

法伦镇和它的铜矿看起来不像一处“宁静的地方，散发着熟悉的草地和农场的味道”——那是当年瑞典其他地区的典型景致。来访者一再说明，它看起来就像另一处碰巧处于地表以下的地方。有个英国人于 1708 年到过这里，他写道：

旅客在前行的路上，远远地看到浓重的黑烟，就会感到一阵恐惧。这座城市好像在源源不断地喷出滚滚的黑色浓烟，陌生人会以为自己来到了希腊神话中独眼巨人的洞穴而不是一座城市。烟尘是从熔炉里冒出来的，在瓦潘湖（Varpan）和鲁恩湖（Runn）方圆一英里的范围内遍地都是熔炉。西风一刮，整座城市就笼罩在黑沉沉的烟雾之中，即便正午时分，天色也只是蒙蒙亮，住户们不得不打着火把奔波忙碌。这座城市所有的私人和公共建筑都被煤烟熏黑了，户外的铜饰全都生了铜锈。

虽然这里的住户把自己的处境合理化，提出一种观点说，矿山上冒出的浓烟其实对健康有益，他们却不可能注意不到，烟雾导致小镇周围面积相当广大的区域寸草不生。也许正是这种荒芜促使瑞典著名的植物学家卡尔·冯·林奈（Carl von Linne）在1734年来过法伦矿以后说，这里是“瑞典最伟大的奇迹，也是可怕的地狱。”林奈接着写道：

没有一位神话作者曾经描绘过的地狱景象像这里那么阴森恐怖。工人们在拥挤的地下通道里活动，宛如地下的鼹鼠；他们浑身黝黑，像撒旦的助手在忙忙碌碌，四周一片黑暗，到处弥漫着煤灰和烟雾。他们打着赤膊，一块毛布挂在嘴巴前面，防止大口地吸入煤灰粉尘；汗水从他们身上流出，就像从毛布袋子里渗透出来……

工作环境在骇人的同时也隐含着不测的危险。矿工们从踏进铜矿的那一刻起，就随时冒着各种可怕的风险，从高处坠落、巷道塌陷、被掉落的岩石砸死、被火灼烧等——人们经常用火来软化石头，以便把矿石挖出来。林奈写道：“随时都有塌陷的可能；如果一切在一秒钟之内轰然倒塌，是绝无生还的希望的，这种危险让人时刻提心吊胆……下到地底下这么深的地方，这么黑，这么危险，恐惧让我的汗毛都竖了起来，以至于我最大的渴望莫过于再一次上到地面，站在阳光下。”其他人重复了此地宛如阴曹地府的主题。1662年，一位游客这样描写矿工：“他们浑身黢黑，在朦胧的蓝烟里摸索着前进，就像岩石上的山羊。这些在地下的粉尘、烟雾和黑暗中活动的人们看起来就像山怪或者小鬼；不明就里的人从近处细看，发现他们原来是打着火把的人时，也许会不敢相信自己的眼睛。”

大约过了一个半世纪以后，矿山的工作条件骇人听闻的说法广泛地流传开来，传到了德国著名作家E.T.A.霍夫曼的耳朵里。霍夫曼是《胡桃夹子》（*The Nutcracker*）的作者，也是奥芬巴赫（Offenbach）的著名歌剧《霍夫曼的故事》（*The Tales of Hoffmann*）的主人公。霍夫曼决定在自己的短篇小说《法伦矿山》中把铜矿的工作环境记载下来。故事大致取材于一位名叫马茨·伊斯雷尔森（Mats Isrealsson）的年轻矿工的传说，此人不仅命运悲惨，还在小说中被无礼地叫做"肥马茨"。1676年，伊斯雷尔森正在地底深处点火，突然发生大塌方，他被活埋，加入了数不清的葬身矿山深处的孤魂野鬼的行列，并且很快被人遗忘。过了42年，新一代矿工在马茨曾经殒命的地方挖掘到了一处空洞。他们在里面发现了马茨的尸体。当年，此类事件司空见惯。人们觉得年轻矿工的面孔很陌生，尸体还是软的，他的衣服完好无损。人们把他抬到地上，谁也想不起来近来有谁丧了命——由于他的面庞保存完好，非常年轻，他们还以为他是不久前才死去的。

这时候，一位名叫玛格丽塔·奥斯多特（Margareta Olsdotter）的老太太听说发现一具男尸，马上赶来观看。她见到尸体，一眼认出他就是她40年前的恋人马茨，当年马茨向她求婚后不久去了矿上，一去不复返。铜矿的硫酸盐保存了"肥马茨"的尸体，后来他被安葬在附近的墓地。但他的故事流传开来，此后人们称他为"世界著名"的法伦居民。

和其他作者一样，霍夫曼被这个故事的浪漫而悲剧性深深吸引（和其他作者一样，他也忽略了玛格丽塔在马茨失踪以后其实结过两次婚的事实）。他在描写这位矿工主人公生前工作和死去的环境时，忍不住要重复一个熟悉的比喻：

> 深渊里一派疯狂混乱的景象，乱七八糟的石头，各种灰渣，让人头脑发晕的硫磺气体滚滚地从地底蒸腾上来，就像地狱的汤水正在下面发酵，它的恶臭毒死了大自然的一切绿意。人们也许会想，这就是但丁下去看到了地狱的地方，里面有各种恐怖之物和万劫不复的苦难。

虽然大家一致认为，铜矿是一处又脏又臭又危险的工作场所，可是，从霍夫曼的小说、林奈的报告以及其他游客的许多描写来看，矿工们很乐意从事这项工作。林奈观察到："在幽黑的、随时担心塌方的地洞里，那些如同受到诅咒的人们在高高兴兴地干活；他们为了来到这里，打得不可开交，你死我活。这里再漆黑、再可怕，也从来不缺人手；人们不惜动武，人们使出浑身解数、想方设法也要来这里干活。"

事实上，把矿工们吸引到矿山的东西也是把马格努斯·埃里克森吸引到这里的东西：挖掘埋藏在法伦镇地底下的自然宝藏的机会。矿工平均比瑞典任何一个具有可比性的行业挣的钱都多。那些拥有矿山股份或者永久开采权的人都发了财。国王来到法伦镇，是为了保证他能分得一杯羹。他的手段是一份规定了矿工责任和权利的皇室特许状。值得一提的是，这位国王早在 14 世纪中叶就认识到，为了换取矿工的劳动，必须保护矿工的某些权益，让他们享有私有财产权及其他一些自由权。这是最早的重要的特许权。国王放下心来，企业将继续平稳经营；矿工也初次尝到了独立的滋味，这种独立还将随着时间的推移日益加强。拿到特许权的人们日后将在它的基础上争取更多的权益，并且在过了 5 个世纪以后，彻底摆脱国有制。类似的故事也许是由斯道拉铜矿拉开了序幕，却在随后的 500 年里重复上演了无数次。

不过现在，马格努斯只是在设法保住自己眼下的现金流和权力。他的特许状规定，矿工头目可以用监督生产换取采矿权，他们要受皇室管家监督，而皇室管家直接隶属于国王。作为交换，企业被授予了几项非同寻常的特权，突出了它在瑞典经济中的独特作用。特许状的措辞与整个欧洲其他此类文件大同小异，它们清楚地表明，当年君主对人们生活的方方面面享有巨大的不容分说的权力，它写道：

我，马格努斯，瑞典、挪威、斯堪尼亚国王，蒙上帝的恩典，以我们的主的名义，欢迎诸位在这座铜矿工作的监工和所有普通矿工……

首先，我授予烧火垦荒、砍伐树木、每天来铜矿干活的每个人……拥有这块土地、无需缴纳租金的权力……

我还特别恩准，如前所敕，凡是被瑞典宣布为不法之徒者，不管罪案发生在王国境内的哪个地方，只要他愿意并且能够自食其力，都可以在这里获得庇护并保持平静的生活，除非他是杀害主人的凶犯、叛国者、盗窃惯犯或者骚扰妇女的罪犯……

矿山上所有人当各司其职，所有人和所有事都要听从（皇室）管家的命令……

在接下来的几十年，铜矿蒸蒸日上，一派繁荣；因此，维护对它的控制权就成了瑞典国王们时刻操心的一件大事。1396 年，玛格丽塔女王（Queen Margarita）效仿马格努斯的榜样，重申了皇室对矿山的控制权，在此后几百年，她的多位继承者也先后做过这件事。在这几百年里，受皇室特许状约束的企业在整个欧洲变得越来越常见，它们是一些为了换取更多的国家利益而被授予了特殊权利的半自治企业。我们会看到，斯道拉的例子预示了一些大名鼎鼎的公司如莫斯科公司（Muscovy Company）、英国东印度公司（the British East India Company，简称 BEIC）、荷兰东印度公司（the Dutch East India Company）和南海公司等，它们普遍被认为是今日跨国公司的前身——每一家公司都在重新规定公共和私人权力的席次和关系问题上发挥过重要作用。

独立的骚动和残暴的回答

事实上，法伦矿的矿工和国王之间的关系几经起伏，这个过程清楚地说明了与西方政治和经济史上许多决定性的时刻相关联的具体现实。

举例来说，宗教改革运动发生以后，欧洲国王当中的许多有识之士开始宣称自己享有比教会更高的权力。当时教会的势力太大，腐化严重，还威胁说要让教会的“普适法”凌驾于国家的法律之上，瑞典也出现了类似的情况。

从坚硬的地底下一点一点地掘出珍贵的金属矿藏，在滚滚黑烟和漂浮的煤灰中讨生活，长期生活在遭遇塌方被砸而死的恐惧之中，这种工作的性质对矿工的性格产生了极大的影响。某些品格被放大。瑞典历史学家写道，这些品格为“达拉纳的人所特有……他们独立，无所畏惧，他们——随时——准备拿起武器……”这种独立性既是一种福佑，也是一种诅咒，矿工们与瑞典历史上一位伟大国王的关系就说明了这一点。这位取得了不凡成就的残忍而古怪的国王就是古斯塔夫·瓦萨（Gustave Vasa）。

人们形容古斯塔夫国王具有“几近病态的权力欲，他不择手段，残酷无情，他的话一句也不能当真。他动不动爱打官司，却不尊重法律，更不尊重真相。他撒谎成性，达到了让人匪夷所思的地步。他对财富的欲求没有止境。”从这些方面看，他与同时代的君主包括英国的亨利八世、法国的路易十二、神圣罗马帝国的查理五世以及形形色色的主教们有不少相似之处。实际上，阅读历史的一大安慰就在于，与历史上的领袖人物相比，现代社会的领袖人物虽然也有缺点，却仁慈多了。

尽管如此，也许正因为如此，古斯塔夫的当权得到了达拉纳人的支持。可是，古斯塔夫这样一个人（即生活在如此政治环境下的人：政治成功意味着不能被朋友或者家人毒死或者推翻，可进一步参看与那个时代接近的著名斯堪的纳维亚皇室故事《哈姆雷特》），既没有回报他身边的亲信，也没有回报支持过他的人。事实上，除了别的事情，他还把一位枢密顾问处死了，因为这位顾问与他意见不合；他经常把装了炮弹的大炮推进议会厅，为了让选举的天平倒向自己一边。实际上，也许没过多久情况就变得明朗，这位国王不会促成矿工们希望看到的改变。他喜欢随便抓起手边现成的铁制家用器具把人一顿痛打，有一次，一名金匠未经许可休了一天假，被他活活打死；他还至少一次挥着刀子追赶自己的书记官，让对方在皇宫里狼狈逃窜。

他表达自己意志的其他手段与那个时代的权势人物别无二致。为了巩固权力，保证他能弄到足够的钱维持国用，他实施了一系列改革，加强了国家对经济的控制。他宣布教会从属于国王，把教会在瑞典的资产全部据为己有。既然他为了巩固权力，愿意放弃几百年来对罗马的顺服，进而放弃对上帝的顺服（他从小被教养要信仰上帝），那么，他决定加强对铜矿的掌控就不足为奇了，因为铜矿是国家的经济命脉，是财富的源泉。

矿工抵制他的政策，他们并不羞于表达与他在一切问题上的意见分歧，比如新的采矿技术或者冶炼厂该如何管理等。后来，国王决定把瑞典与欧洲贸易的垄断管理权交给一群外国（现在的德国）贸易商，以换取一笔战争贷款。事实证明，这件事成了最后一根稻草。德国贸易商利用这一权力，侵占了大铜山利润的一大块。

达拉纳居民的政治自由和经济活力遭到了损害，他们揭竿而起，先后为此发动了三次起义。第一次起义发生在 1523 年，由几位被逐出铜矿的天主教教士领导。国王马上轻而易举就把这次暴动镇压了下去，并且剥夺了这几位教士仅存的东西：他们的生命。3 年以后，铜矿被课以重税（这一次也是为了给国王筹措用于打仗的军费），这一地区的大量居民下决心要换一位候选人取代古斯塔夫。可是，这次反抗只得到稀稀拉拉的响应，结果还是一样：古斯塔夫胜利了，叛乱的几位领导人被砍了头。

可是，虽然古斯塔夫无情地镇压叛乱，他却没能彻底扑灭矿工们的反抗精神。1531 年，他们再次起义。国王决定让矿工们吃一点苦头，并且永世不忘。在瑞典寒冷刺骨的一月份，古斯塔夫动身前往法伦的铜矿。到了矿上，他把地方上的头面人物召集起来，对他们大加痛斥，说他们的忤逆正在破坏他把瑞典建设成为一个中央集权的现代国家的努力。让他格外恼火的是，矿工们此前提出，国王要想经过这一地区，必须先拿到矿工颁发的安全通行证。矿工们自在惯了，也不关心贵族的需求，他们不知道怎么跟这位颐指气使的国王打交道。

国王滔滔不绝地训斥着这群相当于现代社会的大铜山商会成员的人，训斥到一半，他突然停下来，派自己的手下闯到人群当中，把 5 名领导起义的矿工头目抓了起来。按照古斯塔夫的脾气，不难预料，他们在大庭广众之下被砍了头，他们血淋淋的头颅被摆放在一块木板上，作为杀一儆百的展示：今后，国王将不允许爆发起义，也不得对国家的权力提出质疑。

古斯塔夫紧接着采取了强有力的措施来主张他对矿山的经济控制权，他占有并大肆买进矿山的股份，截至20年间最后一次起义为止，他控制了法伦镇2/3的冶炼厂。他把矿山开采出来的铜变成了军需品、大炮、锚、马掌、盔甲和武器，他用这些东西巩固并扩大了自己的权力和瑞典的国力。此外，他还确立了今后两百年来中央政府对矿山的控制权，在此期间，中央政府利用法伦矿的财富让瑞典跻身于欧洲和世界强国的行列。这几百年来，君主们把铜矿看做源源不断的资源的热流和冷流，开采时很少注意安全生产。国家的需求急剧增加，生产和支持国家需求的热潮导致事故增多，生命损失增加，矿工对国家的仇恨增强。可是国家对矿山的掌控没有丝毫放松的迹象。

1613年，古斯塔夫·瓦萨的接班人古斯塔夫·阿道夫（Gustavus Adolphus）选择"把矿山产铜的销售权全部集中在国家手中；用免罪税的收入作为支付给矿工的报酬；最后，把铜卖给商人，以换回商人必须在欧洲大陆把铜卖掉以后才能获得的银元。"然后，他用这些收入来偿还对丹麦人的欠债，这笔赎金的80%来自矿山的收入。他还想办法成立了比斯道拉铜矿效率更高的采矿公司，可是，他的两家同类公司都失败了，斯道拉作为瑞典的经济命脉始终屹立不倒。作为对这种领先地位的交换，斯道拉帮助古斯塔夫·阿道夫建立起了环绕波罗的海的瑞典帝国。事实上，1625年，也就是瑞典加入30年战争（the Thirty Years' War，这场决定性的冲突关系到谁在众多的民族国家中处于权力的核心地位）5年前，古斯塔夫·阿道夫其实是以铜为标准确立了瑞典的地位。这个举措不仅在含有丰富铜矿资源的瑞典是个方便之举，而且也是一次在整个欧洲抬高铜的价格的努力。这项政策不太成功，但是这一步棋也表明，瑞典在长达30年的战争（欧洲备受蹂躏的一段历史）期间及其后的岁月抵达了全球影响力的巅峰，这个巅峰是建在铜山的山顶上的。

古斯塔夫 · 阿道夫的女儿克里斯蒂娜女王（Queen Christina）道破了这一点。“王国的伟大，”她说，不担心会遭到反驳，“与法伦矿共沉浮。”她说这句话是在1640年，《威斯特伐利亚和约》签署8年前，此时瑞典加入这场欧洲历史上的大混战已经历时10年，斯道拉是瑞典遥遥领先的大企业，也是它的出口收入的主要来源。斯道拉铜矿的产出之高可以找到诸多证据。瑞典军队占领德国全境和丹麦的部分领土时，把瑞典军队区别开来的就是他们的长矛的铜尖；瑞典在谈判《威斯特伐利亚条约》时，用作现金的也是瑞典的重要资产之一——铜。因此，瑞典之所以能在战争结束以后宣称占有土地（瑞典由此成为欧洲继俄国和西班牙之后第三大幅员辽阔的国家），创立于700年前的斯道拉铜矿绝非仅仅是尽了绵薄之力。《威斯特伐利亚条约》是个历史的转折点，斯道拉铜矿也对缔结《威斯特伐利亚条约》发挥了关键作用，此后民族国家的首要地位就明确且永久地得到了确立。

到了三十年战争的尾声，天主教已经沦为从属地位（主教被排除在《威斯特伐利亚条约》的谈判之外），神圣罗马帝国分崩离析，cuius regio、eius religio被奉为神圣的概念（意思是“谁的王国，谁的宗教”，君主有权决定本国的宗教——条件是他们要在天主教、路德教和卡尔文教这个有限的菜单上挑选）。它进而还确立了世俗的国家主权为国际体系的根本原则。这个条约不仅结束了教会与国家之间长达几百年的斗争，还给由于缺乏被广泛接受的政治秩序而动荡不止的欧洲大陆带来了和平。此前，形形色色的政治、宗教和私人行为体东拼西凑提出过各种自相矛盾的信条，它们既不平衡，又缺乏被统一接受的原则。而威斯特伐利亚的“原则”如此明晰，这套原则得以确立的代价如此之大，所以在某些重要的方面，它直到今天仍然成立。它所构建的基本概念，比如国家主权不容侵犯、不可剥夺，日后逐渐被世界各国普遍接受。

每个结束都意味着新的开端

世界向来如此，我们发现，就在这个给欧洲带来了秩序和光明、确立了民族国家的地位的时刻之后，马上就出现第一股变革的潮流，这些变革终将复杂化并对新的现状提出挑战。变化发生在新的民族国家信心满满地通过国际贸易和世界探险来寻求扩大权力之际。为了支持国际贸易和探索新大陆，各国纷纷参照斯道拉等公司的经验，创办了新一代私人企业。在《威斯特伐利亚条约》签署之后的 10 年间，特许合股公司（chartered joint-stock company）比如英国东印度公司、荷兰东印度公司、哈德逊湾公司（the Hudson Bay Company）和法国移民公司（La Compagnie des Habitants）等应运而生。它们是新的繁荣发展的证明，但是也造成了新的冲突。这些公司将继续沿着由斯道拉开启的道路发展演变，斯道拉铜矿也将像它们一样自我改变并焕发新的生机。

重商主义是这一时期经济思想的主流。民族国家刚刚巩固了自己的地位，它们纷纷推行贸易保护主义政策来保护自己新的特权，打击进口，积极鼓励出口。帝国时代（the Age of Empires）的到来是重商主义的结果之一，因为各国都在想办法扩大领土，寻找用于发展的资源。150 年前西班牙舰队第一个跨过了大西洋，如今它们可以在成熟的贸易航线上往返，英国舰队也不甘示弱，积极与之竞争。葡萄牙、荷兰、法国以及英国的舰队向亚洲进发。海外贸易成为经济支柱以后，也促进了社会繁荣，使欧洲的人口比 100 年前增加了一亿多。《威斯特伐利亚合约》不仅确立了新的世界秩序，稳定了欧洲，欧洲国家开始向外发展，四处寻找新的领土和市场，也催生了最早的真正意义上的全球经济。这种经济靠合股公司开拓新的市场，并把欧洲的发展观点强加于新的市场。合股公司不仅左右着经济的繁荣和衰退，还被认为与政治精英勾连紧密，此外，合股公司有时候也采取一些酷似独立国家的行动，预示了我们今天非常熟悉的复杂状况。

因此，在瑞典镀着铜的国力达到巅峰之际，也就是《威斯特伐利亚条约》签订前后，国家和公司开始了一前一后、亦步亦趋的演化，双方形成了各自的能力和形态，它们有时候把二者的关系拉近到浑然一体的地步，有时候又让二者为了争夺对财富和影响力等的控制权而剑拔弩张、针锋相对。人们认为，有一件事简化了全球权力的版图，结束了教会与国家之间长达数百年的争端，这件事标志着新的权力斗争的开始——我们会看到，它就是公共与私人部门之间的权力斗争。

在民族国家与公司的历史上，我们看到，现存的那家最古老的公司几乎在每个转折点都是时代的弄潮儿。正如斯道拉铜矿先是变成斯道拉，后来又变成斯道拉·恩索，它与瑞典政府和其他国家的政府、后来与它收购的公司乃至与之竞争的NGO的关系几经演变，每次它都率先倡导了正在向全社会扩散的变化。许多重大的转变都发生在历史的分水岭，此种或者彼种革命正蓄势待发的时候，这是十分明显的现象。这些重大时刻伴随着科学、艺术、技术，当然还有政治理念和经济等方面的重大革命——斯道拉诞生在中世纪末期，在文艺复兴初期发展成为对国家举足轻重的企业，对与宗教改革运动和三十年战争相关的变革比如《威斯特伐利亚条约》等起到了关键作用，到了启蒙运动、工业革命和全球化时代，它也是领时代风骚的企业。

第二章

1288 年：诞生了现代社会的战斗

人类的状态……是人与人对抗的战争状态。

——托马斯·霍布斯

从山羊科勒向法伦附近泥塘的方向游荡，到彼得主教达成一笔交易，买回他在铜矿（由科勒引出来的财富）的股份，这中间的时期欧洲发生了剧烈的动荡。在这 500 多年间，欧洲大陆为了恢复罗马时代的稳定状态，一次次重新洗牌，而罗马时代在开采大铜山的 500 多年前就结束了。不过，这一时期的重要人物的目光却并没有死盯着过去。但是我们也不能说他们的眼睛注视着未来的地平线。不，正如每个历史时期的领袖人物，正如推动欧洲跌跌撞撞地经过我们今天称之为中世纪和文艺复兴早期的男女老少一样，他们也是偶然地创造了历史。他们的所作所为与各个时期的领袖人物如出一辙：全心全意地、往往是残酷无情地追求着自己狭隘的私利。

他们把自己的贪婪和野心用高尚的大道理装扮起来，一旦他们聚敛了足够的财富，一定会让当时的吟游诗人、编年史家、艺术家和壁毯织工等来编故事，编得好像他们怀着高尚的目标。有些人把自己的目标放在政治背景下。还有些人把他们的工作描绘成是敬神或者追求德行的结果。有的人——他们攀爬到位高权重的地位，特别机巧、格外怯懦或者既机巧又怯懦地给自己的残暴、盗窃以及更为恶劣的行径寻找理由，把它们说成是既为了达成政治目标，也为了追求德行。

但是，透过传统的历史学家喜欢给出的浅表的描述，你会发现，这一时期的欧洲是一个寻求秩序与组织原则的社会。如果说这个时期首要的权力斗争是教会与国家之间的斗争，实在是过于简单化，因为政治、经济和军事力量相当分散，分别掌握在各阶层的贵族和教士手中——鉴于贵族和教士互相争夺权力并滥用权力的行径，我们只能认为，人们用“高贵的”和“上帝的使者”之类的词汇来形容多数著名人物，实在是历史的莫大反讽。但是，针对我们这里的论题，一定要搞清楚教会与国家相对的状况及其他相关的动态，因为它们为随后展开的公私权力斗争拉开了序幕，并且与之呈现出鲜明的相似性。

我们会看到，在这一时期的斯堪的纳维亚，使欧洲大陆发生震荡并相互融合的斗争也在分裂并重新构建着瑞典的统治家族与教会代表之间的关系。同时，人们把达勒卡利亚铜矿地表的第一层土挖掉的时候，所发掘出来的不仅仅是铜矿石而已。他们还发掘了另一支将会决定整个世界历史的力量：私人权力、商业，也就是后来（由于不光是采矿业和企业法律结构的创新，农业、交通和其他新生企业也出现了大量创新）被叫做“第三等级”（third estate）的事物，这支力量以劳动力和资金为支持，与以剑和十字架为支持的力量分庭抗礼，并驾齐驱。

如此发展的结果是，虽然这个时期主要关注的问题是在无休止的动荡和地方与地区争斗中寻求平衡，在打着教会或者国家的旗号谋求私利的各色人等之间寻求平衡，公私权力斗争（今后100多年还将持续）的根却像法伦的矿井巷道一般盘旋向下，扎得越来越深，而且向四处伸展，越长越结实。我们当今时代的许多理念、制度和冲突，都是在这一时期形成的。现代社会在这一时期的斗争中诞生了，伟大的趋势带着当年无法想象的后果被缓缓启动。

主教与伏卧在雪地里的国王

既然罗马皇帝取得了至高无上的权力，那么，登上罗马皇帝宝座的斗争就成了历史上最重要的斗争。从多个方面看，罗马帝国的衰亡导致了长达 1000 多年的纷争，在此期间，人们努力想要恢复并驾驭帝国曾经有过的辉煌。

如同历史上常见的现象，一个分裂而动荡不止的时代的种子是在前一个时代种下的。罗马走向衰落，皇帝们很少待在这座"不朽之城"（eternal city）的时候，一位末代的罗马大帝君士坦丁（Constantine）皈依了基督教，他在尼西亚会议（the Council of Nicea）上对教会授予了来自皇帝的批准和认可。虽然教皇自称是十二个门徒之一彼得的继承人，教皇头衔本身已经存在了 300 多年，但是，直到获得君士坦丁大帝（前几任大帝曾经宣布基督教为非法）的首肯之后，教会才获准比罗马帝国存活得更久，并且取得了从许多方面看继承了罗马帝国的地位。

事实上，在罗马帝国衰亡时期的前几位教皇当中，出了一位著名人物叫做大贵格利（Gregory the Great）。他来自罗马元老院一个举足轻重的家族。他和他的继任者由于政治保护人搬到东方，离开了罗马，他们的权力遭到了削弱。到了山羊科勒在泥塘附近嗅来嗅去的时候，也就是公元 800 年前后，教皇们遇到了一个问题。虽然他们手中握有神圣的权威，却经常面临着世俗的贵族公侯的挑战，后者要求占有教廷的土地和收入，他们认为那是属于他们的。值得一提的是，在其后国家与教会展开的一切斗争中，土地和收入的权力始终是推动各方采取行动的原动力。我们在探讨的问题是欧洲的政治组织，但是我们想要说明的是欧洲大陆的经济瓜分情况，也就是拥有雄厚实力的角色如何宣称占有任何一种财富资源。其实，许多貌似出于"高尚"动机的行动都可以从经济的角度做出明白的解释。举例来说，禁止教士结婚——这条规定在尼西亚会议前几十年的亚维拉会议（the Synod of Elvria）上颁布，其好处是保证了教士们积累的财富只能传给教会。这样，教士与主教之间便不会发生利益冲突，主教却可以设法把自己的至少一部分劳动成果传给子女。

我们可以把罗马帝国在公元410年灭亡以后的“黑暗时代”（Dark Ages）称为一个政治上的开拓时期。除了天主教，很少存在其他持久而强大的国内或者国际体制。于是，一种封建制度顺时而生：有实力的人物能守住多大地盘，就可以占有多大地盘。不过，即便在当时，豪门望族彼此之间以及他们与教会之间在宣称拥有的权力方面也存在相互重叠的地方。地方封建主与教士们（通常是像韦斯特罗斯的彼得主教之类的人物）虽然“天职”不同，却都被时代选择并顺利度过了政治阴谋、刀光剑影、行贿受贿和向普通公民征税的乱局。只要看到哪里存在薄弱环节，这些人便会争先恐后地抢着填补空白。从这个角度看，这个时期很像当下的全球化时代——有效的国际制度几乎不存在，私人企业争先恐后地设法钻制度和法律的空子。

8世纪，瑞典还处于维京酋长们你方唱罢我登场的统治之下，欧洲大陆骁勇的国王们已经在谋求集中权力了。这一点做得较为成功的是后来而居上的卡洛林王朝（Carolingian dynasty）的创始人查理 · 马特（Charles Martel）。他绰号“铁锤”，通过这一绰号就可想而知在中世纪要靠什么来建立和维持一个王国。查理之所以声名赫赫，部分原因在于他做了一件在某种意义上欧洲人直到今天还在做的事情：抵御伊斯兰教的侵略。查理在普瓦捷战役（the Battle of Poitiers）中驱逐穆斯林，保住了自己的地盘。不过，值得一提的是，他的地盘——包括现代法国和德国的大部分领土，还不能算是一个王国。这块土地名义上仍归墨洛温王朝（Morovingians dynasty）所有。5世纪中叶，墨洛维（Merovech）和他的儿子希尔德里克（Childeric）相当成功地打败了此前蹂躏过罗马人的部落包括西哥特人和撒克逊人，建立了墨洛温王朝。

不过，查理的胜利让卡洛林人成了欧洲最强大的族群。751年，教皇扎迦利（Pope Zachary）想请人帮他保住教廷的领土，当时意大利北部的伦巴第人正在打教廷领土的主意。他遇到了一个难题：拜占庭的皇帝（凯撒理论上的王位和职责继承人）保护不了他。这时候，查理 · 马特的儿子丕平三世（Pepin Ⅲ）找到了扎迦利，丕平三世打算废黜墨洛温王朝的最后一位国王，由自己接手皇室的权力，他希望得到扎迦利的祝福。扎迦利的问题立刻有了解决的办法。

教皇派了一位大主教把丕平（史称“矮子丕平”，当年这是一个让权势人物的子弟闻之胆寒的名号）加冕为法兰克国王，作为交换，丕平随后在教廷与伦巴第人的纠纷中为教廷提供了军事援助。丕平率领人马翻越阿尔卑斯山，击退了伦巴第人对罗马的侵略，他不仅报答了新教皇斯蒂芬二世（Stephen Ⅱ）代表扎迦利帮过自己的忙，还清楚地表明，这一时期的世俗领袖与教会领袖是相互依存的关系（一种非零和关系，再一次让人想起当前公司与国家之间既竞争分裂又合作依存的关系）。丕平为了加强教皇对他的好感，把他征服的意大利北部相当一部分土地还给了教廷。这笔“丕平献土”被看做是法兰克国王丕平与教会之间缔结了新的纽带，它的基础既是“爱、奉献与和平的纽带”，也是显然可以用教会术语解释得更清楚的另一种东西：一物换一物（quid pro quo）。

丕平对历史的最大贡献绝不是他在意大利北部占领的土地，而是他的儿子，这个儿子在各方面的杰出建树都超越了父亲（也超过了同时代的所有其他统治者）。丕平的儿子就是我们今天所称的查理曼（Charlemagne，拉丁语 Carolus Mgnus，也叫查理大帝 Charles the Great）。他身高 6 英尺 3 英寸，伟岸魁梧，一头金发，留着垂顺的大胡子。他把家族的王国扩张到了匈牙利平原，使欧洲的统一达到了自罗马人以来从未有过的程度。今天，人们仍然把他看做是坐镇中世纪的前文艺复兴运动（或者微型文艺复兴运动）的人物，认为他是法国和德国两支皇族的奠基人。

查理曼延续了他父亲扶助教皇的政策，早在 773 年伦巴第人的袭击中就支持了教皇哈德良一世（Pope Hadrian I）。[值得指出的是，伦巴第人从一开始就不喜欢查理曼，因为查理曼几年前娶了他们的国王狄希德里乌斯

（Desiderius）的女儿，然后又把她抛弃了。查理曼决定性地打败伦巴第人，自己戴上伦巴第的铁王冠（Iron Crown），当上意大利国王，这更是伦巴第人的奇耻大辱。］哈德良教皇被利奥三世（Leo Ⅲ）接替。利奥据说是平民出身，罗马的上层社会对此不太满意。利奥的拥趸者最终在他去世900多年以后占了上风，把他追封为圣者。可是在他活着的时候，他不断地遭到诽谤，人们谴责他犯了从通奸、背信到腐化等种种罪行，致使他的教皇生涯风波不断。查理曼在利奥当选之际表示，希望利奥成为一位值得尊敬的教皇，可是他很快就听到报告称这位罗马教宗"冷酷残忍"，也使他感到大失所望。

799年，一群愤怒的罗马人袭击了利奥，声称要把他的眼珠子挖出来，把他的喉咙割断；他们把他关在一所修道院。利奥用一根绳子顺着修道院的墙壁捶下去逃跑了，一路上千辛万苦去到帕德博恩（Paderborn），见到了查理曼，这地方位于现在德国的威斯特伐利亚东北部。查理曼听利奥诉说自己如何遭到"魔鬼的、该受诅咒的子民"的不公正待遇。查理曼也认真听取了贬斥利奥的势力派去的特使的陈述，后者对利奥大加申斥。这群人要求利奥要么下台，要么宣誓洗刷自己的名声。这两个方案都不能加强教皇制度，于是查理曼找了另外的解决办法。

查理曼派他的一队士兵护送利奥回到罗马。回去以后，反对利奥的几位谋主遭到审判。由于这几位谋主无法证明利奥做过他们诽谤他的几件事，他们被判监禁在法兰西亚（Francia）。可是这些举措没有能够稳住罗马的局势，后来查理曼觉得，他别无选择，必须亲自出马了。公元800年11月底，他动身去了罗马。他以中间人的身份促成了一项决定：教皇利奥志愿宣誓洗刷自己的名声，消除人们对其品格的一切怀疑；因为他是志愿宣誓，所以教皇的合法性不会被削弱。既然欧洲握有赫赫权力的查理曼认为这个决定已经足够，罗马人也就此罢手，教皇的权力得到了恢复。

作为交换，公元800年圣诞节，利奥在罗马人的集会上把帝国的皇冠戴到了查理曼头上。这个象征性的举动产生了魔术般的效果，罗马群众高呼“奥古斯都·查理（Charles the Augustus）！承上帝之命戴上皇冠！天佑我们罗马人的皇帝，赐予他和平、胜利！”这些口号说明了一切：查理曼得到了上帝的首肯，作为神圣罗马帝国的皇帝，他是继承凯撒皇位的不二人选。艾琳娜女王（Queen Irene）不太高兴，此刻她正坐在君士坦丁堡的凯撒皇位上，可是她没有力量向铁锤查理的继承人发起挑战。

当然，这个时候，没有人看出这个大胆的举措所隐含的问题。利奥把他的保护人抬高到这样的地位，以至于让查理曼觉得，在一切现实的意义上，自己都俨然是欧洲的最高统帅。然而，查理曼不仅在危急关头加强了教皇的地位，他还再次肯定了只有教皇才有权把合法的权力授予世俗领袖的规矩。因此，他们的结盟虽然在短期内对双方都有好处，却引出了双方争夺皇位的诸多问题。

西北大学教授亨德里克·斯普鲁特（Hendrik Spruyt）写道：

> 教会与国王的合作虽然产生了种种好处，可是，他们的结盟毕竟是建立在大相径庭的利益基础上。国王的努力，究其本质，是获取对自己领土上的资源的唯一控制权以及扩张领土。这种诉求与教会对教士事务的裁判权发生冲突，与教会高于世俗统治者的权威相互抵牾。

在查理曼被加冕近300年之后，与这一矛盾相关联的挑战突出地表现出来——宗教改革运动爆发了。在此期间，皇帝对给自己授予皇冠的教皇十分依赖，他们越来越多地介入到罗马和教皇的政治当中，这个结果不足为奇。原因一半在于他们在意大利的经济利益，不过，主要还是由于他们千方百计想要保住自我利益，所以必然会导致这个结果。于是，人们看到，皇帝们用看不见的手操纵教皇的选举，废黜教皇并把腐化的教皇扶上台，为了让帝国内部的主教令自己满意，他们还干脆直接任命主教。

任命主教的权力对皇帝尤为重要，因为贵族的高级职位是世袭的，教会的高级职位可以由得到皇室支持的皇帝担任，教会高级职位的人选也可以是皇室的债主或者皇室将来可能求助的对象。结果就形成了一种制度，使世俗与教会的权力中心之间相互依存与过度依赖的界线渐渐变得模糊。后来，我们一而再再而三地看到，公共和私人权力形成了一种盘根错节、麻烦不断的关系。

教皇与皇帝之间不可避免的冲突终于发展成了危机——教皇认定教皇应当享有强大而毋庸置疑的权力，皇帝则认为此一权力应当归自己所有。这位教皇就是格列高利七世（Gregory Ⅶ）。他“认为基督教会是一个完整的国家，国家是由君主执掌的政治组织，君主是要么拥有绝对权力、要么大权旁落的统治者。他问道，除了十二使徒之长（the Prince of Apostles）的继承人，谁有能力承当如此巨大的权力？”他认为，只有教会有能力对基督教的圣经经文给出权威的阐释——遵守经文中的诫命是一个人获得救赎的唯一途径，把教会的特权交到不纯洁的世俗统治者手中无异于把人类打入地狱。历届教皇包括格拉修（Gelasius）指出，世界由两支不同的力量主宰——僧侣的力量和世俗的力量，可是他们没有说清楚这两支力量是平等的呢，还是一支力量比另一种力量更大。格列高利清楚地表明了他对这个问题的看法和态度。

1075年，格列高利颁布《教皇敕令》(*Dictatus Papae*)，表明了自己的意见。他在敕令中宣布，教皇完全独立于皇帝（虽然一切证据都表明，事实恰恰相反）。他接着坚持主张了与皇帝们，尤其是当时掌权的亨利四世相关的多项权力。格列高利主张的权力有，只有教皇有权罢免和恢复主教的职位，教皇有权废黜皇帝，罗马教会永远不会犯错，教皇可以“解除臣民对不公正的君主的效忠”。这些主张所包含的意味绝非像他当年主张“只有罗马教皇有权被称作‘万能的’”所引发的争斗那么简单。不承认皇帝有权任命主教也意味着把控制教会土地和收入的一切权力直接交到了教皇手中。所以，这个问题远远超出了威望或者合法性的范畴。它触到了底线。

亨利四世对敕令作出回应，伸张了自己的权利。他任命了自己的一位支持者当了米兰大主教，考虑到他在意大利持有的土地，这是个关键职位。

亨利四世把教会和教会所拥有的土地给了米兰大主教，表示这些产业由皇帝视情况自由支配，不属于教皇。教皇提出抗议，亨利写了一封信作答，信中的措辞毫不客气：

我，亨利，不是靠篡夺，而是由仁慈的上帝授任的国王，致希尔德布兰（格列高利的本名）、不配称为教皇的伪道士：……我们的主，耶稣基督，赐予我君主身份，没有赐给你教士职位……我，亨利，蒙上帝恩惠的国王，和我的主教们一起，现在对你说，倒台吧！倒台吧，你万劫不复且永世不得翻身！

格列高利以牙还牙，针锋相对，他把亨利逐出教会，解除了臣民对他的效忠，禁止任何人把他当国王侍奉。这次开除教籍不是说说而已：亨利那些不服管辖的臣民一听到这条命令，马上就有了反叛的理由；他们永远正确的精神领袖发话了，他们不能不听。亨利被逼到了绝境。他扛不住了。在 1077 年严寒刺骨的隆冬季节，他翻越阿尔卑斯山，骑马来到意大利北部的卡诺莎（Canossa）城堡，格列高利正住在托斯卡纳的玛蒂尔达伯爵夫人（Countess Matilda）的这座城堡里，准备前往德国出席主教和封建领主们的委员会会议，选举出亨利四世的继承人，如果亨利不能在一年之内让教皇撤销命令的话。

在城堡的高墙外，亨利打扮成一副谦卑的忏悔者的样子，答应以后服从教皇的命令。为了强调他是真心悔过，他赤脚走过雪地，趴倒在教皇的窗前。刚开始格列高利不为所动。可是身为教士，他不能拒绝宽恕一名忏悔的基督徒。此外，亨利伏在雪地里，这件事令人震惊，更别提它对教皇个人而言是一次辉煌的胜利。三天后，教皇走出城堡，走到了呈十字架形状趴在地上的亨利跟前，宽恕了他。然后他们共同举行了庆祝弥撒，格列高利撤销了把亨利逐出教会的命令。

如果亨利是真心真意，事情到此就结束了。可这一切都是政治手腕，是这一时期的权力之争中发生的一出最新的戏剧表演而已。叛乱的苗头一旦镇压，亨利又开始任命主教。而教皇宽恕了亨利，却导致德国贵族与教皇疏远；3 年以后，当教皇想再次开除亨利教籍的时候遇到了问题。没有了德国王储的支持，此举成了一枚政治上的哑弹。亨利立刻抓住机会，他赶到罗马，主持选举了新的教皇，新教皇加冕亨利为帝国的皇帝。格列高利被迫逃亡，一年以后他在萨勒诺（Slerno）死去，死时留下遗言："我热爱正义而讨厌不公，故我死于流亡之地。"

格列高利死后，神圣罗马帝国与教皇之间的根本矛盾继续愈演愈烈。1122 年，双方的矛盾短期内得到了解决，格列高利的继承人卡利克斯特二世（Calixtus Ⅱ）与亨利的儿子亨利五世达成妥协，双方缔结了沃尔姆斯宗教协定（Concordat of Worms）。这份协定基本上是象征性地把双方争夺的标的物从中间一剖为二，导致加冕仪式被分成两步：教皇授予即将上任的主教以象征教会职位的权戒和权杖，皇帝用象征君权的权杖点一下主教，表示赐予主教土地及其他世俗的财产。这个妥协播下了日后教会与国家分道扬镳的种子。现在，既然宗教与世俗的权力是分开的，那么，国王只能从世俗的角度为自己的君权寻找理由。这种合理化后来演变成了民族国家体系的一条根本原则——领土主权原则，并在 600 年后终于导致教会自封的至高无上的权力寿终正寝。主权以领土为基础，这一点在全球化时代自然又引出了新的复杂问题，有些大的实体比如跨国公司，既不效忠于领土，也不受领土限制。这个完整的故事说明，我们的时代与看似遥远的历史事件之间存在关联，它提醒我们，今天的新闻往往早在几百年前就开始书写；反映 21 世纪危机和问题的推特（Twitter）文本，它们的初稿有时候是用鹅毛笔写的。

在欧洲各国，世俗与教会权力的拉锯战以不同的速度展开，争夺的标的物也不尽相同。这种情况一半是由于各国的国情不同，神学机构的发展速度不同所致。举例来说，基督教在瑞典到 12 世纪才真正开始扎下根来。老斯渥尔克国王（King Sverker the Elder）是拥护教会的主要人物。1152

年，他代表罗马向教徒开征只有英格兰征收的所谓“彼得便士”（Peter's Pence）。过了几年，一名西多会僧侣（也许是英国血统）经卡尔·斯渥尔克松国王（King Karl Sverkersson）许可，在法国北部的桑斯（Sens）教堂接受圣职，当上了乌普萨拉（Uppsala）的大主教；之所以选择这个地区，部分原因当然在于它属于瑞典异教徒硕果仅存的几个据点。他是第一位居住在瑞典的大主教，瑞典国王认为他的就任有助于加强瑞典国内的秩序和稳定；在卡尔的接班人埃里克·克努特松（Erik Knuttson）成为第一位由教皇涂圣油加冕的瑞典国王以后，这个事实更加突出。

当然，教会迅速想办法巩固其在瑞典的经济力量。1200年，它拿到了新国王小斯渥克尔（Sverker the Younger）颁发的第一份意义重大的特许状。这份特许状由罗马的代表们谈判得来，它赋予了教会在其土地上征税的自由，还规定神职人员不受世俗刑事法庭的审判。重要的是，由于这份特许状，“一个教士特权阶层出现了，教士有了借以发展壮大的坚实基础。”1248年的斯坎宁吉公约（Convention of Skanninge）加强了教士阶层的独立性，它规定，所有教士效忠于且只效忠于教皇。这个阶层及其政治影响力的一个典型代表就是即将就任的韦斯特罗斯彼得主教，他将施展教会的特权，成为教士阶层迅速积累财富、具有投机眼光的榜样；他们看到，一支新生的粉墨登场的行为体正在成为第三支力量：那就是商人——法伦矿的工人。

尽管教皇与神圣罗马帝国皇帝的权力双双遭到了削弱，教皇权力的某些重要原则受到了挑战，教会仍然用别的办法伸张着自己的权力，甚至得到了地方统治者的欣然认可。这些统治者的首肯关系到教会的生死存亡，他们受到教会的挑战时，双方的关系就会紧张起来。有一项挑战是针对国王的司法权；还有一项真正酝酿的挑战显然是针对税收问题。围绕这些问题的冲突产生了日后国家之所以成为国家的一些根本解决方案——也是我们搞清楚下列问题的关键：今天的国家面临的挑战来自截然不同的行为体，这些行为体有自己的利益和力量，它们与政治领袖和他们所代表的国家相互抗争。

律师、死亡与税收

吉尔伯特 ·贝克特（Gilbert Becket）出身骑士家庭，却选择了当一名绸布商来养活全家人。他住在12世纪初伦敦的切普赛德街（Cheapside）上，妻子叫玛蒂尔达。夫妻俩对他们的儿子托马斯和几个女儿寄予了厚望，经常想办法让孩子们接触有钱的亲友，参加打猎等以开阔眼界；他们让托马斯在语言、宗教和法律方面接受了严格的教育。托马斯学习成绩优异，他周游了欧洲从巴黎到博洛尼亚等知识精英云集的首都，为踏上广阔的人生之路做好准备。他表现很出色。他回到英格兰时，年纪轻轻便争取到了一个与坎特伯雷大主教共事的职位。大主教是罗马在英格兰的重要代表，托马斯赢得了大主教的信任，大主教因此任命他担任教会内部的一个重要岗位。大主教泰奥勃德（Theobald）认识到托马斯的才能堪当重任，就向英国国王亨利二世建议，如果大法官的岗位出现空缺，应该考虑请托马斯担任。亨利听从了他的意见。亨利与托马斯不仅结成了牢固的工作伙伴关系，还结下了深厚的友谊。

国王亨利二世属于少数几位作出了延续几百年的历史贡献的君主。他所实施的举措和所倡导的价值观不仅在八九百年前改变了英国的面貌，其影响还渗透到我们今天的日常生活。亨利敏于处理司法事务，并且很有头脑地通过婚姻关系与同样大权在握的阿基坦的埃莉诺（Eleanor of Aquitaine）结成了强大的联盟。他还是一位雷厉风行的执政官，格外关心国王与国家作为正义的裁决者和执行者所起的作用。

亨利在执政初期便推行了一系列影响深远的改革，谋求加强自身的权力，提高英国司法制度的效率。这些改革的核心是普通法的原则：法律适用于英格兰全体臣民。他定期派出一群皇室法官在英格兰全国各地巡行，要求12名贵族代表接见他们，并把受到指控的罪犯交给他们审判。此外，亨利的皇室法庭还执行地产官司的判决。由于亨利的创新，如果地方上拒绝作出审判，诉讼当事人可以向皇室法庭提起主张地产的诉讼。虽然这种制度代价高昂，它对王国的好处却显而易见。普通法制度更加透明，更加集权，且成为皇室收入的一大来源，它向罪犯收取的罚金直接流入了皇室的金库。问题在于，这些罚金以前由贵族或者教会收取，贵族和教会各有自己的一套司法制度或者类似司法制度的东西。

传统的司法制度被亨利的法庭取代，曾经的受益人很生气。这些人不仅损失了钱财，还丢掉了特权。此外，教士以前享有教会法庭的温和庇护，所以他们也抵制变革。教会法庭其实是在亨利之前的斯蒂芬国王统治时期发展起来的，它们侵害到了前代国王们的一项重要权力。亨利不但有意收回从软弱无力的前任手中失去的权力，还想扩大自己的权力，让政府当仁不让地占据王国内部的头把交椅。这一冲动让他与贝克特起了直接冲突。贝克特一度就像他的兄长，亨利还曾经把与自己同名的儿子寄养在贝克特家里。事实上，据说年轻的亨利觉得自己与年长的托马斯 · 贝克特共度一天所感到的父爱超过了他一辈子从父亲身上感受到的温暖，这一点可能使曾经的亲密关系变质以后显得更加苦涩。

抛开个人恩怨不说，两个人之间还存在着欧洲各国都在上演的切实的争斗。国王认为教会侵害到了自己的权力和收入来源。他忠实的朋友贝克特一度是他解决这个问题的同仁和战友。亨利任命贝克特担任了坎特伯雷大主教，是想进一步把教会置于自己的控制之下。贝克特当过大法官，享受过高贵奢华的生活，他接受这个新的教会职务以后，内心却经历了深刻的变化。他发生了被人形容为苦行僧式的转变。不管贝克特发生变化的原因或者性质如何，结果却是这个由亨利一手挑选担任该职位的人选变得不那么顺从，甚至成了亨利提出的多项改革主张的坚定的反对者。

实际上，贝克特抵制亨利把改革措施编撰成法典，不让亨利进一步加强对教会的控制。1164 年，亨利主持通过了 16 条明确的改革法案，限制教皇、教会和教会法庭在英格兰的势力。改革法案中有几条尤为重要的条款强调了皇室法庭审讯“犯了罪的教士”的权力——教会高层人士如果违反法律，很可能逃脱严厉的制裁，如果他们只由自己的上级酌情审判的话。不出所料，贝克特拒绝接受这个叫做克拉伦登宪章（Constitutions of Clarendon）的改革法案，由此引发的与亨利的权力斗争迫使贝克特逃亡到了法国。他在法国做了一件一位自尊的神权统治者该做的事情：向教皇求助，要求教皇把亨利逐出教会并施以惩罚。6年来，双方针锋相对地相互指责。教会宣布亨利的改革无效。亨利担心出现更糟糕的局面。为了避免被开除教籍，他诱惑贝克特回到英格兰，希望两个人之间能够达成理解。

可是贝克特即使在国王的要求下也丝毫不肯让步。他甚至使事态进一步恶化：他开除了一名与亨利合作的大主教和两名有声望的主教，因为他们主持了亨利儿子的加冕礼，主持加冕礼的权力理论上只属于坎特伯雷大主教。几个星期后，身体虚弱的亨利躺在病床上怒气冲冲地叫嚷着：“我家里怎么养了这么些可怜的寄生虫和卖国贼，竟然让自己的主人蒙受一个出身低微的修道士的奇耻大辱？”皇宫里的行动分子听到了。4名骑士认为国王的牢骚大有深意，他们立刻动身前往坎特伯雷，并且在12月29日到达那里。他们要带贝克特回来，让他对自己的行为作出交代。贝克特拒绝了。接下来发生的事情可以参见一位目击者的描述：

> ……那位凶恶的骑士突然（向贝克特）扑了上去，向他举行过涂圣油礼、表示献身于上帝的头上砍了一刀。紧接着他的头上又挨了第二下，但他笔直地站着，一动也没有动。他挨了第三下，被打倒在地；他用手脚支撑着身体，低声说道，他愿做活的祭品，“为了耶稣的名义，为了保护教会，我准备欣然受死。”第三位骑士让他受了重重的一击，他躺在了地上。这一刀砍断了他的头顶，血液和脑浆混在一起，红白相间，流到了教堂的地板上。那位把几名骑士领进来的教士用脚踩在这位圣教士、这位可贵的殉教者的脖子上踩了几下，那景象讲起来都让人害怕，把脑浆和血液沾得满地都是。他大声对另外几个人说，“我们走吧，骑士们；这家伙起不来了。”

贝克特虽然被残忍地杀害，却继续在教会与英国皇室法庭的斗争中发挥着影响。过了不到3年，他被封为圣徒，作为殉教者受到人们的崇敬。事实上，他在信徒们心目中成了一个强有力的象征［从伦敦到坎特伯雷的道路成了一条熙熙攘攘的朝圣之路，乔叟的《坎特伯雷故事集》（*Canterbury Tales*）等文学作品给它留下了永恒的记录］，连亨利也在贝克特去世4年以后到他的墓地前做了忏悔。贝克特永远象征着强大的主教对国王构成的威胁。所以，400年后，亨利八世想一劳永逸地解决由亨利二世发起的运动，他在摧毁王国境内的修道院期间，有一个重要举动就是捣毁托马斯·贝克特的墓地，把他的圣物和遗骸的痕迹全都抹去。

亨利与我们现在称为圣托马斯·贝克特的这个人之间的友谊和斗争是这样一出令人荡气回肠的人间戏剧，连21世纪的剧作家和诗人如T. S. 艾利略特（T. S. Eliot）和让·阿努伊（Jean Anouilh）也用这个题材创作过重要作品。但是，这出戏剧背后有一个更大的影响到全世界的故事，那就是制度之争，是社会该如何运行、规则该由谁制定的观念之争。在世俗和教会的精英阶层想要拼命争取并誓死捍卫某一项特权或者权力时，总会发生类似的你死我活的斗争并产生类似的结果。查理曼与同时代的教皇之间的争斗，是为了确立合法性、明确权威该出自哪一方。亨利和托马斯·贝克特之间的争斗，是为了谁的法庭拥有最后的裁判权、谁的正义应该被布施。法国国王腓力四世［King Philip Ⅳ，人称“美男子腓力”（Philip the Fair）］与教皇博尼法斯八世（Boniface Ⅷ）之间的争斗，是为了谁控制国家或者教会的命脉：开征和增加税收的权力。

腓力四世与教皇博尼法斯八世的冲突推动了进步，澄清了国家由什么决定，它与可能与之竞争的其他强有力的行为体是何种关系。这是中世纪一项极其重要的任务——其道路也许称得上血腥、坎坷和迂回曲折。虽然其中牵涉到的根本问题直到几百年以后才得以解决，但一些关键问题的框架却搭建起来并有所推进。如同各种形式的新生事物诞生，现代国家的出现不仅经历了令人煎熬的漫长过程，而且经历了血腥和混乱。几乎所有的问题都是用暴力手段或者威胁使用暴力手段加以解决的。示弱只会招致更大的破坏和暴行。在整个中世纪，教会经受了历史上只能用“相当漫长”来形容的信任危机和领袖危机，所以，教会尤其成了一个被打得稀烂的靶子。教皇国在与伦巴第人发生混战以后过了很久，还持续面临着北方来自教皇前保护人的继承人的威胁。腓特烈 · 巴巴罗萨（Frederick Barbarissa）、亨利六世和腓特烈二世（Fredrick Ⅱ）都曾经作为帝国的代表想把西西里、教皇国和意大利北部的城邦统一在自己麾下。他们没有成功，他们对之构成威胁的教皇时不时地把他们逐出教会（这是可以料想到的），可是，他们不把教皇放在眼里，就好像教皇与其他打打杀杀的王侯没什么两样——无非是蒙着一层宗教光环的普通军阀而已，这种态度很能说明问题。

欧洲北部国家的国王们并不是仅有的蔑视教皇的查理曼后裔。实际上，对教皇给予毁灭性打击的是他们的法国表亲“美男子腓力”——从世俗的中央集权国家逐渐形成的角度来说，这些打击产生了尤其重要的结果。欧洲各国的王公贵族看到教会受到挑战，胆子渐渐大了起来，开始越来越多地向教会征税，因为许多教会控制着大量土地和财富。向教会和教会的产业征税虽然不是闻所未闻的事情——教皇想让骑枪兵发动圣战，就采用税收手段，允许骑枪兵以“捍卫信仰”为由向地方教会征税——可是，到 13 世纪，与教皇的目的无关的征税变得泛滥，引发了对抗和反弹。

有位教皇不习惯对抗，想给大家预先设置一条底线。他就是博尼法斯八世教皇。他名留史册主要有两个原因。其一是他用直接而残酷的手段解决教皇与意大利的政治问题，得罪了包括但丁（Dante Alighieri）在内的许多人。就像今天有句俗话叫做政客不该得罪舞文弄墨的人（指报纸出版商），权势人物也不该得罪创作经典文学作品的人，因为这样的作者或许会决定你是流芳百世还是遗臭万年。博尼法斯被认为是个阴谋家，他用诡计和残忍的手段取得并保住了教皇地位。虽然但丁出版《神曲》（*Divine Comedy*）的时候博尼法斯还活着，他却还是把教皇放在了地狱一层，那些出售教会的职位和恩典（这种罪行叫做买卖圣职罪）的神职人员都在这一层。还有很多人不喜欢博尼法斯，是因为他处理地方世仇问题时手段十分残暴，比如某意大利望族与教皇结下仇隙以后，教皇因此把那座意大利城市整个夷为废墟，造成数千人死亡——广大读者看到但丁的大胆描写，马上心领神会，暗自叫好。

教皇政治上的软弱进一步削弱了他在主要领域取得的实实在在的成就。他和英格兰的亨利四世一样也很有律师头脑，提出了大量教会法方面的见解。此外，他通过教皇诏书发表了一些重要观点，意图（也许没有取得实效）加强教会的权威。有一份诏书论述了纳税问题。他在这份《教俗敕令》（*Clericis Laicos*）中认定，国王只有在取得教皇许可的情况下才可向教会征税，任何人如果违反这一规定，即自动被开除教籍。

不用说，欧洲的统治阶级不愿意接受这条规定。法国的腓力国王果断地作出了回应，他不让一分钱流出法国，有效地阻断了罗马希望从法国获取的一切收入来源。他还把教皇派来的一名使者投进了监狱。博尼法斯作出了意料之中的反应，把腓力逐出了教会。腓力也采取了一个不出所料的动作，既然开除教籍成了经济胁迫的手段而不是法国引入的神圣信仰，它的价值便大大降低：腓力把开除教籍的诏书烧了。于是博尼法斯又发布了一条教皇宣言，明明白白地对这个问题做了规定。这份文件叫做《一圣教谕》（*Unam Sanctum*），它的大概意思是，“每个人要想得到救赎，就必须臣服于罗马教宗。”它开宗明义地宣布，教皇是人世间的最高权威，与教皇持异议的代价是永恒的地狱炼火（因此让《神曲》多了一个选项，加强了它的讽刺性）。

博尼法斯为了用行动兑现他的申明，便召集法国的教会领袖到罗马开会，准备拿出一个对付腓力的有力方案。这时候博尼法斯才开始察觉到，他的筹划行不通。法国的民族主义正处于上升势头——时间将会证明，这是一股强大的溶剂，将有效地销蚀罗马的影响力；法国的高级教士们精心地权衡了哪位领袖将会对自己在人世间的前程施加更大的影响，他们决定留在国内，站在国王一边。

腓力巧妙地放大了这种民族情绪，把民族政治的触角伸向更为广泛的领域。1302 年，他召开了第一次三级会议（the First Estates Assembly），会上他讲话的对象不仅包括贵族和教士，还包括市民当中的头面人物。这是一个分水岭，因为它让“第三等级”——崛起的商人、自耕农和店主登上了政治舞台（在欧洲的另一个地区，斯道拉铜矿的矿工们也将成为这个第三等级的组成部分）。腓力国王认识到，要想与罗马永恒的神学力量抗衡，他必须把世俗的权威所能调动的一切资源都团结起来。

腓力在国内赢得了政治胜利。法国彻底抛弃了《教俗敕令》和《一圣教谕》，确立了国王在纳税问题上享有最高权力以后，腓力马上就更加务实地加强了这种胜利。他派自己的使者、也是他的枢密大臣纪尧姆·德·诺加莱（Guillaume de Nogaret）去罗马，与博尼法斯的死对头科隆纳（Colonna）家族合谋——博尼法斯曾经派出浩浩荡荡的雇佣军攻打克罗纳家族，导致血腥的结果。法国国王与科隆纳家族的两支力量共同开赴教皇在阿纳尼（Anagni）消夏的住处。他们在那里找到了 68 岁的教皇，与他正面交锋，对他肆意凌辱，包括戴着铁手套扇了他一个耳光。他们表现出一定的克制，考虑过把教皇处死，但是后来没有这么做。这时候上天出面干预了，博尼法斯有机会亲自去考察一下但丁在《神曲》中描写的景象是否属实——在宫殿被破门而入后的不到一个月，他去世了。

大转变：第三支力量粉墨登场

1303 年 10 月博尼法斯咽气的时候，死去的不仅仅是一位老教皇。教会的一项重要特权和关于欧洲真正政治结构的许多古老观念也随之死去。国王和国家冉冉升起，它们权力的根本在于它们将与商人阶级结成的联盟。商人阶级的崛起当然也经过了好几百年的时间，正式的发端则是比如瑞典中部开始采矿、独立的矿工组成协会等——矿工的劳动创造了使他们和他们的王国变得强大的资源。在这个意义上，铜矿的组织（根据 1288 年彼得主教签署的那份股份文件所呈现的情况）作为一个里程碑，其重要性不亚于欧洲历史上这一时期发生的许多著名战役，包括腓力与博尼法斯之间在《教俗敕令》颁布仅 8 年以后发生的战斗。

当然，欧洲各国的发展速度不尽相同。事件的发生总是有前有后，参差不齐，有时候甚至相隔几十年乃至几百年。从 11 世纪到 16 世纪，这期间累积起来的变化达到了改天换地的程度。其实，在长远的历史视角下，从政治和经济角度来看，让中小学生学习和了解这一时期的社会变化、而不是专注于视野狭窄且突出宗教的宗教改革运动的历史，这样的学习效果可能更好。变革的策源地不是欧洲各国的城堡或者宫殿，而是遍布广阔原野的城镇。举例说明，在世纪之交的英格兰，随着村庄开始交易如陶器等商品，贸易中心形成了。水路是这一时期得天独厚的交通干道，在一定程度上决定了欧洲哪些地方会繁荣起来。十字军几次东征，愿意冒险前往圣地的骑士们得到了土地或者战利品的赏赐，进一步为这些贸易路线的发展推波助澜。骑士们向中东进发，他们的人员和商品在这些路线来回转运，与地区的贸易关系加强，像热那亚和威尼斯之类的城邦兴旺发达起来。它们在把地中海的商品经由河流、古罗马的大道和偏僻小路运到意大利进行贸易的过程中，发明并改进了许多方法来加强自己的商业行为。

商业发展（斯道拉的股份结构就是证明）的关键在于风险管理。虽然公司所有者仍然对自己的企业承担全部法律责任，他们却想办法创立了一种机制，使法律责任可以由几位所有者共同承担，这些所有者还可以把风险分散在几家企业。意大利把这种结构叫做 compagnia（compagnie 的复数形式）。它们基本上是家族企业，不过也欢迎外部投资。他们的法律结构考虑到了准确地描述投资者的股份（就像斯道拉的协议），既说明了股份的价值，也附带其他条款。这些企业还可以制定并同意其他多种类别的法律责任，比如留存利润、合伙人追加投资、向外借贷在预定期限内偿还等。这些公司（许多是银行）具有创新性，它们建立了方方面面的常规做法，从管理复杂的海外营运的技术到快速转移财富的网络等无所不包。有些金融公司借钱给国王以换取优惠待遇。巴尔迪（Bardi）家族贷款给法国和那不勒斯的宫廷，换取不受限制的贸易权。佩鲁齐（Peruzzi）家族借钱给那不勒斯国王，借机买下了其家族银行当时获准开设支行的克兰撒（Chiarenza）港。威尼斯的银行家帮助教皇筹集资金，供教皇与德国皇帝长年打仗之用。

在北欧，新技术对商人阶级的崛起也发挥了重要作用。更为先进的开采手段——从撬开地面到提炼矿石、再到向纵深挖掘等，促进了像法伦矿之类地方的发展。在北方大大小小的河流沿线，水磨如雨后春笋般涌现，使欧洲经济发生了革命性的变化。布料与纸张的生产——这是斯道拉作为全球包装业龙头企业的拳头产品，由于能够使用磨房的机械运动取代繁重的人力劳动，执行重复的任务而彻底改变了以往的生产方式。这直接威胁到了封建制度的基础——封建领主靠支配大量农奴而占有优势。实际上，历史上很少有比这种发展趋势更能动摇社会稳定的：权力从那些以掌握和调动大量人力资源为优势的人手中转移到了能够利用资本与技术的结合形成新的生产方式的人手中。

举一个编年史家布雷克隆的乔斯林（Joceline of Brakelond）报道过的例子来说明，“第三等级”数量的增加导致某修道院院长萨姆森（Samson）与地方能人赫伯特（Herbert）发生了口角。赫伯特造了一架风磨用来磨谷物，威胁到了修道院院长萨姆森的生意。萨姆森很不高兴。“这位修道院院长听说了这件事，”编年史家写道，“气到了这种程度：他几乎吃不下饭，也不说一句话。第二天，他做过弥撒以后就下令给教堂的管理人，让他们立刻派木匠过去把它拆掉，并且把木料小心地保管好。”赫伯特争辩说，风是公共的东西，又说“他只想用风磨来磨自家的谷物，不磨别人家的，唯恐担心有人认为他的磨房会破坏别人家磨房的生意。”萨姆森还是不肯松口。“他（萨姆森）的怒气没有平息，”他回答说，“这就好比你砍掉了我的双脚，我还满口称谢一样。除非把那个东西拆掉，否则上帝虽然赐予我嘴巴，我却吃不下一口面包。你是一个老人，你应该知道，就连国王或者国王的最高司法官，在没有得到修道院院长许可的情况下，改变这一地区的任何一件事或者任命任何一个人都是不合法的，你怎么会擅自做这样一件事？”

他接着谈到了问题的实质："这件事并不像你说的那样对我的磨房没有侵害。自由民会随心所欲地到你这里来磨谷子，我不能用法律手段禁止他们前来，因为他们是自由的……你走吧，你走吧。不等你回到家，就会有人告诉你，你的磨房出了什么事。"赫伯特被吓住了，主动拆掉了磨房。后来，自由民之间开展的让这位修道院院长胆战心惊的商业活动彻底摧毁了他竭力想要维护的那个世界。当然，磨坊主往往是封建领主，他们迫使农奴在自己的磨房里干活。这让磨坊主只花一份钱，便可得到双重的好处——他们在地方经济中所处的垄断地位进一步加强了他们的影响力。磨坊主滥用由于控制技术而占有的优势，这一点惹人憎恶，乔叟的《坎特伯雷故事集》就表达过对一位恃强凌弱的磨坊主的谴责。而且，鉴于欧洲当时斑驳陆离的政治和社会结构，有些磨房也由富有的教士所有——教士并非不会恃强凌弱，至少也照样谋求利润。最后的结果却是欧洲的自由企业遍地开花，人口也从公元 1000 年的 4 200 万增加到 1300 年的 7 000 万。是的，正是种植和分配粮食的新技术的传播促进了这种繁荣。

此时，崛起的商人阶层促成了经济和政治方面的重大改变。他们离开传统封建制度的大本营，来到了新的城镇、也叫“纽堡格”（newburgh）——这个名称的由来是该阶级的许多人被叫做市民（burgher）。这些城镇成了不能被纳入旧制度的贸易中心和新的收入来源。虽然封建领主受到了威胁，国王却看到了机会，因为新兴的城镇总是坐落在领主的影响力较小、却仍属于君主管辖范围的区域。而商人无一例外地追求相对透明的、可预测的环境。国王可以用中央集权提供这种条件，包括单一的税收、关税和司法制度等。市民得到了可预测性，只需与一个人谈判即可；国王得到了可靠的收入流，而且市民群体支持自己而不是支持某种地方势力或者外国势力的可能性更大。自查理曼到美男子腓力以降，国家主权的概念得到了长足的发展，国家主权也符合零售商和贸易者的利益。国家的皇室领袖和商人阶级之间缔结的纽带在长达 1 000 多年间始终很牢固（虽然充斥种种矛盾），一直持续到了今天。我们会看到，在全球化时代，企业与国家领袖之间利益的脱节可能成为我们时代日益凸显的矛盾的由头，可能造成与动荡年代诞生了民族国家和独立的商业社会相类似的制度改变。

新兴的第三等级与国家领袖之间的亲密关系是推动美男子腓力取得政治胜利的部分原因。整个欧洲都在上演类似的权力斗争，新兴阶级的力量对斗争的胜负具有决定作用。事实上，沃林根战役作为这一时期规模最为浩大的一场战役，正是两个家族为了争夺林堡公国（Duchy of Limburg）的控制权而展开的——该地区此前 100 多年被叫做林堡公国，主要是与它的两种主要出口产品林堡奶酪和科隆香水的味道有关。在这场风起云涌的会战中，胜利者布拉班特的约翰公爵（Duke John of Brabant）最先有能力鼓动零售商、贸易商、农民和附近地区的自由公民参加战斗并驾驭他们。这场 4 000 多人同仇敌忾的战役发生在 1288 年 6 月 5 日，一方以科隆大主教、威斯特堡的西格弗里德（Siegfred of Westerburg）为首，另一方以约翰公爵为首，时间是在彼得主教回购他的斯道拉铜矿股份前不到两个星期。

1288 年及以后：从瑞典采矿业看所发生的变化

沃林根战役结束以后，科隆及周围地区取得了一定的独立地位，它的贸易能力因此加强，还赢得了“德国的罗马”这个可以理解且很能说明问题的称号。这种地位与它日后在德国的重要城市结成的汉萨联盟

（Hanseatic League）中占有一席之地大有关系，日后汉萨联盟作为贸易中心将成为把斯道拉铜矿的矿工与欧洲大陆的市场连结起来的主要商业命脉。在约翰公爵的沃林根之战取得胜利 11 天后，彼得主教签署协议，用部分教会的土地做交换，从外甥手中回购了他的斯道拉股份。这份文件本身的重要性主要在于它是今天仍在经营的一家公司最古老的档案材料，但它也反映了那个时代的许多重大主题和历史议题：国王和教会的作用，企业和商人的崛起以及国家的出现等。

和欧洲其他地方一样，在瑞典，教会与国家之间的权力斗争也贯穿了整个 13 世纪，1248 年的斯坎宁吉公约就是明证。沃尔德玛 · 柏格森（Valdemar Birgersson）国王 1266 年称帝，加冕仪式在林雪平大教堂（Linkoping Cathedral）举行，这个仪式是为了授予他与教会相联系的合法性。但这一做法马上就引发了问题。沃尔德玛上任后不久就犯了通奸罪，不得不去罗马请求宽恕。教皇抓住这个机会逼迫沃尔德玛宣布效忠于自己，并重申瑞典有责任长期稳定地为梵蒂冈的金库输入彼得便士。沃尔德玛与教皇把酒言欢的事实激怒了他的兄弟们，他们在丹麦国王的帮助下把他废黜。经过几年的动荡，沃尔德玛的一个兄弟“仓门锁马格努斯”（Magnus Ladulas）掌了权，这一次，加冕仪式在乌普萨拉教堂（Uppsala Cathedral）举行。为了确保得到教会的支持，他申明他的统治是“蒙上帝的恩典”，并且对教会实施免税。

为了与教会的力量抗衡，1280 年，马格努斯又颁布了《埃尔斯诺令》（Alsno Decree），把此前为教会保留的免税权赋予每个能够自备马匹和盔甲为保卫王国而战的人。这条政策主要对贵族有利，这些人后来就成了 fralse，字面意思是“免税者”。马格努斯又进一步对天平做了调整，尽量限制“免税者”对既不属于第一等级、也不属于第二等级，却占到人口 95% 的下层人民经常性的凌虐。种种努力让他得了个“Ladulas”的绰号，这个词的字面意思是仓门锁，因为他禁止贵族在出行途中逼迫农民为贵族及其扈从提供膳食。在签署彼得主教的股份文件的时期，马格努斯显然是一位试图平衡各种社会力量、努力实现社会稳定的领袖。

可是，如同在欧洲其他地方，对教会或者贵族的让步很少带来稳定。瑞典国王很少活过30岁的，他们经常遭到自己的家人或者亲族的陷害。在新千年的前400年，共有15位国王或者王位继承人被杀害。仅1130到1250年间，瑞典的两个主要王朝就发生了5次权力更替。接下来的主要朝代、沃尔德玛和马格努斯统治下的福尔孔王朝（the House of Folkung）长期努力，却并没有产生更好的结局。马格努斯的大儿子比格尔（Birger）继承了王位，他的两个弟弟马上开始了一系列的颠覆活动。于是，比格尔与妻子玛格丽特决定在1317年12月请两个弟弟到尼雪平城堡（Nykoping Castle）赴宴。他盛情款待两个弟弟，让他们开怀畅饮。他们上床休息后倒头就睡。他把他们捆起来，投进了地牢。两个弟弟的支持者冲进城堡的时候，比格尔把地牢的钥匙扔到河里就出了城。等到地牢的门终于被打开时，两个弟弟已经饿死了。

国王没有能力长期连贯地管理政务，这一点削弱了皇权在一个方面的价值：稳定性。为了应对这种情况，瑞典地方上的贵族充当起了王国权力的天平，声称他们有权选举国王。他们还把由公众选举主教写进了法律——教会的管理层对此很不高兴。以平衡求稳定的努力却并未就此停止。1319年，比格尔遭到罢黜，马格努斯·埃里克森登上王位。他登基以后颁布的选举章程再次把统治阶级的领导权交回到了肩负着重要的正式权利和义务的贵族和教会手中。托马斯·林德韦斯克（Thomas Lindkvist）认为，这份章程“至少在象征意义上可以被认为明确地终结了瑞典谋求成为一个国家的历程。”与同时代的其他领袖包括英格兰的亨利四世一样，马格努斯也开始着手建立普通法制度，发展本土文学，废除人身依附，还制定皇室誓言，认真地规定了国王对人民肩负的职责，冥冥中预示了未来几百年的政治发展趋势。

这是一座里程碑；它把斯道拉铜矿放在了一个正常运作的民族国家的大背景下。接下来的几个世纪走得相当坎坷。过了几十年，一场瘟疫横扫欧洲，瑞典遭到了沉重的打击。经济遭到破坏，权力的天平一再失衡。（瘟疫从多个方面让教会得到了好处，因为死者的财富往往落到了教会手中。）起义和皇室内斗造成了进一步的破坏，结果之一就是瑞典国王对丹麦和挪威国王的依赖加强了。瑞典因此加入了卡尔马联盟（Kalmar Union），几个国家统一受制于一个一直存续到 1523 年的王国。瑞典的这段历史后来在古斯塔夫 · 瓦萨的统治下结束。古斯塔夫看到，持续不断的新教改革运动给了他一个机会，他可以建立一个强大的民族国家，一劳永逸地摆脱罗马的影响。他还明白，要想获取独立地位和真正的领土主权，他必须依靠国内，从国内获取贷款和收入。

这笔收入当下最大的来源和未来可能的来源无疑就是法伦矿。所以他时不时地向大铜山发起突然袭击。他当上国王之前曾经带领一群民族主义者到那里去搜刮钱财和物资，寻求溪谷居民的支持。那次劫掠过了不到两年，1523 年，他当上了国王。和现代的许多领导人一样，他发现近年来的战争碰到了一个让人挠头的问题。他认为要想建立一个强大的国家，社会的各行各业就必须出钱出力，同仇敌忾。历史学家富兰克林 · 斯科特（Franklin Scott）在他的《瑞典国家史》（*Sweden: The Nation's History*）中解释说：

> 农民不肯为打仗而交税，他们看不到打仗能给自己带来什么好处。溪谷居民认为，是他们让古斯塔夫上了台，他们希望在政治事务中享有更大的发言权。国王对教会提出的经济要求让教会很苦恼，宗教革命在德国以外迅速蔓延也让他们惶惶不安。商人和农民都不喜欢盐价上涨和铜币质量下降。

瓦萨的方案是国家建立以后不可避免的下一步举措，也是推动欧洲发展进入下一章内容的答案，即剥夺教会的特权和迫在眉睫的宗教改革运动。他将大刀阔斧地把教会收归国有，把教会变成治理国家的一种手段。

除了大企业在瑞典遍地开花、蓬勃发展以外——众多的铜矿提供了制造武器、制造全国的农具和厨具以及硬货币的原材料，这一步措施还让瑞典成为一个完整、稳定、强大的国家，为帝国的建立奠定了基础。他将威逼利诱、软硬兼施，用尽各种手段掌控新的瑞典社会的两大支柱，这个目标实现以后，他还将参与重建瑞典乃至欧洲以及整个国际体系。

第三章

1648 年：平等化的发端

人和国家最聪明的时候是别无选择的时候。

——阿巴 ·埃班（Abba Eban）

王国的伟大与法伦矿共沉浮。

——瑞典的克里斯蒂娜女王（1640 年）

教会与国家的紧张关系从不情不愿地相互依赖变成了没完没了的竞争和冲突。公共和私人权力的接班人之争也循着类似的轨迹，虽然冲突的方式往往较为微妙，因为双方始终存在更大的合作需求。这种新的权力斗争与此前的权力斗争存在诸多雷同和差别，其原因可以追溯到教会—国家之战即将结束、大公司首次粉墨登场的时期。

这个时期还发生了历史上天翻地覆的剧变，其影响一直绵延至今。这场剧变最早的微震可以说就是平等化的发端，由此开启了长达几百年的重新思考和分配公共和私人权力的进程。它扭转了西方世界的权力体系，这种权力体系本质上是地方和地区间长期争夺最高权力，在一层又一层记录在案的等级秩序中加以体现并制度化。它的缺点、裂痕和两败俱伤的结果——我们今天叫做“三十年战争”的连锁冲突就是历史的明证——最终推动西方乃至全世界朝着另一种制度发展，其标志是持续不断地重新分配权力，持续加强法治而不是暴力统治。结果出乎意料。这种“平等化”主要的受益者不是贵族，不是几百年来首当其冲加入战斗的普通公民，而是私人企业，这种“人为的”个体利用变革凝聚了力量，向遏制他们扩大影响力的势力发起了挑战。

当然我们仍然保存了武力。可是武力的代价在加大，法制的力量在加强，各种纷纭的势力主张权利、解决纠纷的方式出现了明显的变化。此外，由于法律制度生根发芽，根本的法律原则被普遍或者广泛接受，原来那种世界分为若干等级的观念开始崩塌，古老的等级观念本身也开始崩塌。到17世纪中叶，帝国或者宗教拥有无上权力的观念被世界由平等而独立的主权国家组成的观念所取代。到18世纪中叶，君主统治的概念遭到削弱，君权的真正源头变成了人民。到19世纪中叶，个人时代的崛起见证了经济力量大规模地向私人企业转移，等级化的经济力量也从资本家手中转到了工人和股东手中。从20世纪中叶一直到进入21世纪的头几年，所有的斗争都在继续深化，曾经的民族国家（帝国）的殖民地纷纷独立，国家的数量在增加，与此同时，接二连三的新发展要么削弱了国家的力量，要么加强了将会对国家发起挑战的实体的力量，不管这实体是私人的、超国家的、还是跨国家的性质。

古斯塔夫临终时

1560年9月29日黎明时分，四周一片黑暗、清凉和寂静，斯德哥尔摩的皇宫里气氛紧张。国王奄奄一息，行将就木，空气中弥漫着不确定性。古斯塔夫·瓦萨国王凭借自己的意志力改变了瑞典的面貌，把它变成了一个独立的现代王国。他的红胡子在最后几年里变得灰白，旁观者看着他躺在病床上，灰白的胡子随着胸脯的起伏微微颤动，不知道接下来形势会如何变化。国王的几个儿子能保住他辛苦征战所建立的王国不至于分崩离析吗？瑞典王国由几块领土组成，它们世世代代受外国统治者和罗马教会的操纵，这位垂死的 64 岁的老人对于瑞典来说是否不可或缺？他的天分，他独特的暴怒的标记，他的将才，他的残暴，他的事无巨细亲力亲为（他给自己的臣僚写过成百上千封长信，细致地告诉他们该如何处理政务），对于瑞典来说是否不可或缺？

还有没有别的？他和英格兰的亨利八世一样，也抵制罗马，主张君权，这是不是顺应了长远的历史趋势？这种趋势体现了天主教会的衰落和建立在新经济基础上的国家的上升，零售商、磨坊主、贸易商和农民用新技术和增加贸易促进了发展——古斯塔夫和亨利一样，也看到并抓住机会更加充分地利用了新经济所创造的收入。古斯塔夫临终之前是否回想起他初次登上国家舞台时的情形？他在海外被扣为人质，后来逃回斯德哥尔摩，却赶上亲眼目睹瑞典贵族遭到丹麦国王克里斯蒂安二世（Kristian Ⅱ）的大肆杀戮（他的父兄全部遇害），他幸免于难。他领导起义，在达拉纳人的拥护下赶走了外国占领者，一年以后他当选国王，当时他年仅 25 岁。宫里的黄铜和青铜制品，士兵的长枪，仆人的水壶发出一丝光亮，是不是让他回想起他与达拉纳人一波三折的关系？达拉纳人把他扶上台，当他主张自己的意志时，他们不再支持他。他只得用刀剑来伸张自己的意志，可是自始至终他都明白，他靠的是铜矿主们和他们的铜矿；他逐渐接管了斯道拉铜矿的出口业务和主要的经营方向——铜矿的工头桀骜不驯，铜矿在他统治时期始终保持着一定程度的自治，让他颇感挫折。

最后，古斯塔夫 · 瓦萨明白，一位国王的成功既离不开狡诈、无情、智慧的头脑，也离不开经济财富。瑞典之所以成为一个国家，是因为他赶走天主教会，没收了天主教会的收入；因为他有铜矿，铜矿产出的铜出口到全欧洲，为他提供了急需的硬通货币。他把圣经翻译成瑞典语，他按照宗教改革运动的宗旨建立了一个新教国家，别人也许会认为这件事具有精神层面的意义，他自己却很清楚，这件事所带来的最重要的变化是它所呈现的国王和国家形象，以及它给国家财政带来的收入。

他还认识到，虽然他取得了如此成就，罗马教会、欧洲各国王储、各个小国和公国的王侯与自由国家和帝国之间的斗争仍在继续。他肯定能够想到，有朝一日他的儿子们也许会为了争夺王位斗得你死我活，就像当年欧洲的实力派人物觊觎他所拥有的东西，千方百计利用他的弱点一样。

9月的这个早晨，这位老国王终于咽了气。他希望给自己千辛万苦建立起来的王国至少带来些许的稳定，这种想法显然具有先见之明。他的葬礼在他去世之前就做了精心安排，是斯德哥尔摩有史以来最为盛大的一次葬礼。它的规模和豪华程度显示了国家的强大，同时发出信号：动乱不应失控。古斯塔夫的遗体被平放在一张床上，他的儿子们在埃里克王子的带领下进行了持续两天的大游行，展示了象征王国的实力、规模和权力结构的各种事物。游行展示了古斯塔夫和他的两位妻子（他一生只娶了3位妻子，在他那个时代，这个数字明显地少于英格兰国王）的肖像，还展示了各种武器、盔甲、横幅、旗帜和瑞典的象征物。葬礼仪式是改革后的宗教仪式，由新上任的韦斯特罗斯彼得主教（国王的朋友）致以措辞严谨的颂词，颂词发出信号，赞扬并且捍卫了瑞典王位应当世袭而不是选举的观点。彼得与国王的其他亲信想要发出信号，传递信息：国家的稳定和福祉要靠瓦萨家族的统治来维持，君权可以而且应当是上天赐予一个家族的权利。250多年前，这种观点曾经遭到严峻的挑战，这时候却代表着某种进步——国家的命运应当由一国自己决定，尽量不受外国势力的干涉。

古斯塔夫与3位妻子合葬在乌普萨拉教堂。他的儿子埃里克接替了王位，许多与世袭统治相关的典型问题马上就开始浮出水面。古斯塔夫的3个儿子一辈子都在相互争权夺利。一个儿子精神错乱，死在监狱里。第二个儿子是天主教徒，娶了一名虔诚的波兰教徒为妻，夫妻二人激起了瑞典贵族的宗教仇恨。第三儿子查理（Charles）1604年登上王位。

历史认为查理在执政7年间取得了两项主要成就。首先，他恢复了父亲的多项新教改革。其次，他生下了也许是瑞典历史上最伟大的国王，这个孙子将推进他的爷爷提出的强大的瑞典国的观念，在法伦矿工的大力帮助下，把瑞典建设成欧洲的一个强国——这个过程中引发了一连串事件，最终把古斯塔夫 · 瓦萨提出的国家主权原则变成了神圣不可侵犯的国际法则。

一头扎进玛丽的怀抱或者栽向粪堆

让查理的儿子古斯塔夫 · 阿道夫成为也许是最伟大的瑞典国王（欧洲一位举足轻重的领导人、历史上一位伟大的战地将军）的历史时刻也与那场尚未解决的斗争有关，那场斗争给他的祖父古斯塔夫一世敞开了机会的大门。宗教改革运动削弱了教会的力量，可是教会及其盟友仍然是欧洲的一股强劲的势力。王国和封邑被天主教和新教瓜分。它们各自宣称享有收入、土地和权力，造成了无休止的冲突——在接下来的 350 多年里，像 1288 年沃林根战役那样的血腥斗争此起彼伏，频繁得像月缺月圆。有些战争是出于个人恩怨。有些被描绘成历史上旗鼓相当的较量。有些披着宗教教义和正义的外衣。这都无关紧要。决定谁说了算的国际体系——决定谁得到什么的国际体系——很不牢靠。欧洲掀起了经济、宗教和政治变革的大潮，其结果是前途未卜的大旋涡和隐约可见的灾难。

有些人（比如教皇和神圣罗马帝国的皇帝，他们时而是盟友，时而是对手）认为，要想实现稳定，欧洲必须恢复到拥有一支至高无上的力量的状态。他们都打着历史或者上帝的旗号；在 17 世纪的头几年，他们不得不再次联合起来，共同对抗一股反对他们的势力——这股势力与其说是一股统一的力量，不如说是把许多人统一起来的独立的愿望。

四分五裂的欧洲大陆冲突频发，最直接的策源地也许就在我们今天的德国。查理曼统一了法兰克人，这里是法兰克人祖国的一块重要组成部分；查理曼力图恢复欧洲的秩序，他在公元 800 年加冕为神圣罗马帝国的第一任皇帝，掌握了至高无上的权力。这里也是马丁 · 路德（Martin Luther）

的著作和活动导致宗教改革运动兴起的地方。天主教会在这一地区的利益表现为包括巴伐利亚在内的众多封邑，可是代表教会的主要力量仍然是神圣罗马帝国，它在这一地区的领导者是哈布斯堡王朝，该王朝的一大抱负是让德国重新天主教化。当然，宗教改革运动大大削弱了帝国的力量，尤其是宗教改革的效果已经波及到了瑞典和英格兰等遥远的国度，帝国的对手新教教徒的胆子大了起来。

1609 年，42 岁的贵族、神圣罗马帝国与土耳其打仗的高级军官海因里希 · 图恩（Heinrich Matthias Graf von Thurn und Valsassina）——他的父母碰巧是波希米亚（Bohemia）的新教徒，率领一群新教贵族走进了皇帝鲁道夫二世（Rudolf Ⅱ）的皇宫内室。这群人本来被明令禁止面见皇帝，可是没有人能绥抚他们的怒火。神圣罗马帝国统治着波希米亚，对新教徒实行压迫政策。图恩和他的盟友［叫做保卫者（defensor）］要求鲁道夫签署一份日后称为《宗教自由文书》（the Letter of Majesty）的文件。这份文件保障了波希米亚新教徒享有更大的宗教自由，包括波希米亚的领主、骑士和城镇有权自由选择信仰新教或者天主教。它还想通过选举 10 名保卫者、建立新教民兵组织等手段来保护这些权利。

鲁道夫答应了这些条件，理由似乎很平常，这个经过精心算计的理由与这份文件所隐含的宗教或者政治理念风马牛不相及：鲁道夫的哥哥马提亚斯（Matthias）要夺他的王位，他需要有人支持自己。为了巩固图恩和他的手下对自己的支持，作为这笔交易的组成部分，鲁道夫把卡尔斯泰特（Karlstadt）城主的位子授予了图恩，这个皇室职位负责掌管玺印和礼器服饰等，地位非常重要，它让波西米亚贵族图恩伯爵在今后的皇室继承问题上成了一个举足轻重的人物。

皇室继承事件很快就发生了。图恩带着一群保卫者闯进皇宫与鲁道夫正面交锋后过了 3 年，鲁道夫去世，马提亚斯继任。不出所料，马提亚斯疏远了这群人，他只是象征性地支持《宗教自由文书》。他把自己的一部分土地转给了教会，禁止两座城镇的居民信仰新教（他认为那里沦为了天主教的势力范围），阻挠农民到邻近的庄园参加教堂礼拜仪式。这些规定虽然严格地说并没有违反《宗教自由文书》的规定，却显然是对其宗旨的公然冒犯。

不过，体弱多病的马提亚斯也不久于人世。他只当了 5 年皇帝，就被施蒂利亚的斐迪南（Ferdinand of Styria）接替。马提亚斯的这位堂弟是狂热的天主教徒。图恩和贵族们担心——他们的理由很充分，斐迪南会比他的堂兄更不愿意履行《宗教自由文书》。事实上，图恩是波希米亚会议（Bohemian Diet）上仅有的两名反对斐迪南担任波希米亚国王的代表之一。反对的结果导致他丢掉了卡尔斯泰特城主的位子。取代他的是忠诚拥护斐迪南的杰罗斯拉夫 · 马丁尼茨（Jaroslav Borita von Martinitz）。新教的领袖们督促斐迪南确认他将履行先辈作出的承诺。斐迪南不予理会。图恩带人起草了一份请愿书，反对斐迪南抱持的立场，反对由马提亚斯制定、获得斐迪南支持的政策。皇帝提出要出门去见一见各地的新教徒，天主教的领袖、国王的枢密顾问克莱索（Bishop Klesl）觉得机会来了。他写了一封信禁止新教徒再次集会，他请帝国在布拉格的摄政官来发布这条命令。

回首往事，布拉格的那几位摄政的领主也许希望他换别人去传达指令。主教的立场和背离了前两位皇帝制定的政策让图恩很生气，他把不允许自己与新教盟友集会的禁令抛在脑后。他把大家召集起来，鼓动大家到布拉格的赫拉德卡尼城堡（Hradcany Castle）与摄政官正面对抗。摄政官以为双方会客客气气地交换意见，图恩却另有打算。他安排让城堡的一名卫队长把自己的人马放进去；在 1618 年 5 月 23 日这天早晨，据马丁尼茨回忆，图恩的人马浩浩荡荡地闯入了会议厅，“厚着脸皮提出大量强硬的要求”。愤怒的新教徒本来以为会有多位摄政官等着他们，不料会议厅里加上秘书只有 4 个人。

图恩的人马很不满意，他们亮出了藏在衣服里的武器，让在场的所有人都明白，他们有意见。他们要求有人为克莱索惹起事端的文书承担责任。图恩本人当面质问马丁尼茨，把马丁尼茨踢倒在地。两位摄政官——

至高无上的伯格拉夫伯爵（Lord of Supreme Burgrave）和大普里奥伯爵（Lord Grand Prior）感到情况不妙，马上矢口否认自己与那份文书有任何关系，并重申了他们对《宗教自由文书》的承诺。这是个识时务之举。两个人被允许离开房间——从门口出去。

房间里只剩下马丁尼茨和另一名摄政王维勒姆 · 斯拉瓦塔（Vilem Slavata）以及他们的秘书菲利普 · 法布里西亚斯（Phillip Fabricius）了。两位摄政官认为，对他们来说最可怕的结局无非是被拖出房间抓起来。可是图恩和他的几个手下已经激起了一屋子人的反天主教情绪。人们疯狂地抓起马丁尼茨和斯拉瓦塔，不是把他们拖到门口，而是拖到房间最里面敞开的窗户前面。这时候，两个人恳求人们给自己一个机会来做最后的忏悔。新教徒们大笑起来，把他们奚落了一顿，然后就把这两位神圣罗马帝国的高级代表扔出了窗外。斯拉瓦塔攀住了窗沿，可是一名新教徒用剑柄捣他的手指，他掉了下去。紧接着，房间里剩下的唯一的天主教徒、可怜的秘书菲利普 · 法布里西亚斯也被丢了出去。

这 3 个人虽然被从 100 英尺高的三层楼的窗户扔了出去，却奇迹般地都没有摔死。天主教徒们都说，那是因为他们在掉落的时候乞求圣母玛利亚保佑，她伸出双臂救了他们。新教徒们则指出，那是因为他们掉在了干涸的护城河底的粪堆上。当然，没有什么能证明哪一方的说法不对。一个不争的事实是，这 3 个人虽然没有在这个春日的早晨丢掉性命，欧洲的中世纪却在真正的意义上就此完结。

这次布拉格的扔出窗外事件在这座城市的历史上并非第一起。200 年前就曾爆发过一次平民起义，以十几名高级官员被扔出市政厅的窗户告终。事实上，据说图恩伯爵在动员自己的人马冲击城堡的时候，就曾建议大家“照老做法”把摄政官扔出窗户。新教徒们表达了对皇帝的统治、对皇帝的支持者如克莱索主教之流的不满，与他们的手段相比不那么重要的是，人们认为这件事成了点燃了三十年战争的导火索。三十年战争标志着天主教及其盟友从此不再在欧洲主张它们享有至高无上的政治权力，标志着以国家而非教会享有最高主权的概念为基础的新秩序正式开始建立。

三十年战争让欧洲变得满目疮痍，即使在 20 世纪的两次世界大战结束之后，在人们经历过血腥的工业化的残暴杀戮之后，它仍然被认为是历史降临在欧洲大陆上的一次极其悲惨的军事浩劫。（它揭示了欧洲某些方面的性质和它循环往复的历史，第一次世界大战的发端就是由于哈布斯堡一位王储的遇刺事件。）不过站在我们的视角，它也标志着一个转折点，标志着教会—国家之间的战争开始瓦解，继之而起的是公共和私人权力的接班人之争。此外，我们很快还会看到，如果没有一座铜矿的产出，这个转折点可能不会出现——这座铜矿的经营正在进入第 900 个年头，作为有组织的公司正在进入第 400 个年头。古斯塔夫 · 阿道夫的瑞典和斯道拉铜矿将成为决定战争胜负的关键因素，民族国家至高无上的概念将最终胜利，此后欧洲的社会、政治和经济等领域将发生深刻的革命。可以说，挑起了三十年战争的图恩伯爵最初在战场上率领新教徒的军队吃过几次败仗，后来却以效忠于古斯塔夫 · 阿道夫国王的中将身份站到了胜利者一边，这个结果绝非偶然。

一场靠公司打胜的仗？

就事实而言，三十年战争不是一场独立的战争，也并非持续了 30 年。它是几百年来日积月累的冲突的大爆发和星罗棋布的战场的汇总，新对手、老仇家相互交织，战役此起彼伏，就像混杂在城市广场的人群一样，形势错综复杂得让人难以理清头绪。它也不完全是一场国与国之间乃至教会与国家之间的战争。其实，在参与和支持战争的关键角色当中，可以看到一个新生的全球行为体阶层的身影：公司。

我们知道，在进入 17 世纪前，公司乃至依法创建的企业已经存在了几百年，但是，直到 17 世纪伊始才开始了一项将导致公司遍地开花、公司的作用发生改变的运动。之所以出现这种现象，一个重要推动力与周期性的重大技术革新有关，技术革新将在社会、政治和经济等各个领域产生深远的影响。这里探讨的革新与欧洲航海家在探险时代（the Age of Exploration）取得的成就有关。远洋航船改进了设计，航海工具日新月异，世界地图被系统地绘制，这些进步都使远距离的航行成为可能，为贸易和征服开拓了新的边疆。

问题是海外探险代价高，风险大，时间长。为了发起一次探险活动，必须筹集到相当可观的资金，虽然海外探险经常能够取得巨额利润，可是也有招致巨额损失的可能性。更何况一次投资往往要等到若干年以后才能知道会产生什么结果。为了抵偿这些风险，投资人像法伦矿的监工那样集中起来，共同成立公司就变得合情合理：股东要共同承担损失，分享高额回报。风险还可以用另一种方式来抵偿；如果此类公司可以存在相当长的时间，从而把风险分摊在几次探险活动当中，那就更好了。

鉴于当时的时代背景，此类公司必须像斯道拉那样获取官方统治者的正式批准。反过来，官方看到这些企业不仅仅是收入的来源，还是一种为国际探险筹集资金的机制，可以把它们的触角以公私合伙的新形式向外延伸。于是，有些早期的公司被授予了几乎相当于国家的权力，比如它们可以组建军队，发动战争，占领土地甚至管理政务。事实是，人们屡次观察到，这些早期的公司——就其全球触角和特有的多重权力而言，与它们今天的许多跨国公司后裔存在鲜明的相似性。

这些早期公司当中有一家是英国东印度公司。1600 年 12 月 31 日，坎伯兰伯爵（Earl of Cumberland）和两百多名“骑士、郡长与自由民”拿到了组建它的正式特许状。公司的预期存续时间是 15 年；它后来存续了 174 年，在此期间，它把一支世界级的军事力量派上用场，统治了印度次大陆。（这家公司其实部分效仿了年代更早的莫斯科公司，莫斯科公司成立于 1555 年，一直经营到第一次世界大战的后几年。）

很快，1602 年，荷兰成立了荷兰东印度公司，以便与英国公司有效地展开竞争，夺取香料贸易的主导地位。荷兰东印度公司预计只存续 21 年，后来却成了近 200 年间世界舞台上的一支强劲力量。它日后还获得了自铸货币、统治殖民地、用野蛮的暴力手段与对手打仗的权力。从经济角度看，在舰队规模、贸易额、贸易活动的覆盖范围等方面，它一度占据了领先于英国东印度公司的主导地位。英国东印度公司的海外控股公司成了现在的印度，荷兰公司控制的香料岛屿则成了今天的世界第 4 人口大国印度尼西亚。其他此类公司纷起效尤，比如 1606 年伦敦弗吉尼亚公司（London Virginia Company）成立，1616 年丹麦东印度公司成立，1628 年葡萄牙东印度公司成立，1670 年哈德逊湾公司成立（它作为一家加拿大公司今天仍在经营）。所有这些公司都对三十年战争之后地缘政治的重新部署发挥了举足轻重的作用。

我们要较为深入地探讨两家公司，它们说明了私人权力作为一支新生力量，在这场重塑欧洲的冲突中发挥了根本的作用。第一家公司是斯道拉铜矿，我们稍后论述。第二家是荷兰西印度公司。荷兰西印度公司不是规模最大，也不是经营时间最长的合股公司，它只在 1621—1791 年间存在，但它在三十年战争中所起的作用却极其重要，因为它反映了此类公司如何被派上用场，为什么它们很快就受到众多未来的全球大国青睐。

图恩让马丁尼茨感受自由落体的妙趣的时候，马丁尼茨为之效力的哈布斯堡正同时在两条战线上与新教打仗。这种情况一部分是由于宗教改革运动绵延广泛，另一部分是由于哈布斯堡的势力范围很广，触角四通八达。哈布斯堡的势力在查理五世（Charles V）统治时期达到巅峰，由于极其幸运的政治联姻，他从 4 位祖父母手中继承了大块土地：卡斯蒂利亚女王伊莎贝拉（Isabella of Castile）和阿拉贡国王斐迪南（Ferdinand of Aragon）（他们共同担任西班牙国王），勃艮第的玛丽（Mary of Burgundy）（勃艮第包括尼德兰）和哈布斯堡的马克西米连（Maximilian of Habsburg）（奥地利和神圣罗马帝国）。

查理在他的一生中与奥斯曼土耳其（奥斯曼土耳其与查理在法国的

敌人结盟）打过几次仗，他还维持宗教裁判所，领导并推动了天特会议（Council of Trent，它发起了反宗教改革运动），并采取了军事和其他手段来遏制新教的传播。他还主持摧毁了美洲的阿兹特克（Aztec）帝国和印加（Inca）帝国。尽管如此，据说他很不喜欢滥施暴力（至少按照同时代国王们的标准），他召集会议请顾问们重新思考征服美洲所引发的道德问题。他资助麦哲伦环游世界，后来，他受到痛风病的折磨，在修道院度过了生命的最后两年时光。

他下台以后，他的兄弟斐迪南接替他担任了神圣罗马帝国皇帝，他的儿子腓力二世得到了西班牙、意大利、低地国家（特指荷兰、比利时和卢森堡，因其海拔低而得名。——译者注）和印度群岛。这样的安排让哈布斯堡王朝分裂成了马德里和维也纳两条支线。由于宗教改革运动引发了诸多矛盾，这样的安排也意味着王朝的力量变弱，注定将经受考验。腓力二世掌权后不久，低地国家就遭遇了考验。结果引发了一场日后将与三十年战争重叠交织的冲突，史称八十年战争（the Eighty Years' War）。

西属尼德兰北部省份的新教贵族在1560年代末开始反叛；1579年，北部7省成立了乌特勒支联盟（Union of Utrecht），不再受腓力领导。过了不到10年，他们把政治权力转移给了一个叫议会（States General）的组织，规定参加议会的每个省各有一张选票，议会后来成为尼德兰联邦（the United Provinces of Netherlands），也就是人们熟称的荷兰共和国（the Dutch Republic）。腓力派出军队作为回应，可是这时候，西班牙正在和英国、法国、土耳其、葡萄牙及其在亚洲和美洲的海外军事力量开战，战线拉得这么长，在腓力统治期间，国库3次宣布破产，虽然新大陆的滚滚财源日夜不停地流进来。国库没有钱，意味着军队没有钱。1596年，没有领到饷银的西班牙军队发生哗变，叛乱者占了上风。两年后腓力死去，他的儿子腓力三世虽然不愿意承认失败，却无力发起反攻。1609年，双方同意停战12年。这个协议并没有承认北部省份独立，但实际效果却是如此，尼德兰只有南部几个省份继续受西班牙管辖（这些省份后来成了比利时）。

双方角逐的喘息工夫让荷兰人有机会巩固自己的胜利。他们扶持包括出版、纺织和武器在内的新旧产业，开垦土地，积极推动全球贸易。他们最早成立了荷兰东印度公司。在荷兰共和国的国民生产总值中，5% 来自武器贸易，5% 来自东印度公司的贸易活动，东印度公司很快就成了第一家在自由市场上买卖股票的合股公司。1609 年，一家汇兑银行在阿姆斯特丹成立，这座城市很快就成了欧洲屈指可数的一个金融中心——反过来，与荷兰的那些经常财政紧张的对手相比，阿姆斯特丹的地位也让荷兰能够以更好的条件获得资金。

因为荷兰的权力大半掌握在好战的加尔文教徒奥兰治－拿骚王室（Orange-Nassau）手中，这个王室野心勃勃地想要收回西属尼德兰并承诺传播新教，希望重新统一低地国家，所以，在布拉格事件之后，停战必然会遭到破坏。荷兰人在拿骚的摩利士（Maurice of Nassau，荷兰与西班牙冲突的主要角色）的领导下迅速行动起来，支持以选举摩利士的侄子腓特烈五世（Frederick V）当上波希米亚国王为标志的新教事业的发展。对摩利士的支持必须使用武器和货币，还必须精心算计：如果荷兰与西班牙不能在 1621 年以后继续保持停战，一旦双方发生新的冲突，摩利士必须能够确保荷兰取得胜利。

西班牙要求荷兰停止在西印度群岛的贸易，还要容忍本地的天主教，导致双方继续停战的谈判终于破裂。西班牙由于国内财政紧张，腓力三世去世，他的儿子继任时年仅 16 岁，国内矛盾激化，战火到处绵延，所以与荷兰开战的意愿不大。但是腓力四世的顾问们认为，和平状态下在法兰德斯维护一支西班牙军队的成本与战争状态下几乎一般高，而荷兰的海外收益正在侵蚀西班牙的航运业，打仗可能扭转这种局面。为了打败保卫家园的荷兰人，1624 年，意大利籍的西班牙将军安布罗西奥·斯比诺拉（Ambrosio Spinola）率领法兰德斯军队，取得了日后久负盛名的布雷达（Breda）之围的胜利。一年以后，荷兰人在损失了 1.3 万军队以后投降。

与此同时，西班牙改变战术，开始在公海上排挤荷兰人。他们在家门口的敦刻尔克雇佣商业舰队袭击和抢劫荷兰出入英吉利海峡的船队。此外，他们还拦截和骚扰从新大陆返回的荷兰船队。这些行动造成了诸多伤害——比如，它们阻断了盐的供应，而盐是荷兰人保存他们的主要食物鲱鱼必不可少的东西。（你只要研究一下盐和贸易路线对这一时期的战争的重要性，或者研究一下香料在迅速扩张的欧洲各国对保存易腐烂的食品供应的重要性，就会清楚地看到，当年的冲突与其说与精神性的宗教信仰冲突或者为争取民族身份的理智与情感的较量有关，不如说它与填饱肚子有关。）西班牙后来实施了禁运。英国和德国北部的汉萨同盟执行了禁运，荷兰－西班牙冲突发展到最后阶段变成了名副其实的贸易战，西班牙凭借它的舰队和它遍布世界各地的要塞结成的牢固的战略网络，在经济上日益收紧了套在荷兰脖子上的绳索。荷兰对此作出的部分反应就是创办荷兰西印度公司。

荷兰西印度公司效法立足于亚洲的英国东印度公司，吸取了后者初步的成功经验；它在 1621 年成立后短短几年内，就对由伊比利亚半岛主导的糖和奴隶贸易造成了明显的冲击，并在巴西和美洲其他地方占领了重要的据点。（巴西是葡萄牙的地盘，在西班牙 30 多年前吞并葡萄牙以后，它成了荷兰人的用武之地。）荷兰西印度公司的成立既是一项经济举措，也是国家的战略部署。糖、奴隶和香料对伊比利亚半岛与美洲的贸易虽然关系重大，但是对西班牙王室来说，大西洋上最宝贵的船队无疑是那些每年为西班牙输送财宝的大帆船。在长达 100 多年间，自哥伦布发现新大陆、其他人接踵而至以后，西班牙的船只就把从新西班牙（New Spain）和波托西（Potosi）到塞维利亚（Seville）港的矿山挖出来的黄金白银源源不断地运回来。这些金银财宝的价值从 1516 年和 1520 年间的每年 100 万达克特（ducat）增加到 100 年后的每年 3 600 万达克特。王室有权抽取“皇家 1/5”的份额，再加上额外征收的税金，马德里的哈布斯堡总共获取了这些海上运回来的收入的 40%。

虽然西班牙获得财宝的量和价值都增大了，但西班牙的财政健康状况却出了问题。王国制定了一套复杂的安全保障制度来维护这条至关重要的生命线。每年 3 月，西班牙船只离开墨西哥和巴拿马，在哈瓦那集合，然后统一在全副武装的舰队护送下返回欧洲。这一制度最早在 1560 年建立，顺利地实行了将近 100 年。可是到了 1628 年，正是三十年战争的紧要关头，这种制度崩溃了。1628 年夏末，西班牙财政委员会（the Spanish Council of Finance）报告称，西班牙的财政再次紧张，年度财政还有 200 万达克特的缺口。这个缺口又是由于西班牙在遥远的国度开展军事行动造成的，这一次是在意大利的曼托瓦（Mantua）插手并支持德国皇帝打仗。脆弱的财政状况要求这一年运输财宝的舰队必须顺利抵达西班牙。

荷兰人对局势一清二楚。西班牙破坏了贸易路线，若干年来，荷兰人是直接的受害者。1628 年初，荷兰西印度公司筹集资金发起了一次行动，请皮特 · 海因司令（Admiral Piet Hein）去执行一项以前从来没有完成过的任务：拦截并抢劫西班牙运送珍宝的舰队。荷兰人以前干过这个事，可是要在大西洋的公海上定位一支舰队，难度很大，西班牙的防御也很难突破，他们始终没有成功过。这一次，海因耐心地搜寻了 4 个月，结果大不一样。他的舰队由 31 艘船组成，他们在古巴的海岸边找到了西班牙由 15 艘船组成的小舰队。荷兰人发起第一次袭击，抢劫了西班牙的 9 艘船。然后海因又追赶剩余的 6 艘船，把它们追赶到了哈瓦那附近的马坦萨斯湾（Matanzas Bay），他们放火阻止西班牙人把货物卸下。西班牙碰到了强劲的对手。对方的火力明显地比他们占有优势，西班牙人弃船逃走了。

海因带着近 20 万磅黄金回到了尼德兰。荷兰东印度公司的股东拿到了 75% 的红利，尼德兰人则获得了具有更大历史意义的回报。西班牙只能二选一，要么掏钱支持意大利的战役，要么继续与荷兰人打仗。西班牙皇帝派使者提出与联省谈判。气壮起来的荷兰人没有接受这个提议，而是谋求在南部省份获得更多让步。

与此同时，吃了亏的西班牙急于避免灾难重演，决定改变珍宝船的运输时间。刚开始这个办法收到了良好的效果。可是，1631年，舰队很晚才动身回国，不料正赶上大西洋的飓风季节，舰队在公海上被全部掀翻，残骸被风刮到了尤卡坦半岛。西班牙蒙受了更大的损失。王室只好没收了舰队私人拥有的白银，因此让它主要依赖的私人投资者和海员心生不满。西班牙王室还抛开宗教信仰——它当时正在参与的多场战争都是打着宗教信仰的旗号进行的，开始向葡萄牙的犹太人和conversos（犹太人和穆斯林皈依基督教者）借钱。但西班牙还是没能振作起来。财政压力再加上战场上的挫败形成了恶性循环，把西班牙逼到了和平的谈判桌前，最终不得不收敛它的帝国的野心。欧洲霸主西班牙王室败给了一家不起眼的荷兰小公司，这件事极大地加快了西班牙帝国的解体和天主教势力在三十年战争中的失败。反过来，荷兰西印度公司和这一时期其他公司的胜利（既有其必然性，也是机缘巧合）为推动取代了哈布斯堡的众多帝国的发展推波助澜，促成了将在未来的岁月享受荣光的私有帝国的诞生。

北方雄狮在怒吼

欧洲从大西洋以西获得了黄金、白银、盐、香料和其他必需品。欧洲的北部海域同样有商船来来往往，满载必需的货物：木材、纺织品、瓷器以及对战争和建筑物都不可或缺的铜。荷兰、西班牙、英国、法国和葡萄牙把大西洋上的贸易变成三十年战争的一条重要前线之际，波罗的海上的贸易也变得胜负攸关。

三十年战争的头几年，丹麦国王克里斯蒂安在北欧出过一次兵，号称是为了支持新教的事业。1624年，丹麦军队在英国和荷兰的支持下，试图在德国攫取更大的权力——它短暂地利用了瑞典的混乱局势，瑞典被瓦萨家族把持，与波兰成了死敌。丹麦拿起武器对抗分别由阿尔布莱希特·冯·华伦斯坦（Albrecht von Wallenstein）和蒂利伯爵（Count of Tilly）领导的神圣罗马帝国军队和天主教联盟（Catholic League），其动机表面上与宗教改革运动导致的裂痕有关，其实是克里斯蒂安国王想拓宽丹麦进入德国北部港口的通道，占据贸易优势。

这次行动很快就失败了。丹麦人被帝国首屈一指的将军华伦斯坦和蒂利伯爵打得惨败，蒂利由于在三十年战争的第一场重要战役白山战役（White Mountain）中获胜而一举成名，他巧妙地部署训练有素的军队，仅用两个小时就粉碎了新教徒的对抗。1629 年，丹麦人向神圣罗马帝国皇帝求和，几乎一无所获地撤出了军队。他们的失败让斐迪南皇帝的腰杆硬了起来，皇帝发布"归还敕令"（Edict of Restitution），要求把 1552 年以后没收的天主教的土地归还教会。这条敕令还规定官方不承认卡尔文教派。虽然从腓力二世到华伦斯坦等欧洲重量级人物都站在皇帝一边，他们却都心怀畏惧，担心这条敕令失之严厉。他们的担心应验了。德国的新教徒害怕这只是皇帝的第一步举措，他也许会发起更为凶猛的报复。

他们要找一位带头人，他们认为古斯塔夫 · 瓦萨的孙子古斯塔夫 · 阿道夫是个合适的人选。后来有人问古斯塔夫 · 阿道夫为什么参与进来，他弱化了宗教动机，说他如果是出于宗教动机，那么他会参加反对教皇的战争。相反，他暗示说，他的目的是加强瑞典在德国北部的地位，保护迅速发展的瑞典帝国依赖日深的贸易。可是古斯塔夫绝非单纯的机会主义者。他学习荷兰领导人拿骚的摩利士，对军事技术做了创新。和摩利士一样，古斯塔夫认识到他必须想办法对付西班牙的步兵大方阵（tercio），这种方阵充分利用了横队正面 50 人、纵深 30 列的队形。古斯塔夫想建立一种更为灵活多变的队形，就采用只有 6 列横队，士兵配备滑膛枪或者铜尖长矛并与骑兵配合。他还大量使用野战火炮，开发出一种可用一匹马拉的铜炮配给一个团的兵力。

所以，瑞典的优势不仅在于国王的聪明才智，还在于大铜山开采出来的矿藏。身为国王的古斯塔夫是法伦矿许多矿坑的所有人，他敏锐地意识到这种宝贵的资源具有多么大的价值。欧洲大陆一而再再而三地陷入炮火浓烟的笼罩，对铜的需求达到前所未有的程度。从古斯塔夫不久后于 1630

年加入混战到1635年，瑞典的铜的出口量比10年前同期的出口量增加了5倍还多。

要想抓住机遇，不仅要在战场上巧妙部署，还要采用精明的管理手段。古斯塔夫在战斗中借鉴了拿骚的摩利士的策略，在管理方面则引进了荷兰人路易斯 · 德吉尔（Louis de Geer）担任他的皇室军需品负责人。德吉尔起初只是法伦矿的一名投资人，他采用了一些措施，让古斯塔夫仅在1629—1630年间就能生产20 000只滑膛枪，13 670根长矛和4 700副骑兵盔甲。后来，德吉尔自立门户，建立了一家大型生产企业，它的收入大约相当于荷兰东印度公司的1/3。不难看出这样的企业在三十年战争中具有怎样潜在的决定性作用。随着矿山的地位变得越来越重要，从欧洲大陆前来矿山考察的人们多了起来。各国政府想要更好地了解古斯塔夫手中究竟掌握着怎样的经济发动机。

法国外交官查理 · 奥吉尔（Charels Ogier）就做过这样的一次考察。古斯塔夫1630年率领军队加入欧洲大陆的混战后过了几年，奥吉尔描写了法伦矿的规模之大和在这座矿山工作要付出的代价：

> 如果你想给这座铜矿画一幅全景图，不妨把它想象成一只黑窟窿，可怕，幽深，它在地面以下60–70英寻（110米多一点），被人为挖成圆拱形，里面的巷道向四面八方延伸。除了它自身的外壳再没有别的支撑，里面到处都是一堆一堆的火，周围弥漫着烟雾、硫磺和金属的味道，头顶上淅淅沥沥地落下水滴。在地底的深处，黑黝黝的人像小鬼一样，叮叮当当地抡着榔头和铁棍，把石头砸开。矿工喊着号子把矿石运到筐子里，而如果这可怕而沉重的矿道轰然倒塌，便只剩一片废墟和随之而来的一声雷霆巨响。如果你能想象出这里的情形，哪怕只是想象出一幅不完整的画面，也至少会留下一种印象：这里的景象极其奇怪，极其震撼。

从铜、武器和硬通货币的角度，这个巨大的黑窟窿成了古斯塔夫军事实力的基础，他参加欧洲战争的独特优势是他的对手所欠缺的，而他卓越的军事头脑则充分利用了这一优势。古斯塔夫 1630 年 7 月踏上德国的土地。起初推进得很慢。过了快到一年的时候，蒂利率领天主教 3.5 万人的军队逼近了古斯塔夫 1.6 万人的军队。从严格意义上讲，古斯塔夫受到他与天主教法国签订的条约的束缚，条约支持荷兰和瑞典破坏哈布斯堡王朝谋求霸权的行为，信仰同一宗教的马德里和维也纳才是瑞典的敌人。只有在古斯塔夫首先遭到袭击时，才能与天主教联盟的军队作战。情况正是这样。在最初的小规模战斗中，瑞典获得了一次又一次小规模的胜利，蚕食着蒂利占据优势的军队。两支军队的主力渐渐开始在萨克森（Saxony）集结。该地区由新教选举出来的约翰 · 格奥尔格（Johann Georg）统治。约翰想保持中立，可是做不到，便站到了古斯塔夫一边；一个意义重大的结果是，古斯塔夫得到了调遣 1.6 万萨克森军队的权力。双方的军队几乎势均力敌，瑞典的火炮是对手的近两倍，在这种情况下，1631 年 9 月 17 日，古斯塔夫与蒂利在布莱登菲尔德（Breitenfeld）郊外的旷野排兵布阵打了起来。

新教的军队当中不只有瑞典和萨克森军人，还有芬兰、德国、苏格兰和欧洲其他地方的志愿兵和雇佣兵（雇佣兵是早期私人力量的代表，体现了持久的满足时代需求的开拓进取精神）。古斯塔夫把缺乏经验的萨克森军队与训练有素的瑞典军队隔离开。日近中午时分，帝国的军队开始向古斯塔夫的军队发射火炮，结果遭到了瑞典军队更为密集、更为灵活机动的火炮反击。蒂利的军队一次又一次冲锋，每次都被打退，直到下午时分依然无法前进。后来是萨克森军队打破了双方的僵持局面，虽然不是以古斯塔夫当初希望的方式。萨克森军队在战场上乱了阵脚，跟着他们的领导者格奥尔格溃退了。帝国军队的一支重要军团感到胜利在望，马上进行追击。蒂利部署军队，填补了溃退和追击留下的空白，这样一来，他把战线铺得太长，太细了。古斯塔夫向蒂利的阵营遭到削弱的中心部分发起冲锋。他部署了轻型火炮，猛烈地轰炸蒂利防线的主要部分。帝国的军队开始溃退。蒂利迄今为止百战百胜的军队覆亡了 2/3——死的死，逃的逃，还有的像蒂利伯爵本人一样，受了伤。

古斯塔夫受到了全欧洲的热烈欢呼。13年后，战争形势发生扭转，事实证明，新教事业及战争的最终结果将因此受到深刻影响。古斯塔夫继续所向披靡，占领了更多土地，削弱了他将可能要求瓜分的神圣罗马帝国的力量。虽然一年后古斯塔夫在吕岑战役（the Battle of Lutzen）中战死，他的左膀右臂、强有力的总理大臣阿克塞尔·奥克森谢纳（Axel Oxenstierna）却巧妙地保持了瑞典的胜利势头，到1642年开始和平谈判的时候，欧洲的平衡已经发生改变，先前被低估的北方成了毫无疑问的主要角色。古斯塔夫·阿道夫被誉为“北方雄狮”。由于古老的企业法伦矿发挥了非同小可的作用，瑞典赢得了它梦寐以求的对贸易路线和整个环波罗的海地区的控制权。事实是，古斯塔夫让瑞典登上了它此前从未达到的国际影响力的巅峰，并因此改变了世界历史的发展进程。

古斯塔夫才华出众的女儿克里斯蒂娜女王接替了他的王位，他当年命令要把这个女儿当做王子来抚养长大——也就是说，她接受了一名青年男子可能接受的全部教育。她练过击剑和射击；学习了宗教、哲学、希腊语、拉丁语和现代欧洲的其他主要语种；她在马术方面有极高的天分。她14岁的时候，奥克森谢纳描写她“完全不像一位女性”，因为她“极其聪颖有头脑”。为了反抗像奥克森谢纳之类的朝臣和那个时代对性别的歧视，她登基时宣誓就任的是国王而不是女王，因此得了个“女孩国王”的绰号。

对她的一部分教育是让她了解作为瑞典经济支柱的法伦矿。这位引人注目的国王曾经在20岁上下的时候骑马来到法伦矿，督促矿工加紧干活。她和奥克森谢纳（由于他长期而卓越的服务，他后来被认为是瑞典历史上的一位伟人）明白，如果没有法伦矿不断增加的铜的产出，瑞典在战争中取得的一切就无法保持——这种认识后来让他们接受了不可持续的作业方法。她对集合起来的矿工讲话时说，“瑞典与铜山共沉浮”。几年以后她再次来到法伦矿，表达了一种与奥吉尔截然不同的观点，表示她希望法伦矿的熔炉里喷出的硫磺烟能够继续喷涌下去，直到永远，这很可以理解。

在长矛的铜尖上：民族国家登上舞台中央

瑞典胜利之后，战争的形势又几次发生转折。先是神圣罗马帝国皇帝和帝国内部的许多新教徒在 1935 年同意签署了《布拉格合约》（*the Peace of Prague*），合约规定解散天主教联盟，赦免皇帝以前的许多敌人，承认卡尔文教派，40 年内不再实施《归还敕令》。和平条约签署以后，皇帝的儿子斐迪南大公继续要求对认可合约的所有人给予大赦。皇帝却又一次进退失策，他不肯赦免包括巴拉丁选侯（Elector Palatine，1620 年被选为波希米亚国王）和黑森－卡塞尔伯爵（Landgrave of Hessen-Kassel）在内的几位宿敌。这足以导致瑞典和他们在法国的盟友再次出兵——它们前不久刚刚加入战争，表面上依旧表示要在德国的土地上为了德国某些人的利益而战。

1636 年，斐迪南二世去世，他的儿子斐迪南三世继位，费迪南三世更倾向于和平。4 年后，西班牙面临加泰隆尼亚和葡萄牙的反叛，很快，那不勒斯和西西里的市民就受到鼓舞，也对马德里发起了挑战。腓力四世的财政陷入如此严重的困境，他拿不出区区 60 000 盾（florin）借给自己维也纳的表亲，这个金额只是他两年前大手一挥所颁赐的 1/7。接着，1643 年，法国人在罗克鲁瓦（Rocroi）镇大败法兰德斯军队，法军在夜深人静的凌晨 3:00 大胆地袭击了睡梦中的西班牙军队，西班牙军队由昂基公爵（Duc d'Enghien）率领。经过一天的激战，西班牙一度令人闻风丧胆的大方阵被消灭到只剩 5 个，后来只剩两个，西班牙投降了。1645 年，昂基公爵率领军队开进维也纳的城门，由此向哈布斯堡王朝的两条分支发出了明白无误的信号：该认真地谈判和平了。

和平谈判解决了我们今天所谓的三十年战争所引发的许多冲突，但是谈判过程如同冲突本身一样错综复杂、时断时续、旷日持久而意义重大，这一点不足为奇。1636 年法国和哈布斯堡王朝最先在科隆谈判，因为法国想把所有的盟友都包括进来而导致谈判破裂。与此同时，瑞典也参与了与哈布斯堡的初步谈判。后来，各相关方一致同意把这些谈判看做是为全面的和平协议所做的准备工作。和平协议本身是在威斯特伐利亚的两座城市谈判达成的，一座是天主教城市明斯特（Munster），另一座是路德教与天主教并存的城市奥斯纳布吕克（Osnabruck）。信奉路德教的瑞典把奥斯纳布吕克作为自己与神圣罗马帝国的谈判地点，法国的外交活动则主要在明斯特开展。

持续了5年多的谈判从多个方面看都不同寻常。光是参与方的数量就是一面反映欧洲的镜子，而人们谋求解决的正是欧洲的未来问题。235名正式的外交使节代表了欧洲194个王国、封邑、等级、选侯国、共和国和自由城邦。这些代表团虽然没有开过一次全体会议，谈判却在5年间有条不紊地进行着，参与方最集中的谈判是在1646年1月以后的一年半。

数量众多的各色人等集中起来开一次世俗的大会，会议不是由教会、而是由彼此平等相待的政治人物主办，这个简单的事实具有十足的革命性。事后证明，这次会议几乎在接下来的几百年里成了欧洲历次和平会议的典范，从1711年的乌特勒支到1814年的维也纳再到1919年的巴黎和谈。数百年来，等级秩序一直是欧洲社会的一条根本的组织原则；而在威斯特伐利亚，出现了一种实际操作的做法，它反映了更为广阔的社会和政治变革：所有参与谈判的人员，不管他们所代表的政治势力的大小，一律被叫做“阁下”（Excellency）；所有的国王，不管他们当国王的年头长短，一律被称为“陛下”（Majesty）；在严格的意义上，正式的谈判代表必须以平等的姿态抵达两座城市，他们乘坐的马车一律不得超过6匹马。

这些营造平等氛围的规定并没有得到不折不扣的执行——瑞典带着165人组成的代表团浩浩荡荡地前来，随行人员包括“医护人员、厨师、一个裁缝和一名私人购物顾问”。但是以身份为标准的机制和主席等角色被取消，多重的平行的谈判达成了很多结果。著名的国际法律学者列奥·格罗斯（Leo Gross）用下面的文字描述了威斯特伐利亚取得的成果：

> （在明斯特和奥斯纳布吕克达成的条约）标志着人类放弃社会等级结构的概念，选择了一种新的以多国共存、领土内具有主权、相互平等、不受外部世俗力量干涉等为特征的制度。凌驾于主权国家之上的权力或者组织不复存在。取而代之的是所有国家共同构成世界政治体系，或者至少可以说西欧国家形成了独特的政治体系。这种新的体系建立在国际法律和势力均衡的基础上，法律和势力的运用都是在国家之间而非凌驾于国家之上。

这些协议还进一步确立了各国不受别国干涉、自行选择的宗教应受尊重的神圣原则。虽然条约唯一认可的选择是天主教、路德教和卡尔文教，但它们所确立的原则——各主权国家的领导人有权决定本国的一切政治和宗教事务，却奠定了现代政治学多数理论的基础。从新现实主义到新自由主义，有一条根本原则直到今天都没有受到质疑，那就是，国家是“自主、统一的理性行为体”，在划定的地域范围内享有全部权力。我们会在这本书的后面部分探讨，鉴于后来发生的很多事件，这种观点是否应当重新思考。

具体地说，这份条约认识到，新教已经深深地涉入了几百年来一直由天主教统治的土地。哈布斯堡只能在有限的世袭土地上压制新教，这块土地的范围就是史称的奥匈帝国。条约进而允许作为宗教少数派的基督教不受干涉地开展宗教活动。西班牙承认荷兰完全独立。荷兰放弃争夺对西属尼德兰的权力，同意让自己的贸易船避开西班牙的美洲殖民地，以换取西班牙承认荷兰对以前由葡萄牙控制的土地享有权利。瑞士联邦（the Swiss Confederation）取得独立。瑞典拿到了 500 万大银（daler）可以用来给军队支付饷银，还获得了西波美拉尼亚（Western Pomerania）、维斯马（Wismar）、不莱梅和韦登（Verden）。

在这场冲突的所有参与方当中，瑞典、荷兰和法国的力量尤其得到了加强。但是它们所获取的土地和国家财富将在今后的几十年乃至几百年里继续来来去去，不断流转。《威斯特伐利亚条约》（明斯特与奥斯纳布吕克条约的合称）之所以意义重大，在于它把一种共同的态度改变奉为神圣原则，这也许是自罗马帝国衰亡以来西方世界在政治理念和政治结构问题上共同作出的最重要的调整。在这个背景下值得一提的是，教皇本人和梵蒂冈对威斯特伐利亚和谈的最终结果只起了相对来说很小的作用。历任教皇长期以来受到欧洲各地的天主教势力的撕扯和左右，维也纳、马德里、巴黎和别的地方的天主教各有自己的利益，教皇很难在战争中表明立场，只好把任期的大部分时间花在经营教廷上。

教皇派去威斯特伐利亚的代表、教廷大使法比奥·吉基（Fabio Chigi）大力拥护平行谈判，而平行谈判有效地打消了教皇在最终方案中发挥主导作用的可能性。梵蒂冈在整个谈判期间的正式立场是避免对新教作出让步，这一点尤其让教皇发挥主导作用的可能性沦为空谈。教廷的这一背离时代潮流的主张比任何程序性、结构性或者策略性的举措更大地消解了教皇的影响力。梵蒂冈对条约作出正式回应：教皇英诺森十世（Innocent X）颁布诏书，称它是“空洞、无效、疯狂、没有价值、该遭天谴、邪恶无赖、丝毫没有意义、绝对没有效果”的。心理学家有一个术语用来形容这种声明。他们管它叫做投射（projection），因为从政治角度看，恰恰是天主教（因为它不能适应新形势）在欧洲事务中所起的根本作用被宣布为空洞、无效，越来越没有意义和价值。说到底，也许《威斯特伐利亚条约》最鲜明的要素是它有一个条款规定，国家“对一切政治以及教会事务享有领土主权”。旧的战线被抹掉，原来的地图被重新绘制。等级秩序被打破。国家与教会的战争处于核心地位的时代被画上了句号。伟大的平等化开始了——不仅是外交官互相称呼的头衔变得平等，商人和企业在重新排序的欧洲主权国家的地位上升，在国家事务中所起的作用也变得平等。

加冕与退位，崩溃与新生

1650 年克里斯蒂娜女王在斯德哥尔摩举行加冕仪式，这件事就好像为瑞典在三十年战争中来之不易的胜利画了个感叹号。庆祝活动规模盛大，豪华，前所未有地铺张，“王国从来没有如此欢哗热闹过”。乐师、传令官排成队列，贵族乘坐镀金的马车，官员穿戴精美而华丽的服饰举行了盛大的游行。女王本人乘坐的马车由 6 匹白色的高头大马拉着，所有的马都钉着银马掌。作为加冕仪式核心部分的大游行成了某种政治舞台，这个舞台远比女王的曾祖父苦心经营建立王国的时期更加文明。大游行的经济负担也远远超过了这个刚刚取得胜利的王国的承受力，虽然铜矿的工人正在拼命干活，生产活动前所未有地紧张，并最终达到不可持续的程度。有些东西已然正在崩塌。

女王本人是个矛盾的集合体。她身为三十年战争的大赢家，却在几年以后放弃王位和宗教，跑去梵蒂冈生活，多年来接受一连串的教皇和红衣主教的庇护；这位迷人的女士赢得了许多男人的心，据说却至少有一位男性是她的挚爱；她慷慨地赞助文化和艺术活动，却极其务实；她是统治者，后来却成了一位自我放逐的女王，花钱如流水。在她的领导下，瑞典完成过渡，成为一个现代的欧洲大国，可是在她加冕的时候，王国有没有钱给政府官员发薪水却还是个问题。

同样，我们考察一下普通市民的生活，就会发现瑞典的黄金时代也有它的自相矛盾之处。国家虽然胜利了——也许正是因为取得这胜利付出了高昂的代价，这一时期瑞典普通农民的生活水平比一百年前还低。饥饿和贫穷十分普遍，用树皮做成的面包成了农民餐桌上的主食。瑞典的士兵要求拿到他们打仗应得的酬劳，即使瑞典在威斯特伐利亚谈判中拿到了大量赔款，国内却仍然面临着巨大的经济压力。这进而导致铜矿加大了开采，尽管在战争期间，铜矿的生产已经达到了白热化的程度。从铜的产量来说，战后几年取得了前所未有的成功。可是对铜产量的需求达到了如此地步，人们几乎不再有长远的考虑，不再关心妥善维护矿井的基础设施等问题。安全生产被抛在脑后；矿工继续拼死拼活地干活，因为平均起来，他们当中收入最低的，也比挣扎在死亡线上的普通瑞典人过得好。

在克里斯蒂娜举行盛大的加冕典礼的这一年年底，法伦的 40 名矿工站在一起计算本年度（受到了加紧生产的督促）铜的产量和产值。在1650年12月的最后一天，他们一整天都在做铜的称重工作。虽然他们也想早点庆祝新年的到来，却不得不推迟下班，因为要称重的铜矿石还有很多。最后得到的数字打破了铜矿此前的记录：粗铜3 000吨。上一年的平均产量还不及它的1/6。在女王举行了金碧辉煌的加冕仪式的1650年，矿山的生产达到了无以复加的高度。

1654年，克里斯蒂娜退位。原因一半是她想公开信奉天主教（她是个秘密的天主教徒），还有一半是她任命了太多的新贵族——共有500多位，她不得不卖掉或者把皇室的地产抵押出去来弄到每年的120万瑞典元（riksdaler）。她退位几个月以后，铜矿忽视安全生产的后果终于显现。巨大的矿坑发生塌方，许多矿室被灰土掩埋，生产活动完全停顿。这是迄今为止那座矿山发生过的最为严重的灾难。也许可以说，随着克里斯蒂娜女王的离去，甚至随着她父亲的离去，瑞典度过了它的全盛时代；但是铜矿虽然再也未能达到过它在1650年的产量，我们却不能说这家叫做斯道拉的企业开始走上了下坡路。斯道拉作为一家公司，它的结构使它能够适应新的形势，能够做出改变和调整，它的灵活性是国家无法比拟的。

其实，斯道拉铜矿早在大矿坑的四壁开始由于不堪承受过度开采的重负而变得岌岌可危之时，就开始转变它的经济基础。随着三十年战争接近尾声，来自德国的采矿大师汉斯·菲利普·利贝克（Hans Filip Lybecker）认识到，木材的持续供应对铜矿至为关键。于是，他在1640年代末创办了斯道拉木材公司（Stora Kopparberg's Wood Company），由于管理有方，这家公司的规模不断发展壮大，到17世纪晚期铜矿显然度过了它的黄金时代的时候，木材公司将提供一条替代的发展道路。此外，随着瑞典皇室的权力受到限制，斯道拉的矿工想办法加强了自己的独立地位，他们改变开展业务的方式，在接下来的一百多年间大大加强了自主性，实现了多渠道的收入来源。

斯道拉对瑞典的崛起功不可没，反过来，瑞典也为终止教会的主导地位、成为民族国家并主张自己的权利作出了巨大贡献。而在民族国家时代的头几年，斯道拉就在公司发展史上翻开了日趋独立的全新篇章，它将和本章提到的其他公司一样，循着相同的轨迹演变和崛起，它们共同建立起一种全新的全球经济结构，这种结构越来越多地建立在私人而非公共权力不断积累的基础上。新的民族国家具有更为复杂的涵义，从多个方面看，是比它们所能想象（即使到了今天也无法想象）的更加负面的涵义。

第四章

1776 年：两场革命

我希望我们在公司造就的金钱贵族诞生之初就把它摧毁，因为它已经胆敢挑战政府，试探自己的力量，蔑视我国的法律。

——托马斯 ·杰斐逊

头脑实际的人们认为自己完全不受文化界的影响，却往往成为已经辞世的经济学家的奴仆。

——约翰 ·梅纳德 ·凯恩斯（John Maynard Keynes）

本书在“内容简介”部分提到，托马斯 ·杰斐逊十分欣赏特伦查德和戈登的“卡托信札”（The Gato Letters）。他不仅在蒙蒂塞洛（Monticello）自家的书房收藏了一本，还建议弗吉尼亚大学也收藏一本（他认为创办弗吉尼亚大学是自己的一大功绩）。杰斐逊坦白地对“公司造就的金钱贵族”表示不快，绝非只是表明了18 世纪美国上层社会的偏见而已。他也绝不是在用激进革命家的耳朵倾听被隔离在大西洋彼岸的同胞的心声。

恰恰相反，杰斐逊是被一种日益成为主流的思潮所裹挟，他一生成就的许多伟大事业莫不如此。事实是，杰斐逊几乎从来不曾在哪个问题上特立独行过，而总是对时代潮流给出高明的阐释。在他看来，他最著名的革命行动——起草《独立宣言》，与其说是陈述一种新观点，不如说是用当代的口吻重申一种已经存在的观点。他在去世前不久写道："它既不希望提出全新的原则、表达全新的情感，也不愿意照抄以前的哪篇文章，它的本意是表达美国人的思想，给人留下一种印象：就环境形势的要求而言，它的语气和宗旨是适当的。"

杰斐逊对独立和政府的执政原则等问题所持的观点，来自《威斯特伐利亚条约》签署后一百多年间人们对国家性质的思考。和美国革命的其他领导人一样，杰斐逊主要受到英国和法国的哲学家和政治家如洛克、罗素和孟德斯鸠等人的影响，这些人对国家新近获得的权力、国王和专门为了制衡皇室权力而成立的机构等展开了苦苦思索。英国的光荣革命（Glorious Revolution）把议会高于王权的原则奉为圭臬，并使之成为英国法律的基础，由此形成一种政治文化，杰斐逊就是这种政治文化的直接产物。杰斐逊在威廉斯堡（Williamsburg）的威廉玛丽学院（College of William and Mary）就读期间曾经博览群书，广泛阅读了当代重要的政治思想家的著作，从那个时候起，他就和英国王室遍布世界各地的广大殖民者和臣民当中思想开明的人士站在一起，他们认为，不管议会有何权力，都不应当剥夺个人的基本权利。

杰斐逊一方面受到这种政治辩论的影响，另一方面也受到大不列颠国和欧洲其他国家近来出现的经济现象的触动。这些现象当中包括了促使特伦查德和戈登写下"卡托信札"的事件——1720年的南海泡沫和他们认为与泡沫不脱干系的公司腐败。还包括某些由国家创办的公司几乎让人难以想象的迅猛崛起，这些公司成立于三十年战争之前——比如荷兰东印度公司、南海公司和首当其冲的英国东印度公司等，它们作出一系列挑衅行为，点燃了美国革命的导火索，成为一支直接的、具有根本重要性的力量。（我们会看到，英国东印度公司在引发革命运动、导致世界上最大的两个民主国家——美国和印度的建立过程中，也许是无意中起到了关键作用，并促使它所扶持的大英帝国最终解体。）

由于家庭出身的缘故，杰斐逊拥有一个大种植园，终生都靠 600 多个奴隶供养，去世时几近破产——但是，从来没有人认为杰斐逊是一位重要的经济思想家。他对公司的看法虽然深深契合了时代的主流思潮，可是更准确地说，它却代表了那个时代人们争论的根本经济问题的一个方面，并且是在类似他本人的富裕农场主当中十分流行的观点。值得注意的另一方观点、站在美国一方提出反驳的观点是杰斐逊的老对头亚历山大 · 汉密尔顿、美国首任财政部长的看法。汉密尔顿认为，美国的崛起必须主要依靠蓬勃发展的商业和制造业，对这个新生的国家而言，商业和制造业是最佳发展轨迹。其实，汉密尔顿的许多观点是受到了 1776 年另一位伟大革命家的启迪和鼓舞，这个人的著作很可能是这一年发表的仅次于杰斐逊《独立宣言》的第二大重要作品，他就是亚当 · 斯密（Adam Smith）。值得指出的是，从诞生了划时代历史著作的角度来看，1776 年是一个尤其特殊的年份。这一年年初，托马斯 · 潘恩（Thomas Paine）的《常识》（Common Sense）问世，一个月以后，爱德华 · 吉朋（Edward Gibbons）出版了《罗马帝国衰亡史》（*The Decline and Fall of the Roman Empire*），这本里程碑式的鸿篇巨著激荡着时代的政治回响。

斯密的《国富论》在1776年3月面世，在当时的大背景下，人们肯定不认为它的影响力堪与另外两部重要著作相提并论。要经过许多年以后，这本书才会取得了它今天被视为经济思想奠基石的地位。斯密之所以写作这本书，在很大程度上也是对过去一百多年来在英国和欧洲其他国家大行其道的重商主义经济制度的反思，书中明确地批评了英国东印度公司之类的公司。但是，正如《独立宣言》提出，国家的重要决策应当由人民作出是一条自然法则一样，《国富论》也倡导一种经济手段，它把关键的决策权交给了市场和单个的经济行为体，并给出了理由。虽然这些自下而上的执政理念大体上相当和谐，可是，它们之间也存在一个根本的矛盾：如果出现问题，那些用选票投票的人和那些用金钱投票的人——双方的利益一旦发生冲突，哪一方该享有优先权？斯密写道，如果个人可以自由地追求经济利益，就会促进公共利益，就好像有一只“看不见的手”在起作用。可是历史多次表明，这只手岂止是看不到，简直是不存在。有时候历史也表明恰好相反的情况：一只铁拳包裹在看不见的手套里。

美国不知道是该听从杰斐逊以农立国、反对公司的直觉，还是遵循汉密尔顿的工业化展望——汉密尔顿在他的“制造业报告”（The Report on Manufactures）中准确地预见并描绘了一个工业化的美国。这种迟疑不断加深并发展成了南北裂痕，由此塑造了美国前100年的历史，进而引发了人类历史上到那时为止流血最多的一场战争。这场农业–工业对峙的国家身份危机的最终解决，与其说是由杰斐逊打头阵的民主革命的直接结果，不如说是一场经济革命的结果，这场经济革命的发端与斯密著作的出版恰好在同一时间。这两场革命的和谐并行与它们所引发的潜在矛盾标志着新生的处于上升势头的民族国家与私人权力中心（民族国家大力扶植私人力量的发展）之间的全新关系进入了下一个重要阶段。

事实真相

历史上始终存在一种必要性，那就是一方面必须有某种“最高”权力来解决纠纷、保持秩序，另一方面必须对之予以制约，以限制那些手中握有权力的人普遍存在的滥用权力的倾向。从古时候起，人们采用的平衡和制约手段就是我们今天称之为“民主”的形形色色的变体，当然它们几乎完全达不到现代社会为“民主”这个词所设立的标准。在极小的社会，比如部落或者小村庄，成员之间存在某种形式的投票（不管是正式还是非正式）是相对常见的现象。

社区委员会有各种声音表达不同的意见，按照通常的标准比如年龄、性别、家庭背景乃至健康、体格等享有优势，都会具有更多的发言权。随着社会的规模扩大，必须采用更为正式的机制。从由长老组成的委员会或者像古代美索不达米亚那样，达到扛起武器打仗的年龄才有资格加入委员会，到古印度的加纳司（ganas，即王公贵族接受地方大会的辅佐），人们普遍有一种愿望，那就是确保某种形式的多元化能够遏制最强大、最富有、最幸运的人时时蠢动的独裁倾向。就连像斯巴达那样的寡头政体，政府也设有两个国王、许多长老和其他一些监察委员会，以便确保表面的公正，为权力分配提供一定的制度化保障。

当然，这些体制有时候显然是现代民主的雏形，最直观的例子就是雅典的公民大会（Ecclesia，所有公民均可参加）和它（公民大会和其他集体领导所赖以运行的）精心设计的法律制度。伯里克利（Pericle）这样写道：

我们的制度之所以被称为民主政治，是因为它顾全多数人而不是少数人的利益。当私人纠纷产生时，所有人在法律面前一律平等；担任公职的权利不属于哪个社会阶层，而是贤者方可为之，家境贫寒不成其为障碍；有能力为国家服务的人，不因其地位卑微而在政治上湮没无闻。

由于受到柏拉图、亚里士多德等政治哲学家的著作的影响，罗马人在建立共和国的时候欣然接受了希腊人的观念，政府的基本概念——建立在包容性和广泛代表性的原则基础上，得到了相当程度的完善，此后一千多年都难以望其项背。在罗马帝国衰亡和中世纪时期，代表性政府的观念在西方并没有湮灭，但是，毋庸讳言，它的核心概念由于社会对君主统治、武力统治和封建主义之类的根本经济制度的依赖而出现倒退，封建主义把地主抬高到了居于农业社会的中枢地位，让他们控制了生存和财富创造的主要机制。

然而，在中世纪，公共治理的一些体制和传统却保存了下来，并间断性地出现繁荣。它们包括从意大利城邦的寡头委员会到北欧的人民大集会，虽然从许多方面看，学术界喜欢把现代民主的源头追溯到古希腊和罗马，对这些自治体制缺少认可，但它们却是英国和美国民主（以及由它们派生出来的民主）更为直接的先导。早在罗马帝国崩溃前后，北欧的部落社会就每年一次甚至几次聚集起来开会，这些集会半是节日，半是集市，半是行政治理。集会的时候，与会者往往聚集在一大块田野上或者田野周围，通常是住在帐篷里或者其他临时搭建的住处，解决部落或者家族之间的纠纷，制定法律，短暂地把由于几乎没有道路或者可靠的沟通手段而联系松散的社会弥合起来。

现存世界上最古老的议会——冰岛的 Althing 就源自这种传统。它首次召开大会是在公元 930 年，那是一个让地方领导人为整个社会制定规则、解决冲突的场合。集会的主席叫法律演讲人（lawspeaker，现代议会的“发言人”角色就是由此而来）。该角色的一项职责是演讲法律，宣读所有现行的法律以及刚刚一致通过的新法律。他站在一块叫做法律石（law rock）的石头上讲话。“thing”的概念在整个斯堪的纳维亚都很常见，这个词来自一个古老的印欧词语，意思是“一段延长的大型集会的时间”。后来，这个词的意思变成了一段指定的时间，后来又变成了用来指事务或者大会本身。这是词源演变的一个有趣的例子，与英语中 thing 这个词的演变遥相呼应，英语中的“thing”先是指法律的来源，后来才变成了指“东西”或者“财物”。今天，除了冰岛议会叫 Althing 以外，可以证明这种政体之持久性的还有挪威议会（叫做 Storting，意思是“伟大的东西”）和丹麦议会（叫做 Folketing，意思是“人民的东西”）。这些词语的根源和演变表明，财产权在所有法律中都占有特殊地位，它是比许多其他权利更为古老和基础的一项权利，所有权的概念和由它延伸开来的经济事务是西方司法制度最早关注的问题。

在瑞典，用来指代地方集会的词叫做“Landsting”，但是在 Riksdag（瑞典议会）问世之前，在古代和进入中世纪之后相当长的历史时期内，乌普萨拉都在冬季将尽的时候发起一种类似的集会，它与一种叫做 Disablot

的异教徒庆祝活动恰好在同一时间进行，庆祝活动是为了保证来年取得大丰收。异教徒的庆祝活动主要关心繁殖和生育，原来由妇女进行，此后渐渐有了更高的目标。还有一个节日叫做Disting，后来发展成了更为广泛的政治集会，叫做“the Thing of All Swedes”，它是把大型集市和初步的议会综合起来的一个大事件。

庆祝生育的主要是拥有子宫的妇女，政治活动却向所有拥有武器的人开放。只有那些能够提供必要的武力以保护或者主张群体意志的人才有资格参与政治，这个事实与国家之所以成为国家的另一个核心层面连结起来：能够合法地动用武力。

瑞典的集会也是由法律演讲人主持。后来发展成了一种选举国王、并且让国王在其中充当法官角色的机制。但是有些情况下，这些集会也反驳乃至撤销国王的命令，比如1018年，奥洛夫国王想向挪威开战，就遭到来自集会的抵制。在这次集会上，法律演讲人肖格尼（Thorgnyr）在讲话时斥责了国王，有力地声明瑞典的真正权力不是掌握在国王手中，而是掌握在人民手中，人民不愿意再发起一场费用高昂的战争。周围全副武装的群众热烈地为他喝彩，奥洛夫只好放弃了攻打外国的打算。

两个世纪以后又发生了类似的事情。在兰尼米德（Runnymede）的另一块田野上，一份同样主张限制君主权力的文件上也盖有英格兰国王约翰的玺印。这份史称《大宪章》（*the Magna Carta*）的文件被誉为民主发展史上的一座里程碑，这一事件本质上却是出于经济原因而不是为了追求平等。这并不是英格兰国王第一次承认自己的王权在法律之下。英王首次承认法律在王权之上是在1100年，亨利一世（Henry I）志愿采纳《自由宪章》（*Charter of Liberties*）。可是到了1215年，英格兰的地主统治阶级诸侯觉得皇室的税赋过重，自己受到了凌虐；和他们的瑞典亲戚一样，国王向海外扩张（约翰想向法国扩张）的野心也让他们很不高兴，于是纷纷奋起反叛。

约翰国王虽然极不情愿，却别无选择，只好接受了诸侯把限制王权的要求写成法律，并正式承认一些保障基本权利的法律具有高于王权的约束力。因此，《大宪章》是第一份强制要求英国国王遵守的文件。制定这份协议时成立了一个委员会，它规定如果国王无视文件条款，委员会可以驳回国王的意见，甚至作为惩罚，可以没收国王占有的土地。这份文件几经修改，又被教皇宣布无效（后来再次修改后再次获得批准），但是，直到今天它仍然被认为是英国宪法的重要依据，是贯穿了从希腊到三十年战争结束之后开始发端的民主复兴的一条历史脉络。

为新世界寻求新规则

有一位关键人物在很大程度上无意中促进了宪法性法律的复兴，这个人却并不是《大宪章》的忠实拥护者。他就是奥利弗·克伦威尔（Oliver Cromwell）。其实，克伦威尔对律师和律师努力用法律来限制他的权力不屑一顾，有一次，他讥讽地把《大宪章》叫做“大臭屁”。（在这一点上，他和包括托马斯·杰斐逊在内的许多人一样，他们倡导自由和用法律限制统治者的权力，可是等到自己一掌权，观念马上就变了。）与此同时，一位在克伦威尔的部队中服过役的乡村律师的儿子，对于接下来向前迈进一大步，迈向把人民放在高于国家首脑的地位，放在高于以君主为核心的权力等级（这种权力结构自罗马帝国以来一直占据主导）之上，将起到举足轻重的作用。

三十年战争行将结束之际，克伦威尔成了英国内战（the English Civil War）的关键人物。英国内战将使查理一世下台；查理一世本人不把议会放在心上，他虽然承认议会的优先权，却在10年间只召集了一次议会，此外他还没有节制地花钱，让英国卷入欧洲大陆的战争，并且娶了一位法国天主教的妻子而让信奉新教的英格兰神经紧张。1648年12月，克伦威尔率领的军队在经过两次内战之后终于执掌了政权，他驱逐了议会内部的异见人士，恢复了议会。然后，他操纵残余议会（the Rump Parliament）达成自己的目的；他主持审判了查理，查理被判犯了叛国罪并被处死。

克伦威尔是一位杰出的将军和务实的领袖，在他主政的将近十年间，英国实现了前所未有的社会自由。在这一时期，行会和零售商获得了长足的发展，他们从贵族手中攫取土地和资源，争取进一步的民主，初次尝到了近似平等竞争的滋味。有人把克伦威尔描绘成一位理想主义者，可是，使人困惑的是，克伦威尔却把自己军队内部更加组织化、观念化地来迎接这种自由的运动看成一种威胁。他也许参与了这场“平等化”运动，可是，他在自己的军队内部大力镇压的一支力量其实就叫平等派（Leveler）。虽然克伦威尔 1658 年去世以后，他的儿子无力保住手中的权力，在查理二世军队的要求下让位给了新国王，查理二世的复辟却附带着一个十分明白的条件：他只能在议会的首肯之下执政。这是英国权力结构演变过程中的一大进步，反映了欧洲大陆在《威斯特伐利亚条约》之后势不可挡的时代趋势。

如果说《威斯特伐利亚条约》确立了新的以国家主权为基础的国际法则，那么，考虑到主权的真正性质，接下来的商业秩序就要确立国家之间的规则——既涉及它的外延，也涉及对它的限制。对这些运动十分关键的是古代法律演讲人的宗旨，即国王要顺应人民的意愿，要在人民制定的法律框架下活动。可是，一百多年来，有些国王不断地争论，说自己就像教皇一样享有至高无上的权力，因为那是上天赐予的；历史摆出的事实却是，到 17 世纪中叶，支持限制皇权的人们开始给出越来越有力的解释，说明基本法律有更为神圣而根本的起源。找到这些起源，从个人的天赋权利取代国王天赋权利的角度构建更为精深的规则框架，成了威斯特伐利亚、克伦威尔和英国王朝复辟之后一个半世纪以来知识界孜孜以求的核心议题。

知识界不断求索的一个直接结果是，在克伦威尔之后的 20 年间，随着英国进一步调整国王与议会的关系，一些非常类似于我们提到美国革命时所使用的词汇和概念被提了出来。事实如此，这些新颖的概念不仅直接反映了作为这一时期权力斗争根本所在的经济问题，而且，提出这些概念的是这样一个人：他本人的生活恰恰融合了与这一时期不断变化的商业和政治潮流相关的种种要素。

他就是约翰 ·洛克。洛克生于1632年，父亲是一名乡村律师，在克伦威尔的军队服过役。洛克父亲的指挥官在战争中崛起并在议会占据了一席之地，洛克由此获得了进入英国最好的中学就读的机会，他20岁中学毕业以后，继续前往牛津的基督教会学院（Chirst Church）深造。他起初接受的是古典教育，后来受到注重观察自然的新知识运动的吸引，因此迷上了医学，去了牛津大学学习。牛津荟萃了当时最杰出的科学家，包括后来成为他挚友的艾萨克 ·牛顿。

一个偶然的机会，有人把洛克引荐给了英国富豪、冉冉升起的政坛新星安东尼 ·艾希利 ·库珀爵士（Sir Anthony Ashley Cooper）。艾希利到牛津来是想找一位医学助理。两个人一见如故，艾希利说服洛克去伦敦，到艾希利家里当他的私人医生。艾希利将要在复辟以后英国动荡的政局中发挥举足轻重的作用，他领导的力量对国王收回王权的努力抱持怀疑态度，并且对斯图亚特王室内部同情梵蒂冈的势力格外警觉。因此，洛克很快就被卷入这一时期的下一场重要的政治革命并在其中扮演了一个重要角色。

在政治事件接连发生之际，洛克获得了一个岗位，让他能够站在独特的视角观察现代国家和全球商业的兴起。他被任命为贸易与种植委员会（the Board of Trade and Plantation）委员，兼任卡莱罗纳州皇家资产（Lords Proprietors of the Carolinas）负责人。人们常常举例指出，洛克为制定卡莱罗纳州的早期宪法所做的贡献与他的这个岗位有关，而站在我们的视角，同样有趣的是，洛克深度介入并督导了英国重商主义制度的演变。正是在这个岗位上，洛克直接介入了国家支持的公司的兴起，介入了这一制度下的一大主要角色英国东印度公司，介入了早期的政府管理和随后对美国殖民地的剥削，并且事实上介入了奴隶贸易——今天，人们认为洛克是人权的倡导者，这一点尤其构成了莫大的嘲讽。

洛克在英国宪法危机时期的写作是他作出的最大贡献。复辟的国王查理二世把从《大宪章》到克伦威尔实施的改革一律作废，艾希利勋爵参与了阻止查理的弟弟、天主教徒约克公爵詹姆斯继承王位的权力斗争。结果艾希利勋爵、现在的沙夫茨伯里伯爵（Earl of Shaftesbury）被逮捕，后来遭到流放。艾希利蒙受不幸期间，洛克在欧洲各国游历，写下了他的主要著作《人类理解论》（*An Essay Concerning Human Understanding*，探讨人类理解力的极限）和《论宽容》（*Letters Concerning Toleration*，部分心得来自于他对新教徒在欧洲的际遇的观察）。

不过，就国家演变的问题而言，他最重要的著作是《两篇政府论》（*Two Treaties of Government*）。这部著作写于史称光荣革命的前奏阶段。光荣革命是一场过渡时期的叛乱，现任国王詹姆斯被赶下台，他的位置被奥兰治的威廉（William of Orange）和他的妻子、即詹姆斯信仰新教的妹妹玛丽取代。威廉是拿骚的摩利士的侄子，就是那位善于创新的将军摩利士，后者曾经对古斯塔夫 · 阿道夫产生巨大影响，致使阿道夫率领军队在三十年战争中打败了哈布斯堡和天主教联盟的军队。威廉和玛丽登上王位的一个关键条件是他们同意遵守一套全新的规则，它规定，议会有权决定英国的王位继承问题。在长达 600 多年的权力斗争中，这是使英国成为真正的君主立宪政体的一个根本关节点。

洛克的《政府论》为时代的变革提供了至关重要的理论基础。它直接抨击并瓦解了与君权神授相关的说辞，批驳了过去认为人不是“生而自由”的观念，从而消除了君主作为自然秩序的组成部分和《圣经》各种教义规定的合法性。更重要的是，在第二篇文章中，洛克提出一种观点，在自然状态下，人生而自由并具有某些权利，人在认为加入社会契约具有好处时，也不把这些权利让渡给政府。洛克在第二篇文章的第一章写道：

> 因此，我认为，政治权力就是为了规定和保护财产而制定法律，判处死刑和一切较轻的处分，以及使用社会共同的力量来实行这样的法律，保护全体国民不受外来侵害的权利；这一切都是为了公共福利。

更为基本的是，洛克提出，上帝的旨意是让人活下去，因此，人被赋予的最基本权利与这一旨意有关，（他主张）那就是生命、自由、健康和财产："自然状态存在着一条每个人都应该遵守的自然法则；理性就是这一法则，它教导那些听从理性指引的人们，所有人都是平等独立的，每个人都不应当侵害他人的生命、健康、自由和财产。"

第二篇文章用很长的篇幅来论述财产问题。洛克认为，与财富、所有权和商业活动相关的问题是人权和法律取得进步的主要推动因素。他主张，虽然上帝把世界赐予了人类，世界为所有人共有，但是，出于现实的理由，人类很快就开始占有自己收获或者捕猎的东西以维持生存。在这种早期状态下，所有权不是一个威胁，因为充裕是一种自然状态。后来，随着农业社会的发展，人应该只占有不超过他耕种能力的部分成了指导性的规则。可是，这时候人类采用了货币系统，所有这些规则都被扭曲，不平等出现了。洛克认为，文官政府之所以建立，很大一部分原因是为了规范这种不平等。

在随后的几百年，特别是近年来，关于洛克到底是赞同这样一种制度：不受限制地获取财产是可接受的，政府之所以建立是为了保护人们对自己的财产享有权利和裁决纠纷，还是他认为过度的利己主义是危险的事情，人们存在大量争议。极有可能他在这个问题上没有明确的观点，特别是由于他在写作这本书的时候受到多种力量的作用。他不仅在做一位政治哲学家的工作，还在为转型时期的英国寻找革命的理由。他不仅是一位宣传家，还是英国社会高层经济运行机制的参与者，这种机制与大英帝国的发展休戚相关。因此，洛克虽然认为生命和自由是天赋的权利，却把奴隶制作为一种战争状态加以合理化：征服者没有结束俘虏的生命，而是延迟俘虏的死亡，让俘虏给自己干活。考虑到洛克后来在卡罗莱纳担任的岗位，甚至站在他从事奴隶贸易的角度，就比较容易对这种明显的自相矛盾给出解释。所以说这里还是一样，洛克的观点虽然极大地影响了我们对自身利益的看法，他本人的所作所为却正是为了不断变化的自身利益服务，或者说受到不断变化的自身利益的影响。

洛克的思想对 1689 年的英国权利法案（Bill of Rights）产生了深远影响。这份法案不仅规定了对君主权力和一般政府权力的限制，还十分必要地明确了国民期待于政府的根本职能。所以，1689 年的法案（被认为是英国宪法的组成部分，后来成了美国和其他国家制定宪法的参照）不但保障了英国人生来具有某些权利，包括不受皇室干预的司法自由，还明确并批准了政府在执行法律时可以发挥的适当作用。它限制以“皇权”的名义征税，但是认可国王在取得议会同意的条件下有权开征新税。它明确规定了和平时期不得征募和维持常备军，主张议会有权决定什么时候可以使用武力。它规定新教徒有权拿起武器自卫，暗示在这种情况下政府可以插手社会的宗教事务。

简而言之，英国权利法案是后威斯特伐利亚时代朝着规定民族国家的外延和内涵迈出的一大步。它注重个人自由和财产权，并且开始建立一套复杂的司法体系来限制国家的权力，但是，透过它貌似高尚乃至十分深奥的表象，它为今后进一步的变革奠定了基础。

脱缰的公司

在洛克功成名就的那几年，英国东印度公司的影响力也在迅速加强。事实上，有位名叫约翰·萨默斯爵士（Sir John Somers）的议员找到洛克，请他写文章反驳东印度公司某些说客的观点：说客们提出，政府应当操纵货币市场使之有利于东印度公司。于是，洛克写了《论降低利率和提高货币价值的后果》（*Some Consideration of the Consequences of Lowering of Interest, and Raising the Value of Money*）一文。这是他写的少数几篇纯经济文章当中的一篇，他发表这篇文章没有署自己的名字。但是，他在这篇文章中认为，政府不应该过度干预市场，因为这样做违反了市场的自然法则。他预言，政府如果干预市场，将会导致亚当·斯密后来展开阐述的一些问题。1689 年，洛克被任命为贸易委员会委员，负责掌管英国在殖民地的利益和贸易政策。他在这个岗位上待了 4 年，在此期间，他主持实施了政府介入市场（被认为相当自然的市场）的政策——包括实行关税，管理帝国内部的商贸活动，而政府最大的商业企业英国东印度公司的影响力之日益增强，正是建立在商贸活动的基础上。

到 19 世纪的前 10 年，英国东印度公司已经存在了 100 年，它的经营规模大大膨胀。它开展香料、纺织品、染料和其他贵重商品的贸易，在这 100 年间，它仅在印度一地就建立了 20 多个据点。它还发起了远到马六甲海峡和中国的冒险，在英国议会形成了有组织的院外游说机构；1670 年，由于查理二世国王的一系列举措，它被授予了占领土地、铸造货币、指挥军队和修筑堡垒、在所控制的土地上实施法律以及宣战和媾和的权力。简而言之，这家公司变成了既是国家保护的对象，本身又是一个国家。它的实力如此之大，不仅洛克赞同对它加以遏制，另外一些人也想限制它的规模，他们成立了一家公司与它竞争，向它在印度贸易中的垄断地位发起挑战。鉴于英国东印度公司的规模实在庞大，再加上股东积极买断新公司的股份，新公司只维持了几年，就被合并成了一个新的联合体“英商对东印度贸易联合公司”（United Company of Merchants of England Trading to the East Indies）。但是人们在交谈时仍然把它叫做东印度公司，或者用方言把它叫做约翰公司（John Company）。

其实，在进入新世纪的头几年，东印度公司的力量就明显增强了，英国从印度进口的近 15% 是通过它进行的。它的授权经营范围被扩大，它在政府中发挥的作用得到加强（即使其他公司比如此前讨论过的南海公司破了产，遭到腐败的谴责而震撼了英国政坛），造成这种情况的很大一部分原因在于，东印度公司是英国兵工厂里最强大、最成功、最有价值的对外政策武器。

1744 年，有个 19 岁的英国人，他并非出自显赫的门楣，也没有受过像样的教育，“打架斗殴成性”——于是他来到了印度，受雇于东印度公司并从此发迹。1767 年他第 3 次也是最后一次离开印度时，他在军事方面的勋绩让公司军队的领导层与闻他的大名，他获得了普拉西男爵（Baron of Plassey）的头衔，当上议员又被踢了出去；他给大不列颠国内部确立了先例，那就是帝国可以随随便便地对待地方领袖，就好像对方是星期天下午在公园里下棋时可以随便摆弄的棋子。这个人就是罗伯特·克莱武（Robert Clive），不过对后世来说，他有一个更为浪漫而大名鼎鼎的称号："印度的克莱武"（Clive of India）。后来，由于命运的作弄，浪漫主义呈现出黑暗的一面，他成了公司批评者瞄准的靶子，被召回国内接受议会的指控，他的声誉一落千丈；他自暴自弃，一蹶不振，沦为毒品的牺牲品，在距他第一次踏上印度的土地 30 年后用一只小刀自杀身亡。

凭借锋利的刀剑，克莱武为建立世界上继凯撒之后最庞大的帝国立下了汗马功劳，他把国家支持的东印度公司发展到如此规模，达到了让 21 世纪那些害怕国家介入市场太深的人们难以想象的地步。事实上，正是在克莱武的领导下，东印度公司在印度的土地上建立了一个实体，它看起来很像是世界上首个由公司扶持的国家。

1750 年，印度的制造业产量占到世界的将近 1/4，人民的生活水平与英国差不多（东印度公司对次大陆进行了两百多年的掠夺以后，这种情况发生了改变）。孟加拉作为当时莫卧儿王朝统治下的次大陆最富有的省份非常繁荣，一位莫卧儿的皇帝说它是"各族人民的天堂"。它的主要产品是纺织品，它的纺织品举世闻名。17 世纪，莫卧儿皇帝奥朗则布（Aurangzeb）的首席医生马努奇（Manouchi）说到孟加拉，说"它在任何方面都不比埃及逊色，它的丝绸、棉布、糖和靛蓝等产品甚至胜过埃及。各种物产都很丰富，水果、豆类、谷物、软棉布、金丝布料等。"

印度多数省份由两位官员代表皇帝进行管理——一位负责税收，一位负责财政事务；1717 年以后，孟加拉由一人兼任这两项职责。他叫穆希德·古力（Murshid Guli），他的职务是孟加拉纳瓦布（Nawab，行政长官）。在古力当上纳瓦布的这一年，莫卧儿皇帝伏鲁克希亚（Furrukhsiyar）授权英国东印度公司与孟加拉开展免税贸易，让东印度公司在印度建立起了一块重要的基地。这时候，公司进入了孟加拉的纺织品市场已经长达70年，它以免息借给莫卧儿皇室140万英镑的条件，垄断了印度与英国的贸易。想一想这笔借款的巨大收益吧，这笔交易实在是太划算了，相形之下，荷兰人花了60个荷兰盾买下曼哈顿，都显得出价太高。值得一提的是，荷兰人1626年“买下”曼哈顿，也是代表一家公司、即荷兰西印度公司进行的，公司雇用彼得·米努伊特（Peter Minuit）谈判达成了曼哈顿的交易。

英国东印度公司一旦获得贸易权，马上就开始以非法手段把从中获取的利润最大化，它把权利转手倒卖给亚洲商人，把权利授予公司的管理层，让后者参与私人贸易，还从事一些并未获得合法授权的商品贸易。纳瓦布提出抗议，几次予以打击和取缔，结果只是激起了英国人的仇恨而已。

公司在激怒孟加拉“东道主”的同时，与印度南部的一家竞争公司也发生了火拼。这场冲突是英法之间由来已久的对抗的延续，牵涉到了身为法国商业代理人的印度永世公司（the Compagnie Perpetuelle des Indes）。在欧洲为了西班牙和奥地利的王位继承问题时不时爆发战争的期间，这两家竞争的公司时而争斗，时而停战；英国袭击了法国的船只，于是法国占领了英国在马德拉斯（Madras）的基地，打败了当地的印度统治者卡纳提克（Carnatic）的纳瓦布。后来英国人又把基地夺了回来，可是两家公司一直你来我往，争斗不休。

这两家大公司打得不可开交的时候，发生了一件更为重要的事情：罗伯特·克莱武开始崭露头角。他率领一小支游击队占领了法国在阿科特（Arcot）和特里奇诺普利（Trichinopoly）的据点，取得了骄人的战绩。于是，他受到自己在伦敦的老板的嘉奖，董事们送给他一把镶满钻石的剑，他甚至短暂地当上了议员。可是，由于他天性好战，加上虑事失策，他很快就被投票赶出议会，回到了他在这个世界上似乎唯一能够出人头地的地方。在他1755年回到印度时，印度工人和手工业者的制造业产量占到全球的近1/4。

这个时候，东印度公司与孟加拉的纳瓦布的关系达到了白热化。在此前的30多年间，地方政府曾经7次要求东印度公司增加缴税，并且经常打击、镇压和抗议东印度公司把它在孟加拉最大的城市加尔各答设立的据点军事化。现在的纳瓦布叫希拉杰—乌德—道拉（Siraj-ud-Daula），是此前担任这一岗位的长官的子嗣，让他恼恨的是，东印度公司居然把他的一位重要的政敌窝藏起来。纳瓦布要求谈判，他派去的使者却遭到冷遇，这位孟加拉的领导者认定，只剩下动武这唯一的选择了。他袭击了东印度公司在加尔各答的主要驻防地威廉堡（Fort William）。这次战役让公司措手不及，在克莱武回来前不久，公司处境狼狈，它在世界各地建立起一个网络，印度王室却要求它的代理人滚蛋。公司在这次战役中损失了200多万英镑。

公司必须采取行动。克莱武是个合适的人选。1757年2月，他重新征服了加尔各答，却不肯就此罢休。他继续向前推进，接着袭击了法国在金德纳格尔（Chandernagore）的总部并大获全胜。然后他与3位孟加拉要人（一位前将军、一位银行家和一位大商人）合谋，这些人有个共同的愿望，想让希拉杰保持中立。希拉杰虽然事先就知道了他们的阴谋，却没有采取措施，这是一个代价高昂的错误。1757年6月23日，克莱武率领东印度公司仅有3 000人的军队在普拉西把孟加拉将近1.5万人的军队打败。

没过多久，希拉杰遭暗杀身亡，与克莱武结盟的那位将军米尔·贾法（Mir Jafar）被扶上台，当上了公司亲自挑选的纳瓦布。不管贾法对自治怀抱过什么样的幻想，克莱武的高压和明白无误的指令很快就让他的幻想破灭。法国人马上被从孟加拉赶走。公司得到了城市周边的土地，孟加拉国库里的东西被直接转移到公司的船上，径直驶回英国，交到公司的股东手中。克莱武的这次行动给公司赚的钱完全弥补了威廉堡的失败所蒙受的损失，他本人拿到了整整234 000英镑。

后来，克莱武在此基础上继续大赚其钱，不到10年的工夫几乎把这个数字翻了一番。可是，他在回首往事的时候却说，“每当我想到那个国家的巨额财富，想到我只拿了很小的一部分，我就奇怪自己怎么那么客气呢。”他在1767年拿到的40万英镑大约相当于今天的55 900万英镑。从

1757年到1784年间，克莱武和他率领的东印度公司的其他官员拿走了将近1 800万英镑。这还只是他们的“提成”，公司乃至英国的收入就更为可观了。世纪之交，历史学家威廉 · 迪格比（William Digby）说过：“如果没有对印度的掠夺，英国不会发生工业革命。下列事件实在是奇异的巧合：普拉西战役（1757年）、飞梭（1760年）、珍妮纺纱机（1764年）、动力织布机（1765）、蒸汽机（1768）。”还是那个古老的故事：公司遇到国家，公司接管国家，公司促成工业革命，工业革命又派生出数不清的大公司。据估计，在普拉西战役之后、印度独立之前的近两百年间，英国从印度次大陆榨取的财富用现在的货币计算大概将近1万亿美元，因此大大削弱了印度的活力，使印度人民的生活水平在这两百年间再没有任何提升。事实上，英国为征服印度而发起战争，反过来还要印度人掏钱来支付战争的成本。

随后的岁月，纳瓦布继续充当傀儡，孟加拉的纺织工人实质上沦为近乎奴隶的地位，几乎分文不取地干活，以装满东印度公司的保险箱，再源源不断地运回英国。公司的残酷无情甚至达到如此地步，在1769年发生干旱期间，公司利用它的资源收购了当地的粮食并囤积起来，供给自己的管理人员，然后才以贵得离谱的价格返卖给本地人。结果孟加拉人饿死了100多万，这个数字大概相当于同一时期伦敦的总人口。这种残暴行径和东印度公司股价泡沫的崩溃让人们义愤填膺，（读者不妨想一想，英国的公众舆论更多地由哪件事情引发，）议会选举成立了一个委员会，由约翰 · 伯戈因爵士（Sir John Burgoyne）担任主席——他后来在萨拉托加之战（Battle of Saratoga）中一战成名，委员会对公司把利润至上的原则用于管理国家可能引发的后果展开调查。伯戈因委员会的一位委员指出：“商人的贪婪是唯一的准则，武力是唯一的执政手段，以前这样的制度从来没有存在过。”

英国对管理公司和统治印度的手段实行了改革，但是，克莱武和东印度公司的所作所为所产生的最重要的结果也许是，它们影响了像斯密和杰斐逊等革命者的思想，他们将在一个世界格局发生天翻地覆的大变革的时代应运而生，并崭露头角。

帝国在挥霍：礼帽、睡帽、法国人、印度人和茶话会

瑞典的情况再次表明，与时代相关的变革不仅限于大舞台和聚光灯下的大角色。它还表明，后威斯特伐利亚时代，整个欧洲存在一种在主权国家内部制约权力、把权力从“上”（上帝、教会和涂圣油加冕的国王）转移到“下”以及与权力的过度集中斗争的冲动。说到底，在国家与私人行为体的关系问题上，私人行为体的疲弱不振会导致政局动荡，就像东印度公司增强了英国的国力一样，都是自然而然的结果。随着斯道拉由于铜的产量下降而摇摇欲坠，瑞典对外部施舍的依赖加强了，而外部施舍破坏了瑞典的政治进程，让瑞典再也无法保持它在 18 世纪所达到的伟大地位。没有了富有的铜矿，瑞典的依赖性变强，预算削减成了家常便饭，瑞典人民备受压榨，生活愁苦。

瑞典渴望变革；不管是政治层面的变革，还是瑞典曾经的第一大国有企业斯道拉的变革，都是为了医治它们积重难返的问题（大国经常受到此类问题的困扰）。英国面对的挑战是如何建立一个庞大的帝国，瑞典背负的包袱则使这个曾经的帝国无法继续维持。战争消耗了国库，耗尽了人民的意愿，人民不肯再容忍国王们的勃勃雄心。战争也耗尽了地下资源，磨损了作为瑞典迅速发展并向外扩张的巨大引擎的斯道拉。50 年来，斯道拉铜矿两次塌方，塌方又引发熊熊大火，吞噬着矿工的生命——1760 年的大火燃烧了几个月，1799 年的大火持续燃烧 21 年。

瑞典国内的政局动荡与瑞典年轻的国王查理十二世（Charles Ⅻ）的政策不无干系。他 1697 年继位时年仅 15 岁，继位刚刚两年，瑞典就卷入了历史上的大北方战争（the Great Northen War）。这是瑞典与俄国、萨克森和丹麦为了争夺瑞典几十年前获得胜利以后所取得的土地和波罗的海贸易路线的控制权而发起的一场战争。查理有过好几次机会以较为有利

的条件结束战争，可是，他急于把自己的势力范围延伸到波兰（由于过去积怨很深的缘故），把这些机会都放弃了；到他 1706 年同意与波兰人议和的时候，瑞典没有得到赔偿，国内的财政状况进一步恶化。到 1725 年，瑞典先后把爱沙尼亚、利沃尼亚（Livonia）、英格里亚（Iingria，今圣彼得堡城）和芬兰的几个重要省份割让给了俄罗斯。也是在这一时期，瑞典有了一位新国王，查理妹妹的丈夫腓特烈一世（Frederick I）登上了王位。可是瑞典遵照英国的传统，让这位国王受到极大的限制，新宪法把更多权力赋予了人民和 4 个等级（教士、贵族、自由民和农民）的代表所召集的议会（Riksdag）。这种结构让政府很难有所作为，因为政府决策要求 4 个等级中的 3 个等级达成一致意见，这个条件相当苛刻，3 个等级达成一致的情况十分罕见。

在这种情况下，掌握最大实权的是衡平法院的大法官阿维德 ·霍恩（Arvid Horn）伯爵。他受到洛克和英国在光荣革命期间所表现出来的政治进步的吸引，背离了过去的传统；他让瑞典摆脱法国势力的影响，倒向了英国一边。在霍恩的领导下，瑞典进入了一个和平时期；过了一段时间，人们认为，经历了过去一百年的辉煌，这是一个衰退和软弱的时期。贵族当中以卡尔 ·古斯塔夫 ·泰辛（Carl Gustaf Tessin）伯爵和卡尔 ·吉伦伯格（Carl Gyllenborg）为首的批评者纷纷嘲讽霍恩和他的追随者是头戴睡帽、昏昏沉沉的老年人。于是，政府的拥护者很快就被人们叫做“睡帽族”，而为了识别身份，批评者则头戴款式新颖的各种帽子表示欣欣向荣，自称“礼帽族”。

礼帽族想要恢复与法国的纽带，实行一项他们认为能够让瑞典再造辉煌的国际政策。法国投桃报李，给予他们现金和政治支持；在用法伦矿的优质铜建造的凡尔赛屋顶下，一种适当的关系形成了。从 1738 到 1770 年的 30 多年间，礼帽族想让瑞典靠拢法国更近一点，于是加入了与俄国和其他邻国的战争；当战争的成本达到无法负担的地步时，睡帽族趁势重新掌权，他们勉力改变立场，谋求与俄国建立更为紧密的关系。法国人把白花花的票子交给一个政党，俄国人把票子交给另一个政党。瑞典国王在两个帝国的代表之间来回摇摆。

这一时期的瑞典并非没有进步。事实上，瑞典历史上把这一时期叫做自由时代（Age of Freedom）。为了绥抚市民的不满，共和国除了想办法消除国王实行独裁统治的威胁，还实施了新的自由，比如它在美国宪法制定之前 30 年就颁布了规定新闻自由的成文法。富兰克林 · 斯科特（Franklin Scott）在他关于瑞典历史的权威著作中写道："自由时代发现或者说重新阐释了民主政体的一些基本原则：人民主权、各阶级广泛代表、言论自由、由当选代表进行独立审判的权利和义务。它还临时性地把两党制、至少是部长负责制的概念确立为民主国家的天然体制。"他指出，瑞典的这次实验虽然没有成功，1772 年的君主复辟毁灭了它的成果，但它却奠定了一种制度的基础，这种制度今后将成功地经受时间的考验。

还发生了一件事：和政治生活中一样，财政紧张促使斯道拉积极谋求商业创新，又一次把它推到了波澜壮阔的工业变革的前沿；这些变革最终将在（17 世纪末直至 18 世纪标志性的政治剧变之后的）第二次经济革命的浪潮中改变世界的面貌。

由于礼帽族对法国货的喜爱而让瑞典卷入了一场战争，这场战争值得特别考察一下，因为它是把英国、瑞典、东印度公司、杰斐逊和斯密等连结起来的纽带。它在欧洲被叫做七年战争（the Seven Years' War），而它在美洲殖民地的旁支被叫做法国印第安人战争（the French and Indian War）。读者即使对本书前面部分的历史只有浮光掠影的了解，也可以清楚地看到，克劳塞维茨（Von Clausewitz）19 世纪初的观察能够在欧洲（他 1780 年生于欧洲）引起共鸣，今天这种共鸣基本上不复存在。他写道："战争不仅是一种政治行动，而且是一种政治手段，它是政治交往的延续，是政治交往通过另一种手段的实现。"这句话不但把战争放在了国家目的的范畴，而且还暗示它作为一种政治机制十分平常，就像人们惯于使用的其他机制一样平常。想一想东印度公司或者国家扶持的其他企业所发动的战争，你会觉得这句格言十分有趣；在这些例子当中，也许可以把它诠释为，战争有时候只是商业活动另一种手段的延续（或者在帝国和贸易的意义上，也许可以确切地说，商业只是战争另一种手段的延续）。

18 世纪享有“启蒙时代”的称号也许是名至实归，可是在欧洲，18 世纪之所以与众不同，却在于它从此前的历史当中收获甚少。举例说明，后威斯特伐利亚时代，民族国家的境况并不比此前多了一些和平。前面已经指出，18 世纪发生了西班牙王位继承战（War of Spanish Succession，1701-1714），争夺的是哈布斯堡王朝最后一任国王查理二世去世之后空出来的西班牙王位——主要是法英之间的争斗。接着英法两国又爆发了奥地利王位继承战（War of Austrian Succession，1740-1748），为了神圣罗马帝国皇帝的女儿玛丽亚 ·特蕾莎（Maria Theresa）能不能继承哈布斯堡在维也纳的王位再起纷争。虽然这场战争的战役大多发生在欧洲，依然主要牵涉到英法以及受到哈布斯堡王朝影响的众多其他国家——这个王朝也许是历史上最危险的一个家族，如果你清点一下与他们有瓜葛的战争的数量——但是，几场重大的战役却发生在世界范围。在印度，第一次卡纳提克战争（First Carnatic War）是这场大战的组成部分。在加勒比海，詹金斯的耳朵战争（the War of Jenkins' Ear）是它的延伸。在北美，它首先表现为乔治王之战（King George's War）。

这场牵涉英法的冲突发展到下一个阶段（1754-1763），战争的范围更加广泛——在欧洲、美洲、亚洲和非洲到处爆发，所以有人说它是“第一次世界大战”。在北美的英国殖民地，法国印第安人战争在今天人们的记忆中是培养了年轻的军官比如乔治 ·华盛顿等人的战场，是殖民者与北美土著之间暴力升级的战场。然而，对我们阐述国家及其角色的问题同样重要的是，英国在这场战争之后为了管辖它的殖民地做出了新的决策。议会通过了《规范法案》（the Regulating Act），旨在改革东印度公司在印度的管理结构和行为，同时，它还通过了诺思勋爵（Lord North）的《茶叶法案》（Tea Act），取消向美洲殖民地的贸易收取某些关税。可是，它保留了一种税：茶叶税。

东印度公司很讨厌茶叶税，因为它在蚕食东印度公司从印度进口的销售收入。自从早先的《唐森德条例》（the Townshend Acts）开征关税以后——该法案名称取自它的作者、财政大臣唐森德勋爵（Lord Townshend），殖民者就开始抵制购买茶叶。为了安抚东印度公司，议会授予东印度公司一项权利，它可以直接把茶叶从印度运往美国，避免中途停留，避开英国的关税。为了利用这一免税政策，东印度公司把整船的茶叶运到 4 个主要的殖民地港口：波士顿、查尔斯顿、纽约和费城。抵制茶叶运动的声势已经下去了，可是《茶叶法案》的通过和东印度公司的运茶行为却为这一运动重新注入了生机。殖民者激烈地抨击东印度公司在印度的残暴统治和它的垄断企图。公司在费城和纽约的商人宁可放弃佣金，也不愿冒着风险与抗议者发生冲突。但是代表英国皇室的总督禁止那些船只离开波士顿，除非把船上引起争议的货物卸下。为此，波士顿殖民者作出了反应，1773 年 12 月 13 日夜晚，他们在塞缪尔·亚当斯（Samuel Adams）的领导下组织起来，乔装打扮成莫西干印第安人，悄悄溜上东印度公司停泊在港口的船只，把茶叶倒到海里。结果，9 万磅印度茶叶漂浮在了波士顿港的水面上。

英国作出了回应，1774 年它通过了一系列《强制法案》（the Coercive Acts），对整个殖民地予以惩罚。法案规定，在茶叶得到赔偿之前，关闭波士顿港口。与此同时，法案还加强了皇室总督的权力，削弱了殖民地立法机构的权力。此外，法案还规定，总督有权在英国审讯被控犯有死罪的皇室官员，有权在殖民地的私人建筑物中驻留英国军队。这位总督随后被驻北美的英军总司令托马斯·盖吉（Thomas Gage）将军取代，这个职位原来是准备让克莱武担任的。我们可以想象，克莱武会比盖吉更无情，不过最后的结局很可能一样——莱克星顿（Lexington）和康科德（Corcord）的战斗爆发，奏响了美洲革命的序曲。

反讽的是，在一位现代的观察者看来，东印度公司停泊在波士顿港口的货船上飘扬的旗帜看上去十分眼熟，因为英国东印度公司从 1707 年到 1801 年所悬挂的旗帜，与华盛顿的军队在战争初年所使用的大联合旗（Great Union Flag）几乎一模一样。它的主要图案是 13 道红白相间的条纹，旗子左上方的图案则酷似英国国旗。美国国旗代表美国的 13 个殖民地，这一点毫无疑问，可事实却是，早在美国独立的想法闪过人们的脑海之前，英国东印度公司就在使用这种 13 道条纹的旗帜了。所以，在某种意义上，美国国旗的灵感来源很可能是巧取豪夺、利润导向的原始状态的跨国公司，而不是殖民地本身的结构。

《国富论》及其对政府的意义

美国联邦储备银行主席艾伦 · 格林斯潘（Alan Greenspan）是 20 世纪末和 21 世纪初完全开放市场的主要设计师。2005 年，他拜谒了苏格兰的寇克卡迪（Kirkcaldy），对诞生在这里的一位世界名人表示了敬仰。格林斯潘在这里称亚当 · 斯密“为现代世界的发展做出了前无古人的贡献”，称赞斯密“对竞争机制抱持基本厚道的观点，认为竞争机制可以化解工厂明显的过度生产所造成的规范市场的压力”。工厂制度始于 18 世纪初，一百年以后，诗人威廉 · 布莱克（William Blake）曾经谴责工厂是“黑暗的撒旦磨房”；当年在工业化的英国，大多数地方工厂林立。

格林斯潘接着对斯密给予了（当时看起来）极高的褒奖，但是事后想一想，斯密听了他的话也许会很不自在，就好比斯密如果听到格林斯潘称赞苏格兰人支持竞争，反对用保护工厂工人的监管来取代竞争，也会很不自在一样。格林斯潘认为：“当年的人们很难想象，今天令人惊叹的国际交易量会产生我们日常所体验的相对稳定的经济状况，如果它们不是在国际层面受到斯密所谓‘看不见的手’的引导的话。”

今天，《国富论》被认为是现代资本主义思想史上一部里程碑式的著作；

但它当初问世时（在美国宣布独立 4 个月前）却并不引人注目。实际上，斯密的好朋友催促他赶在美国的熊熊战火吸引所有人的注意力之前出版这本书。大卫 ·休谟（David Hume）写道："如果你要等到美国的命运被决定以后才出版这本书，那就等得太久了。"于是，这本书在莱克星顿和康科德的枪声响起 11 个月后、在英国开始准备撤离波士顿前几天出版。斯密的著作起初引起了一部分人的赞赏，因为它吸收了启蒙时代其他思想家的观念以及英国自南海泡沫和东印度公司兴起以来不断演变的社会思潮。

《国富论》也呼应了英国普遍存在的对东印度公司在印度、英国皇室在美洲殖民地胡作非为的批评声。斯密把"重商主义"这个概念普及开来。它形容这样一种制度：帝国对它的贸易加以控制和规范，使之对国家、对那些有权从事贸易的人有利。虽然斯密认为，英国对待殖民地的态度比其他欧洲国家更为开明（我们很难为这个观点辩护，只不过当时这个观点很常见），但是他指出，大不列颠国的政策仍然"和其他国家一样，受重商主义精神的支配"。他还观察到，与西班牙、法国和葡萄牙相比，英国对重商主义的限制更大，因为英国规定，殖民地所有商品的贸易都必须在帝国内部进行，商人必须经由某个特定的港口或者某家特定的贸易公司从事贸易。

斯密觉得这种做法有失公平："禁止一个伟大的民族全力生产完全属于他们自己的产品，禁止以他们认为对自己最有利的方式使用存货和工厂，这显然违反了人类最为神圣的权利。"他因此明确地附和了洛克的自由思想，并发展了洛克本人重点思考过的与财产相关的权利。在南海泡沫牵扯出腐败问题、造成艰苦局面以及东印度公司取得种种特权之后，英国商界形成的观点无疑对斯密产生了极大的影响。他责怪这种状况是商业界造成的。"我们必须看到，就殖民地贸易的大多数法规而言，"他写道，"执行法规的商人正是制定法规的主要顾问。所以，对于他们当中的大多数人，如果他们考虑自己的利益超过了考虑殖民地或者母国的利益，我们一定不要感到奇怪。"

这种思想在殖民地被视为一种志同道合的革命精神受到欢迎；顺着这

条思路，斯密主张，殖民地应当获得更大的自由，把自己发展壮大，不应当受到英帝国的经济和政治管理者的干扰。但他并不是让殖民地独立，而是让殖民地像他的故乡苏格兰那样，成为英帝国的全面合伙人。“英国宪法，”斯密写道，“绝不可能受到拥有殖民地的大英联邦的损害。恰恰相反，宪法会因此完善，没有它反而不完善。议会认真思考帝国每个部分的事务并作出决策，要想获取充分的信息，应该拥有来自各个地方的代表。”现代经济学之父亚当·斯密无疑不赞成没有代表权的纳税。事实上，他建议殖民地按照税收比例设立代表，他预言用不了一百年，美洲殖民地创造的税收也许会超过英国，到那时，他相信：“帝国的所在地自然会转移到为保卫和支持整个帝国作出最大贡献的殖民地所在地。”

具体到东印度公司，斯密补充了一些章节，专门探讨他看到的市场力量的滥用现象。在1783年的《国富论》第三版中，斯密认为，把一定年限的垄断权交给与“遥远而野蛮的民族”开展贸易的第一批商人“是合情合理的”，但是他坚决反对稳固的垄断地位，反对让公司拥有过多的政治影响力。垄断导致效率低下，“导致公司支持自己的服务人员渎职、浪费和贪污，这些人行为不端所造成的结果很少会是公司的红利高于一般自由贸易的普通利润率。”他不相信此前十年的改革对改善东印度公司治理印度次大陆的不足有什么帮助。他斩钉截铁地写道：“不管什么国家，如果让专营的商业公司来统治，也许是最糟糕的。”

他认为，股东投资加入东印度公司之类的企业，往往是为了获取影响力而不是利润，所以，他们不太重视“伟大帝国的繁荣……就事情的本质而言，再没有别的君主曾经或者能够对臣民的苦乐、对领土的改善或者滥用、对值得骄傲或者耻辱的政务如此无动于衷；站在不可避免的道德视角，这家商业公司的大多数经营者却恰恰是这样，而且必须这样”。东印度公司之类的公司“从各方面看都是有害的；对建立此类公司的国家多少有些不利，对不幸落在此类公司手中、被此类公司统治的人民则具有灾难性”。

他觉得应当给东印度公司的垄断地位设定一个期限，它的故事成了有说服力的论据，说明了他的一般观点：要让自由竞争和追求个人利益去推动市场。他的核心观点不仅本质上是乐观的——它的基础是个人按照自己的意愿行动可以把世界变得美好，而且大体上契合了总的时代精神，也就是想办法遏制国家权力，利用各种机制、体制和把个人权利奉为神圣并加以保护的法律来制衡国家权力。萨缪尔·亚当斯和托马斯·佩恩已经对国王的胡作非为给出了答复，同样，斯密也对东印度公司和政府当中迎合该公司、与之沆瀣一气的那些人在经济层面的胡作非为作出了反应。和佩恩他们一样，斯密也为影响时代思潮的演变立下了汗马功劳——关于国家的适当角色，关于国家权力应当如何加以限制，在何处、何种情况下加以限制。

斯密的观点在拥有土地的士绅阶层中间引起了一些不安，他们觉得他“没有领悟到乡绅们生活在一个日益商业化的社会所面临的经济方面的危险”。后来，托马斯·杰斐逊遭到他的头号敌人亚历山大·汉密尔顿的诘问时，证实了这种恐惧，汉密尔顿热烈拥护亲斯密、亲市场的观点。不过，大体而言，斯密的著作在出版之际基本上受到了好评（但是并未燃起读者的热情）。斯密也许有点如释重负地说，这本书“挨的骂远不及我预料的那么厉害”。他的出版商对读者的心平气和给出解释，暗示说要想看懂这本书，必须“思考再思考”。斯密的出版商的观点新颖、贴切，似乎和斯密的观点一样，也经受住了时间的考验。

独立宣言：对武装、盟友和国家新概念的召唤

《国富论》问世 3 个月后，在费城召开的大陆会议上讨论到美国的独立问题时，弗吉尼亚代表理查·亨利·李（Richard Henry Lee）打破了僵持局面。他向国会提出 3 项动议：“合众殖民地（United Colonies）为，亦应是，自由独立之国家，其免除自身对大不列颠王室之拥戴；其与大不列颠国之一切政治联系为，亦应是，彻底无效。当务之急为，即刻采取有效之措施，缔结外国之联盟。还当备好邦联之计划，传达各殖民地，征求意见并

获得许可。”

李的决议文和接下来不到一个月的群策群力产生了美国独立宣言，其内容虽然主要被认为是政治思想史上的一个转折点，实则却包含非常现实的成分。殖民地的革命者担心英国人在武力方面占有优势，他们知道，英帝国会全力以赴地对付殖民地发生的状况。革命者必须得到其他国家的援助。他们还明白，鉴于欧洲政治的性质，法国和西班牙有可能向他们提供援助。可是如果殖民地不被视为独立的实体，法国和西班牙便无法提供援助。这是威斯特伐利亚以后形成的局面。主权国家只能与其他主权国家打交道。所以，美国必须主张独立，主要目的不是为了表达自己的政治理念，而是为了争取关系到其生死存亡的国际援助。交换条件是，殖民地觉得，它可以为任何一个肯提供援助的国家提供商业利益——通过贸易，摆脱英国的重商主义体制，用美国的资产为美国谋利。

李的决议案提出 4 天以后，由约翰 · 亚当斯（John Adams）、本杰明 · 富兰克林、托马斯 · 杰斐逊、纽约的罗伯特 · 利文斯顿（Robert Livingston）和康涅狄格的罗杰 · 谢尔曼（Roger Sherman）组成的委员会便受命起草宣言，主张美国独立，以便它有资格得到国际援助。惯常的说法是，亚当斯不肯亲自起草宣言，因为他对自己的评价是“讨厌又招人烦”，但是，很可能至少有一条具有说服力的理由是：他把精力放在手头的要紧事上——起草一份条约，尽快把法国拉进来。

杰斐逊被选为起草独立宣言的作者。他虽然年纪不大，只有 33 岁，却显示出了写作方面的造诣。在《强制法案》颁布之后，他写过一本小册子叫做“英属美洲权利概述”（A Summary View of the Rights of British America），引起了很好的反响。他还起草了弗吉尼亚宪法，他把弗吉尼亚宪法用作独立宣言的参考，还参考了乔治 · 梅森（George Mason）的《弗吉尼亚权利法案》（Virginia Declaration of Rights）。但是很显然，所有这些宪法、法案以及杰斐逊融入独立宣言的其他思想，都根源于洛克。一半是因为个人权利的基本观点在欧洲各国的改革进程中得到了广泛的拥护，一半是因为想要遵循光荣革命的精神，遵循光荣革命不流血的政权更替，殖民者希望在不发生物理冲突的条件下完成过渡，一劳永逸地遏制英国君主对殖民地的权力。因此，殖民者强调指出，他们的行为是以英国法律为依据的。

为了遵循威斯特伐利亚之后形成的国家交往的指导原则，杰斐逊还参考了当年可供参考的一本重要的国际法手册，瑞士法律学者瓦泰尔（Emerich de Vattel）所著的《万国法》（The Law of Nations）。这部著作与此前的国际法著作的不同之处在于，它提出国家具有 3 个重要性质：自由、独立和相互依存。瓦泰尔认为："民族由生来自由而独立的人民构成，在文明社会建立之前以自然状态生活在一起，必须把民族或者主权国家看做好像是自然状态下共同生存的自由的人。"他还认为，国家有义务为别国的幸福和完善作出贡献，不应该干涉别国和平地享有自由。这种观点不仅对杰斐逊很有用处，日后还将在公司行为体彼此之间以及对广大公众所享有的权利和肩负的职责问题上引起强烈的共鸣。

独立宣言主张主权，把主权建立在个人自由选择的基础上（它主张个人有权做出选择），并且从法律层面规定了国家的作用，其法律内核的重点绝不仅仅是政治上的细微差别。它是一种传统的一脉相承，这种传统从法律演讲人开始，延续到兰尼米德，又经由洛克一直到达费城的独立大厅；它朝着确立法律高于一切实体和行为体的原则又向前迈出了一大步。国家受法律约束。国王受法律约束。日后还将会出现一种情况：独立的行为体比如公司之类也被认为受法律约束，因为它们作为独立的实体享有法律赋予的权利，且能够用法律解决分歧。它提出了一条在今天看来似乎十分基础的主张：在建立秩序时，法律比武力和传统更重要。这就赋予了那些没办法动用武力的人更加平等的地位，至少让他们与那些能够动用武力的人在竞争时有了争取成功的机会。19 世纪中叶，东印度公司之类依仗武力肆意横行的公司终于从世界舞台上消失以后，这个原则好像更加意义重大了。

杰斐逊起草的宣言开门见山，开宗明义：主张主权，并且暗示了要求领土主权的根本理由。“在人类社会发展的过程中，当一个民族必须解除与另一个民族的政治联系，并按照自然法则和上帝的旨意，在世界各国之间接受独立平等的地位时，出于对人类舆论的尊重，必须把他们不得不独立的原因予以宣布。”作为一个“自由独立的国家”（从而有资格获取这个国家迫切需求的国际支持），这个新国家将享有使国家之所以成为国家的某些权利：“宣战、媾和、结盟（以及）订立商约的全部权力”。

独立宣言的中间部分基本上是律师出身的杰斐逊的手笔，它是一份法律报告，描述了英国皇室对殖民地的伤害以及殖民者的行为何以不可避免且合情合理。在它列举的不满当中，有五六条直接指向国王本人，还有 9 条针对君主政体和议会。宣言在列举了 5 条“战争暴行”之后，宣布脱离与英国的关系，主张（无疑是希望尽量减小分裂造成的伤害）新的国家将“以对待世界上其他国家一样的态度”对待英国，“和我们作战，就是敌人；和我们和好，就是朋友。”

在独立宣言发布以后的头几个月，它看起来好像充其量只是个历史的注脚，是一小撮人的愿望，这个愿望将很快被世界上实力最强的军队击得粉碎。英国人占领了纽约市，向新泽西挺进。在圣诞节那个风雪交加的夜晚，乔治 · 华盛顿突然袭击了英军由正规军和黑森的雇佣军组成的主力部队。他率领军队在夜幕下横渡特拉华河（Delaware River），向英军在特伦顿（Trenton）的兵营发起进攻。华盛顿做了一件英国领导人认为绝无可能的事：美方只伤亡了十几个人，就对英军造成了毁灭性的打击。战争的局面发生转折。10 个月以后，美国人在萨拉托加打败伯戈因将军，就是那位曾经主持调查东印度公司在普拉西及其后为非作歹的爵士。反过来，法国人也把这场战争看做是美国人值得给予支持的证明，双方在巴黎签署了两份条约：一份军事条约，一份商业条约。后来，西班牙和荷兰也加入进来，站到美国一方。1781 年 10 月 18 日，一支美法联军包围了英国驻守约克郡（Yorktown）的主力。在英国军人演奏的“天翻地覆”（The World Turned Upside Down）乐曲声中，美国革命战争宣告结束。

取得胜利以后，华盛顿做了几件必须让杰斐逊的观点逐渐引起国际共鸣的事情。独立宣言不仅成了美国的理念，它的成功也让几位革命的思想者的言论比他们以为借鉴的前辈们的言论更加著名。

余波、倒退和始料不及的结果

毋庸讳言，建立一个新国家才只是个开始；在新国家内部爆发的诸多早期冲突中，首要的冲突涉及美国经济的性质以及政府要在经济中发挥何种作用。杰斐逊不喜欢公司和工业，他心目中理想的合众国是个农业国家，他的观点遭到了以美国首任财政部长亚历山大 · 汉密尔顿为首的联邦主义者强劲的对抗。在《国富论》出版 4 年以后，汉密尔顿从他生活在伦敦的嫂子那里得到了一本《国富论》。他在酝酿成立美国国家银行的时候使用了这本书。

汉密尔顿对银行的设想与斯密的担心不谋而合：黄金和白银如果被锁在一个国家或者一户人家的保险柜里，便没有价值；这些贵重金属如果存放在银行，则可以充当信用的担保物，人们可以借以获得创办新企业的资金，从而加速国家的经济发展。汉密尔顿在他那篇划时代的“制造业报告”中再次“表明他熟读深思”过斯密的《国富论》；他认为，在这个新国家的经济中，农业不应当享有对制造业的优先权——他把矛头直接对准了杰斐逊。汉密尔顿指出，早年，美国经济偏重农业，这既是美国人民固有的意愿，也是英国重商主义操纵的结果。站在另一边的杰斐逊则认为，发展工业将导致权力和财富集中在商人手中，就像英国那样。

在政府介入保护性的贸易政策问题上，汉密尔顿与斯密观点不同；汉密尔顿认为，如果世界各国的政府都实行重商主义，那么美国必须在某种程度上自我保护，显然斯密的著作让他感到十分亲切。反过来，《国富论》对美国政策的制定发挥了很大的影响——日后那些政策将导致美国快速发展，并最终兑现斯密关于美国的经济发展相对于大不列颠国的速度和性质的预言。

杰斐逊提醒人们警惕公司的力量，新生的美国却出现了大量新的特许公司，由汉密尔顿之类人士执掌。从 1790 年到 1899 年间，各州和联邦政府给 328 家公司颁发了特许状，这个数字几乎是此前十年颁发总量的 10 倍。举个例子，马萨诸塞州在 1784 年到 1789 年间只给 5 家公司颁发了特许状，1 家金融公司，3 家交通运输公司，1 家制造业公司，这些企业全都与美国大资本家当中大名鼎鼎的人物托马斯 ·拉塞尔（Thomas Russel）和乔治 ·卡巴特（George Cabot）有关系。

后来，在马萨诸塞州和其他地方，立法机构对公司的接受度越来越高，颁发的特许状更多了。鉴于各州与大不列颠国之类的国家相比，力量不够大，不可能出现像授予东印度公司垄断权之类的事情，所以，这些新公司要想存活下去，就必须谋求效率和利润。后来便渐渐形成了一种观念：那些存活下来的公司不能被国家解散。詹姆斯 ·沙利文（James Sullivan）1784 年在给马萨诸塞银行拟定章程的时候，章程中虽然没有表示时效的条款，他却自信地认为，国家可以在 1792 年解散这家银行；可是，亲公司的观念如此深入人心，到 1802 年，他依然不知道它什么时候可能被解散。过了不到 20 年，“达特茅斯学院校董事会诉伍德沃德案”（The Trustees of Dartmouth College vs. Woodward）与“查尔斯桥经营公司诉沃伦桥经营公司”（The Proprietors of the Charles River Bridge v. the Proprietors of the Warren Bridge）两起案件发生，确认了公司可以永远存在；它们逐渐为一种观点奠定了基础：公司本身拥有合法权利。

所以，虽然东印度公司体现了国家与公司之间的一种关系，这种关系适应了当时集权与等级制的世界局势，但是，作为启蒙运动的标志——对个人自由和法治的追求，却让公司享有了另一种完全不同的权利。这些公司起初并不像东印度公司那样宛如一个国家，也不具备东印度公司那样能够部署武力的特殊权力和实力，但在新的制度下，它们将逐渐获取许多特权和优先权。日后，这些特殊权利将使众多的公司变得比巨兽一般的东印度公司（它是地理大发现时代，伊丽莎白一世的宫廷为了主张大不列颠的权力而酝酿成立的）还要强大，还要灵活。

人们对东印度公司和重商主义的过度膨胀作出反应，产生了促进竞争、主张个人经济自由的全新法律框架，结果公司以另一种方式蓬勃地发展起来；同样，世界上现存最古老的公司斯道拉铜矿遭遇了物理、政治和经济等多方面的崩溃以后，也发生了日后将使其变得更加强大的变革。瑞典国力下降，铜矿资源枯竭，铜的需求减少，这些都让成功经营了 800 多年的斯道拉遭受了沉重的打击。可是大铜山却并没有因此寿终正寝。相反，在瑞典的自由时代，王室软弱无力，矿工趁机争取到了更大的独立性。国家虽然一直是铜矿最大的股东，它的影响力却下降了，法伦矿的职业矿工开始利用自己日益加强的独立地位对矿山进行了一系列的创新，从而彻底改变了这家企业的面貌，并且说明了公司以何种方式、为什么是一种永久的具有持久生命力的实体。

就斯道拉的例子而言，我们在后面的章节也会看到，它的诀窍在于巧妙地适应新情况。铜矿日益匮乏，产出的铜品质低劣，市场需求很小。世界对铁的需求日益增长，于是，斯道拉适应新形势，加入铁的生产。17 世纪晚期，国王命令瑞典人把房屋涂成红色，红漆的生产要用到铜，于是，斯道拉加入了红漆的生产。从 17 世纪中叶开始的木材生意继续发展壮大，到 18 世纪末，木材业已经占到了斯道拉业务的一大块。矿工本身则认识到了专业技能与注重科学的时代精神的重要性，开始要求对（对企业实行了大刀阔斧的创新的）矿工头目进行技术培训，以提高企业的效率，使之处于有利地位，能够赶上即将到来的下一场革命。所以，是逆境促进了创新，是逆境奠定了发展的基础，并且让斯道拉在两个世纪以后成为一家世界领先的企业。

与 18 世纪和启蒙时代人们耳熟能详的故事不同，在斯道拉铜矿，时代所有的作用力都在起作用。是斯密的理念、自由时代抑或杰斐逊的理念也罢，是维持瑞典帝国的沉重责任、艰难时代对创新的要求也罢，是酝酿中的全球工业革命也罢，诸多力量的作用之下，在这个生产过北欧刀剑、在这个阿道夫·古斯塔夫用来制造长矛和大炮的地方，某种全新的事物正在形成。当然，达拉纳的这家伟大企业并非独自面对这场变革，而这场变革也将产生震撼全世界的结果，就像1776年的那两场革命一样。

第五章

1848 年：国家何以成为国家

我认为我们现在正睡在一座火山口上……你们难道感觉不到，凭借某种本能的直觉，欧洲大地又在颤动？你们难道察觉不出……空气中流动着革命的气息？

——阿利克西 · 德 · 托克维尔（Alexis de Tocqueville）

在资本主义社会，资本具有独立性和个性，而活生生的人却没有独立性和个性。

——卡尔 · 马克思

有些历史学家和学习历史的人喜欢简单明了的历史脉络，他们寻找那些划时代的分水岭。可是我们一再看到，虽然历史曾经出现过许多引人注意的转折点，大多数伟大的转变却是渐进式的。此外，世界就像一个注意力不集中的学生，社会进步的关键事件看起来好似翻来覆去的重复，直到抵制住了重走老路的熟悉的诱惑，真正的变革才会扎下根来。

在整个历史进程中，很少有像 1848 年这样被认为是确定无疑的转折点的历史年代。这一年不仅爆发了席卷欧洲的革命，而且全世界在这一年发生了深刻的经济、政治和社会变革。许多力量在推动这些变革，从工业革命到欧洲的饥馑，从加利福尼亚发现金矿（推动美国发展成为世界第一大陆型经济体）到印度的动荡（迫使英国政府在其帝国内部开展商业活动的方式发生深刻的改变）。这一年，瑞典和斯道拉在席卷欧洲的改革浪潮中再次成为先行者，加快了跨国公司到来的步伐。在1848这一年，卡尔·马克思发表了《共产党宣言》。这一年，14岁的爱尔兰移民安德鲁·卡耐基（Andrew Carnegie）在美国找到了第一份差事，在棉纺厂当了一名线轴工。这一年，欧洲古老的王国秩序最后一次被告知：民众的统治是不可避免的未来潮流。

所有这些变革同时发生是一件引人注目的事情，同样引人注目的是，它们当中的许多变革体现了那场古老斗争（如何解决那些关于社会的形态与性质的核心议题）的连贯性。如果把这些由来已久的矛盾放在1848年的大背景下加以考察，它们开始改变形状，在现代读者的眼中第一次显得面熟起来，当代的许多主题清晰可辨。社会契约再一次经历广泛的修改，公共和私人行为体开始扮演更为熟悉而复杂的角色——这些角色将激起竞争，造成矛盾，进而形成关于两种权力中心如何平衡的针锋相对的理论，引发其后150多年的政治辩论、分歧和冲突。而1848年的革命和争论与我们自身所处的历史时代遥相呼应。

梅特涅与老办法

马克·吐温写道："不让历史重复是不值得的努力，因为人的天性总是让避免重复成为不可能。"《维也纳条约》于1815年签署后过了20多年，马克·吐温才出生，他点评的必然是《维也纳条约》的大环境以及它的缘起和结局。在拿破仑战争的纵横奔突之后，欧洲实行了一系列的举措试图恢复稳定，较晚的一次努力就是召开维也纳会议（Congress of Vienna），会议把欧洲200多个国家和侯国的代表们聚集一堂，制定了《维也纳条约》。历史学家形容这次会议是20世纪和平会议与国际会议的先驱和典范，我们却不可能看不到，它与威斯特伐利亚那场急匆匆、乱糟糟的政治集市存在诸多相似之处。此次会议的目的是重新绘制世界地图，除了这个目的，它的设计者认为，这也是一次重新确定国家的性质与相互关系、解决此前100多年间冒出来的新问题的机会。所以，它也是一场极其复杂的外交交响乐，如果没有一双灵巧的手来指挥，很容易沦为毫无用处乃至效果适得其反的杂音。

维也纳谈判的指挥家是奥地利贵族克莱门斯 · 梅特涅王子（Prince Klemens Wenzel von Metternich），一位 42 岁的外交官；日后人们认为，梅特涅创立的外交学派的影响绵延至今。他的工作是让欧洲实现和平——意思是说，他的工作是尽可能地保住他的哈布斯堡的雇主和奥地利的影响力；现在，这个宗旨被认为是权力均衡政治的蓝图。亨利 · 基辛格在公共舞台上第一次崭露头角，就是发表了博士论文“重建的世界：梅特涅、卡斯尔雷与和平问题，1812-1822 年”（A World Restored: Metternich, Castlereagh and the Problems of the Peace, 1812-1822）。后来，人们认为基辛格在其引领了时代风骚的外交官生涯中，效仿了梅特涅的策略和价值观（也有人说他缺乏梅特涅的价值观）。21 世纪的读者必然会注意到，基辛格的事业开始于考察并谋求权衡均衡的政治格局，而在他长袖善舞的 20 世纪中叶，世界却正在进入反常的两极化、接着是短暂的单极化时期，这真是一种讽刺。当基辛格长达数十年的显著影响渐趋消退之际，一些新崛起的国家重新提出要求：必须了解旧的游戏规则，平衡一小撮重要玩家之间相互冲突的利益，因为现在又有一小撮玩家登上了舞台中央。

在维也纳，梅特涅代表哈布斯堡，哈布斯堡是欧洲频繁发生的冲突中的熟面孔。他们不仅是此次会议的东道主，有效地把欧洲大大小小的政治实体召集到一起开会，还是保守势力的大本营，急于一劳永逸地给启蒙运动中在政治、文化和经济领域同时爆发的革命画上句号。特别是法国效仿美国的民主做了实验，这次实验虽然热情高涨却极其混乱，让传统的欧洲国家很不舒服——它们的根牢牢地扎在欧洲的封建历史当中。1789年法国革命首次发表的宣言不仅要用喷涌的鲜血把一个古老的王国冲走，把与这个古老的王国共生的既合作又斗争的贵族冲走，后来还引发了彻底的无政府状态。这是一个悖论：启蒙运动的理性主义思想引发了不理性的行动和情感的痉挛性发作，终于吞噬了第一次革命浪潮中的许多领袖。接着，好像这场革命还不足以对欧洲的其他古老皇室构成威胁似的（它们还想牢牢地抓紧那些曾经是自己祖产的国家），工业革命打破了旧的经济格局，重新打造经济，人口开始增长并向城市转移。

起初，许多人认为，拿破仑·波拿巴恢复了法国的稳定局势，是个健康的发展势头。可是，他们很快就看到，虽然拿破仑毫不犹豫地扼杀了残余的蠢蠢欲动的民主运动，但他也在为法国寻求向外发泄情绪的出口。他玩弄几百年来国王们玩惯了的一种手腕，重新扛起民族主义的大旗，以便让自己的人民有一种目标感。可是，支撑他的民族主义旗号的，是欧洲自查理曼以来从未有过的个人野心。他决心征服欧洲大陆。于是，欧洲各国的国王从担心社会再次动荡，变成了担心自己能否抵御法国的征服。

拿破仑战争既是18世纪晚期革命的结果，也是19世纪中期革命的导火索。受到拿破仑威胁的各国政府联合起来，终于扭转局面，合伙对付拿破仑。到了重新绘制欧洲地图、瓜分势力范围的时刻，梅特涅和他的雇主希望借此机会复辟君主制，恢复威斯特伐利亚的理想，也就是民主国家彼此的均衡，这一点对自由主义和民族主义都一样。当然，梅特涅觉得，新秩序的核心应当是一个强大的哈布斯堡家族。梅特涅在给俄罗斯的亚历山大一世沙皇的信中写道：

> 危急时刻，主要还要靠君主……来表现他的本色：父亲被赋予身为家族首领的一切权力；他要在黑暗时刻证明，他懂得什么是公正、智慧和（只有如此才可能的）强大，证明他在派系之争、在错误及其后果的作用之下，也不会抛弃他所治理的人民，否则将产生致命的后果，导致社会毁灭。

他希望能够保证，在未来的几十年里，《维也纳条约》在精神上将更接近于 1648 年，而不是光荣革命和 1776 年或者 1779 年的时代精神。1815 年，《维也纳条约》重新规划了法国的边境，确定法国必须付给它的邻国数以千万计的赔偿，并且再次把大的家族王朝摆在了维持欧洲稳定的核心地位。

用不了一代人，形势就很明朗：梅特涅恢复旧秩序的努力化为乌有。公众的怀疑精神和雄心抱负，从洛克开始就播下了生机勃勃的种子，不仅如此，两场强有力的经济风暴将发生碰撞，给封建主义、最终给贵族统治、君主政体和“老办法”画上句号。一场风暴是暂时性的；欧洲爆发了一连串的经济危机，并扩散波及到世界的各个角落。另一场风暴是历史性的；工业革命彻底打破了财富和权力主要建立在土地所有权基础上的地缘政治和社会秩序。工业革命将改变创造财富的必要条件，出现了替代条件，场所地点的重要性也变小了。工业革命也让经济实力增强的商业领袖与（由于雇佣或者这样那样的经济关系）依赖于他们的人之间形成了全新的关系。这种新现象肯定回响着封建主义的余音，但它也蕴含着全新的因素，可以说，这个全新因素我们直到今天尚未充分理解或者完全接受：那就是诞生了新的权力中心，它们将发展壮大，并且很快越来越多地凌驾或者超脱于国家的政治和司法制度之上。

有些人注意到了这股涌动的变革大潮。其中一位就是阿利克西·德·托克维尔。他在访问美国、考察美国的监狱期间认识到，这个国家形成了一种与欧洲截然不同的经济文化，他认为这种文化对他所熟悉的旧的社会经济秩序构成了威胁。美国不仅正在工业化，而且，作为一个国家，它有大量土地可供使用（土地所有权几百年来在欧洲是实力的主要基础），土地的价值被重新估计，并且被授予多数人而不是少数人。

这种情况进而形成了一种态度，放大了 18 世纪哲学家和革命的政治领袖的某些个人主义理想。托克维尔表达了他的担心，美国“对平等的低级趣味的鼓动，弱者想把强者拉到与自己相同的高度，让人沦为喜欢被奴役的平等胜过喜欢不平等的自由。”他对由此形成的制度有一个担心（虽然他也承认它所激发的活力），它将造成对精英的常规性的破坏。可是，从我们的视角来看，最重要的是他看到，新兴的美式资本主义是权力的重新分配，平民和（与国家完全不同的）公民权利中心的地位提高。创业精神和个人抱负成了这种新体制的推动力，导致立法机构出现倾向性，开始瓦解古老的以土地为中心（与欧洲遥相呼应）的财产和权力制度。

沉默的革命先行爆发

托克维尔谴责美国念念不忘金钱。他认为美国的民主对精英治国构成了潜在的威胁，它把太多的支配权交给了普通人和“无非是”经济实力雄厚的人。可是，他从小在恐怖统治（Reign of Terror）的阴影下长大，社会动荡不安是那个时代的标志——他的家族一度被迫逃亡，直到波旁王朝复辟之后才得以回归，他的父亲是波旁王朝的贵族并享有特权；他在欧洲工业化之际达到法定年龄，当时，政治和经济两方面的变革让欧洲饱受磨砺。也许有一个事实让他不安：终其一生，他和他所处的阶级都受到某种威胁的追踪和裹挟，而美国正在发生的情况恰恰呼应了那种威胁。

事实上，当前的经济变革正在重新编织欧洲社会的纹路，其方式将很快导致（让逍遥的法国人感到极其自在的）社会秩序彻底崩溃。举例说明，在 1835 年《论美国的民主》（*Democracy in America*）出版之际，欧洲的经济制度正在发生重大改变。比如大铜山上 500 多年来的、可以追溯到熟悉的行会结构的老做法正在发生改变。由于对技术的依赖日益加强，资本家们投资办厂比手工业者占有优势，他们成了工厂的管理者。此外，就像麦克 · 拉波特（Mike Rapport）在他的著作《1848：革命之年》（*1848: Year of Revolution*）中所写的那样，与工业化相关的社会压力也呈现为其他形式：

手工业者和匠人曾经作为小规模的生产者存在，如今发现他们的手艺和独立性受到了威胁，这威胁不仅来自于机械的出现，而且来自于新的组织生产的方式。采用新的方式以后，非熟练工人或者半熟练工人——包括妇女都可以更为低廉的成本更加大量地生产相同的产品，虽然四面楚歌的手工业者认为，产品的质量较差。

在这种情况下，富有的地主和工厂主很容易利用农民和工人。工资一落千丈。很快，工人纷纷涌入城市，在那里，新的工厂创造了就业岗位，不过工资很低，工作条件恶劣。普通工人连续15个小时在黑暗、寒冷、狭小、往往十分危险的环境下干活。卫生条件很差，疾病很常见。事实上，城市工人的寿命比农村的短，很大一部分原因是他们的伙食很差，而且一成不变，主要是土豆和面包。

这是狄更斯笔下描写过的状况；他把贫民收容院和贫困状况的深刻印象牢牢地镌刻到了历史的良知当中，直到今天都让人无法忘怀。可是，要说有什么的话，多数欧洲城市的状况比狄更斯笔下描述的还要恶劣。廉价公寓往往比监狱还要简陋、肮脏和危险。一位记者评论法国城市里尔的状况时写道：“他们住在黑不隆冬的地下室，他们的房间里……从来没有新鲜的空气，周围受到污染，墙壁上糊满垃圾……即使有床，也只是几块肮脏、油腻的木板，只是几块腐烂的稻草垫子。虫蛀的家具破烂变形，满是污秽。”

这一时期，乡村的情况也由于其他原因更加艰苦。农业的进步促使大量小规模的家庭农场变成了规模较大的企业。这些农场欣然采用了施肥作业和土地管理技术，以便能够不断地耕作，致使贫穷的小农场主通常用来放牧牲畜的休耕土地不复存在。

工业化的需求还引发了对资源的需求，加深了另一重矛盾。乔纳森·斯珀伯（Jonathan Sperber）在其研究这一时期经济状况的著作中写道，“经济增长的两个领域、铁和皮革的生产都要大量使用林产品——制革要用到橡树皮，用矿石冶炼生铁要用到木炭。”这些需求造成了土地使用十分紧张，比如在瑞典，斯道拉成了既是欧洲的一大生铁制造企业，又是快速发展的领先的林业公司。保障公共使用土地的旧制度日益瓦解。有些城市贵族和拥有土地的士绅廉价出售土地所有权。还有人干脆不再过问这个问题。一些法律获得通过，遏制公众“偷窃”按照习俗属于公共所有（或者公众有权拥有）的土地。这些法律被大力执行，一度出现过巴伐利亚1/3的人口被指控犯了盗窃罪的情况。斯珀伯指出，这诸多矛盾派生出了新的矛盾；他发现卡尔·马克思的父亲是一位律师，在此类案件中为村民辩护，于是马克思第一次开始思考那个年代的所谓“社会问题”。年轻的马克思是一位新闻工作者，他在报道盗窃林木的现象时开始思考财产权的问题。

社会问题与政府的作用

经济变化威胁到了梅特涅在维也纳勉力维持的秩序，让相对开明的贵族比如托克维尔等人深感不安，这种变化不仅是结构上的。1840年代，欧洲还发生了一场经济灾难，也对促使国家与私人权力之间重要的再平衡产生了作用。1845年前后，一种微生物来到欧洲，它很快蔓延到欧洲大陆的北部国家，并进入英伦诸岛，产生了灾难性的后果。它就是马铃薯晚疫病菌（Phytophthora infestans），俗称马铃薯疫病。这种微生物在1843年和1844年扫荡了美国的粮食之后，很可能由快速帆船携带到了欧洲——快速帆船显著地缩短了跨越大西洋的时间，引发了跨洋旅游业的革命。在1845年的收获季节，疫病造成了低地国家、法国和英国的马铃薯歉收，损失了一半的粮食。第二年，爱尔兰3/4的庄稼歉收，饥饿渐渐笼罩了这个300多万人主要靠马铃薯维生（马铃薯是他们的主要食物）的国家。100万爱尔兰人死去，100万人离开了爱尔兰。欧洲另外还有几十万人饿死。

此外，马铃薯歉收相应地推高了其他粮食的价格，让穷苦工人的处境雪上加霜，他们已经受了工资下降、工作条件恶化和人口急速增长（养家糊口的责任加重）的多重压迫。对于欧洲大陆的穷人，1846 年和 1847 年是艰难困苦、暗无天日的岁月。结果，对制造品的需求下降，欧洲各国的企业纷纷倒闭。成百上千家大磨坊关了门。

接着，法国国王路易 · 菲利普（Louis Philippe）的政府颁布法令，鼓励人们购买土地用于建设国家铁路网，市场泡沫被制造出来。需求推高了铁的价格，很快就出现了过度生产，进而不可避免地导致了法国股票交易所的崩盘。政府把 6 亿法郎的赌注押在铁路期货上，几乎没有钱来进口粮食，以缓减法国穷人所面临的危机。

社会不安定是顺理成章的结局。很快，劳工协会开始大量形成，它们纷纷对当前的现状表达不满。在法国，路易 · 菲利普的政府实行拿破仑法典的条款，禁止 20 人以上的集会。工人们基本上没有政治影响力，没有权利，没有选票，在政府中也没有代表；他们除了罢工别无选择。政府在日益激起民愤的首相弗朗索瓦 · 基佐（Francois Guizot）的领导下，用武力来对付工人。基佐的道理是这样的：既然农业领域的情况不好，那么人们就应该到别处去找工作。人们抱怨粮食不够吃，他对此抱持类似的麻木态度，大概意思是说，如果下层社会在危机之前能够未雨绸缪，养成审慎的储蓄习惯，就可以避免眼下遭殃。并不是只有基佐一个人对危机缺乏敏感。在欧洲各国，公众的不满都在加深；面对这个问题，梅特涅之类的领袖人物想到的不是缓解公众担心的问题，而是重申并保持现有的统治秩序。1815 年他曾经担心过民族主义者的威胁，现在，这个威胁被一个新问题取代："自由主义" 的兴起。

梅特涅、基佐和他们的同僚出生在 18 世纪末、19 世纪初的社会动乱年代，他们认为，欧洲大陆的 5 个大国中，3 个（奥地利、俄罗斯和普鲁士）是君主专制政体，两个是君主立宪政体，这是欧洲的幸运。所谓的民主是只让极小的一部分人享有选举权。可是，这种制度曾经提供的稳定似乎变得越来越可疑。托克维尔在他的同僚们面前说："我认为我们现在正睡在一座火山口上……你们难道感觉不到，凭借某种本能的直觉，你们感觉不到欧洲大地又在颤动？你们难道察觉不出……空气中流动着革命的气息？”

自由主义者认为，自己的观点源自洛克之类的思想家和启蒙运动对多种形式的专制权力的抨击。君主和教会尤其成了自由主义者抨击的靶子。公民自由是一个目标，哪怕普选权的概念由于法兰西第一共和国滥用暴力而受到了玷污。挣扎在死亡线上、没有投票权的工人必然会觉得，抨击现存制度下麻木不仁的领袖和展望未来自己享有更大发言权的前景，是一对诱人的结合。

还有一种趋势也在迎合越来越多的人的心意，这种趋势与一个自称“社会主义者”的群体有关，它人数不多却在逐渐增加。这场运动发端于18世纪的一种思潮，即一部分早期的作者想寻找一种社会制度，替代资本主义的混乱和不平等。最早使用“社会主义”这个词的是亨利·圣西门伯爵（Count Henri Saint-Simon）。圣西门出身贵族家庭，但他渐渐对贵族制度产生了质疑，他年轻时曾在乔治·华盛顿领导下的美国服过役，在那里的所见所闻是他产生质疑的部分原因。与其他早期社会主义者一样，圣西门的目的也是建立另一种社会秩序，在这种社会秩序下，社会地位由品德而不是家族继承决定。与亚当·斯密“看不见的手”形成对比的是，圣西门写道，他很担心“贪婪的手”；他认为，人与生俱来有一种想要提升自己社会地位的冲动，这种冲动必须加以制衡，才能形成一种人们集中精力开展生产、为社会服务的社会。有趣的是，他认为工业化和技术是一支积极的力量，他谋求一种能够实现社会生产最大化的社会秩序。

路易·勃朗（Louis Blanc）是另一位早期社会主义者；他后来参加了1848年革命，曾在动荡年代短期成立的临时政府中任过职。他主要的着眼点也是生产效率最大化，但是他认为，工人也应当得到国家的扶持，这样他们才能掌控自己的生计。他认为，社会问题的解决在于降低竞争的负面效果，特别是减轻竞争对那些过于弱小、无法参与竞争者的伤害。他的根本理念是“a chacun selon ses besoins, de chacun selon ses facultes”（“各尽所能，各取所需”），这个原则直到今天依然铿锵有力。而他的思想当中意义更为重大的是（与圣西门和欧洲的自由主义者所倡导的一样），政府所起的一个根本作用是履行对人民的经济职责。圣西门和路易·勃朗等人通过他们的著作以及他们所触发的社会变革说明了一点：不是人民必须为君主服务，而是国家必须为人民服务。本质上他们要求重新拟定并及时更新社会契约的条款，以适应工业时代全新的经济现实。

革命浪潮

1848 年第一次革命是对路易·菲利普和基佐之类的麻木不仁作出的反应（在长达几百年的艰难的经济状况下，上层始终麻木不仁），革命给法国乃至整个欧洲造成了重大的伤亡。而这一年欧洲社会动荡不安的诱因却是政治上人们对托克维尔之类人士的警告充耳不闻，外加方法拙劣和天灾人祸所致。

基佐的反对者打算在 2 月 20 日举行宴会，凝聚支持力量把他赶下台。基佐的政府禁止他们召集这次集会。于是，开明的改良主义者在 21 日组织了抗议活动。那是巴黎冬天一个下着雨的寒冷的早晨。在玛德莱娜教堂隐约可见的灰色廊柱下面，成百上千名失业的示威者和政治激进分子及其家属汇聚起来。他们打算游行示威，向政府请愿，要求基佐辞职。可是，他们很快就遭到了国民军（National Guard）拦截，国民军奉命前来驱散集会人群。与 50 多年前示威者在马赛街头的做法一样，群众开始高唱那首歌名当中带有“马赛”二字的颂歌。这首号召公民拿起武器的歌曲让人群的斗志高涨起来，群众冲向了法国众议院（Chamber of Deputies）。

国民军逼迫人群退后，可是群众重新组织起来，第二次、然后又第三次发起冲击。局势变得剑拔弩张。人群向国民军投掷石块，国民军用武力作出回应。一名老妇人一头摔在石板地上，当场死去。一名示威者被卫兵一刀刺死。局面随之变得混乱。虽然军队被派去保护基佐和政府，他们在城市各处设置了障碍物，可是，军队当中的许多人却对示威者持同情态度，拒绝集结。国王吓坏了，到23日早晨，他出于实用主义把基佐叫来，解除了基佐的职务。基佐很生气，他觉得自己多年来忠心耿耿，却遭到了无情的背叛。

这个政治伎俩没有奏效。示威者经过了短暂的平息；号召大家起来反抗的领袖人物感觉到，他们可以不止把一位政府工作人员赶下台。人群包围了基佐的住宅，负责守卫的骑兵队和步兵队向人群开了枪。5个人被打死。人们用车拉着他们的尸体从街市上走过，血淋淋的景象点燃了巴黎市民的怒火。一名目击者描述"一具年轻妇女的尸体，她的脖子和胸前拖着一道长长的血迹"；一个"人民的孩子"高举火把，照亮了死去的示威者，"他脸色苍白，大睁的双眼喷射着怒火……可以说那是复仇的火焰"。

路易·菲利普听从基佐的建议，向托马斯·毕若元帅（Marshal Thomas Bugeaud）求助；当得知国王要请毕若镇压起义时，群众的情绪更加义愤。毕若在率领法国军队开辟阿尔及利亚殖民地期间，得了个"屠夫"的绰号。和谈的努力失败以后，虽然毕若派军队包围了杜乐丽宫（Tuileries Palace），却没有把人群吓住。宫廷人士劝国王把城外的正规军调来，可是就连国王也觉得这么做有些过分。枪弹纷纷向王宫外面的岗哨射去的时候，路易·菲利普思考着自己的命运；战斗持续了一个小时又一个小时，菲利普想到了逃跑。

后来，他飞快地在一张羊皮纸上胡乱起草了退位宣言，就带着妻子玛丽—阿玫丽（Marie-Amelie）逃跑了。他们乔装打扮成资本家，逃过了检查，乘坐马车到达港口城市翁弗勒（Honfleur）。在翁弗勒，他们用缺乏创意的假名字"史密斯夫妇"登上一艘船，前往英国逃亡。他们就此确立了一种先例，很快欧洲精英阶层的许多成员将群起效仿。

而在巴黎，一切仿佛是18世纪90年代的重演。人群冲进路易·菲利普的皇宫，砸烂家具，把瓷器摔碎，再轮流到皇帝的宝座上坐一下。后来，他们把那把座椅送到巴士底广场（Place de la Bastille），在广场上象征性地把它烧掉。这件事发出准确无误的信号：人们再也不会接受君主制。诗人拉马丁（Lamartine）用“共和国宣告成立”的句子发布了新政府的成员名单。巴黎街头的欢呼声传得很远、很广。美国总统波尔克（Polk）的政府不仅很快承认了新政府，还以明显的热情“欢迎法国加入共和国的大家庭”。在美国国会，伊利诺伊州代表亚伯拉罕 · 林肯和密西西比州参议员杰弗森 · 戴维斯（Jefferson Davis）提出多项决议，向法国人民表示庆贺。

欧洲的反应较为温和；法国的许多邻国坐立不安，这可以理解。对那些正坐在皇位上的人而言，路易 · 菲利普的座椅在大火中熊熊燃烧是让他们不舒服的画面。德国的各路王储争先恐后地加入宪法谈判，希望保住自己的权力。在别的地方，尤其是奥地利和意大利以及北方遥远的瑞典，革命的浪潮已然既无法忽视，也不可逆转。

虽然法国的临时政府很快解体，1848 年的这第一场革命却发出了一个重要讯号。起义和临时政府的努力（包括勃朗设想用铁路的收入作为资金，执行一项劳工计划的实验最终流于失败）是一个工业化国家谋求解决“社会问题”的早期尝试。勃朗和他的同仁们认为，让法国备受折磨的失业之类问题是政府的职责。他们是希望建立一张社会安全网、保护普通公民不受经济危机的影响，免受大繁荣与大萧条交替出现的震荡的早期思想家。法国的起义也许没能建立一个持久的政府，可是它却留下了一项持久的遗产，它结束了一种观念：国家的主要目的是保持和平和秩序，哪怕它的人民在挨饿。相反，正如阿诺德 · 惠特里奇（Arnold Whitridge）在 100 多年后写的那样，“1848 年以后……工人在社会上获得了全新的地位。政治家再也不能表示，工厂和车间里的人应当逆来顺受，接受自己的命运。”话说回来，欧洲接下来的革命具有不同的基调和不同的着眼点。这场最终摧毁了梅特涅的革命的许多刺激力量与点燃法国革命的作用力相同，它更多地体现了国家是什么，而不是国家应该或者不应该发挥哪些具体的作用。

梅特涅老了，路易·菲利普倒台的消息传到维也纳的时候，他已经74岁。他是奥地利的总理，皇帝的左膀右臂。他知道，奥匈帝国是由一种观念组合在一起：哈布斯堡是一个国家。他还察觉到，帝国内部的改革者想要摆脱这个古老家族（它继承了他们所占有的领地）的控制，胜过他们热衷于追求达到福利国家的首要标准。意大利和匈牙利想脱离奥匈帝国。改革者在争取独立的过程中，大力呼吁彻底粉碎构建了欧洲的政治版图、并使之维持了上千年的封建观念。

梅特涅认识到了屈服于改革压力的深远意义，他极力主张斐迪南皇帝抵住这股压力，宫廷里却有人担心这位老人在位的时间实在太久了。梅特涅最早得知法国起义的消息，是他的朋友所罗门·罗斯柴尔德（Salomon Rothschild）写信告诉他的。起初这个消息并没有让他感到多么不安。梅特涅认为，自由主义是法国的嗜好，警察局长向他保证过，奥地利不存在令人担忧的动乱迹象。

匈牙利的自由主义者拉乔斯·科苏特（Lajos Kossuth）抓住法国发生革命的消息，在奥地利议会的下议院发表了一次演说，演说听起来令人不安，很像是在呼吁独立；梅特涅的麻烦从这时候开始了。科苏特的演说引发了议会内部的改革运动，梅特涅和他的支持者过去一向对它置若罔闻。自由主义者的势头壮大起来，到3月中旬，他们向政府提出一系列要求，要求收回贵族的权力，最好是制定一部宪法。法国的压力主要来自工人阶级，而在奥地利，相当程度的不满情绪存在于受过良好教育的市民阶层，比如律师、教师、海关官员等；他们觉得，贵族把最好的公职岗位据为己有。

改革者积极推动言论自由、宗教自由和集会自由，推动政府的民众代表制度。梅特涅虽然考虑过以较为温和的形式采用这种制度，却还是予以抵制。情绪激动的群众集合起来；就像常见的情形那样，一件小事导致了政治危机的升级。看门人程序性地检查州政府大楼（Landhaus building）的门窗，群众却误以为代表们被锁在里面，于是向大楼发起猛攻。军队被调来。人群的数量越来越大，横贯了整个维也纳。阿尔贝特（Albert）大公从皇帝的宅邸走出来，要求人群散开；有人向他扔了一块石头，砸在他身上。军队开了枪，维也纳感染了那种（梅特涅本以为不会传播的）具有特殊的"法国"味道的疾病。没过几个小时，示威者就提出了要梅特涅辞职的要求。13 日晚上，梅特涅被叫到霍夫堡（Hofburg）皇宫，被迫辞了职。没过一个月，他和妻子就步基佐和路易 · 菲利普的后尘前往英国流亡。

哈布斯堡帝国虽然又苟延残喘了将近 70 年，但是，旧秩序的捍卫者梅特涅的离去标志着旧秩序开始走向终结。示威者在交给斐迪南的请愿书中要求，人民要在政府当中扮演全新的角色，就像法国那样；法国革命后的政府虽然只存续了很短的时间，却引发了一些重大变革。它废除了 robot（机械般工作的人），即把农民合法地绑在他们所耕作的土地上的封建主义残余。它还终止了贵族对地方政治事务的许多世袭的统治权。这样，帝国内部的许多人首次体验到了参与政治生活的感受，这种状况又让这个多民族帝国的许多群体燃起了希望，希望建立自己的国家，享有民族自决的权利。又过了好多年，这些愿望才一一实现；而 1848 年，帝国的大厦上出现了裂缝，这些裂缝终于在不到 100 年以后导致了它的轰然倒塌。在独立运动与如何调和社会正义与个人自由这一对矛盾纠缠不休的时刻，在没有发生永久性改革的领域，新的争论正风起云涌。

新的力量在起作用

封建制度终于寿终正寝，欧洲最具有压迫性的君主国家受到了宪法的制约。社会的多数成员获得了发言权。政府被认为对人民负有极其重要的经济责任，而不是像此前漫长的历史时期内那样，由人民对政府负有责任。这时候，强调政治自由的自由主义者与强调社会正义的社会主义者之间第一次产生了矛盾。

作为对重新定义私人行为体的作用的反应，特别对于在欧洲社会具有日益增强的重要性的商业阶层所代表的私人行为体而言，革命还重新定义了国家的作用。工业革命、铁路的兴起、行会和小规模农业的解体、城市化等，这些因素都产生了重要的影响，不仅改造了欧洲的经济，还抬高了新的资产阶级以及他们所雇用的工人作为政治力量的地位。

公共生活的根本矛盾一度是教会与国家之间的矛盾，到1848年，它变成了公共与私人行为体之间的矛盾。那些重要性日渐增强的公共行为体所扮演的角色是争取得来而不是靠世袭得来，公私行为体之间的边界变得越发模糊。过去，政治权力由世袭的土地和头衔赋予，现在，政治权力由赚来的收入和资本赋予。财产的概念和它在社会秩序中所起的作用发生了剧烈变化。早期社会主义者认为，这是一种向好的趋势；他们认为工业化是导向民主的一支平行的强化力量。可是到了1848年，有些人的态度不那么肯定了。最著名的当然是马克思。1848年他出版《共产党宣言》，为我们描述了一种极其持久的未来设想，也探讨了1848年的社会动荡及推动它的社会问题所产生的后果。

“看不见的手”对之于“贪婪的手”

在探讨马克思的时候，有必要尽量剔除那些意识形态味道浓厚的扭曲和偏见（冷战时期，双方都拿他大做文章，肆意歪曲他的观点），认真思考一下他的一些极其重要的根本观点。就我们的目的而言，其中一个具有重要意义的观点涉及公共权力（与私有财产该如何处置的争论有关）的隐含后果。自由主义者认为，私有财产的授予和扩展可以进一步赋予个人权利，反之亦然。私有制从国家手中剥夺财产，也削弱了国家的力量。国家经常滥用自己手中的权力，使之有利于控制权利的少数人，历史上国家向来是维护贵族利益的工具，所以私有制自然被看做一种进步。可是，这种权力的转移把权力从一个至少理论上代表整个社会的实体手中转移到了不代表整个社会的个人手中，产生了另一种形式的滥用权力的可能性。事实上，它造成了圣西门所描述的“贪婪的手”，未来在做关于财产的决定时考虑到多数人利益的可能性甚至变得更小。

这就是让身为新闻工作者的马克思对自己的所见所闻感到十分困扰的地方。人们在做他们从远古时代起就有权做的事情——从森林里捡拾林木生火做饭，或者给房屋采暖，现在却遭到逮捕。这些“林木盗窃”案直接启发他产生了一种认识：当代的财产权概念正在危险地偏离社会大多数人的利益。这个结论进而引导他提出了一种替代方法。《共产党宣言》中给出了这种替代方法的框架。它谋求找到一种方式，以保护那些在竞争主导的资本主义社会无法胜出者的利益。马克思认为，它不是资本主义的替代，而是资本主义发展演变成了一种新的形态；它创造出一个无阶级的社会，实现了自由主义者所追求的正义。他在论述经济发展的时候，把进步放在了“封建主义进入资本主义”（这个话题主导了19世纪40年代）的连贯背景下：

> 由此可见，资产阶级赖以形成的生产资料和交换手段，是在封建社会里造成的。在这些生产资料和交换手段发展到一定的阶段，在封建社会的生产和交换条件下……封建的所有制关系就不再适应已经发展的生产力了；它变成了束缚生产的桎梏。它必须被砸碎，而且已经被砸碎了。取而代之的是自由竞争以及与自由竞争相适应的社会制度和政治制度、资产阶级的经济统治和政治统治。现在，我们眼前又进行着类似的运动……社会所拥有的生产力已经不能再促进资产阶级所有制关系的发展；相反，生产力已经强大到这种关系所不能适应的地步，它已经受到这种关系的阻碍；而它一着手克服这种障碍，就使整个资产阶级社会陷入混乱，就使资产阶级所有制的存在受到威胁。

马克思认为，产业主义和它所创造的工人阶级的兴起将会促进这个进程，并最终实现权力和财富的平等分配，使国家不再有存在的必要。可是他觉得，在过渡时期，国家必须为工人充当助产士的角色，以保证所有制的改变必然发生。站在这个角度，他认为，在某个不确定的过渡时期，国家对解决“社会问题”所发挥的作用甚至比他同时代的那些自由主义者更大。

虽然马克思后来在美国遭到诋毁，可是，从他的话语当中，不可能听不到他对正义的呐喊，那是1848年及以后的年月响彻西方各国首都的呼声——发展到当前，便是人们对财富和权力集中的担心。他觉得如果资本主义继续不加改变、不受限制地发展下去，将会出现无法控制的不平等，他希望扭转或者遏止这种不平等。“这些不得不把自己零星出卖的工人，像其他任何货物一样，也是一种商品，所以他们同样地受到竞争的一切变化、市场的一切波动的影响。”他接着清楚地说明，封建制度的逐步灭亡所实现的进步并没有产生预期的结果：

> 他们（工人）不仅是资产阶级的、资产阶级国家的奴隶，并且每日每时都受机器、受监工的控制，但首先是受各个经营工厂的资产者本人的奴役。这种专制制度越是公开地把盈利宣布为自己的最终目的，它就越是可鄙、可恨和可恶。

马克思写下这样的语句，还号召再发起一场革命，以实现私有商品的社会主义化，所以他被认为是个危险人物；尽管在多数欧洲人眼中，《共产党宣言》的发表在1848年是很不起眼的一件事。这位公民写道，“让统治阶级在共产主义革命面前发抖吧。无产者在这场革命中失去的只是锁链。他们获得的将是整个世界。全世界无产者，联合起来！”结果并不让人惊讶，马克思被要求离开他的祖国。他从普鲁士去了法国，在法国遭到驱逐以后又去了比利时。他在比利时呼吁公开反抗欧洲各国的君主，于是再次遭到驱逐。后来，他和欧洲那些失了势的保守派首脑人物一样，也在伦敦安顿下来，证明了伦敦作为一国首都对多元观点的宽容度。

在这个重要时刻，那些日后与国家不受限制的权力相关联的人（共产主义者）和那些与倡导市场的力量相关联的人（自由主义者）都认为，工业化和新的经济秩序的出现是解决长达几百年的不公正问题的良方。双方都认为，核心议题是更为公平地分配财产。双方都认为，封建国家在这方面做得很失败，正确答案在于把权力重新分配给群众。历史在向前发展。后来，两派继续坚持各自的观点，并产生了这样的结果：他们非但没有消除封建社会的财富集中，反而形成了各自的财富和权力集中——前者集中在政府的部长们和占据统治地位的党派手中，后者集中在成功的大资本家手中。财产权原本是国王们用来撬开财宝箱的一根铁棍，如今很快就成了这些国王的接班人代表自己的亲信使用的一杆钝器。

一支新的力量出现：现代公司

如同那些改变了国家的面貌以及改变了公众对国家该发挥何种作用的观念的变革，1848 年前后，公司所发生的变化也是急剧的、多方面的。这些变化的范围很广，既有工业化引起的方方面面的系统化变革，也有产生了深远后果的一连串细微的司法变革——使“财产权”这个专业名词引起了广泛的关注。就这个问题而言，它不是对财产的权利，而是财产本身的权利——也就是作为“物”的公司将很快享有个人刚刚才开始为自己主张的权利。此外，这一时期几家大公司发生了重大的改变，派生出了四处延伸的枝节。最后，如同企业在社会中该发挥何种作用的观念一样，企业应当发挥何种作用、受到哪些限制的问题也出现了重大改变。

诸多变化在一个地方集中发生，它就是那个对 1848 年失了势、心怀怨望的首脑人物们具有强大吸引力的国家：维多利亚时代的英格兰。欧洲大陆在颤抖，英国却是一个政局相对稳定的岛屿——爱尔兰是马铃薯歉收受灾最严重的地方，它在 1922 年之前一直处于英国的统治之下，这个事实让英国的政局稳定显得更加难能可贵。1848 年，除了宪章运动（Charterist

Movement，号召宪法改革）的政治发作，联合王国的局势基本稳定。没有出现大规模的政治性街头暴力事件，没有发生暴动；反而有一种政治安定的感觉，作为世界上有史以来最为庞大的帝国的权力中枢，这种感觉与首都伦敦的地位似乎十分相宜。社会平靖还有一个原因，英国政府无疑已经是欧洲当时最为开明的政府了。可是，稳定只是表象。不列颠不管在形象还是地域的意义上，都是一个岛国。在帝国内部，英格兰社会稳定，这种稳定是有代价的——价钱由殖民地支付。帝国不仅保障英格兰成为逃亡者的避难所，压制了国内发生政治动乱的威胁，还给它提供了可观的经济资源。

罗素勋爵（Lord Russel）和他的外交大臣巴麦尊勋爵（Lord Palmerston）领导下的辉格党政府虽然警觉地关注着欧洲的动向，他们的精力却主要放在娴熟地操控帝国内部的事务上。他们能够用承诺降低税收来持续支持英国日益庞大的中产阶级的诉求。可是，帝国是靠武力维系的，他们必须花钱维持这种武力；于是，为了补足差额部分，他们毫不客气地向殖民地征税。事实证明，维持海外军事力量的成本很高，他们把军队召回，代之以廉价的土著雇佣兵。除此之外，当然，他们还获得了重商主义持续不断地带来的好处：为权力中枢提供廉价的商品，获取占领地的财富资源；从哈德逊湾到加尔各答，英国东印度公司之类的企业在到处掠夺资源。

这些政策给住满了逃亡者的伦敦街头带来了表面的平静，却考验着帝国的凝聚力。英国在海外的军队用无情的手段实施统治，它们没有英国军队那么可靠。1848 年，帝国的开支之大打破了此前的记录。此外，虽然英格兰似乎对 1848 年的政治传染病具有免疫力，帝国的其他部分却不然。从英属圭亚那到加拿大，到处都在爆发农民起义，土著士兵的哗变成了家常便饭，对帝国政策的抵制越来越强烈。

19 世纪中期，东印度公司走到了生死存亡的拐点，很快就从权力的悬崖跌落到破产清算的边缘。这家公司实际上变成了印度政府。东印度公司的管理层操控着印度次大陆的地方事务，公司旗下的军队维持着或者说设法维持着和平。不到 10 年的工夫，这个公司力量的典范（以一家公司而享有类似于一个国家的一切权力）便经受了一场危机，危机最终导致了它的垮台。

1850年代，英国东印度公司不再是一家贸易公司，却仍具有英国皇室营利机构的资格，应政府的命令从事商业活动，但它首先考虑的始终是股东的利益。这家公司把遥远地方的君主、遥远地方的人民、遥远地方的核心股东的利益放在当地居民之前，印度人民受这家公司统治，自然不会高兴。1857年，矛盾引发了史称“大起义”（the Great Rebellion）或者“印度起义”（Indian Rebellion）事件。

英国人与几十年来在东印度公司的军队里服役的印度兵（sepoy）之间关系高度紧张。一个原因在于英国人是外来征服者。事实上，在18世纪的普拉西战役和布克夏尔（Buxar）战役中，许多印度兵站在英国人的敌对一方参加了战斗。几十年来，印度兵与东印度公司的统治者之间的关系时不时出现矛盾激化的情况。这一时期最严重的警告信号也许是1806年的暴力起义：公司的军队颁发了新的制服着装要求，明令禁止一切可能暗示着装者种姓地位的标志，结果遭到公司雇用的印度士兵奋起反抗。种姓对印度人的身份非常重要，这条禁令掀起了轩然大波，成了英国的社会工程引发深刻仇恨的又一个迹象。

公司官员对印度雇员关心的问题完全缺乏敏感，造成英国驻军在1806年夏天的这次起义中死了两百多人。东印度公司在印度的管理者动员军队，迅速粉碎了这次哗变，却把可能从这一事件中汲取的某些极其重要的教训抛在脑后。公司虽然修改了规定，把文化因素考虑在内，修改却浮皮潦草，伤口经常被重新揭开。到19世纪中期，又出了一件火上浇油的事情：人们察觉到，英国传教士企图扩大活动范围，让印度人皈依基督教，而且公司还作出一系列决定，准备取消或者减少此前提供给高种姓印度兵的特权和额外的津贴。此外，由于公司野心勃勃地要把触角伸向整个亚洲地区，印度兵被派往更远的地方；起初，他们可以由于驻守在离家很远的地方而拿到额外的酬劳，后来，这种福利渐渐被取消了。

1857年，双方的紧张关系发展成了冲突。1848年革命是由一连串被错误解读的事件引发的，印度的情况与此类似，公司管理层的失策造成误会，引发了冲突。这一年年初，有谣传说，发给士兵的新的1853式恩菲尔德步枪（Pattern 1853 Enfield）枪膛使用动物的脂肪做润滑剂。对印度兵当中的穆斯林来说，脂肪可能来自他们禁止食用的猪肉，这一点让人无法忍受。而印度教徒则认为，脂肪可能是用牛肉提炼的，他们也很不安。对这两种宗教背景的士兵来说，枪膛必须用口咬开，这一点犯了他们的大忌。于是导致了对抗，虽然当地的军事指挥官下令，士兵可以随便使用任何润滑剂，但是破坏已然造成了。

军队开始动员。在动员的时候，他们还发泄了印度平民对公司其他一些政策的不满，因为那些政策消除了印度社会中一些历史形成的封建结构。世世代代在家族之间流传的财产消失，贵族的特权没有了。这家私营公司代表欧洲最为开明的政府管理着印度的政务，它以欧洲人在欧洲大陆上谋求摧毁旧秩序的基本相同的方式实行了一些政策，引起了印度国民的愤怒起义。此外，公司还建立起一套法律制度，它的军官几乎不可能由于对印度人犯下罪行而被定罪。这种制度再加上范围广泛的对印度工人和地主极不公正的经济政策，导致双方的对立进一步加剧。

恩菲尔德步枪事件引发了紧张局面，随后，印度士兵莽卡·班迪（Mangal Pandy）发起抗议，公开宣布反叛公司和他的上级指挥官；双方在加尔各答附近的一处驻地发生了对峙。班迪的许多印度兵同胞拒绝镇压班迪。虽然后来还是有人走出来，做了公司的指挥官要求他们做的事情，但是，随后班迪和一名未能制服班迪的指挥官被绞死，哗变的军团遭到解散，这个处理结果却激怒了许多印度兵。

枪膛事件又引发了其他冲突，不满情绪在各个级别的印度兵当中弥漫。孟加拉第三轻骑兵团（Bengal Light Cavalry）的85名士兵在训练时拒绝接受枪膛，结果所有士兵都被送去军事法庭接受审判，许多人以不服从命令的罪名被判10年监禁。在他们去往监狱的路上，紧张局势进一步恶化，一天之内，第三骑兵团的另一支印度军队行动起来，试图营救自己的同志，把他们放走。英国指挥官对起义进行了镇压，欧洲的普通公民男女老少与大约 50 多名印度人一起惨遭杀害。

战斗很快扩大，英国人迟迟没能做出反应。反叛的印度兵浩浩荡荡地开赴德里，去那里寻求并赢得了印度名义上的统治者巴哈杜尔 · 沙（bahadur shah）的支持。巴哈杜尔 · 沙虽然没有实权，他的象征性支持却十分重要，它给整个印度的反叛注入了一支强心剂。巴哈杜尔后来称了帝，发行了印有自己头像的货币以显示他的权威——这是国家首脑的象征性特权。

接下来的冲突一直持续到 1858 年。英国人终于重新“控制”住了局势，为了泄愤，他们几次用残暴的手段对待反叛者。比如判处一些人站在大炮前面，然后发射炮弹，把他们炸得粉碎。一位负责指挥的官员写道："我尽管热爱军队，却不得不承认，那些口口声声的基督徒在处理这起与起义有关的事件时的所作所为，让人感到极其丢脸。”有些英国小分队不接受监禁起义者的决定，而是干脆把俘虏全部处死。在自由的不列颠国内，政客和诗人的态度不约而同，连查尔斯 · 狄更斯（Charles Dickens）也不例外，他们全都异口同声地支持这种残忍行径；狄更斯还与人合写了一份呼吁书，要求毁灭“这个沾满了前不久的暴行污点的种族”（顺便说一下，在他看来，这个种族是印度人）。

虽然不列颠对印度的统治又持续了一百多年，这些事件却成了帝国对其最大的殖民地的掌控走向终结的起点。作为“可敬的公司”（Hhonorable Company）的东印度公司就此走上末路。根据 1858 年印度政府法案（Government of India Act），东印度公司被解散，统治印度的职权交回到英国政府手中。全球私人行为体施展权力的一次非同小可的早期试验就此画上了句号。

东印度公司不甘心退出历史舞台。它招募了约翰 · 斯图亚特 · 穆勒（John Stuart Mill）为自己辩护；穆勒是《论自由》（On Liberty）的作者，也是一位大力宣扬个人权利的伟人，他的这一行为遥相呼应了洛克与奴隶贸易的关系。这位现代自由主义的奠基人向议会提交了一份请愿书；他在请愿书中指出，东印度公司为不列颠作出了如此重大的贡献，应该允许它继续保持私人企业的地位。尼克 ·罗宾斯（Nick Robins）在其关于东印度公司发展史的动人叙述中写道：

> 穆勒首先指出，公司“自掏腰包，发挥其自身的公务人员和军事服务人员的作用，最早为国家获取了那个庞大的东方帝国”——好像它为英国做了一件好事。穆勒宣称它是人类历史上已知的最仁慈的（政府）时，语言甚至更加华丽铿锵。

当然，也有其他貌似较为客观的声音。罗宾斯也指出，国会议员乔治 ·康沃尔 ·刘易斯（George Cornwall Lewis）就点破了一部分现实：刘易斯作出答复表示，与东印度公司在印度的所作所为相比，“地球上再不曾有过一个文明的政府比它更腐败，更不忠，更猖狂”。刘易斯的观点占了上风，12 月 1 日，东印度公司不复存在，它的资产被国有化。

凤凰涅槃

过去 250 年里象征着公司肆无忌惮、胡作非为的东印度公司消失了，从许多方面看，它的接班人、在规模和许多价值观上与它一脉相承的公司却在美国成了后起之秀。世界经济的重心从大西洋的一侧转移到了另一侧，有几个因素对这一重要变化起了作用。我们在详细探讨这些因素之前必须指出，这种经济变迁是伴随着其他一些同等重要的错位发生的，比如知识和道德影响力的转移。简而言之，随着美国社团主义的兴起，美国关于私人行为体的性质及其作用的理念和价值观的影响力也加强了。鉴于今天我们看到了相同的现象，经济力量的天平发生倾斜，从大西洋倒向了太平洋，从美国倒向了亚洲，这一点尤其值得思考。

汉密尔顿设想过的工业扩张是推动美国发展起来的一个原因，不过美国还另有其他重要资源。有几个与 1840 年代的社会动荡直接相关的因素。其一是欧洲的饥馑引发了大规模的移民潮。移民潮不仅给美国带来了它急需的工人，还带来了许多熟练工人以及整整一代创业家，他们在自己发财致富的过程中，也让这个年轻的国家发了财。此外，1840 年代的事件也有助于树立美国的身份，即它是一个拥有土地和财富的大陆国家，享有不受旧世界的麻烦干扰的好处。

1848 年 3 月 10 日，美国国会批准了瓜达卢佩伊达戈条约（Treaty of Gauadalup Hidalgo），结束了与墨西哥为期两年的战争，把墨西哥 50 万平方英里的土地划入美国的版图。这场战争让美国的国旗第一次高高飘扬在太平洋岸边，强化了美国人的那种新生的“天命”（manifest destiny）感。

西部是美国的未来，积极进取、瞄准市场的美国人（让托克维尔既迷恋又害怕）马不停蹄地开始去西部发泄他们的精力。就在与墨西哥的战争结束前几天，有两个人在加利福尼亚的柯洛玛（Coloma）河畔发现了一种东西，这个发现改变了世界。瑞士籍美国移民约翰 · 萨特（John Sutter）和他的合伙人詹姆斯 · 马歇尔（James Marshall）发现了金子，没过几个月，人们就从世界各地纷纷涌向加利福尼亚，寻找自己的财富，划分自己的势力范围。

萨特和马歇尔发现的第一块金子对世界的改变之大不亚于这一年的任何其他事件。对于那些认为俄亥俄州仍然是蛮荒西部的美国人，金子鼓动他们越过平原，跨过高山，继续向前探索。金子构成了把交通和通信技术铺展到这些地区的诱惑——铁路和电报不仅把整块大陆串联起来，还使大型企业的创立成为可能。它甚至逼迫这个新生的国家认真思考一个以前从未认真思考过的问题：奴隶制是否要在新的领土上扩张。这个问题进而引发了内战。内战虽然残酷并短暂地使国家分裂，日后却不仅让美国成了一个更加紧密团结的国家，具有单一的经济，而且保证美国经济的主导价值观是工业化的北方的价值观，南方古老的农业生产将逐渐让出地盘。

诸多状况使美国成了世界上有史以来最大的经济体。它们为第一批真正伟大的私营公司的诞生创造了条件，这些公司将产下第一批真正的私营跨国公司，比如标准石油和美国钢铁（U.S. Steel）等。铁路是这场商业革命的领头羊。它不仅为横跨美国大陆的贸易活动提供了便利，还促成了管理和企业融资的新形式，催生了新的竞争手段，并引导企业与政府的关系进入全新的阶段。19 世纪美国早期的大型铁路项目要求政府的广泛介入（如同整个美国历史上的情形，从修建运河，到开发太空和发展信息技术产业），到 1830 年代，经济萧条迫使许多州减小了扶持此类公司的力度。由此产生的结果是，铁路必须转向依靠私人投资者才能继续发展。有些资本来自富有的英国和荷兰投资人，这些人和其他人一样，也想把钱投给美国企业，因为欧洲政局动荡，比较起来美国企业的风险较小。欧洲市场受到政局的负面影响一直持续到 1840 年代，这种"避乱"的钱更多地流入了大洋彼岸那个迅速兴起的新国家——美国。在 1848 年后的十年间，东印度公司这个庞然大物寿终正寝，新的巨头在西方崛起，在 1850 到 1860 年间，铁轨的长度增加了 3 倍。

就其时代而言，早期的铁路公司规模十分庞大。当时，纽约中央（New York Central）和巴尔的摩－俄亥俄（Baltimore & Ohio）铁路东西线的估价达到了令人咋舌的 2 000 万美元。当年，它是同类公司中规模最大的。对资本的需求推动华尔街作为一个重要的金融中心发展起来。为了融资修建新的铁路、铺设新的铁轨和购买新的火车头，以前从未有过的新的融资工具——股票和债券被创造出来。

与此同时，由于铁路系统十分庞大而复杂，必须大量使用工人，工作环境具有挑战性，由此促成了一些重要的现代工会的形成。意义重大的是，它们还引发了人们对竞争的重新思考，因为竞争改写了商业活动的规则。铁路公司谋求在大城市之间占据垄断地位，彼此展开了激烈竞争，引发了价格战。价格战又给精明的生意人提供了达成划算交易的机会，让自己比竞争对手占有巨大的优势。约翰·洛克菲勒（John D. Rockfeller）就是这样做的。洛克菲勒无疑是美国商业史上一位举足轻重的人物。他来自纽约北部，听从清心寡欲的母亲的教诲。他看待美国市场的眼光与前辈不同。他的总部设在克利夫兰，距离美国宾夕法尼亚发现了第一块油田的地方不远；他明白，他要用铁路把石油从油田运到市场上。因为他的标准石油公司在创立 3 年后就发展成为美国最大的炼油公司，它顺理成章地成了行业内规范生产和运输的竞争企业，洛克菲勒因此能够与铁路公司谈判达成优惠的价格，大大削弱了对手的竞争力。事实上，他与铁路公司的交易使他能够排除竞争的威胁，这正是他的目标，因为他说过一句名言，"竞争是一种罪过"。他通过压低价格削弱竞争对手的实力，然后用自己的利润把他们买断。他的目标是由一家大公司集中掌控缺乏经验的混乱的石油业，他达到了这个目标。他还兑现了创立一家全国性的大型企业的承诺，这个诺言是他在 1848 年发现黄金以后许下了的。

过了不到 15 年，洛克菲勒就控制了美国 90% 的炼油业。这是一个马克思预言过的野蛮生长的故事。虽然马克思的预言很多都错了，他的担心却体现了一种先知先觉的智慧。他在《资本论》中写道：

> 一个资本家打倒许多资本家。随着这种集中或少数资本家对多数资本家的剥夺，规模不断扩大的劳动过程的协作关系渐渐形成，科学也日益被自觉地应用于技术方面，土地不断被有计划地利用，劳动资料逐步转化为只能共同使用的劳动资料，一切生产资料因作为结合的社会劳动的生产资料使用而更多地节省，各国人民日益被卷入世界市场的网络，从而使资本主义制度越来越具有国际的性质。

当然，马克思担心的事情正是让洛克菲勒高兴的事情。洛克菲勒果然巧妙地施展手段给自己的公司谋取好处，创办了世界上第一家跨国公司；该公司虽然在 20 世纪初按照反托拉斯法遭到切分，但仍是世界第二大公司

（埃克森美孚）和世界前10大企业当中的4家企业的前身。规模是这些公司引起争议的由头，美国联邦政府也在设法限制这些大公司的力量（它们创建于19世纪末期，利用了在欧洲社会动荡之际才真正开始具有生命的国民经济而发展壮大），虽然如此，规模却并不是美国人或者商业社会极力抗拒的问题。恰恰相反，市场追求效率，规模产生效率，所以对规模的追求是斯密之类早期资本主义理论家明确提出的一种作用力。

这些早期的巨型企业当中，还有一家公司由一名移民来美的线轴工创办，他在1848年找到了第一份工作。他就是安德鲁·卡耐基。卡耐基系统地建立起一个钢铁帝国——主要依靠铁路的发展以及以铁路为依托的城市扩张，公司1901年合并加入美国钢铁公司的时候，其价值超过了10亿美元。这个数字是他1848年刚刚参加工作时那些能够算得上"大企业"的公司价值的上千倍。

这些美国实业家的影响并不限于美国国内。举例来说，美国钢铁学会（American Iron and Steel Institute）还有一位会员深刻地受到了卡耐基的影响，他形容卡耐基是自己的人生导师，他就是斯道拉铜矿的总经理埃里克·约翰·永贝里（Erik Johan Ljungberg）。永贝里1843年降生的时候，瑞典正在艰难地应对欧洲诸国所面临的许多问题。永贝里的父亲大手大脚地花光了积蓄，他们一家像许多别的家庭一样破了产。永贝里认为，家人的破产是瑞典经济中的全新因素——工业化造成的。他十几岁时去了一家钢铁冶金工厂当学徒，几年后就被提升为首席会计员，走上了一条类似于卡耐基的事业发展道路。永贝里被老板送去就读矿业学校的时候，瑞典的采矿业正在发生天翻地覆的变化。斯道拉抓住了欧洲工业繁荣的有利契机，把它的主要矿业产品从铜转向了铁。在永贝里出生的时候，公司铁的产量已经比铜高了。

与此同时，斯道拉认识到了多样化的必要性，思考了木材对冶铁的重要性，于是扩张进入了木材业。1854年，公司买下了1/3的森林，成立了一家新公司，叫做科帕博格–霍弗斯锯木公司（Kopparberg-Hofors Sawmill

Company），斯道拉铜矿由此有了利用瑞典大块森林的渠道，并再次赶上了整个欧洲正在涌现的潮流。到 1860 年，公司生产的木材就比铁多了，它还在不断地设法实现效率最大化。公司采用集中而现代化的管理手段。

铁和木材的生产兴旺发达，公司打入了造纸业，并且扩大了它所控制的林地面积，直到达到 2 000 平方英里，大致相当于卢森堡的面积。公司很不诚实地声称，它之所以接管这块林地，是为了"防止投机商滥用这些资源"。虽然公司新的盈利点是铁、木材和化学制品，但法伦矿自古以来的开采活动一直持续到了 20 世纪。铜矿的开采速度为 17 世纪黄金时代的 1/3；到 20 世纪末，公司不再制造金属铜，而是用青铜产品来生产硫酸，以满足欧洲化工业日益增长的需求。

斯道拉逐渐摆脱了瑞典政府对它最后残留的控制。1888 年，它和欧洲及美国的许多其他公司一样，也采纳了股份制有限责任的结构。（关于这种结构的更多内容，请见下一章。）这种结构让公司具有了完全的独立性和融资灵活性，同时保护所有者本人不必为损失承担责任，因而在 19 世纪下半叶很快流行起来。像原来的许多公司，比如英国的东印度公司那样，把公司与其从事经营活动的所在国捆绑在一起，并且公司结构不可改变的状况不复存在。包括像斯道拉在内的新一代公司具有灵活性和创新性，它们虽然受各国法律制约，却不受政府控制。标准石油和美国钢铁公司乃至相对来说名气不大的斯道拉的规模都表明，这些公司的经济规模和它们所控制的土地面积很快就达到了可以与某些国家叫板的水平。

永贝里经营斯道拉的模式基本上效仿了卡耐基。两个人都很节俭，都很注重利润，都像家长一样对待工人。卡耐基给工人建设城镇、学校和图书馆。卡耐基身体力行地率先实践了一种理念：公司是社会契约的要素的提供者。永贝里也大力倡导发展教育和提高工人福利，倡导一种促进为自己工作的员工福祉的观点（这种观点既是善意的，也是出于自私的打算）：

如果我们的工人明白产业的实际情况，我相信他们不会在没有相应地增加劳动产品的条件下要求增加福利；如果他们知道出色的熟练工人在心情愉悦的情况下能够实现怎样的产出，他们最大的渴望将会是习得相应的技能，让自己能够像美国人那样为祖国服务。

永贝里佩服美国，这一点不仅解释了他何以奉卡耐基为导师，还说明了斯道拉作为一家古老的欧洲公司，在一个具有强烈的社会主义倾向的国家里何以能够始终具有灵活性，并且在其发展过程中与全球公司全新的精神风貌保持同步。在永贝里看来，美国人“被培养从事劳动密集型工作，以应对当前的社会状况。我们国家那些怯懦的情绪化的牢骚，美国是没有的。体力劳动者也想成为一个人，一个真正的人，而不是一个要人照顾和同情的穷光蛋。”他显然相信，如同卡耐基写的那样，“世界上那些古老的国家正在以蜗牛的步伐缓慢地向前爬行，各个共和国则像快速列车一般从它们身边疾驰而过。”

斯道拉在19世纪再一次彻底改变面貌，它起初是一家生产铜的国有企业，后来却成了欧洲首屈一指的生产铁和木材的私有企业。这家世界上历史最悠久的公司再一次清楚地表明，不管何时何地，不断变化都是企业的属性。

重新定义角色

1848年和这一年前后几年发生的诸多事件所产生的结果是确立了人们今天所保持的（由权力集中在国家或者企业手中的支持者和批评者双方提出的）许多观点。现在，国家的定义在现代读者眼中变得熟悉起来。如果有人提出国家之为国家的条件，19世纪中叶的观察者和今天的观察者也许会给出类似的答案：具有保卫自己边界的权利和职责，能够合法地使用武力，能够制定和实施法律，能够管理自己的从铸造货币到征税等经济事务，以及具有满足其与公民的社会契约所规定的其他基本要求的权利和责任。虽然在国家应该在何种程度上、以何种手段满足上述要求的问题上，答案因国家而异，但是所有国家都认识到，政府肩负着社会责任。

同样，类似于我们今天所见到的私人力量也在 1848 年开始出现。那些实体是独立的，拥有自己的法律身份和权利，它们的规模和范围开始不断扩大并将获得无可想象的政治权力和社会影响力。我们对公共和私人权力各自扮演的角色持有意识形态方面的看法，随着这些角色的确立，我们的看法也大致成型。虽然在何为最佳模式的问题上存在意见分歧，但是，取得被治理者的同意、市场的重要性、政府与商业利益之间谋求最佳合作模式等理念却应运而生。

不过，我们也明白，任何事物都不会长时间一成不变。150 多年前产生的许多观念和行为体尽管貌似眼熟，在此后的岁月里，却仍然经历了重大的改变。政府和企业的角色发生了深刻的变化。可是，我们对政府与企业关系的认识却依然故我，因此，我们的理论框架不足以应对双方关系所发生的新变化。

本书在接下来的章节要探讨的问题是，国家何以是国家的观念发生了怎样的变化，统治权怎样被分解，曾经属于政府的许多特权何以被私人行为体掌握。我们还要认真考察，私人行为体在何种程度上自觉地运用意志促成了这些变化，这些变化在何种程度上是政府首脑和政治思想家的所作所为引发的结果，在何种程度上是环境情况的变化使然。搞清楚这些问题将有助于我们理解世界如何一步步发展到今天这种状况——威斯特伐利亚和维也纳最早确立的国际准则以及它们所衍生的哲学理念发展到哪一步的时候，不再适应新的形势。

第二部分

较量：国家受限，公司脱缰

第六章

法律规定如何适得其反

我的意志即法律。

——法国国王路易十四

政府本是为人民设计的，却落到了老板和雇主、落到了特殊利益手中。他们在民主的形式上建立起一个看不见的帝国。

——伍德罗·威尔逊

公共和私人权力之间当前的关系是在许多因素的作用之下形成的，这些因素在1848年革命所激起的令人眩晕的社会旋涡中清晰可见。瑞典感觉到了欧洲大陆的震荡，但是好像隔着波罗的海，动乱被吸收、变得柔和了。瑞典国王奥斯卡一世（Oscar I）看到欧洲各国的情形，很受震动；也许是真心同情自由运动，也许是为了避免国内发生类似的动乱，他提出了一系列改革。其中一项改革便是瑞典国会实行两院制；其实他并非全心致力于真正的改革，他认为上院应当由皇室指定的众多议员占据主导就是明证。这个提案引起了骚动，至少短时间内遭到反对派的抵制，就像更为激进的提案比如授予所有瑞典人“普遍”选举权遭到抵制那样。但是很显然，政治变革的浪潮甚至波及到了欧洲的北部边疆。

不过，有一项当时切实推行的改革对斯道拉产生了直接的影响。由于1848年发生了许多大事，这项改革也许很容易被人忽略：这一年，瑞典初次通过了有限责任法。一年以后，这部法律正式生效，允许瑞典的合股公司在取得皇室批准后成立公司。实际上，政治变革已经在进行；交易必须取得皇室的批准，这个要求很快就变成一个过场，许多法庭不愿意在给新的企业赋予法律生命、使之成为有限责任公司的时候提出这个要求。有限责任法也让斯道拉之类的公司筹集资金用于发展壮大成为可能。到1872年，有限责任公司雇用了瑞典将近一半的工作人口，到第一次世界大战时，受雇于有限责任公司的工作人口占到80%。瑞典社会在重新思考公司的形态、结构和作用等基本问题，它又一次成了席卷欧洲、美国乃至世界各国的潮流的先行者。

此时，欧洲大陆的激进分子（他们在革命的一年激情澎湃，可是革命之后，软弱的、往往短命的政府走马灯一样频繁更换，让他们备感挫折）却在以截然不同的方式思考社会当中关于财产法和私人力量的缘起等问题。有位法国思想家，也是一位社会主义者；关于如何纠正资本主义制度的不公，他的观点与马克思判然有别。他就是蒲鲁东（Pierre-Joseph Proudhon）。1840年，蒲鲁东出版了一本书《什么是所有权或对权利和政治原理的研究》（*What is Property? Or, an Inquiry into the Principle of Right and Government*）。他在书中提出了一条著名观点："财产是盗窃"。

这句话的意思是，资本家或者地主从自己雇用的工人或者农民的劳动当中获利，实际上是在盗窃工人或者农民的劳动果实。他写道："资本主义的经济理念，政府或者权力的政治学，与教会的神学概念是三种一模一样、以不同的方式相互联系的观念。抨击其中任何一种观念就相当于抨击所有的观念……资本对劳动的作为，就是国家对自由、教会对精神的作为。"他的结论是，社会当中一个人对另外一些人所享有的权利是他对这些人权利的侵犯，应当予以消除。按照这个观点得出的合乎逻辑的结论，他成了世界上自称无政府主义者的第一人。而且，这些观点使他产生了一种有别于马克思的社会主义理念（马克思本人争论过“财产是盗窃”这个结论）。蒲鲁东认为，财产不应当被转移给国家，而是应当由工人协会保有。他还认为，工人应当自我管理。（在19世纪和20世纪那样一个依靠等级制度的世界，这些观点听起来肯定是荒诞不经，在当前这个网络主导的世纪，不知道人们又会怎样看待他的观点。举例说明，没有领袖的革命比如2011年的埃及革命是否意味着现在蒲鲁东的理想看到了实现的希望？蒲鲁东的观点还有一种变体值得一提，就是像德国的做法——劳动者加入公司的董事会，事实证明，这是一种效果显著的结构，被认为对德国的经济繁荣起到了举足轻重的作用。）

在蒲鲁东与马克思的观点的相互作用下，社会主义运动在欧洲渐渐变得势头强劲起来。1848年的革命事件表明，旧的政治和经济制度必须改革，欧洲大陆乃至全世界都看到，用于构建社会的全新的政治和经济规则以及理念正在酝酿，并且不断加强。

瑞典出现了新的政党，它们日后将要求公司与政府之间形成不同于以往的关系。年轻的裁缝奥古斯塔 · 帕尔姆（August Palme）由于其活跃的社会主义观点在德国遭到监禁，他获释以后来到了瑞典。1889年，瑞典终于实行了两院制立法机构，3年后帕尔姆这位好比政界创业家的人物成立了瑞典社会民主党（Social Democratic Party）。这个党派在一度专攻数学和天文学的亚尔马 · 布兰廷（Hjalmar Branting）的培养和领导下，很快就让务实的瑞典人放弃了马克思主义的激进主义，转向了“通往社会主义的社会改良”。这种倾向于渐进主义的主张把重点放在在政府内部寻找一种可行的模式，而不是发动革命，这一主张得到了同时兴起的工会（瑞典比别的国家更早出现工会）的拥护。瑞典的产业工人（如同几个世纪以来的矿工一样）谋求在社会上享有更大的发言权，他们与社会民主党结成联盟，形成了一支与传统的贵族和财富精英相抗衡的力量。由此产生了现代瑞典的社会构想：不同等级之间旧的制衡理念体现在国家与工人（与私人行为体的集权相抗衡）的契约当中。

虽然瑞典正在建立日后被称为欧洲社会主义或者福利国家的雏形（我们会在后文探讨这种作为现代资本主义主要替代模式的模式），在整个19世纪，就像斯道拉的永贝里看到的那样，世界经济的重心却毫无疑问地转向了大洋彼岸。欧洲资本主义和美国的资本主义在沿着相互关联却各不相同的道路向前发展。美国将再次表明公司所起的作用，其重要性不亚于公司对促进现代民众理念的重大进步所发挥的作用。我们会看到，美国关于公共和私人权力的性质以及二者关系的理念在美国的资本主义模式当中出现并不断演变，到了20世纪末、21世纪初，它似乎要超越一切其他模式——社会主义模式、社会民主模式乃至介于二者之间的一切其他变体。

不过，为了搞清楚为什么美国模式现在看起来似乎无法取得最终的胜利，为什么瑞典、欧洲的其他国家和亚洲的替代模式正在被赋予新的生命，这本书的中间部分将探讨过去150年来公司力量的兴起与国家力量的衰落。公司力量的兴起（往往以损害国家为条件）也许是影响现代社会的一种极其重要、人们却知之甚少的大趋势，尽管前文提到的作者比如巴尼特和弗农等人都曾努力唤起过人们对这个问题的关注。

要面面俱到地考察对这些复杂的体制结构产生影响的所有细枝末节的变化是不可能的，所以我们想考察一些能够说明历史上私人和公共权力之间关系发展的宏观趋势的重大变化。为此我们要考察19世纪中期以来用来定义民族国家的4个基本构成因素：能够通过和实施法律、能够确定边界并被边界所确定，能够印刷货币和管理国家的财政事务，以及能够合法地使用武力。我们要举几个具体的例子分别探讨在过去的一百多年，尤其是近年来，就这几个构成因素而言，国家的力量何以遭到削弱而公司的力量何以变得强大，二者的此消彼长具有怎样直接而刻意的联系。此外，我们还要探讨这些变化如何改变了公私权力中心之间的关系，以及社会的职能发生了怎样的改变。

然后，讨论将导向本书的最后一部分。我们要在本书的最后一部分探讨这些趋势如何直接促成了我们今天所面对的挑战，以及它们将会对国际体系未来可能发生的变化产生怎样的影响。

从个人财产权到比个人拥有更多权力的财产

如果说威斯特伐利亚和1648年的分水岭关系到国家的权力和作用的确立，那么，1776年与1848年的自由主义改良则关系到个人权力的伸张；也许可以这样认为，此后，最重要的发展趋势是私人企业伸张自己相对的权力和作用。权力问题上的这些变化是商务公司的法律概念（这个概念最早建立是为了服务于国家的需求）与个人权力（最早要求明确国家权力的来源和界限）相结合而产生的。教会与国家之间的斗争是两批“立法者”之间的斗争，后来的公共和私人权力之间的拉锯战则开启了一种具有革命性的观念：比国家可以制定的法律还要重要的是限制和规定国家权力的来源的法律——这种立法态度可以追溯到英国大宪章和美国宪法。

美国比别的国家更早地接受了宪法性法律，这个事实有助于美国成为一种新型公司力量的发源地，美国的公司力量甚至让斯道拉和英国东印度公司之类当年横空出世的早期企业相形见绌。美国发展成为世界上最富有、最强大的国家，宪法性法律功不可没；而且宪法性法律也许至少暂时地构成了美国的政治和经济制度。

我们前面讨论过，中世纪的欧洲继承了罗马的观点：实体或者机构可以成为公司，可以被授予法人身份。实体可以向国王要求具有公司的身份，如果愿意，国王可以授予这种身份，人为地创建一个公司法人。要紧的是，君主还有权收回他所赐予的这项权利。公司在讨国家欢心的条件下存在，所以它显然为达成国家的目的服务。

就在南海泡沫破灭之前，商人利用其影响力说服议会通过了一些立法，这些法律大大地阻碍了公司在英国的发展，也许进而也严重地削弱了英国的竞争力。股票价格在1720年初急剧飙升的时候，出现过几十家公司纷纷成立的繁荣景象。这些公司很多没有经过正式注册，但是投资人要千方百计谋求利润，他们开始买入多家公司的股票。如南海公司等企业成立多年却依然资金短缺，所以很不欢迎其他公司与自己争夺资金。

南海公司的领导层通过其在议会内部的朋友，推动通过了1720年泡沫法案（Bubble Act）。这项法案对没有取得特许状的合股公司予以惩罚——包括无限额的罚款和永久监禁（惩罚极其严厉，只差没有达到法律上的万劫不复了）。可是，这项法案并未取得南海公司的领导层料想的效果，南海公司就很快由于随后的丑闻而倒闭。特伦查德和戈登对商业企业的看法代表了辉格党的观点；南海泡沫以后，辉格党的态度越发保守，使一切公司的存在更加仰赖于议会，议会则轻易不肯授予许可证。在研究早期公司发展史的法律学者道格拉斯·阿纳（Douglas Arner）等人看来，本质而言，泡沫法案"从根本上阻断了私人公司在英国的发展，直至进入19世纪"。合股公司受到了严格的约束，所以，现代公司的发展只能出现在其他地方。

美国宪法中并无"公司"一词

美国革命之前，美国只有7家企业被授予了特许状。革命时期只多了一家，是一家银行。革命时期，邦联条例（Articles of Confederation）是美国的法律。这家银行的官员为了确保公司存在的合法性，还设法取得了本州的特许状。1780年代，美国出现了成立新公司的浪潮，10年间的前5年成立了10家公司，到1790年之前又成立了22家公司。詹姆斯·麦迪逊（James Madison）在起草美国宪法（它将取代邦联条例）时提出一条修正案："在符合美国利益的要求，各州的立法规定又不够充分的情况下，"美国国会有权"授予成立公司的特许状"。可是，这项提案只有3个州投了赞成票，8个州投了反对票；所以后来的美国宪法没有涉及公司。

这个遗漏在乔治·华盛顿总统任期内引起了极大的争议。新成立的美国尽管与它此前的统治者英国存在诸多差异，美国国内的政治分歧与领袖人物的观点却与英国遥相呼应。华盛顿的财政部长亚历山大·汉密尔顿和许多来自北方各州、倾向于发展工业的其他代表人物被认为属于托利党。杰斐逊等具有农业背景的代表则认同辉格党对商业企业的观点。

汉密尔顿呼吁成立美国版的英格兰银行，他认为英格兰银行是推动英国发展的一个主要引擎。他觉得如果美国有一家中央银行，就可以增加可供使用的资金量，政府可以在必要的时候筹措到资金，发行纸币还可以方便人们纳税。在他看来，这样一家银行若是一家私人公司，就可以不受公众舆论的影响，最好地服务于公众利益。他在《关于设立国家银行的报告》（*Report on a National Bank*）中写道："要对此种性质的一家机构给予完全的信任，其结构似乎应当具有一个根本要素：它将受到私人而非公众的领导，受个人利益而非公共政策的指引；在某些紧急状况下，在软弱或者过于乐观的政府领导之下，公共性质可能会让它过于容易受到公众需求的影响。"美国宪法并没有提到公司，但是汉密尔顿认为，国会可以根据宪法中的"必要和适当"（necessary and proper）条款设立银行。尽管宪法的主要起草人、与汉密尔顿合著《联邦党人文集》（*Federalist Papers*）的詹姆斯·麦迪逊不同意汉密尔顿的意见，国会却在1791年为美国银行（Bank of the United States）颁发了特许状。

华盛顿总统不知道自己是否应当签署这项新的法规，他向杰斐逊征求意见。杰斐逊自然站在麦迪逊一边，麦迪逊是杰斐逊在弗吉尼亚的邻居和好友。杰斐逊说，汉密尔顿所谓的"必要"，是在玩弄宪法当中"必要和适当"条款的文字游戏。杰斐逊接着写道："宪法只允许（国会）为了实施某些权力采取'必要'的手段，而不是（允许国会采取）只能算'便利'的手段。"在他看来，银行并非那么不可或缺，国会没有权力出于自己的意愿设立银行。

华盛顿把杰斐逊的意见反馈给汉密尔顿，汉密尔顿十分愤怒。汉密尔顿认为，如果说给这样一家公司颁发特许状，将有助于国会履行宪法明确规定的职责，那么，在这个条件下，只有在这个条件下，宪法便暗示了国会有权设立银行。“设立公司是主权国家无可辩驳的附随权利，”他写道，“因此，关系到委托政府管理的事物，也是美国无可辩驳的附随权利。”他认为杰斐逊对“必要和适当”条款的限制性观点将严重地束缚联邦政府的治理能力。他还认为（虽然没有明确提出），给公司颁发特许状的权力，对这个新国家继续向前发展十分重要，因为有限责任公司相对于简单的私人合伙关系具有很多优点。后来，汉密尔顿的遗孀说，“（汉密尔顿）给你们设立了银行。我整晚熬夜，陪伴他完成了这件事。杰斐逊认为我们不应该有银行，华盛顿总统也这么认为。可是我的丈夫说，‘我们必须有银行。’我整晚熬夜给他抄写稿子，第二天早上他把稿子交给华盛顿总统，我们才有了一家银行。”

汉密尔顿虽然说服了美国的首届总统，美国接下来的 4 位主要行政首脑却都对公司不那么热心。约翰 · 亚当斯对银行持批评态度尤其是言之凿凿、有目共睹。杰斐逊的观点众所周知，他的观点极大地影响了两位继任者麦迪逊和詹姆斯 · 门罗（James Monroe），他们都是来自距离杰斐逊在蒙蒂塞洛的家只有几英里的地方。由于命运的有趣而难以预料的作弄，来自同一居民区的另一个弗吉尼亚人将扮演关键角色，他将赋予公司自由，使之能够摆脱各州的束缚，发展到像火箭一样“腾空而起”的地步——用《纽约时报》专栏作家托马斯 ·L. 弗里德曼的说法，“凌驾于”民族国家之上，与国家法律形成另一种关系。这个人是杰斐逊的亲属，华盛顿的朋友，麦迪逊和亚当斯的政治盟友；亚当斯先是任命他当了国务卿，后来又任命他当了最高法院的法官。

他就是约翰 · 马歇尔（John Marshall），亚当斯 1801 年任命马歇尔担任了美国最高法院首席大法官。马歇尔在这个岗位上服务了将近 35 年，是美国历史上任期最长的大法官。他作出一系列流传后世的裁决，它们构建了现代公司的形态，使之明显地有别于英国处理公司问题的司法传统。在马歇尔之后，美国采取了主动，英国、瑞典和许多其他国家纷纷效仿美国的做法。

刚开始，马歇尔的法庭裁决似乎严格地遵守英国的习惯法。的确，1804年，法庭在公司法的首次重要裁决——“黑德和艾默里诉普罗维登斯保险公司案”（Head & Amory v. Providence Insurance Co.）中，判决公司不仅是使其存在的那些特许状的创造物，也是习惯法的创造物。马歇尔用这个结论作跳板，1809年，他就“美国银行诉迪维尤克斯”（Bank of the United States v. Deveaux）案件发表观点，用习惯法的原则给美国公司法中的公司下了一个普遍适用的定义，它产生的效果是避免了各州的法庭在“什么是公司”这个问题上产生歧义（这是推动联邦法优先地位的第一步，而联邦法的优先地位又将推动建立美国的全国市场和经济，并促进形成了具有大陆规模的公司）。

过了10年，在马歇尔时代最著名的一次裁决“麦卡洛克诉马里兰州案”（McCulloch v. Maryland）的裁决中，马歇尔强调了汉密尔顿最早提出的一些观点，主张国会授权设立公司以达成宪法许可的目的是符合宪法的，虽然宪法作为纲领性的文件并未明确提及国会是否有权设立公司。可是，后来在1819年，马歇尔又参与了“达特茅斯学院校董事会诉伍德沃德案”的裁决，这次裁决将戏剧性地改变公司与设立公司的政府之间的关系。

案件的起因可以追溯到1754年达特茅斯学院的创办。当年，伊利扎·维洛克（Eleazor Wheelock）牧师在康涅狄格州创办了一所学校，向美国土著人传授基督教。维洛克在花光了殖民者捐助的前几笔资金以后，派一位朋友纳撒尼尔·惠特克（Nathanial Whitaker）去英国再筹一些钱款。这趟行程的结果是一个基金会在达特茅斯伯爵的监督之下成立，伯爵不仅向基金会捐了钱，还让它冠以自己的名义。1769年，新罕布什尔州的皇家总督代表国王乔治三世授予了这所学校成立公司的特许状。它让公司在新罕布什尔州有了一块土地，条件是这所学校也必须接收并教育英国学生。维洛克被任命为学校校长，他有权挑选自己的接班人，最重要的是，学校的控制权被“永久性地”交给了校董事会和“他们的接班人”。

10年后维洛克去世，他在遗嘱中要求由自己的儿子约翰接管学校。维洛克的儿子25岁，是一位正在革命军中服役的陆军上校，他不愿意承担管理一所学校的艰巨任务，可是，他在董事们的劝说下让步了。约翰担任校长期间，与校董会在一系列问题上频繁地发生冲突，比如税收，比如学生在参加乡村教堂的礼拜时该坐在什么位置等。约翰父亲的一位对手纳撒尼尔·奈尔斯（Nathaniel Niles）1793年加入校董会以后，双方的关系变得更加紧张，奈尔斯比约翰有手腕，奈尔斯开始逐步加强对校董会的控制。

1815年，双方发布的小册子针锋相对，校董会最终决定罢免约翰，再选一个人接替他的职位。约翰给予了回击，他找到新罕布什尔州的立法机构，让他们通过一系列法律，撤销达特茅斯学校作为一家公司的特许状，把学校变成一所公立学校。校董会无视这些法规，还像以前那样管理着学校。于是立法机构又通过一项法案，规定在立法机构未予任命的条件下担任学校的董事或者管理人员是非法行为。

约翰被新罕布什尔州选为“新”的达特茅斯学院的校长，他采取措施，想要撵走原来的校董会和学校里支持校董会的教职员工。后者作出回应，他们在附近成立办事机构，并向学院以前的管理人员威廉·伍德沃德索取学院的档案和印章。伍德沃德站在约翰和新罕布什尔州一边，自然拒绝听命，于是校董会提起了诉讼。新罕布什尔州上诉法院全部由共和党人组成，他们赞同由共和党人占据主导的立法机构的意见，站在约翰和“新”的学院一边。上诉法院认为，学院从诞生之初便是一家公营的公司；宪法给予保护的是私人权利；虽然皇家特许状是一份契约，但是如果它阻止立法机构对特许状加以修正，条件是修正特许状符合公众的利益，就违反了政府的正当性原则。

校董会向高级法院提起上诉。1818年3月10日，国会议员丹尼尔·韦伯斯特（Daniel Webster）为学院和原来的校董会辩护。韦伯斯特是达特茅斯的校友，日后将成为参议员、国务卿和总统候选人，此刻正在确立美国大演说家的声誉。他首先指出，公司的特许状宣布，“授予受托人之权力是‘基本权、优先权、自由权和豁免权’，这些权利由他们及他们的接班人永远享有。”他把这些权利与历史上授予英国人、后来又授予了美国人的基本权利联系起来：

身为公司成员的基本权利，在合法授予的条件下成员可以运用的基本权、自由权和经销权等权利，从大宪章直至今天都是法律保护的对象，是法律利益的主体。

他接着提出一条关键论点。他认为，各州有权在颁发特许状之前明确自己愿意在特许状之中规定哪些基本权利。可是，“一旦授予，宪法就认为它们（特许状所授予的权利）是神圣的，除非为了正义的事业被收回。”

韦伯斯特接着建立起一种在法律上十分巧妙、又不乏固有的讽刺性的关联。他宣称：“获得这样的特许状以及把财产给予这样一家公司，其唯一的目的就是使这些财产成为私有财产并保持其私有财产的性质，就是给了这些财产一个私有财产所具有的安全和神圣不可侵犯的外衣。”

他用这一句话把英国乃至整个西方历史上国家与财产权的性质问题不断演变的主要观点联系起来，并且增加了新的机锋。英国起草大宪章的原因与瑞典各等级之间订立协议的理由相同，与君主享有绝对权力的时代其他类似文件问世的理由相同：它们传播的观念是，个人权利是限制国王权力的手段。大宪章本质上是为了保护其他贵族的利益而形成的一份文件，洛克和其他人在大宪章的理论基础上发展了自己的观点，主张个人享有最高权力，国家唯一合法的权力在于为个人服务。不管是大宪章还是洛克的思想，财产权都具有首要的重要性。财富，不管它在何种程度上存在，都被认为是个人独立和影响力的基础。君主或者国家能否对私有财产不受质疑地主张不受限制的权利，这个问题对决定谁在社会当中处于支配地位，具有根本的重要性。所以，保障生命和自由，却不保障对财产的权利，这种观点在政治上毫无意义，洛克和他的同时代人都明白这一点。

现在，韦伯斯特又向前走了一步。他用财产权的概念来限制一个州对一家公司（只要它已经存在）施加影响。这种观点将为作为“拟制法人”的公司逐渐积累其他权利与特权大开绿灯，而现实生活中的人不过刚刚赢得相关权利。财产权的概念最早提出是为了保护个人对财产的权利。我们很快就会看到，这次裁决产生的一个直接结果是，人们用财产权的概念，把个人的权利赋予了一些本身属于某种形式的财产的机构。这对所有相关方都是一种污染和毒害：虽然在把人权赋予“拟制法人”（它们其实是某种形式的财产）的道路上取得了初步的进步，活生生的人却仍在像财产一样被买卖，他们得到的保护还不如公司。

韦伯斯特在结束辩护的时候慷慨陈词，指出新罕布什尔州立法机构撤销当初的特许状的行为违反了宪法中不得以不正当的程序剥夺财产的条款：

> 立法机构可以撤销成立了私人公司的法令，本法庭不承认这样的声明。既然立法机构不能把公司整个撤销，自然也不能撤销公司的某个部分，不能损害它，不能在未经公司成员同意的情况下从根本上改变它……如同授予土地使用的许可一样，授予公司权力的许可也是一份契约。

他后来又补充道，“特许状在不干涉公民共同权利的条件下，专为私人目的制造了一个拟制法人；也许可以认为，立法机构在未经受让人同意的情况下，不得干涉并修正它。”

据目击者描述，韦伯斯特说完他的辩护词以后，默默地在法庭前面站了片刻，然后对马歇尔说：“先生，您可以摧毁这个小小的机构；它很弱小，它的命运操在您的手中！我知道，它是我们国家文化事业的一盏微不足道的灯，您可以把它熄灭。可是，如果您把它熄灭了，就必须把整件事情进行到底！您必须把100多年来照亮了我们这块土地的科学明灯一盏又一盏地熄灭！先生，我说过，它是一所小小的学院，可是，它正揪着许多人的爱心。”这时候，韦伯斯特情绪激动，他声音哽咽，说不下去了；显然，连马歇尔也被他的真情深深打动。

法庭宣布判决结果的时候，马歇尔开宗明义地申明：“美国人民在美国宪法中说过，‘无论何州不得通过剥夺公民权和没收财产、有追溯效力的法令或损害契约义务的法律。’”他认为，“不需要理由即可证明”，这个案件中存在着契约关系。私人捐助的基金把未来管理学校的权力交给了受托人，达特茅斯因此是一家私人公司，它的权利受宪法保护，新罕布什尔州法庭的判决无效。接着他给公司下了这样的定义：

> 公司是一个看不见摸不着的拟制的人，只存在于法律思考当中。作为纯粹是法律的创造物，公司仅仅拥有授权设立公司的特许状所明确赋予的特性……这其中最重要的就是它的永久性（immortality）；如果可以用这个词表达，还有它的个体性（individuality）。被许多人永久继承的财产权可以被看做是相同的，可以像单个人那样的行为。这些特性使一家公司能够管理自己的事务，掌握自己的财产而不至于把问题复杂化，避免为了转手和永久让与的目的而必然引发的无休止的危险……这样一来，个人的永久继承便能够促进这个特定的似乎永存事物的发展。但是这个事物并不与国家的平民政府分享，除非它创立的目的是与之分享。它的永久性不再赋予它超越（永久性所赋予）自然人的政治权力或者政治性质。它作为一种国家工具也不比运用相同权力的自然人更大。

马歇尔的这个定义很有名，可惜存在一处不足。它没能搭建起经济权力和政治权力之间的纽带。它没能指出，一个被赋予了永久性的事物能够积累起比一个不可能永久存在的人更多的手段和更大的影响力。它也没能认识到，这个判决将被用来为最高法院后来的判决铺平道路，把更多的“个人”权力授予这些“拟制的人”，使之能够利用其经济力量达成明确的政治目的。此外，这个案件所牵涉的公司是一所高等学府，而不是一家谋求利润的企业。这次判决和它后来的解释似乎过于草率地掩盖了公司的性质问题，忽视了公司的使命对决定其对社会的价值、决定法律应当如何对待不同性质的公司所起的关键作用。

马歇尔指出，英国议会“无所不能”，可以撤销公司所享有的权利，新罕布什尔州的立法机构却受到美国宪法的约束。这次判决不仅是韦伯斯特与达特茅斯学院校董会的胜利，同时对美国的公司来说也是一个分水岭，对国家来说是个转折点。1686 年，詹姆斯二世国王决定，新英格兰各州为了保卫自己，必须加强中央协调，他轻松地说服法庭取消了已经颁发的皇家特许状，成立了新英格兰自治领（Dominion of New England）。我们知道，英国议会在 1857 年印度大起义之后，还撤销了东印度公司的特许状。可是美国在达特茅斯案之后，州政府便不得任意干涉公司的特许状，这些规定为现代公司大开了绿灯。

达特茅斯案的判决自然让美国各州十分不安，它们要么限制特许状的年限，要么规定公司必须履行公共责任，努力了好几年，想把它扭转过来。可是渐渐地，各州开始修改法律，终于赋予了公司更大的自由度。1830 年马萨诸塞州通过了一项法令，规定有限责任公司在申请成立时无需肩负公共责任。7 年以后，康涅狄格州树立了一个流行一时的榜样，它规定在没有明确法律规定的条件下，几乎可以在一切商业领域成立公司。这个规定发出了竞争开始的信号，各州竞相提出对企业友好的法律。纽约是这场彩票角逐中的佼佼者，新泽西紧随其后；后来，特拉华州后来居上，被认为对公司尤其热忱欢迎，今天有 50 多家上市公司是在该州创立的。

当然，这场对投资的竞争是民族国家为争夺跨国公司的投资所引发的类似竞争的预演。有些人也许认为国家处于支配地位，因为国家可以颁布和实施法律，可是，国家的权力不是绝对的，因为此类法律可能损害国内的经济发展（进而损害其政治领袖的声誉和地位）。

此外，达特茅斯案为公司提供了财产权以及与特许状相关的合同法的保护，高级法院后来审理的案件则让公司获得了更多的此前被认为只有血肉之躯的人才可享有的权利。1886 年，法庭在审理“圣克莱拉郡诉南太平洋铁路公司案”（Santa Clara County v. Southern Pacific Railroad）时没有提出理由便宣布，美国宪法第 14 修正案（它保障法律的平等保护，最早是为了给那些不受保护的活生生的人提供保护而制定的）也适用于公司。从 1890 年起，它根据这一原则在接下来的 50 年里开启了一系列裁决，利用第 14 修正案中实质性正当程序（substantive due process）的条款推翻了许多反公司的经济管制。1893 年和 1906 年分别增添了第 5 修正案正当程序和第 4 修正案保护公司不受不合理搜查的条款。然后到了 20 世纪 70 年代，修改法律的步伐加快，出现了一些明显地歪曲法律、赋予私营部门权力的情况——有些思想家曾经认为财产权是把权力赋予个人的手段，它被歪曲到如此地步必然是他们难以想象的。

俘虏立法机构的宣传活动

第 4 修正案最早获得通过后又过了 70 年，美国最高法院法官雨果 · 布莱克（Hugo Black）在文章中感叹，在适用第 4 修正案的所有案件当中，“只有不到 0.5% 的案件是用它来保护黑人种族，多达 50% 以上的案件用它来要求把好处惠及公司”。因为该修正案是内战以后通过、用以纠正人们用各种古怪的法律手段来剥夺非裔美国人的自由和基本权利，布莱克的感叹很容易理解。很显然，公司根本不是该修正案本意所针对的主体。

修正案的措辞提到它保护的对象是“在美国出生或者归化的所有人”。它主张无论何州“未经正当法律程序，不得剥夺任何人的生命、自由或财产；也不得否认任何人在其治下受法律平等保护的权利”。马歇尔法官指出，历史上法律认为公司是个“拟制物”，英国法律的传统一贯鲜明地强调它的拟制性。公司是国家的创造物，是公共部门法律想象的创造物。很显然，公司不被认为是美国权利法案（或者它的鼻祖英国权利法案）意图保护的个人社会的组成部分。要说有什么区别的话，公司被看做是国家的一种准公共延伸物，是一种可能产生腐败的力量，美国法律的制定者想要保护人民不受此种力量的伤害。其实，他们在制定美国法律的时候，鉴于英国议会新近发生的情况和他们对英国社会近年来的记忆，腐败是萦绕在他们心头的重要问题。在制宪会议（Constitutional Convention）上，人们探讨更多的是腐败，而不是诸如党派斗争、暴力和社会动荡等问题。

自从达特茅斯案以后，公司法人的理论不断演变，后来终于被看做是具有“单独存在和独立权利”的“自然实体”。圣克莱拉案是朝着这个结果“前进了”一大步。该案由大法官莫里森 ·“莫特”· 韦特（Morrison “Mott” Waite）主持审理。这位俄亥俄州律师毕业于耶鲁大学，是尤利西斯 ·S. 格兰特（Ulysses S. Grant）总统任命的第 70 位政府工作人员，《国家》（The Nation）杂志嘲讽他是“二流律师当中的佼佼者”。后来他在为期 14 年的大法官任内主持审理了 3 500 多起案件，许多案件都牵涉到对第 13、14 和 15 修正案的阐释和美国法律在调整适应内战后新的蓬勃发展势头过程中的失察，当时美国日益受到一些全国性企业的主宰，比如铁道行业。如果说韦特的法庭有一个主题，那就是他系统地限制了美国联邦政府的权力。

韦特大法官在圣克莱拉案开始口头辩护之前便告知控辩双方，“宪法第 14 修正案禁止各州否认任何人在其治下受法律平等保护的权利，法庭不希望听到关于这一条款是否适用于公司的辩论。我们一致认为‘适用’”。这条申明出现在该案的批注当中，有了这个批注，公司就有了争取更多“权利”的基础。

圣克莱拉案的批注对这一条款的首次应用主要是在州一级。这一点与当时流行的不愿意赋予联邦政府过高权力、喜欢把监管事务交给各州的倾向相一致。这种倾向不仅深深地根植于美国政府最初的理念（主权属于各州），而且是基于这样一种认识：让各州自行解决此类问题可以遏制腐败。后来路易斯 · 布兰迪斯（Louis Brandeis）法官在文章中写道，他对联邦一级的监管持怀疑态度，他认为联邦一级的监管可能“导致国家的立法机构被产业界俘虏，而保险业永远不可能俘虏各州的议会大厦”。虽然他的担心后来得到了证实，可是，还应该明确指出的是，如果“俘虏各州的议会大厦”是公司必须付出的代价，那么这正是它们千方百计要做的事情。举个例子来说明，标准石油心思缜密、有条不紊地结交从俄亥俄到新泽西等各州的立法机构工作人员，这个事实对其爆炸性发展的重要性不亚于该公司在钻探、加工、运输石油产品的各个环节所取得的进步。

1905 年的一个案件掀起了把第 14 修正案适用于公司的高潮。这个案件就是洛克纳诉纽约州案（Lochner vs. New York）：面包房的老板由于要求员工超时工作被处以罚款，这位老板声称此项法律侵害了自己的合同自由。此前法庭虽然承认合同权是第 14 修正案所规定的正当程序的组成部分，却主张合同权应当与各州的“警察权”（police power）相平衡——各州监管本州界内事务的权力。最高法院在洛克纳案的判决中主张，各州的警察权并非不受限制。这就相当于法庭确认了第 14 修正案中的“实体经济原则”（substantive economic doctrine）：“自由放任（laissez-faire）与合同自由”。虽然这次判决于 1937 年被推翻，在接下来的几十年来，公司却以它为先例保护自己不受与劳动、价格、从事商业活动的行为主体等相关的监管约束。这个用圣克莱拉的批注作为棍棒，抗拒各州（有时候是联邦政府）监管的法律时代就是布莱克法官 1938 年表示痛惜的时代。

托拉斯在“无道义的工业巨子”时代兴起。后来出现过摧毁托拉斯的努力。1920 年挥金如土的爵士时代（Jazz Age）之后又爆发了大萧条，美国人切身体验了匮乏和经济困难，这种种发展情况导致到了 1938 年，人们看待公司的政治观点发生了重大改变。所以，到了接下来的新政时代，人们愿意重新思考联邦一级的监管了。当然，公司动用它所掌握的一切可用的工具，对 20 世纪初的证券法以及联邦政府的价格管制发起挑战，但是又过了几十年以后，它才得以再次修改美国的权利法案使之对自己有利。

下一波浪潮开始于 1960 和 1970 年代并一直持续到现在，它对应的是

（也许可以叫做）“监管型国家”的兴起。这一时期的政府监管不同于20世纪早先的几个时期，它们具有更为宽泛的社会目标（比如环境保护、消费者保护、雇员健康与安全），主要由联邦一级进行监管，可以说具有较强的侵入性和系统性，几乎涉及经济活动的方方面面。在1964年到1977年间，美国政府新设立了10个旨在保护消费者、雇员或者公众的机构；而在1964年以前，食品药品监督管理局（Food and Drug Administration）是此类具有宽泛的职责范围的唯一机构。联邦政府的作用扩大，致使公司更为积极地寻求美国权利法案之内的其他保护；公司对联邦政府权力扩张的反应清楚地表明，公共权力和私人权力之间不仅存在长期的斗争，“监管型国家”权力的扩张还直接而反常地导致了公司被赋予极高的权利，导致了令布兰迪斯法官忧心忡忡的全国性腐败现象。国家通过赋予公司持久的“权力”而让出（因为这些权利侵占了历史上属于国家的特权）的权力是一种比国家通过广泛的监管所主张的权力还要宏大的秩序——特别是被赋予极大权利的公司享有了巨大的影响力，可以影响到国家的哪些监管可以获得通过，通过以后如何具体实施。

美国权利法案的10条修正案当中，公司成功地主张了适用其中的5个修正案，为自己争取到了修正案的保护。包括第一修正案的言论自由权，我们稍后会更为详细地探讨这个问题；第4修正案的不受不合理搜查和扣押的自由；第5修正案禁止被剥夺和两次被置于危险处境（虽然这个修正案显然针对的是自然人）以及第6和第7修正案的在刑事和民事案件中由陪审团审案的权利。

举例说明，法庭在审理1977年的一起案件时认为，职业安全与健康法案（Occupational Safety and Health Act）的条款不符合宪法，因为该法案允许视察人员在没有搜查令的情况下进入爱达荷州的一家电力和管道公司进行安全检查。人们对爱达荷州的这家可怜的毫无还手之力的公司也许抱有同情，可是听到这个事实：该公司得到了美国商会、美国保守联盟（American Conservative Union）、全美独立企业联盟（National Federation of Independent Business）以及两家代表公司利益的法律基金会的支持，人们的同情心一定会大大收敛。

这种代表企业利益的高薪人士的联盟说明，司法制衡的规模在牵涉企业公民的时候与牵涉（斡旋手段极其有限的）个人的时候有所不同。如果由此产生的结果是不能平等地运用法律，或者那些有能力主张权力的人被给予了更多保护，那么，法律就又成了促进少数人利益的工具；理性的批评者会认为，这种结果与一个“公正”的社会至少口头上主张的目标截然相反。

还有一些案件也表明了人们在利用宪法的保护遏制联邦的权力、促进公司利益方面所表现出来的类似的创造力。举例说明，在 1986 年的“陶氏化学公司案”（Dow Chemical）中，陶氏公司反对环境保护局（Environmental Protection Agency）飞越公司厂房的上空检测它是否遵守了清洁空气法案（Clean Air Act），公司得到了法庭的支持，理由是根据第 4 修正案，陶氏公司享有“合理、正当而客观的隐私期待”。主张这项权利似乎与该公司设立的初衷自相矛盾：它的唯一目的正是促进公众利益。

第 5 修正案申明，任何人不得“为同一罪行两次被置于危及生命或者肢体的处境”，以保护不受双重危害。可是，虽然 1906 年的判决提出公司不享受关于拒绝自证其罪的宪法保护，1962 年和 1977 年的两起案件却仍然主张，在法官指示陪审团作出直接判决而结案的情况下，不得对公司进行二次审判。第 5 修正案保障“未经正当法律程序”，国家不得剥夺“生命、自由或财产”；1980 年，华盛顿特区的上诉法庭援引这一条款，判处五角大楼侵犯了某乳业公司的“自由权”；五角大楼禁止该公司向军方出售产品，理由是审计发现该公司“不负责任”且缺乏“商业诚信”。

如果金钱意味着言论权，那么是否可以认为言论真是自由（免费）的？

前文已经表明，美国和世界其他国家一样，法律并非永恒不变。法律不但不断演变以适应政治、经济和技术进步，还必须与整个国家的精神与道德风貌保持同步。所以，正如人们对公司与国家的相对角色的观念经历了种种波折，法律也反映社会的变化。再没有比美国的一项基本自由、有关公司的言论自由的法律演变更能说明这一点的。

20 世纪初，公众对镀金时代（Gilded Age）的夸张无度十分愤怒，他们认为，洛克菲勒、摩根和卡耐基等人打造的庞大的私营公司高高地盘踞在特大型托拉斯之上，享有了太大的权力；西奥多 · 罗斯福总统反映时代精神，请求国会对公司投入竞选宣传的政治献金进行监管。“法律应当禁止公司向一切政治委员会、为了一切政治目的提供捐助，” 1905 年，他在向国会发表年度讲话的时候说，“公司董事不得把股东的钱用于这些用途；此外，就现状来说，这样的禁令将有效地制止以舞弊为目的的罪恶行径。”

过了不到两年，国会作出了回应；国会通过了提尔曼法案（Tillman Act），一律禁止公司为谋求公职的政治候选人提供捐助。后来，约翰 · 保罗 · 史蒂文斯（John Paul Stevens）法官思考了国会接受罗斯福的建议的理由，认为既是由于“公司在联邦选举中逐渐开始施展巨大的权力，还有实际舞弊的威胁与公众认为的舞弊行为”，也是为了“尊重股东的利益，避免股东和其他机构成员的金钱被用来支持他们所反对的候选人”。

在 20 世纪余下的年月，国会继续受到这些动机的指引，牢牢地握着手中的权力，给公司介入政治划了明确的界限。国会认为，如果公司能够发展到相当庞大的规模，它们必然会花钱对国家事务施加太大的影响，这种可能性与诞生于 17 世纪和 18 世纪的代议制民主理念格格不入。同样，1943 年，国会谋求建立平等的竞争环境，对工会的巨额政治献金作出回应，把这一禁令也延伸到了工会。1947 年的塔夫特—哈特莱法案（Taft-Hartley Act）确立了这条禁令的永久有效性。由于担心公司或者工会也许会狭义地把“政治捐助”定义为直接把钱交给候选人而想办法绕开禁令，法律还禁止公司或者工会把一般财政资金用于与联邦选举“相关联”的“支出”。应该指出的是，这些大型私营公司仍然获准通过政治行动委员会给予捐助，其资金来源于雇员或者工会成员的“志愿”捐助。这是一种心照不宣的安排，公司和工会当然有办法要求自己的雇员或者成员提供只在名义上“志愿”的捐助。与此同时，这一时期，国会不但认为自己可以不受宪法的约束，严格监管公司以政治捐助的形式发表言论，而且还毫不客气地对广告内容、公司发布公开招股或者某些财务信息时可能的措辞进行监管。当年看不出对“商业言论”（commercial speech）的保护，实际上，有些对商业言论的限制至今仍然存在，比如“内幕交易”和“广告真实性”方面的规定。

随着 20 世纪 60 年代和 70 年代的繁荣发展、监管型政府的壮大和大公司对监管的强烈反对，国家的精神风貌开始发生改变，公司法人“言论权”的定义变得更加宽泛。受到意识中的消费者利益的驱动，有些司法裁决扩大了公司法人的言论权，比如 1976 年弗吉尼亚的一个案件推翻了不得在广告中提及药品价格的禁令。4 年后，也就是日后被称为里根革命（Reagan Revolution）时期的开局之年（在这个时期，给企业松绑的态度演变成了一场“自由市场”与“大政府”针锋相对的根本的思想观念之争）——最高法院试探了对公司法人的言论自由实行监管是否符合宪法的问题。在有关广告禁令的另一起案件中，这一次是公共电力设施的广告，法院认为，政府要想对商业言论实行合法的限制，必须是为了促进政府的实质性利益，并且其限制不得扩展到必要的范围之外。由于这次试探可以做出相当广泛的阐释，它引发了分散的似乎自相矛盾的结果：禁止波多黎各的赌场打广告是对的，不让罗德岛的小酒店发布标明价码的广告则不对。这些裁决让人糊涂，但是有一点很肯定：各州可以监管商业言论，以确保它表达真实的信息。可是说到政治言论，各州就没有这样的权力了。

就在有关公司法人言论自由的新法开始出台的大概同一时期，一个竞选资助案件“巴克利诉瓦利奥案”（Buckley v. Valeo）的裁决结果是：花钱去影响选举是受到保护的言论权，不管这笔钱是给候选人的捐款还是为候选人支出的费用。这个案件对公司法人的政治言论自由“权”缄口不言；两年后，最高法院在“波士顿第一国家银行诉贝洛蒂案”（First National Bank of Boston v. Bellotti）的裁决中指出，马萨诸塞州有一条法律禁止公司用一般财政资金进行政治捐助，用于呼吁支持或者反对公民投票，该法律违反了宪法。分析家认为，法院之所以得出这个结论，一个原因是公民投票与选举政治代表不同，不存在意识中的舞弊的可能性，另外，听取辩论双方的意见符合选举人的利益。这个结论还受到了当时实际形势的影响，马萨诸塞州想通过分级所得税制，而公司强烈反对实行分级税制，所以它想先通过一条企业捐助的禁令，为所得税制铺平道路。

后来，法院又提取了贝洛蒂案的精华，进一步乃至显著地扩大了公司法人的政治“言论自由”。法院对一个事实视而不见：贝洛蒂案关涉的是公民投票，具有独特性。可是，法院却在贝洛蒂案的基础上赋予了公司广泛的权利，使公司能够用它们的金钱对选举结果施加影响。

法院扩大了公司的政治言论自由，虽然后来有两次裁决再次对公司介入选举进行了限制。其一是“奥斯丁诉密歇根商会案”（Austin v. Michigan Chamber of Commerce），法院支持了密歇根禁止公司利用一般财政基金来支持或者反对候选人的法律。在1990年的这起案件的裁决中，法院认为“在法人形式的帮助下积累起来的、与公众对企业政治观点的支持与否几乎无关或者毫不相干的巨大的财富集合体”可能造成“腐蚀性或者扭曲的后果”。裁决补充写道：“国家赋予的独特的企业结构为巨额资金的积累提供了便利，也保证了对独立支出（independent expenditure）的限制。企业财富如果以独立支出的形式被使用，就可能对选举产生不公正的影响，就像它披上政治捐助的外衣时那样。”第二起案件“麦康奈尔诉联邦选举委员会案”（McConnell v. FEC）判决麦凯恩—费高德两党竞选改革法案（McCain-Feigngold Bipartisan Campaign Reform Act）是合法的，就连改革法案禁止企业或者工会使用一般财政资金在初选或者大选60天内打“虚假议题”（sham issue）广告（这些广告号称只限于某些议题，实则督促选民投票支持或者反对某位候选人）的条文也是合法的。影响这次裁决的一个重要因素也是希望避免大额银行存款可能扭曲选举结果。后来又有一起案件，法院的裁决允许非营利机构用自己的经费印刷介绍候选人的小册子（小册子认为该候选人支持或者反对本机构的立场），因为法院认为，非政府组织的这种行为不“构成舞弊的威胁”。这样至少确立了一条基本理由——法院想提供保护，避免公司给候选人开大额支票而导致可能的扭曲和舞弊。

演出中断的一刻

2010 年 1 月 27 日，巴拉克 · 奥巴马总统发表了第二次国情咨文演说。坐在他面前的是国会两院的议员、他的内阁成员、参谋长联席会议以及美国最高法院的 6 位法官——奥巴马在讲话时打破传统，不客气地斥责了这几位美国司法系统最为资深的代表。

一个星期前，最高法院作出了一项改变游戏规则的裁决，这个裁决修改了竞选筹款法（campaign finance law），也改变了人们对企业言论自由的认识。当过宪法学教授的奥巴马认为，“联合公民诉联邦选举委员会案”（Citizens United v. EFC）的裁决“背离了一百年来的司法传统，为特殊利益群体包括外国企业在我们的选举中无上限地进行资金捐助大开了绿灯。”奥巴马重复了罗斯福在 105 年前表达过的意思，认为“美国的选举不应当被美国最有势力的利益群体所掌控，或者更糟的是，被外国团体所掌控。”暂且不管总部设在美国的跨国公司的利益是否具有鲜明的美国性质；奥巴马的怒斥登上了报纸头版，强调了联合公民案裁决的重要意义。萨缪尔 · 阿利托（Samuel Alito）法官也打破了传统，他在聆听总统的讲话时喃喃回应，人们可以清楚地看出他说的“不是真的”，此种表现更加突出了联合公民案的裁决所揭示的理念之争的情绪化性质。《大西洋月刊》（*The Atlantic*）形容阿利托的反应是国情咨文演说时“演出中断的一刻”。

联合公民案的起因是关于一名电影发行商是否可以在选举准备阶段为放映一部具有意识形态倾向性的影片《希拉里：一部电影》（*Hillary: The Movie*）打广告，影片抨击了希拉里·克林顿。因为希拉里当时是政治候选人，这位发行商担心广告会遭到禁播，于是便先发制人地提出权利方面的质疑，希望法院批准影片播出的广告顺利播出。地区法院与联邦选举委员会的主张一致，认为不应该允许播出该影片的广告，于是案件被上诉到了最高法院。

最高法院有几种选择。首先，它当然可以维持下级法院的裁决。其次，它还可以作出几项建立在狭义基础上的裁决。它可以裁定，根据该案所适用的法律，影片以视频点播服务的方式所开展的发行不能算做"选举宣传"（electioneering communication）。它可以根据上述结论以其非营利性作出豁免的裁决。它还可以像联合公民明确要求的那样，裁决下级法院的判决只在关系到这起特殊的案件及其特殊的情况时不符合宪法。但是，最高法院却选择利用这个机会来重新思考奥斯丁案和麦康奈尔案的裁决。最高法院提出，它别无选择，只能允许播出这则"不含威慑性政治言论"的广告。

该案的多数派意见建立在几个核心观点之上。首先，政治言论属于第一修正案要保护的根本自由。这条原则与此前的法庭裁决基本一致，但是第二条原则就不那么明确了。法院主张，花在竞选宣传中的钱相当于言论，所以也应当受到保护。这种看法与巴克利案的裁决相一致，但是多数派更进一步，他们有效地摈弃了巴克利案及其他类似案件的裁决所受的条件制约——它们都关系到竞选的失真和舞弊。法院给出这种意见的理由是，在观念的集市上，政治言论总是越多越好，禁止任何观念都会削弱民主话语的活力。这个意见与此前对失真或者舞弊言论的禁令截然对立；此前的禁令暗示，某些形式的政治言论应当被禁止，因为它们对公众利益构成了明显的威胁。而在这次裁决中，多数派主张，既然有钱的个人和非公司的团体可以投入大量金钱使辩论发生倾斜，公司不应当仅仅因为它是公司而被另眼相看。可是，公司的形式使公司能够积聚起理论上个人不可能积聚的巨额资金（因为公司具有永久性，当然还有别的原因），公司因此会享有比个人“更大”的言论自由，这一点却没有被正视。由于公司与国家的特殊关系以及它对国家的依赖，最初人们在设想公司的形式时对它是有所制约的，这一点也没有被正视。

多数派还主张——与美国商会在就该案呈交给高院的简报中的主张一样，美国将近 600 万家企业当中，大多数是“并无大量财富的小公司”，这是当代维护企业“权利”的一种十分普遍的观点。商会的简报指出，商会 96% 的会员公司雇用的员工不到 100 名，按照联邦的法律纳税的 75% 的会员公司每年的销售额不到 100 万美元。这些信息足以让最高法院放弃对竞选结果失真的考虑。可是，高院的裁决却没有理会下列事实：几千家在美国经营的公司的年销售额比大多数国家的 GDP 还高，这些公司正是商会最大的捐助者，而且，就连小公司也比绝大多数个人拥有更多的资源。

最高法院显然有意利用这个原本影响范围十分有限的案件提出一条霸道的申明；法院进一步暗示，企业通过政治行动委员会（political action committee，简称 PAC）参与选举是不充分的，因为“PAC 是个独立于企业的组织……PAC 的撇清……让企业无法讲话。”他们进而认为，即使 PAC 被理解为允许企业讲话，各家企业的 PAC 也“由于代价高昂而无法管理，且受到广泛的监管。”他们提出证据来支持这个相当牵强的理由：PAC 的性质使企业不堪重负，“美国数百万家企业当中，只有不到 2 000 家公司设立了 PAC。”

法院最后谈到了对舞弊的担心。它认为，避免舞弊对政府而言的利益（舞弊是制宪会议上人们讨论的一个主导话题，也是有史以来困扰各国政府的一个难题）不比公司通过独立支出参与政治议程对公司而言的利益更加重要。显然，我们自从 1720 年泡沫法案以来取得了长足的进步，可是在这个过程中，我们已经忘记了泡沫之前和其间的三百多年间所汲取的全部教训。

法院认可了这最后一条理由，在对价关系的舞弊和把大额资金交给候选人以支持其当选所可能导致的舞弊之间做了区别。也许出于十分明白的理由，法院对这一论点的说明只有轻描淡写的一句话，“反对舞弊的利益不足以取代此案所探讨的言论自由”，它又补充写道，有些国家对企业的独立支出不加限制，政府无法提出证据说明，这些国家沦为了舞弊盛行的受害者。经选举（作为历史上最为昂贵的政治竞选活动的组成部分）产生的政府代表是最优秀的人（这一点是反对舞弊的强有力的理由），这个预期成了与此次裁决相关的又一个莫大的反讽。

多数派接着申诉自己的理由，提出了一条申明，他们认为偏袒和施加影响在政治事务中不可避免，舞弊不会仅仅由于某些群体为某位政客捐助大量金钱、由于该政客后来投票支持该群体的利益就自动存在。他们的申辩接着写道：

> 如果国会认为存在问题，那么我们必须给（下级法院的）裁决以应有的尊重；但是国会也许不会选择违宪的补救办法。如果选举产生的官员受到独立支出的不适当的影响；如果他们放弃自己明智的判断，如果他们把利害权宜摆在原则之前，那么必然会造成让人担心的理由……可是，以颁布法令的方式采取的补救必须符合第一修正案；我们的法律和传统是，多一点言论自由而非少一点言论自由才是执政原则。

公司的捐助也许会侵害那些与公司所支持的观点恰好相反的股东的利益，多数派排除了这个担心，认为“公司民主程序”（the procedures of corporate democracy）足以弥补这种情况。这条理由很可能被用在金融危机当中，那样就会尤其显得强词夺理；因为金融危机表明，管理层往往并不代表广大股东的利益采取措施，公司管理的多个环节都是不完善和值得怀疑的。

最高法院有 4 位法官就这次裁决的若干关键要点提出异议；多数派认为，联合公民案的裁决没有背离一百多年来的司法传统，也就是不断地对企业花钱介入政治加强监管，4 位法官对这个结论嗤之以鼻。4 位法官还认为，这次裁决过于霸道［它没有对司法行动主义（judicial activism）提出政治上准确而犀利的谴责，虽然明显存在这种要求］。此前的裁决认为，如果存在使竞选失真或者舞弊的可能性，限制企业花钱开展政治宣传是应当的，几位异议人士在维护此前的裁决时得出结论：

> 所以，法院的这一观点是对美国人民常识的抵制；美国人民从公司创立之初便认识到必须防止公司破坏自治，人民自从西奥多·罗斯福的时代起便一直在奋起反抗公司积极参与竞选可能造成的舞弊。此刻否定这种常识令人奇怪。美国的民主虽然并不完美，可是，除了法院的多数派以外，几乎没有人认为，它的缺憾也包括它的政治事务缺少企业的金钱介入。

全球化时代的法治：无国界的世界接下来的边界

再没有别的民主国家、别的号称具有民主特点的国家，像美国政体那样不知不觉中赋予了公司如此多的特权。两百多年来，美国从争论要不要在宪法中提到公司，发展到公司作为拟制法人，被赋予了与普通公民同等的保护。把权利赋予这些资源丰富、具有永久性的实体以后，人们自然能够把它们塑造成一些特殊的角色。

再没有比金钱即言论的观点更能清楚地表明这一点的。第 14 修正案设法消除的一大罪恶是人头税——它要求某些群体的选民比如非裔美国人为投票权付钱。可是在现代美国的政治环境下，除非候选人能够筹集到几百万美元的经费，否则他无法参选，如果是竞选总统，则必须筹集到上亿美元。那么，这就存在一种新的人头税，挑选候选人的是那些有能力为候选人提供捐助的人，捐助的多寡将决定谁将参选，谁将无法参选。在这个问题上占据最有利地位的“人”是那些具有强大经济实力的行为体：“拟制的人”，这种明显的不公诱发了对公司的强烈抗议和反公司的动乱，比如我们在 2011 年的占领华尔街抗议活动中所看到的。

所以，这样一种制度已经发展成了公民与超级公民具有各自的权利和特征，各自享有独特的政治优势。虽然有人认为，由于“监管型国家”的兴起和政府支出所体现的 GDP 比重增大也使国家的权力得到增强，虽然有人指出国家手中仍然保留着“强制力”——也就是实施法律的权力，可实际情况却是，现代国家受到它的被赋予了高度权利的公民——公司的摆布，公司的“说服力”（persuasive power）往往占据上风，因为公司能够以一种或另一种方式引导那些手中握有“强制力”的人。

美国的例子当然是个极端。归根到底，这本书要探讨的重点问题是不同制度下公共与私人利益的平衡，所以一定要搞清楚美国的例子；由于美国在政治、经济和军事方面取得的成绩，美国从 19 世纪中叶以来一直是世界上影响力最大的国家。还有一些国家也赋予了公司越来越重要的作用，有时候是由于国家与公司之间建立起了更为紧密的关系使然。不过，今天所有具有竞争力的全球公司，其形态、结构和社会角色的发展变化都受到美国公司的影响。最后，美国公司的榜样在国际上的影响也显而易见：世界顶尖的 2 000 家全球公司当中，美国公司的数量最多，在《福布斯》杂志 2011 年的排行榜上占到了 536 个。

诚然，美式资本主义只是当今世界龙争虎斗的几种模式中的一种（其他一些正在兴起的模式多为欧洲资本主义分裂和发展的支系，比如瑞典、法国和德国的情况）。要想搞清楚这个新兴的“超级公民”阶层何以吸收了国家的某些重要权力，我们就必须把目光转向国际舞台。

现实是，不管我们考察怎样的制度，公司在全球范围内的影响力都在增大，公司在各个环节都在扮演重要角色，削弱着国家的重要权力。在美国，公司利用国家赋予的权力，就差没有修改国家法律了。可是它们的攀升还不止于此。事实上它们的攀升超越了一切边界，这个边界既是象征意义上的、也是实实在在的边界；在这个边界范围内，公司被赋予生命，并获得了相对于国家而言从未有过的权力。

第七章

边界以外

世界很小，现在经验证明了这一点。

——哥伦布，1503 年

我们不能坐等各国政府做所有的事情。全球化是以网络时间运行的。

——科菲 ·安南（Kofi Annan）

世界历史是一部全球化的历史。全球化不是哪个时代的独特现象，而是把一个又一个世纪串联起来的连贯的过程，就像早年的道路和大洋航线把人们连结起来一样。但是认为全球化只具有单一的形式、只是一种纯粹的历史力量，并未受到谋求私利的各相关方的推动和左右，却是天真的看法。事实上，正是狭隘的利己主义使全球化成了今天的样子，利己主义还将决定全球化是否会继续有力地重构明天的世界秩序。

当然，“全球化”有许多定义。诺贝尔经济学奖获得者约瑟夫 ·斯蒂格利茨认为，全球化是“拆除自由贸易的藩篱，使各国经济更加紧密地整合在一起”。某些别有用心的左翼社会学家形容全球化是“当前世界范围内朝向一种由超国界的公司贸易和金融机构主导的经济制度的发展势头，这些公司和机构不对民主进程或各国政府负责任。”T. N. 哈伯（T. N. Harper）在“帝国、大流散、全球主义的语言：1850-1914 年”（Empire, Diaspora, and the Languages of Globalism, 1850-1914）一文中认为，全球化是西方对发展中国家的“再殖民化”（recolonization），当然也很容易听到有人说，方向刚好相反，是发展中国家对西方的“再殖民化”。有些人认为全球化是进步；另外一些人认为全球化是一股抹杀文化差异的洪流，它用搅拌式的旋涡把人类社会同质化。

有一点不可否认：全球化削弱了国家的权力。全球化也许产生了一些促使国家主义反弹和复兴的力量，但它终究还是以多种方式削弱了国家。它把国家的一个限定条件——国界的意义变小了，在一国的天上、地下、空中和绕开国界的交通变得不太容易控制。全球化弱化了把人们凝聚在一起的民族认同，而在一切历史时期，民族认同都是政治统一的基础。没有了对“自我”是什么的清晰感受，我们怎么谈论“自决”（self-determination）？

私营的跨国行为体对这种民族认同的解体感受最深，它们喜欢全球舞台，它们的利益不再与任何一个国家一致。这些行为体利用全球化进一步暗中对国家造成破坏；举例来说，公司一旦真正在全球范围内从事经营，它们就能够“就地购物”（venue-shop），让两个国家彼此竞争，以便给自己争取更为优惠的法律、监管或者税收待遇。它们由于“浮”在国家之上而有了斡旋的手段。

跨国界问题的产生是全球化的一个不可避免的副产品，这个现象也大大破坏了国家的实力。其一是，按照人们普遍接受的对社会契约的理解，跨国界的威胁和挑战让国家越来越难以履行其对公民的义务。如果一个国家无法控制其国界，无法保证其人民的安全，无法监管其经济活动，它的价值就遭到了稀释。或者像托马斯 ·霍布斯在《利维坦》（*Leviathan*）中写的那样，“臣民对主权者负有义务的持续时间被认为与主权者有权并能够保护臣民的时间一样长，而不是更长。”

因为必须找到其他机制来履行社会契约，全球化还造成了建立超国家组织（supernational organization）的必要性。这些组织进一步削弱了民族国家，因为它们即使十分克制，所承担的也是主权国家的某些权力或者作用。再发展下去，这样的侵占几乎必然会继续下去（如果我们的主要目标是满足人民的需要而不是保护地方政治精英的利益，继续侵占当然是应该的）。这些超国家组织由于设计的缘故而软弱无力，国家又不情愿交出自己的主权，结果致使跨国界问题上出现了真空。这就给跨国行为体留下了空间，它们会利用监管的缺失或者监管者的无能有效地实施一些做法，使自己更加壮大，拥有更大的影响力，并且突破它们在国家层面可能遭遇的束缚。

不过，前文也指出，虽然在漫长的历史时期内，大融合、国界意义变小的趋势一直十分明朗，但是也存在对抗的声音、阶段性的反复、不同的行为体走上不同方向道路的情况。鉴于这本书的目的，我们最感兴趣的是全球化如何受到公司力量崛起的影响，又如何反过来影响到国家和私人行为体所发挥的作用。在本书各部分的每个章节我们都举了几个例子来清楚地说明，商业利益不仅对推进全球化的进程，而且对保证全球化从开始之初便以一种让商业利益受益的方式进行起到了关键的作用，哪怕全球化的结果对国家并不理想。进而我们还要认真考察，社会对私人和公共利益之间的关系抱持不同的意见，久而久之对全球化问题形成了哪些不同的态度。

早期历史的暗示

不可否认，历史上全球化主要受到技术创新的推动。我们之所以觉得当下发生的一切新奇、特别，技术创新是一部分原因。晚近的历史上明显地出现过几次技术创新的浪潮，它们在一度遥远而隔绝的社会之间建立起纽带，致使不同社会相互融合的速度让人眼花缭乱。

从 1960 年代美国军方开发网络到 1980 年代中期，网络覆盖的速度一直十分缓慢，这期间建立起网络联系的国家用个位数就数得过来。万维网（The World Wide Web）在比尔·克林顿第一次竞选总统的前一年才刚刚问世；到了他就任总统的第一年，联网国家的数量就达到了100个。今天，不仅世界各国都建立起了网络连接，而且人们认为，现在，网络是像煤气和电一样的公共设施。举例说明，2011年1月，埃及政府切断了解放广场和全国其他地方的示威人群的网络连接，抗议者大声呐喊，他们上网的基本权利遭到了侵害。

《纽约时报》的托马斯·L. 弗里德曼从解放广场经过，他注意到他遇到的几乎每个人、就连埃及的穷人也人手一部手机。这些手机同时也是照相机，可以把广场上发生的事情拍下来。手机还是电子通讯平台，它们使"推特革命"（Twitter Revolution）成为可能。手机在全世界的发展非常迅猛，据世界银行统计，到2010年，世界贫困人口的需求依次是：食品、住房、衣服和手机。1990年代全世界手机用户的数量还不到1亿，到2002年就达到了10亿。据联合国的数据，现在这个数字是将近50亿，发展中国家几乎2/3的人口拥有手机。可以上网的人口达到将近20亿。

这些还只是让世界人民能够以更快的速度联结起来的最新技术革命。20世纪中期，主要是由于为了应对两次世界大战和随后的冷战而开发的技术，航空创新、雷达与先进的导航系统的开发以及功能更强的计算机的发明在交通领域引发了革命。空间技术使经由卫星的全球通讯成为可能。

不过，在这次浪潮之前，19世纪就出现过一次浪潮。航海技术的进步促使全球贸易迈入了一个新时代。从新英格兰的水塘里开凿的冰块被装上快速帆船，运往加尔各答，用来防止食物在印度的烈日暴晒下腐烂。后来汽船取代快速帆船，增强了跨洋航行的安全性，而且把行程从几个星期缩短到几天。电报把各个国家、继而又把各个大洲的偏僻角落联结起来，当年这些变化一定让人觉得眼花缭乱、目不暇接。1830年代，早期可以使用的电报机引起人们的赞叹，它们可以在很短的距离之间传输电报——高斯和韦伯最早在德国演示发电报的距离是一公里，英国发送的第一份商业电报是 13 英里，1838 年萨缪尔 · 摩尔斯（Samuel Morse）在美国发的电报是 2 英里。过了不到 20 年，跨洋电报发送成功。又过了不到 30 年，美国与欧洲之间建立起了可靠的通讯联系。这之后又过了不到 10 年，亚历山大 · 格雷厄姆 · 贝尔（Alexander Graham Bell）就对着他的实验电话说："沃森先生，过来一下，我想见你。"

在摩尔斯发明电报的那一年，大西方号汽船（SS Great Western）成了第一艘在大西洋两岸往返、有固定航行时间的汽船。贝尔发明电话 10 年以后，卡尔 · 本茨（Karl Benz）在德国把第一辆使用内燃技术的汽车推上了生产线，内燃技术也是这个创造力和创新精神勃发的时代的产物——这一时期出现的全球贸易繁荣从 1870 年一直持续到第一次世界大战初，弗里德曼把这个时期叫做"全球化 1.0"。

"全球化 1.0"即使精确地描述了这一时期世界贸易前所未有的大发展，也显然贬低了在这之前的帝国时代和地理大发现时代。这一时期之前，从远洋航行的单层甲板大帆船到轻快帆船，从修建道路到六分仪和指南针等技术的突破无不引起深刻的全球变化，加速了社会与人群的相互关联。

不过，这些技术的开发、完善和使用，投入规模化应用，以及为其应用承担支出和风险，每一次都是有原因的。多数时候是公共或者私人行为体为了追求经济上的有利地位。有时候这种追求表现为征服，更多的时候则呈现为商业的形式。我们已经看到了，征服和商业是同一枚硬币的两面。

在不同的社会之间建立纽带，获取遥远地方的资源，保住获取资源的渠道和由此带来的好处，这种雄心是民族扩张、缔结联盟、传播文化、为战争寻找理由以及建立具有国际约束性的规则的幕后推手。事实上，正是出于寻找"更多"资源的愿望、也就是人类"这山望着那山高"的根本冲动，人们早年才冒险前往非洲、越过大洋、建立新社会。这种冲动也构建并重新构建了社会、帝国、全球势力均衡、思想传播以及这本书所探讨的各个时代的基本特征，从维京时代到地理大发现，再到三十年战争和当下的"全球化时代"莫不如此。

为此，我们要问：这个过程中是否发生了某种深刻的变化，它重新规定了全球玩家相互作用的条件，抬高了私人力量，给国家设立了界限，并永久地改变了国家与私人权力之间的关系？如果是，我们能否大致搞清楚什么是它的推动力，以便预测它将把我们引向何方，并解释为什么引向那个方向？

为了寻找世界上最早的"跨国"企业，我们可以追溯亚述人、罗马人以及早期沿着丝绸之路进发的沙漠商队的领袖。我们还可以考察北欧海盗、天主教会或者汉萨联盟的贸易商，是他们把达拉纳与伦敦、安特卫普、布鲁日、柏林、克拉科夫以及远到诺夫哥罗德（Novgorod）的买主连结起来。不过，从 1848 年前后的时期入手，我们将能够深入探究什么发生了改变，改变的原因是什么。

当年全世界大概有 1 500 到 2 500 家企业可以被叫做"跨国"企业。这个数字只比 1600 年英国东印度公司成立的时候多了几倍。这只是个大概的估计，而且所谓"跨国"的定义很不严谨，但是有一点我们知道：也许直到 20 世纪中期，这个数字都没有翻倍。1969 年，此类公司大概有 7 000 多家。2000 年达到 63 000 家，附带 820 000 家外国分公司。它们雇用了将近 1 亿员工，也许直接养活了 50 亿人口。把依靠这些跨国企业的当地企业和经济命运直接操在这些公司手中的人口加起来，2000 年，靠这些跨国公司生活的人口总计也许在 10 亿到 20 亿之间，占世界人口的 1/3。目前估计的跨国公司数量是 8 万多家。据估计，排在最前面的 300 家公司控制着全球 1/4 以上的产能。

与此同时，全世界的国家数量从 1900 年的 57 个增加到今天的 200 多个。跨国公司的迅速成长和跨国公司当中的大公司规模与影响力的明显增强显然加强了跨国公司的影响力，国家数量的激增——主要由于殖民主义的结束和帝国的解体，产生了适得其反的效果，造成许多又小又弱、只在名义上独立的国家，其周边较大的邻国或者其他行为体比如大型本地注册公司（resident corporation）的命运与政策的风吹草动都会影响到这些国家。

全球化限制了国家发挥的作用，有一个明显的例子就是，在很大程度上经济活动从在国界以内开展变成了在国界以外。1848 年革命搅动各国政局的时候，全球出口占全球的经济产出的不到 5%。到 2007 年，出口占到了全球 GDP 的 1/3 以上。这意味相互依赖的国家多了，依赖公司充当中介的国家多了，公司控制关系到国家福祉的进出口的流动（这个数字还不包括其他受到企业严重影响的全球流动，比如资金、信息等）。

控制国界和征收贸易关税是主权国家行使权力的重要手段。可是，贸易的重要性加强以后，跨国行为体开始发挥更大的影响力，开始动用其经济和政治手腕减少障碍，避免增加自己的成本和削弱自身的竞争力，这种现象也许并不奇怪。一个直接的结果是，国际贸易的规则以及政治领袖对这些规则的普遍态度发生改变，不知不觉中更加严重地削弱了国家对本国经济命运的影响力。

1848 年的节点：拥有土地的贵族让位于产业精英

从历史之初到 19 世纪中期，经济公式一直相当简单：土地加上人口等于财富。土地是粮食和住房的来源，人口是发动机，人口给土地的产出增加价值并保卫土地。在这个公式成立之际，计算全球的财富和力量是一件简单的工作。在这个公式成立的漫长时期内，人口最多的两个国家，其经济产出也分别排在第一和第二位。我们前面指出，在 1830 年代中期工业革命加速发展之前，中国和印度一直都是世界经济的领头羊。中国和印度在当代历史的前 180 年里不是领头羊，其实是反常现象，如今这两个国家的迅速崛起无非是回归常态而已；它们掌握了工业时代和后工业时代全新的创造财富的基本规则，即调动资金和技术的力量以提高效率，增加产出。

人类历史早期——也许可以叫做农业经济时代（Age of Agroecomonics)，政治和经济理论与控制土地和人口有关。对瑞典国王和后来斯道拉的股东们而言，他们要控制的是法伦矿的开采权，后来是瑞典丰富的森林资源。英国乃至整个欧洲的贵族往往更多的是控制耕地。18世纪初，英国乡村的地主（对应于美国的杰斐逊之类）对阵于新兴经济中心（体现商业活动和财富创造的全新模式）的代表，导致了政治分裂。这个断层表明，拥有土地的贵族与新兴的资产阶级精英之间的差距日益拉大，双方的紧张关系到了1848年之前的年月尤其达到了剑拔弩张的地步。

虽然拿破仑被打败标志着不列颠帝国历史上的一次伟大胜利，却还是引发了令人瞠目的债务危机。英国的国家债务飙升到40多亿英镑，占到英国GDP的237%。这个数字比日本当前的债务高得多（相对而言）；在当前面临广泛而严峻的债务问题的时代，日本的资不抵债被普遍认为是发达国家当中最为严重的。为了在困难时期维持经济，1815年英国议会通过了《谷物法》(*Corn Laws*)。英国议会的主导力量仍然是拥有土地的贵族，他们再次实行了直接而公然地为本阶级的利益服务的政策。《谷物法》规定，国内谷物的平均价格达到或者超过某种限度时方可进口；它在国内需要每一分钱的硬通货的时候人为地维持谷物的高价，避免税收流出英国。

19世纪中期，经济版图发生改变，其标志一是英国城市产业精英的影响力上升，二是随后19世纪40年代的大饥荒造成艰难的局面，在这种情况下，滑铁卢之后推行保护主义政策在政治上也许有意义，却遭到了强烈抵制。改良派认为，《谷物法》虽然对农业有利，却是以损害制造业和英国社会其他阶层的利益为代价的，于是，他们打着争取更加自由和公平的经济的旗号要求废除这项法令。当然，他们遭到了具有贸易保护主义思想的英国农业（和地主）代言人的激烈反对。争执双方是，老的英国对峙于新的英国，所以这是一个极好的例子，说明了世界范围内农业经济的旧势力如何让位于新兴的工业力量。

有一个人名义上为最终废除了贸易保护主义的《谷物法》负责，他在早期自由贸易史上树起了一座丰碑，这个人就是英国的保守党领袖罗伯

特 · 皮尔（Robert Peel）首相。皮尔绝非天生就是改革力量的同盟。相反，他的结论是，如果他在这个问题上让步，也许可以安抚改良派，免得他们寻求其他更具威胁性的改良措施。这种策略后来得到了弗朗索瓦 · 基佐的肯定。基佐在法国倒台、引起 1848 年的政治狂潮后流亡到了英国；他认可说，这个举措也许可以减缓公众的不满，避免引起像欧洲大陆那样的社会动荡。反讽的是，正是基佐在 1841 年向法国人民提出了那个著名的号召，要靠工作和储蓄“enrichissez-vous”（“富裕起来”）并争取投票权，1845 年也正是基佐把卡尔 · 马克思从巴黎驱逐出境。

不过，《谷物法》的政治改革斗争发生之际，基佐还在法国，人们还根本想不到 1848 年会爆发革命。英国的曼彻斯特在工业革命的头几年已经成为英国制造业和经济增长的中心。曼彻斯特的纺织业成了新时代首屈一指的象征，其中一家龙头企业有一位商人，他对各种知识怀有广博的兴趣。此人名叫理查德 · 科布登（Richard Cobden）。皮尔后来团结了足够多的本党成员废除了《谷物法》，而科布登不仅是推动此项改革的幕后力量，还成了今后两百多年商界领袖的楷模和支持商业的思想家，他对贸易和市场问题的思考，成了今天被认为属于现代盎格鲁—美式资本主义核心思想的雏形。

科布登的第一本书《英国、爱尔兰与美国》（*England, Ireland and America by a Manchester Manufacturere*）于1835年出版，书中写到了他前往北美考察的心得，并提出了几个他日后给出了精辟见解的核心问题，最值得一提的就是自由贸易。科布登把自己的一部分思想反映在政治层面，7年来，他建立并领导了反谷物法同盟（Anti-Corn League）；这个联盟认为，贸易保护主义人为地推高粮食价格，削弱了英国工业的竞争力，致使国外采取相应的对策，使科布登与其他人的工厂生产的商品更难销售到全世界。他认为，不列颠在技术和效率方面处于领先地位，只要给它机会，允许它在全世界参与竞争，它完全可以作为一个工业国家参与竞争并取得胜利。

科布登当上议员以后，立即致力于抨击皮尔和他的党派，他责怪他们造成了英国工人的处境，并要求废除《谷物法》。他的第一次讲话引起了争议，因为讲话不留情面地批评了皮尔，而当时，大不列颠正时不时地遭受民间的暴力威胁（皮尔的私人秘书在大街上被人枪杀，因为凶手错把秘书当成了首相本人）。科布登重振旗鼓，用自由贸易和政府不干预市场的思想团结并取得了英国商业界其他人的支持，后来这种思想被叫做自由放任主义。他吸收了亚当·斯密、特别是大卫·李嘉图（David Ricardo）的思想，李嘉图的比较优势理论影响了科布登的思想，使他认为，如果英国和其他国家的政府只是放手不予干涉，英国的商业就能取得竞争胜利。

第一次讲话过了3年以后，1846年5月，科布登的观点和他所获得的广泛支持占了上风，最早的《谷物法》被废除。皮尔表示，他接受这一改革，一半是作为一种政治策略，一半（他后来说）是因为科布登有很强的说服力；过了不到一个月皮尔就离职了。两年以后《谷物法》被一劳永逸地废除。科布登的胜利还将在今后几十年里延伸到更大的范围。

我们现在再来研究科布登的分析，会有一种鲜明的印象：它与支持市场的现代政客的论点是多么相似。科布登的思想引发了关税改革运动，这一运动自此扎根，至今仍然影响着英国。“我们提倡的无非是基督教的最高命令欣然赞同的事情：在最低廉的市场上买进，在最昂贵的市场上卖出，”这句话里他提到了更高的正义，在今后的年月，当他每每提出恳求时，还将多次使用这样的措辞。

后来有些追随者公开拥护科布登的思想，比如玛格丽特·撒切尔，科布登还有与这些追随者更为类似的措辞，他写道：“当人们更多地彼此打交道，更少与政府打交道的时候，世界将变得和平。”他的关于国际贸易问题的观点更为贴切，他写道：“我们在拓展商业关系时，与外国打交道的最高行为准则是，要尽量避免与它们缔结政治纽带。”

后来，科布登的名字在英国成了自由贸易和放任自由主义政策的同义词，以至于有些反对他的观点、提倡政府加强对市场干预的代言人把

“科布登主义”（cobdenism）用作一个贬义词。英国的社会主义兴起的时候，当过《经济学家》（*Economist*）编辑的F. W. 赫斯特（F. W. Hirst）把他放在卡尔·马克思的对立面。赫斯特写道，科布登“信仰个人自由和进取，信仰市场、言论自由和贸易自由。他的全部信念都是对卡尔·马克思的诅咒。”

赫斯特在第二次世界大战期间进一步把马克思与科布登相提并论。他写道，这两个人

> 在文明社会作为两种政治经济、政治思想和人类社会制度的倡导者脱颖而出……这场战争结束的时候，我们英国人必然要作出选择：我们的新闻和议会要不要自由，我们要不要成为一个非自愿征兵的国家，私人财产和储蓄是安然无恙还是要被没收，我们是否可以不经审判即被投进监狱，我们能否享有以我们愿意的方式、在我们愿意的地方，开展买卖活动的权利——简而言之，我们要被警察国家的官僚机构像奴隶一样统治，还是要由我们选出来的代表，作为自由人进行统治。理查德·科布登和卡尔·马克思分别是这场冲突中双方的象征。

科布登的反对者预言过的灾难并没有发生；从1849年到第一次世界大战，英国取得了前所未有的发展。我们也许可以认为，这个结果与其说是科布登准确地分析了这一时期（在整个这一时期，英国是世界上最有影响力、最繁荣的国家）英国在世界市场上的竞争优势，不如说他对政府和国家适当角色的基本理论具有普遍的适用性。今天，科布登思想的直系传人和相反思想的代表肯定会发生争论——后者众口一词地认为，更为开放的全球贸易经常造成混乱，有时候还会出现一些竞争者，这些人并不真正拥护自由市场，所以把自由市场扭曲到面目全非的地步。但是，有一点不可否认，由于这位曼彻斯特印花棉布制造商的努力，19世纪当仁不让的世界头号强国——大不列颠废除了《谷物法》，它单方面发出信号，向自由贸

易经济学迈出一步。欧洲、后来北美和全世界其他国家纷起效尤，特别是它们看到了不列颠的兴旺和繁荣以后。此外，还有一点十分清楚，在科布登等人的努力下，贵族扩张、农业占据首要地位的时代一去不复返，产业阶级上升的时代开始了。

跨越国界的冲动：在国内和国外左右逢源

如果说商业领袖可以用一个办法进入当前的时代，引发全球贸易的爆炸性发展，那就是直接影响公共政策的制定，还有一个办法当然是巧妙地设计管理结构和技术，让公司从多个方面更好地适应国际化的经营，而不受国家、国界的限制。

在废除《谷物法》的时期前后，全球经济领导力的火炬由英国传给了美国，美国商人欣然肩负起了推动下一波经济与政治变革浪潮的责任。其中有一位浮华莽撞、感情不专一的巡回演员，他叫艾洛克 · 胜家（Issac Singer），时不时也会发明几样东西。胜家是德国移民的儿子，他靠发明一种凿岩技术发了一笔小财，他用这笔钱开了一家演出公司，5 年来他和情人分别担任男女主角到处巡演，直至把钱花光。（他后来和 4 个女人生了 18 个孩子，卷入了一桩污秽的社会丑闻，其主要内容是事实确凿的重婚罪。）

胜家一路上巡回表演自己喜欢的节目，几乎把他的银行存款损失殆尽。他来到纽约，想试着推销他发明的一种用来刻印标记的机器。在纽约他结识了乔治 · B. 赞伯（George B. Zieber），赞伯给了他一定的资助，起初共计 40 美元外加一个办公的地方。胜家用来印刻标记的机器样机在一次爆炸中被毁，赞伯劝他到波士顿去做生意。赞伯觉得，年近 40 仍雄心勃勃的发明家胜家，也许会在波士顿碰到好运气，取得成功。

这台印刻标记的机器在波士顿没有引起他希望的反应，不过，在胜家干活的那家商店外面，制造缝纫机（当年的缝纫机既复杂又不好使）的生意相当兴隆。胜家看到了机会，他开始动手制造一台更为可靠的缝纫机。胜家后来回忆说：

> 我没日没夜地干活，每天只睡 3、4 个小时……机器用了不到 7 天就做成了。晚上 9 点多钟，我们把零件装起来，试了一下；缝纫机不动……我们难过极了，到半夜的时候才起身回到旅馆去。路上我们在一堆木板上坐下，赞伯提到，针线松的一面在布料的上面。我豁然开朗：我们忘了调节针线的松紧度。我们回去调了松紧度，又试了一下，机器缝了整整齐齐的 5 针，然后停了下来。这已经够了。

由于纺织品贸易在全球的重要性，想要解决缝纫机可靠性问题的并非只有胜家一个人。但是胜家的缝纫机设计巧妙，再加上他把几种不同的设计专利都买了下来，由胜家公司（Singer Company）统一所有，胜家公司很快就成了缝纫机市场上的主要玩家。

胜家很早就有开拓国际市场的抱负。他 1851 年成立公司 4 年以后，首次尝试打入海外市场，他把专利卖给了法国合伙人查理 · 卡勒博（Charles Callebaut）。胜家与这位法国合伙人的关系不比他的多次情感纠葛更为顺利（产出更是少得可怜）。胜家督促卡勒博遵守维护美国公司利益的商业惯例，卡勒博不听从，不合作。与卡勒博合作的不愉快经历让胜家相信，做生意的正确方法不是通过非正式的关系，而要更加直接；后来到了 1858 年，他打入国际市场的志向取得丰硕成果，建立起独立的经销权关系，负责在欧洲和整个美洲推广销售。公司成立几年以后就可以称得上跨国公司了，可是它缺乏可以保证其继续发展的系统化的组织和经营流程。在国际贸易风生水起的时代，它面临着的是其他想要打入国际市场的公司普遍面临的问题。

随着交通和通信技术的进步，由中央统一控制全国的经营（过去这一点很难做到）成为可能，此后，胜家采用的组织模式在美国流行起来。营业不过十多年，胜家在美国就有了 14 家分公司；他看到，他可以把这套制度运用到国外的经营当中。他在国外建立起销售网点，把外国的经销系统化。他的这一做法也许是比缝纫机更大的贡献，虽然他发明的那款缝纫机的基本技术设计今天仍在广泛应用。沿着他开辟的道路，最终形成了现代许多跨国公司所采用的中心统一管理却又自成一体的结构。

胜家公司在英国的经营活动对公司格外重要，因为他的两位主要竞争对手已经在英国打开了市场，一家是英国公司威廉·托马斯（William Thomas），还有一家是美国公司惠勒—威尔森（Wheeler and Wilson）。胜家公司的制度规定，缝纫机要全部组装好再运到大不列颠，这种做法对公司的生意造成了妨碍。运输往往赶不上需求，延误意味着现金流不畅。而他在英国、德国和瑞典的代理人报告称，市场对产品有极大的需求，可是他的代理公司无法及时交货，因为缝纫机无法及时运抵。

在这种情况下，胜家想起了他的英国经理乔治·B. 伍德拉夫（George B. Woodruff）；伍德拉夫宣布要帮公司解决这个问题，在英国开一家工厂。这是一步大胆的棋，美国制造商没有过先例。这个精心构想的办法可以给本地竞争者施加压力，降低生产成本——内战以后，美国的生产成本一路飙升。胜家和公司的董事最后认为，如果能把生产转到国外，就可以大幅度减少运输、储存以及其他相关的开销。胜家认识到，在工业时代，同时驾轻就熟地管理多家工厂和经销点是可能的，比他管理自己在上城和下城的几个家庭还要轻松。

胜家还认识到，跨国策略还将获得税收方面的明显好处，这一点可以进一步推动公司向全世界扩张。胜家公司在海外设立工厂，加紧对其全球经销网点的管理之后，公司的全球经营获得了长足的发展，以至于到了 1874 年，它的总销售额的一半以上来自美国以外。胜家的经理伍德拉夫深知公司这种做法的价值，他在写给公司本部的一封信中写道："我们的生意要想永远兴旺，除非是在所有大的商业中心设立分支机构——不管在哪里，我们必须依靠地方代理人，并且把经营活动捆绑在一起，置于我们的遥控和掌握之下。”

到1880年代，胜家已经成为一个全球知名的名字。他的公司成了第一大缝纫机制造商，分公司遍布欧洲、亚洲、非洲和拉丁美洲。很快，每个分公司都安排了副总裁，以确保“在疾病、死亡或者任何其他情况下，都不得严重干扰企业的正常运转。”胜家缝纫机公司发展起来，它要寻找新的市场，也要实现规模效应；胜家因此成了现代跨国公司的先驱。几十年以后，另外几家美国大公司比如福特、柯达、通用电气和吉列等纷纷效仿了胜家的管理模式，效仿了胜家利用国际扩张寻求优惠的税收待遇、降低原材料和劳动力成本的做法，同时利用直接投资人的身份争取对遥远他国的政府施加政治影响。

托拉斯在大舞台上再显身手

和胜家的情况一样，对于许多跨国公司来说，在国内学会的经验教训可以应用到海外。这一点对身为现代跨国公司先驱的胜家公司成立，对另一个人同样成立，此人的创意日后为一个类型的企业树立了样板，他就是标准石油公司的创始人约翰 ·D. 洛克菲勒。

有人说科布登是一名出色的商人，假如他对参政的兴趣不那么浓厚，对自身所处时代的深刻问题不那么上心，他会是一位伟大的商人。但是，科布登首先是一位理想主义者，其次才是商人。约翰 ·D. 洛克菲勒（纽约上城区一名蛇油推销员的儿子）则念念不忘生意经。不过这并不意味着他没有深入介入当时的政治。实际上，洛克菲勒认识到，管理政客和管理炼油厂一样重要，都必须认真关注甚至锲而不舍。另外一些人也看到了生意与政治二者之间的关系。1881年，亨利 ·德马雷斯特 ·劳埃德（Henry Demarest Lloyd）在谈到洛克菲勒操纵公共政策、使之符合本公司利益的时候说：“标准石油对宾夕法尼亚州的立法机构无所不为，只差没有完善（refine，也有提炼之意，此处为双关。——译者注）它的了。”洛克菲勒公开宣讲的名言是，“竞争是一种罪过”，这一商业理念与斯密和李嘉图的观点分歧昭然若揭：两位经济学家认为，竞争是资本主义制度的根本力量。洛克菲勒谋求一切可能得到的好处，包括主宰北美市场的石油产品；标准石油对市场的主导达到如此程度，说它不是垄断完全是瞎话。所以我们看到，在关于资本主义的众说纷纭的观点当中，拥护市场的理论家与想要在市场上发财的商人站在截然不同的立场上。

俄亥俄州的标准石油公司成立于1870年。到1878年，标准石油的一位高管指出，美国3 600万桶炼油产能当中，标准石油占到3 300万桶。1895年，标准石油的采购部门宣布，从今以后，它将单方面决定美国原油的价格。到19世纪末，标准石油控制了美国80%的炼油和1/4的采油业务。

标准石油之所以取得这种地位，是因为洛克菲勒利用了美国内战之后两个同时出现的趋势，这两个趋势与当前的全球化时代可以互为参照。他指出，由于铁路和电报等技术的发展，各州经济在迅速一体化。他认识到，在这种新的情况之下，州与州之间的商业监管存在法律空白，可以趁机让各州之间的法律相互抵牾，为他的公司谋求有利地位；联邦的法律不足以有效地遏制标准石油反对竞争的做法，标准石油可以置身事外，混水摸鱼。科布登提倡自由市场，洛克菲勒则以切实的榜样说明了在政府的作用太小或者不起作用、市场又过于自由时，会出现什么情况。

不可否认，有些州与标准石油公司较量过。可是洛克菲勒三番五次地表明，一个州的“强制力”可以被优秀律师的“说服力”、被竞选宣传的献金、发放其他报酬、“就地购物”的能力抵消；他让各州的立法机构与法庭相互对峙，自己则渔翁得利，达成划算的交易或者避开他想要规避的法律后果。他的这种做法不仅为美国公司，而且为今天的跨国公司在与各国政府斗智斗勇的过程中采用的策略开创了先河。

洛克菲勒的一个策略是，他和他的同僚拒绝被强制，从而让所谓的“强制力”彻底沦为纸上谈兵。他们千方百计避免在法庭露面、避免作证。万不得已必须作证的时候，他们要么一言不发（“约翰 ·D. 洛克菲勒守口如瓶”，一条新闻标题写道），要么谎话连篇（“洛克菲勒先生掌握了最高造诣的遗忘的艺术”，另一位观察者写道）。俄亥俄州的某个法庭作出了不利于洛克菲勒的裁决，于是，洛克菲勒就把在该州经营的公司分解开，变成20家公司重新统一在“标准石油利益”（Standard Oil Interests）的名称之下，理论上拆分了，其实还在原来的地址——纽约百老汇26号继续经营。新泽西州通过立法，允许公司彼此控股之后，它又在新泽西变成了一家控股公司。美国政府的制度和法律约束不了标准石油。法律有时候给它造成不便，但更常见的情形是为了满足它的需求，法律做了通融。

洛克菲勒和其他早期托拉斯比如安德鲁·卡耐基、美国钢铁和国家饼干公司（National Buscuit Company）的成功孕育了一批模仿者，它们纷纷采用这种组织模式，使自己在受到最小约束的条件下谋取到最高的利润。1882年标准石油托拉斯（Standard Trust）建立，到20世纪初，成百上千家托拉斯建立起来，总计达到了300家，资本值超过了70亿美元——这个数字是美国联邦政府1900年年度支出的十几倍。托拉斯的规模和影响力发展到相当庞大的程度，这一年开展总统选举的时候，如何控制它们成了各位候选人在竞选宣传中给予关注的一个大问题。

竞选宣传期间的许诺与实际当选后的举措往往是两回事，对标准石油也不例外。新当选的总统麦金利讲起要对付托拉斯的时候态度强硬，可是当选后却只提起了3起反托拉斯的诉讼。麦金利被自称无政府主义者的刺客暗杀之后，副总统、前纽约州长、战争英雄西奥多·罗斯福接替了他。在罗斯福就任之前，商界人士就对罗斯福将如何对待托拉斯忧心忡忡，他们带着自己担心的一个问题去联络罗斯福：“金融圈有一种感觉，万一您当上总统，也许会改变事态，破坏……商业界的信任。”

罗斯福内心深处是支持商业的，也认为大公司是经济发展的主要引擎。他和与自己的阶层和背景相同、审慎地运用权力的人们打起交道来尤其得心应手。洛克菲勒是个来路可疑、手段龌龊的局外人（洛克菲勒坦白地鄙夷那些企图遏制他的人，招致很多人的反感）。在罗斯福看来，洛克菲勒是资本主义误入歧途的一个范例。据说标准石油公司以前收买过联邦官员，于是罗斯福发出了改变游戏规则的信号，退还了标准石油的管理层为他捐助的10万美元竞选经费。罗斯福还推动国会推行改革和颁布新的法律，以便赋予自己更大的权力来约束肆意妄为的托拉斯，但是这些巨头公司在众议院和参议院的成员有足够的势力阻挠立法，哪怕立法受到公众的热烈欢迎。

于是罗斯福被迫使用1890年的一项立法《谢尔曼反托拉斯法》（Sherman Antiturst Act），以它为武器来抗击托拉斯的大亨们。罗斯福首先把矛头对准了J. P. 摩根（关于摩根的更多内容请看下一章）并取得了胜利。罗斯福总统信心大增，他一连任，马上就拿起相同的武器准备对付标准石油。

公众舆论之所以更加热烈地拥护这位年轻的总统，一部分原因在于新闻记者不辞辛苦地对标准石油之类公司的肆意妄为予以了揭露。其中有一本代表性的著作就是《标准石油公司史》（*The History of the Standard Oil Company*），这本书由文章扩充而成，在罗斯福宣布连任的当月出版。作者艾达·塔贝尔在书中尖锐地抨击了洛克菲勒，洛克菲勒本应当受司法制度的约束，却把司法制度内化为自己的一部分："洛克菲勒先生有计划地、有步骤地做手脚，暗中捣鬼，从1872年起，他是否曾经与竞争者站在公平的起跑线上参加过比赛，很可怀疑。"

联邦政府设法取消让标准石油赚取高额利润的一部分自由，标准石油却系统有效地削弱了政府法案的效力，罗斯福很生气。他准备向标准石油发力的时候，公司派首席董事约翰·阿奇博尔德（John Archbold）到华盛顿游说，想劝说罗斯福，让他相信没必要采取进一步的措施，实际上，标准石油公司在明面上遵守了政府提出的对它构成了妨碍的所有要求；对于约翰的这番游说，罗斯福并不感到意外。他不为所动，并且指示司法部继续落实针对这个石油业的庞然大物的行动。法律程序之规模浩大不亚于它的目标公司，该案一共涉及了444个证人、1 371次出示证据和将近15 000页的文字记录。法庭争论的焦点是标准石油是不是一家垄断企业，政府的看法是：

我们认为，被告用一家控股公司把生产制造的各主要环节联合起来，构成了垄断；凭借其联合体的规模，它们能够用不公正的竞争手段、歧视性的运价和证据所显示的其他手段，维持其垄断地位。如果这些行为不是垄断，我们怀疑美国还有没有垄断这回事。

终于，1911 年 5 月，高级法院大法官爱德华 · 道格拉斯 · 怀特（Edward Douglass White）一字一顿地宣读了这份在短时间内震动了商业界的裁决，声音低得几乎让人听不到。这份裁决提出了日后所谓的“合理原则”（rule of reason），认为一个人或者一家公司的贸易限制行为如果不合理，如果侵害了公众利益，将被视为违反了谢尔曼法。怀特写道：

之所以制定这条法规，主要是因为当时的经济状况认为很有必要：也就是财富大量集中在公司和个人手中，公司变得规模宏大，公司很容易形成联合体，它们也利用了这种便利性，被叫做托拉斯的联合体在成倍增加；人们普遍有一种印象：它们一直并将继续行使其力量，压迫势单力薄的个人，伤害广大公众。

看起来好像是国家胜利了。标准石油公司被拆分。洛克菲勒的帝国被分解成了 7 家新公司：新泽西标准石油、纽约标准石油、加利福尼亚标准石油、俄亥俄标准石油、印第安纳标准石油、大陆石油（Continental Oil）和大西洋公司。可是，如果说政府的目的是削弱这些公司的影响力，劝说公司不再利用其令人咋舌的规模谋求优势地位，劝说它们不再给政府官员施加压力，那么，可以说上述目标一个也没有达到。从这个角度来看，此次裁决预示了政府后来对私人力量的“胜利”，比如 2008 — 2009 年间金融危机之后，政府推行了削弱“大到不能倒”的银行影响力的改革——改革却收效甚微，只过了不到两年，大型银行的数量就比危机期间还多了。

新泽西标准石油成了埃克森。纽约标准石油成了美孚。后来两家公司合并，又回到老样子，从那以后在世界大公司排行榜上一直独占鳌头或者名列前茅。加利福尼亚标准石油成了雪佛龙（Chevron），2010 年排名世界第 9 大公司。俄亥俄标准石油成了 2010 年排名世界第 4 的 BP 的重要组成部分。印第安纳标准石油成了阿莫科（Amoco），现在也在 BP 旗下。大陆石油是现在的康菲石油（Conocophillips），是美国第 3 大能源公司、世界第 5 大炼油公司。大西洋成了 ARCO，现在属于美国排名第 78 位的太阳石油公司（Sunoco）旗下。2010 年，这些由标准石油派生出来的公司的总销售额超过了 6 150 亿美元。把这个数字横向比较一下，据世界银行统计，它大致相当于世界排名前 70 位的国家的 GDP。必须指出，这番说明只是为了让读者对公司的规模有个直观的认识，这种比较本身很成问题（主要是用 GDP 和年销售额作为统计指标，就好比把苹果与橙子相比），但是，值得指出的是，仅埃克森美孚公司一家的销售额就大致相当于瑞典的 GDP。

站在本章的视角，更重要的是美国政府通过拆分标准石油释放并推动了一些力量，这些力量将显著地改变全球经济的版图，它们用来影响全球公共政策的策略让人再次想起洛克菲勒在 19 世纪用来对付美国各州立法机构的手段，有时候两相比较会显得相当诡异。

忠于国家的迷思：克鲁格、法本、IBM 和 GM

私人公司发展成了跨国企业，它们的行为方式与早期国家扶持的企业（其存在明明白白是为了满足和推进国家的需求）出现了明显的差别。这个问题并不新鲜，从进入 21 世纪的头几年起，它就越来越成为一个焦点问题。像胜家之类的现代跨国公司从一开始就不是代表本土的利益采取行动，比如创造就业、创造税收或者刺激投资，而是为了股东狭隘的不受国籍影响的利益。是的，抛开政客、工会首脑和权威人士虚情假意的说辞，说什么维护本土的利益是每家公司的法定义务云云，公司越是容易在世界范围内找到新的市场，找到对它有利的经济环境，它就越会积极地寻找并开拓市场，对于这种现象人们不应当感到奇怪。

事实上，21 世纪初，全球化的发展趋势如此明朗，美国排在前面的标准普尔 500 家公司的主要收入来自海外。它们的利益和前途渐渐地转移到了美国以外。美国公司的身份适合它们的时候，它们就是美国公司。为了保持美国公司的身份，它们不惜走向可笑的极端。20 世纪 90 年代我是美国商务部的一名高级官员，我记得有几家跨国公司想要寻求美国政府的支持，帮助自己争取国际合同，赢得政府声援和企业融资，竟然作出种种有悖常理的“爱国主义”表演。举一个例子，两家飞机制造企业湾流（Gulfstream）和庞巴迪（Bombardier）都想得到美国政府的支持。湾流的总部设在佐治亚州；它说，它应该得到美国政府的支持，因为它的总部设在美国国内，而庞巴迪的总部设在蒙特利尔。庞巴迪针锋相对地回应说，湾流只在名义上是美国公司，庞巴迪在美国制造的飞机零部件比湾流更多。

这些问题给美国的决策者造成了真正的两难困境，并将继续造成困扰。举例说明，西门子和丰田都雇用了数万美国员工。这两家公司是美国公司吗？它们的利润分别回到了德国和日本，可是它们对美国人的帮助比许多总部设在美国的同类企业更大。此外，这两家公司的股东当中有美国大型机构和私人投资者。与 20 世纪早期和中期相比，界限虽然模糊了，外观却没有改变多少；当年，通用汽车的首席执行官、未来的美国国防部长查理 · 威尔逊（Charles Wilson，绰号引擎查理）还可以说：“凡是对通用好的，都对美国好。”在威尔逊说这话之前，它所隐含的道理就是一个谎言。全球企业不仅在诞生它们的国家之外享有利益，而且它们追逐利益的手段往往与本国正式的国家政策相互冲突，甚至干脆与本国的国家利益直接对立。

举例说明，GM在其整个发展史上一再寻求美国政府的青睐，它强调自己是帮助美国在两次世界大战中取得胜利的战争机器的组成部分。可是GM也为支持德国的战争行为立下了汗马功劳。1929年，GM买下德国汽车制造企业欧宝（Adam Opel AG），当时欧宝以生产可靠的汽车与现代的生产技术和设施驰名世界。20世纪30年代末，它把大部分业务变成了为德国军队生产武器装备，取悦德国军方并千方百计争取巨额订单。不管是生产卡车还是制造炸弹，GM旗下的欧宝显然都对美国没有好处。

想和面目狰狞的领袖如希特勒之流建立融洽关系的不止GM一家。IBM为德国政府提供了直接援助，它支持了纳粹的种族灭绝和奴役行为。埃德温·布莱克（Edwin Black）在他的著作《IBM与大屠杀》（*IBM and the Holocaust*）中写道："纽约总部对第三帝国正在用IBM的机器做什么心知肚明……每个集中营都有IBM的机器，他们知道犹太人正在遭到灭绝。"而且，IBM不单单提供技术，它还为设备提供操作人员，一直到美国1941年参战以后才停止。

加拿大法学教授乔尔·巴坎（Joel Bakan）坦白地对公司表示批评，他写了一本直言不讳而发人深思的著作《公司：对利润与权力的病态追逐》（*The corporation: The Pathological Pursuit of Profit and Power*），书中深入探讨了IBM的情况。布莱克认为，IBM不是在支持恶，而是价值中立、不受忠诚观念影响。巴坎附和了布莱克的观点，他写道："公司没有能力用原则或者观念的理由去评价法西斯主义或者民主的政治制度。对公司来说，唯一的法律问题是，一种政治制度服务于它的自身利益，还是妨碍它的自身利益。"

巴坎得出结论，公司"只注重自身利益，在任何情况下都无法对他人产生真正的关切"。他根据这个结论得出了公司是病态的观点。不过，还有一种看待问题的角度是，说到底，公司只是"拟制的人"。公司仅仅是社会要求并促使其形成的一种事物。根本问题不在于公司的性质，而在于政府（它可以重新确定公司的角色）与公司之间关系的性质。公司由于修改法律，由于全球经营使国家权力对自己鞭长莫及，由于其规模和影响力而变得日益独立，如果公众越来越难以把自己的意志加到公司头上，那么，出问题的就是公共–私人关系了。

不过，有时候公共—私人关系的病态，不是由于关系解体，而是由于肮脏的勾结所致，特别是目的阴暗的政府一旦与无法无天的公司勾结，便无法拒绝不光彩的请求。一个有名的例子也是发生在二战期间，制药巨头法本（I. G. Farben）公司放弃了几十年来为世界提供拯救生命和健康的新药的宗旨，同意与纳粹政府合作，制造用于集中营大规模种族灭绝的化学制品。这并不是一个孤立事件。在当今的全球化时代，注重私利的公司也经常越过边界；当追求私利与收编政府成员、与动用国家权力满足自身需求的必要性相结合的时候，公司追求为股东创造更大价值，这个目标就会促使它们缔结容易惹麻烦的联盟，建立难以自我辩护的关系。举一个近年来的例子来说明，新经济信息服务（New Economy Information Services）的一篇报告指出：

> 在争夺与美国的贸易和美元投资的问题上，发展中国家当中的民主国家在独裁国家面前正在节节后退……这个结果提出了一个问题，美国公司的外国采购和投资决策是不是无意中正在削弱脆弱的民主国家存活的可能性。

虽然这篇报告中用“与美国的贸易和美元投资”来指代不属于任何国家的公司资源，是一个很能说明问题的错误用词，它却准确地指出了总部设在美国的公司何以喜欢在非民主国家投资的诸多理由：低工资、宽松的环境监管、禁止成立工会以及独裁者往往是强有力的领导人，能够在价值中立的环境下迅速做出决策等。独裁者容易达成协议，即使协议往往与美国对外政策的目标相互冲突。

有时候公司本身不是病态的，而是它们的领导者是病态的。这种现象也贯穿了全球化令人不安的发展演变过程。伊瓦·克鲁格（Ivar Kreuger）

继承了一家勉强维持经营的瑞典火柴厂。不过克鲁格野心不小，他信奉洛克菲勒的观点：任何一种竞争都不是资本主义的灵魂，而是商业活动的敌人。于是克鲁格开始想方设法为自己的企业谋求优势地位。他先是把自己的联合瑞典火柴厂（United Swedish Match Factories）与瑞典另一家生产火柴的企业瓦尔坎集团（Vulcan Group）合并，在瑞典本土形成了垄断。然后他效仿由胜家等树立的雄心勃勃、积极进取的跨国公司的榜样，“推动出口，在国外建厂，与竞争者联盟”。他对垄断的嗜好格外强烈，并且想出了形成垄断的方法，给后来的公司开辟了一条全新的、也许不那么光彩的道路，使其能够把经济影响力转化成各国政府的特殊优惠。

第一次世界大战之后，许多欧洲国家负债累累。克鲁格看到了机会。他用提供贷款做交换，给自己的公司在各个国家取得了专营权。他先是贷款600 万美元给波兰，接着又贷款 7 500 万美元给法国。他在自己的公司发行债券，用这些资金挨个国家购买市场支配地位，登峰造极的一次是 1929 年他贷款 1.25 亿美元给德国。

表面上这种策略只是寻常的跨国商业活动。问题在于克鲁格筹集资金的手法，他许诺给投资人高达 25% 的丰厚回报，而那些接受贷款的国家付给他的利息只有百分之几。为了在这场游戏中抢占先机，他在全世界如美国之类国家发行新的债券和股份。后来，他利用手中的融资渠道，拓展了火柴专营的业务，并在门类众多的基础行业购买专营地位，成了世界第三大富豪；他在银行购买股份，通过银行开展大笔交易，他往往借助从银行学到的知识从事这些活动。

20 世纪他成了欧洲各国排在首位的私人借贷人，并且始终是这场游戏的主导者；他是 20 世纪投资热的弄潮儿，他把市场对证券的巨大需求转化成现金，用来掩盖他的操纵。而且他非常谨慎，他的谨慎不是出于守旧的对企业形象的敏感和关注。经济学家约翰 · 肯尼思 · 加尔布雷思（John Kenneth Galbraith）的描述更为准确，加尔布雷思回忆说，克鲁格“极不情愿透露信息，特别是确切的信息，在这场历史上最大的骗局中，就连他最亲近的熟人也被蒙在鼓里。”

克鲁格不是在关心利润，也不是在演示公司可以游刃有余地用它的说服力战胜一国政府的强制力，他是在犯罪，可是他那么成功，连美国总统赫伯特·胡佛（Herbert Hoover）也向他请教国际贸易问题。几十年后一篇BBC的报道揭示了他的操纵手法，给日后伯纳德·麦道夫（Bernard Madoff）之类的骗子提供了按图索骥的路径：

> 克鲁格的理财方法越来越不正当。他总是游走在法律的边缘；他的负债不在资产负债表上体现，他建立起200多家公司形成网络以迷惑审计员和银行家，他投资各种无表决权的股票。他还发明了形形色色的“期权”和衍生产品，隐秘地把现金藏在列支敦士登和瑞典的子公司里。

和麦道夫的情况一样，出现了经济萧条，克鲁格的庞氏骗局真相大白。他有2亿美元的贷款即将到期，而市场不再热切地给他提供新的现金。债权人催得越来越紧。于是，在巴黎1932年早春一个寒冷的日子，52岁的克鲁格起了床，穿好衣服，写了3封信，然后在床上躺下，解开马甲，从太阳穴上给了自己一枪。

克鲁格的故事是那个丑闻频发的时代一桩最大的丑闻；过了36年，斯道拉买下了瑞典火柴公司，他的故事与我们这本书贯穿始终的故事发生了交叉。这不是一桩天作之合，仅仅过了几年，斯道拉保守的生意人就发现，他们无法消化克鲁格的罪行遗留下来的这家企业。同样让人难以消化的是，在克鲁格的罪行引发的震惊尚未平息之际，IBM、GM、法本以及人们耳熟能详的多家公司支持希特勒征服欧洲并实行种族灭绝的行为却被视为“一切照常”而满不在乎地置之脑后——事实就是这样。

归来的自由贸易：柯达、NAFTA和WTO

“二战”之后的岁月见证了“历史上最大的国际秩序全面重组”，胜利的美国以及其欧洲盟友与战败的、被占领的敌国新成立了大量的全球机构，多数机构至今仍然存在。美国总统富兰克林 ·罗斯福（“泰迪”罗斯福的第 5 个侄子）想把此前征战不休的欧洲国家纳入“由新的体制机制管理的开放的多边经济秩序当中”。欧洲人需要美国的财政支持和安全保障，立刻同意了。

“一战”以后伍德罗 ·威尔逊的国际联盟（League of Nations）曾经遭到冷遇，如今，人们对设立国际机构的不情愿被一种新的认识所取代：为了应对全球性的威胁和满足广泛的共同需求，世界提出了前所未有的设立超国家机制的要求。超国家治理层级的增加被认为是必要的，但它有意被设计得很软弱，不至于对国家主权构成威胁。同盟国对它予以保护，以巩固自己的胜利——比如保证美国和欧洲在国际金融机构的主导地位，授予联合国安理会的 5 个同盟国大国否决权等。在其他地方，这些机构要求，要想采取任何有意义的行动都必须取得全体一致的同意或者经过复杂的批准程序。不过，新时期要求新结构，这种认识对国家的传统作用进一步发起了挑战。签署国际条约和加入国际组织，从联合国、世界银行、国际刑事法庭、GATT（后来的 WTO）、国际劳工组织到各种地区发展与安保组织，都造成了限制国民政府的后果。这种复杂化也波及到了公司，其意义却也许并非一眼可以看透。

一战以后，新泽西标准石油达成了在伊拉克开展业务的协议，公司必须操心两方面的法律：美国的法律和英国控制下的伊拉克的法律。到了现在，埃克森在马来西亚之类的国家开展业务，不仅必须保证它的行为遵守了美国和马来西亚的法律，还必须考虑到国际人权条约，因为美国的法庭也许会根据外国人侵权索赔法案（Alien Tort Claim Act）对它给予制裁；该法案是 WTO 的相关条款，任何国家的贸易权受到侵害，都可以提起控告，要求有约束力的执行。违反了全球公共卫生法规、海洋法、国际劳工协议或者美国与马来西亚签署的任何投资条约，都会受到制裁。

顺理成章的想法也许是，这样一张错综交织的法律义务之网会给跨国公司套上笼头，构成真正的约束。可是，虽然这些法规是笼头，虽然根据这些法规的要求，公司聘请了成群结队的律师和合规管理专员（compliance officer），实际情况却大大不同于摧毁托拉斯和强硬推行国家法律的时代。国际法是一块由四散庞杂的机构和法律制度拼凑起来的花布，人们无法把它们试图对公司实施的监管加以协调。这就让公司能够有计划、有步骤地对法律的游戏场进行分析，利用其资源制定战略，在比赛中时不时胜利得分，从而在全球舞台上获得比在单一主权国家更大的施展身手的自由。

此外，在众多的领域，设立国际性法律法规的必要性遭到阻挠，削弱了各机构协调一致采取行动的可能性。国际社会没能就气候变化问题缔结具有约束力的国际协议，是许多因素共同作用的结果，尤其突出的一条是，发达国家和发展中国家就如何分担生产清洁能源的成本存在分歧。不过，还有一支重要力量在妨碍、削弱乃至引导气候政策，那便是私人行为体的牢固联盟，他们不愿意承担与生产高效的清洁能源相关的额外支出。这个群体在石油和天然气公司以及煤炭行业的积极领导下，在过去的10年间花了10多亿美元用来游说，阻挠国际社会批准《京都议定书》（Kyoto Protocol）等协议的框架公约；虽然全世界192个国家批准了《京都议定书》，美国却由于国会内部代表公司特殊利益的势力存在，始终没有批准它。

强有力的监管经常遭到有效阻挠的另一个领域是全球金融服务部门，阻挠力量也是来自公司与国家的联盟，国家想保持自己的主权自治（这种自治往往得到强大的公司利益连哄带骗的支持）。可是，在环保和金融服务等领域的结果却是，公司行为体获得了比在许多发达经济体更为宽松的全球监管和法律环境，先进经济体反而要作出妥协，因为它们面临着一个两难选择，要么实施本国法律，眼睁睁地看着投资流向对公司要求不那么严格的国家和地区，要么放弃实施本国的法律，听任自己作为主权国家的权力遭到侵蚀。

同样，公司也经常利用国际监管体系给各国施加压力，为自己营造更为有利的商业环境。我们看到，商业环境在倾向于开放和倾向于贸易保护之间摇摆，具体倾向于哪一种，要看哪一种更符合企业狭隘的公司利益，通用汽车旗下的雪佛龙在世界各地的原材料生产商就是这种情况。同样，国家出于政治因素的考虑，也利用这些国际监管体系来刺探开放的外国市场或保护本国市场，政治因素往往意味着国内的经济压力。这样一来，国际组织原本是为了推动斯密、李嘉图和科布登的自由贸易理想而设立的，到头来却成了设立国际贸易体系的一个相关方，它一方面推动了全球化，另一方面却由于玩家们的操纵企图而变得错综复杂、大打折扣，并且也许将在今后的岁月面临极大的挑战。

现代全球贸易体系诞生于1947年，它是这一时期软弱的国际机构蓬勃发展的产物。当时叫做关税及贸易总协定（General Agreement of Tariffs and Trade，简称GATT），这个名称本身说明了全球治理的宏伟蓝图必须在一个又一个领域妥协之后才能取得进展。当初的想法是成立国际贸易组织（International Trade Organization），可是，这个组织没能顺利建立起来，于是，本来是为给该组织奠定基础而签订的关贸总协定便取代了它的位置。GATT的签约国带着减少贸易壁垒的目标定期开会。虽然建立这样一个体系可以产生明显的经济效果，但是也必须承认，各国谈判放弃自己在国界上征收关税的权力，是放弃了主权控制的一种重要手段。而且这不仅仅是个理念问题。正如今天越来越常见的情况，重要国家采用给本国玩家提供补贴或者设立非关税贸易壁垒的方式开展不公平贸易，另外一些国家则必须履行保持开放的法定义务，这就会造成不平衡和关系紧张。

在GATT于1986和1994年间开展的“乌拉圭回合”谈判中，123个签约国思考了改变这种紧张关系的重要性，在国际贸易组织的概念提出来半个世纪以后，终于一致同意成立世界贸易组织（WTO）。有些国家认为其他国家的行为侵犯了自己的贸易权，使之“失效或受到损坏”，WTO给这些国家提供了设法解决问题的平台：先经过秘密协商，然后由赞成一方或者另一方的专家评审团作出具有约束力的裁决，最后再由对此类事务具有最后发言权的更大的上诉机构作出最终裁决——除非有些国家选择不理会 WTO 的裁决，比如美国自 WTO 成立以来一直保留着这一选择权。

理论上，这是主权国家之间的一种程序。可是，实践中，多数情况下这一程序的幕后推手却是公司和公司的律师。从成百上千个例子中只挑一个来说，1997 年 12 月 5 日，WTO 宣布了对美日之间就美国诉日本对胶卷业实行贸易保护主义的案件的裁决。第二天，《纽约时报》的大标题写道："柯达在与富士发生纠纷的贸易裁决中败北"。虽然 WTO 的根本理念和它的裁决甚至禁止 NGO 或者公司之类私人行为体提交"法庭之友"（amicus curiae）意见陈述书以支持案件当中的任何一方，可是，它却日益成为私人组织特殊利益蒙着民族国家主权的面纱申请案件审理的平台（虽然我们已经看到，跨国公司倾向于只忠诚于符合其自身利益的国家）。

柯达-富士案缘起于 1993 年柯达聘请原摩托罗拉公司的乔治 · 费舍（George Fisher）担任董事会主席，费舍在摩托罗拉任职期间曾经成功地游说美国政府给日本施加压力，使日本的电话市场自由化。我当时参与了美国政府一些贸易问题的解决，我清楚地记得费舍是一位精明、随和、低调而非常能干的首席执行官，他在华盛顿就像参议员或者内阁成员那样长袖善舞，如鱼得水。柯达在日本的胶卷市场上只占有 10% 的份额，比它在世界上其他地方的市场占有率低得多；于是费舍游说美国政府出面干预，替他采取行动。美国政府的干预没有取得预期的效果，费舍做了凡是公司 CEO 都会做的一件事：他聘请了一个开价很高的大型律师事务所（其成员几乎全是前美国政府高官）杜威（Dewey Ballantine）来参与代理该案，杜威律师事务所的贸易实践由前美国贸易副代表艾伦 · 沃尔夫（Allan Wolf）领导——它根据美国贸易法第 301 条提出申请，要求沃尔夫原来的任职机构"美国贸易代表办公室"（USTR）对日本人死缠烂打。

富士用自己的律师团作出回应，它向 USTR 提交了一份 585 页厚的报告维护自己的立场，报告标题是"重写美国历史"。虽然一切国际案件归根到底都是政府之间的案件，可是，对USTR的米基·坎特（Mickey Kanter）进行游说、企图阻挠双方在WTO正面交锋的却是富士，只是后来没有成功。案件上诉到了WTO，两家公司都积极参与进来，各自给本国政府提供了成千上万页的法律文档，分别付出了数千万美元的律师费。在司法程序的各个环节，从最早协商和提出申请到选举专家团成员、请专家团评审、回答专家团的提问等，柯达和富士的团队各自在两个国家推动了这场斗争并为之提供了资助。后来WTO的裁决支持了日本，柯达继续保持热度，督促商务部（我在商务部工作过）监测日本的胶卷市场，并定期提交报告以增进自己的利益。富士则在太平洋的对岸继续同样的努力，"捍卫"本土的市场。

几乎就在WTO宣布裁决结果的同时，柯达宣布，它将削减美国的1.4万个工作岗位，把许多岗位转移到低成本就业环境，比如墨西哥瓜达拉哈拉（Guadalajara）的工厂，人们并不认为这件事会妨碍美国政府在WTO的案件中支持柯达。公司利用了国家，人们却并不认为它反过来对国家负有义务，美国政府的官员也没有认真地权衡过开放国内市场的利弊，即自由贸易理论上对经济的好处与全球化给公司（许多公司曾经被认为是"美国"公司）带来廉价劳动力和产业对国内市场的冲击二者之间孰轻孰重。数码摄影的兴起使柯达所处的行业经历了剧烈震荡。过去柯达曾经养活了8万多个工作岗位，其中绝大多数在美国；如今它只雇用了2万多员工，其中一半在美国以外。纽约州的罗切斯特曾经是柯达的总部和重要基地，可是现在，它成了又一个缺乏真正的国家认同的行为体，却继续千方百计利用美国政府，尽一切可能增进它的利益。

这种做法相当普遍。我们经常在政府中看到这种做法。举例说明，我记得凯特皮勒拖拉机公司（Caterpillar tractor company）曾经热烈地游说过我，希望美国政府支持它争取中国的大型项目三峡大坝工程。美国政府拒绝提供凯特皮勒公司所寻求的支持，它就悄悄地拿掉了曾经悬挂的美国国旗，转而在它开展业务的欧洲国家谋求优惠的出口待遇。我记得访问过凯特皮勒公司在印度尼西亚的工厂。我受到了热烈欢迎，人们请我享用了好几碗当地的腰果，还带我参观工厂；我问他们，在印度尼西亚组装和销售的设备有多少是来自美国的。陪同我参观的工厂负责人笑着说："只有凯特皮勒的标识模具。别的几乎全都在亚洲本地生产。"

公司正在操控和玩弄这种制度。公司通过游说塑造它，通过律师对它施加影响，公司利用这种制度的手段就好比水手们在经过各个港口时招呼当地姑娘——他们再也不会第二次见面。水手们甚至穿着国家制服把自己盛装打扮起来，而他们的动机却纯粹出于本能和私人性质。除了 WTO 以外，还有数万份被愉快缔结的双边投资条约存在，它们显然进一步削弱了国家曾经享有的主权。公司聘请了大量头脑灵活的律师，他们能够利用 WTO 和诸多的协议来巧妙地设计自己的手段，如果公司不能从一国政府或者国际机构那里获得自己希望的评判或者支持，它们可以在其他平台上继续争取，谋求自己想要的结果。

欧洲的涅槃：欧盟与斯道拉

1945 年以后，斯道拉铜矿加入了世界经济一体化。林业继续成为它的重要业务分支，理由与林业何以对瑞典至关重要一样：瑞典的森林覆盖率达到 60%。但是，这个行业高度依赖外国市场，而且全世界竞争非常激烈。来自世界各地的林产品越来越多，影响到国际定价和需求时，竞争激烈更加成了突出的问题。为了应对竞争，公司买下了瑞典一家生产硬纸板的龙头企业，并在 1962 年大胆地去海外拓展业务，几乎亦步亦趋地重走了北欧海盗当年走过的国际路线，最后在加拿大的新斯科舍（Nova Scotia）建起一家林产品加工厂。

公司后来遭到了加拿大人的谴责和控告，因为加拿大人反对斯道拉给当地的林木喷洒有毒的除草剂二噁英。对于斯道拉，这件事第一次（并非最后一次）提出了几个重要问题：国际公司必须对当地人口负有哪些社会责任，它必须在何种程度上承担责任，履行它从政府手中获取权利、取代政府施加影响之后必须履行的社会契约。

在1970年代，斯道拉逐渐减少了日益丧失竞争力的钢铁业务，把重点越来越多地放在林业上。结果公司在接下来的十多年实现了稳步增长。到1988年，有位记者指出，这家以前很少有人听说过、很少有人把它放在心上的古老企业“拥有的森林面积达到比利时国土面积的一半，它生产的液体包装板足以为全世界每个人供应两盒牛奶，它为瑞典报纸和欧洲其他几家大型日报社生产新闻用纸。”再打一个类似的比方，今天，斯道拉在欧洲、亚洲和南美洲拥有、管理或者租用的土地面积相当于卡塔尔的国土面积。

1980年代末，也就是收购瑞典火柴的交易前后，斯道拉翻开了其漫长而曲折的发展史上的全新篇章。它收购了克鲁格留下来的工厂，虽然事后并没有像想象的那样改变游戏规则，当时却是瑞典历史上最大的一笔现金和证券交易。公司感觉到国际市场对其商业活动的重要性，也像其他瑞典公司一样致力于在欧盟的统一市场上提升竞争力，使自己立于不败之地。

斯道拉收购瑞典火柴时期的总裁伯·贝格伦（Bo Beggren）说：“多年来我们是一家相当安静、听不到动静的公司，但是（近来）我们开始积极扩张。我们在寻找和开拓新的领域，拥有国际化组织体系的瑞典火柴成了我们理想的合作伙伴。”贝格伦在1988年的“登台亮相”宴会上进一步强调了公司的全新路线，这次宴会是为庆祝韦斯特罗斯的彼得主教回购古老的法伦矿股份700周年而举办的，地点选在法伦矿大矿坑（Great Pit）的底部。

贝格伦利用这次机会向出席庆典的瑞典官员表示祝贺，同时游说他们放弃贸易保护主义，接受加入欧盟将会带来的变化——让出古斯塔夫·瓦萨几乎完全不可能理解的一部分国家主权。“老矿山仍然具有惊人的生存能力，”贝格伦对6 500位欢聚在曾经富含铜矿的悬崖下的嘉宾们说。他在讲话中对公司的长寿表示祝贺，然后转向了当下的问题。“我们的未来在于欧洲一体化，”他提出，“我们应该欣然接受新的变化，向新世界开放。”

瑞典的政治领导层通常保持中立，他们长期设法绕开欧洲共同体，坚定不移地作为独立行为体保持竞争力。可是再过 4 年欧盟就要成立了，瑞典的商界领袖认为，继续徘徊在欧共体这个世界最大的市场以外将会对自己十分不利。贝格伦指出，如今，新的斯道拉在欧洲“大到不能被无视”，他接着说，为了瑞典国家的福祉，瑞典必须加入欧盟，避免孤立。

这个时刻充分体现了推动全球化新时代的几大世界潮流。过了不到 6 年，瑞典加入了欧盟。同时，瑞典开始放松了自干涉主义时代以来一直存在的经济管制，干涉主义让瑞典成了名声在外的欧洲社会主义福利国家当仁不让的大本营。人们有一种感觉，在里根、撒切尔、格林斯潘和全球化时代，盎格鲁–美式资本主义的价值观在改变世界，商业在永远地、单向地向政府要求占领“制高点”，全球竞争要求国家出让主权，撤销管制，放弃对国界的控制，为本国人民（当然还有“他们的”公司）占有竞争优势做出这些让步。

但是这里应该指出，地区化—全球化的浪潮似乎正在带领各国走向和谐，实现根源于盎格鲁—美式资本主义的自由市场理想，虽然瑞典也受到这股大潮的裹挟，但是瑞典的资本主义与美式资本主义仍然存在显著差别。在斯德哥尔摩一家距离瑞典政府的办公室不远的饭店，瑞典一位前财政部长向我描述了这种差别。帕尔 · 纳德（Par Nuder）是社会民主党人，他不仅是瑞典政坛久经考验的参与者，也是目光敏锐、思想深刻的国际经济趋势分析家。他讲了瑞典何以用一种看似矛盾的方式在全球化时代获得了竞争优势。瑞典的传统在美国也许会被视为“大政府”的典型案例。

“我们这里，”纳德说，“做每件事情的根本出发点都是强有力的社会契约。政府、劳动者和商业界始终认为，社会契约对多方协作至关重要。这意味着一旦出现全球化造成的竞争错位，就会有一些项目支持和重新培训那些可能丢掉工作的人。我们国家每个人都明白这一点。所以我们从不像许多美国人那样担心全球化，因为美国其实并没有社会安全网。在瑞典，我们相信制度会照顾人，直到他适应新的变化。”

纳德用给世界各地的汽车制造企业造成冲击的危机来举例说明他的要点。他指出，为了避免灾难性的失业，身为“自由市场”的美国必须由政府出面干预，暂时把通用汽车国有化，而“社会主义”的瑞典却不会用相同的方式干预萨博（Saab），因为它知道工人已经得到了妥善的照顾。“我们，”他说，“有更大的自由可以无所畏惧地迎接全球化”——他认为这个情况有点反讽，因为瑞典是个小国家，而美国虽然在不少国家看来是全球化的主要推手和受益者，却在2008—2009年金融危机和高失业率之后遭遇了严重的反全球化冲击。

在被问及这种现象的时候，美国前贸易代表查琳·巴尔舍夫斯基（Charlene Barshefsky）点头表示认可，她停顿片刻，然后说道，“我认为这是一个有趣的问题。我认为我们低估了全球化造成的错位，还没有在我们的工作人口中采取足够的措施来加以弥补。除非我们采取了足够的措施，否则在贸易问题上还会遇到巨大的政治阻力。”

法伦矿曾经是一个相当独立的地区的心脏，在它古老的矿坑里举办盛大的股东宴会后过了十年，斯道拉自然而然地迈出了其发展过程中的下一步，再一次赶上了变革时代的步伐。它与芬兰的林产品与包装业巨头恩索合并，成立了斯道拉·恩索。

新公司立刻就被认为是业内的一支全球力量。同时，这家历史上曾经与瑞典的命运难分难解地交织在一起的公司把总部迁到了芬兰。今天，它的国际业务部设在伦敦郊外。瑞典政府赋予了它生命，它也在瑞典的辉煌胜利与艰难求生时期支撑过这个国家；瑞典政府在斯道拉的压力下加入欧盟以维持国家竞争力，结果却眼巴巴地看着这位大铜山曾经的东家跳了槽，把总部迁到外国，加入了全球化时代不属于任何国家的超级公民行列，成为新的一员并发挥作用。

第八章

谁地盘上的货币？

如果让我掌管一国的货币，我不在乎谁给它制定法律。

——梅耶·罗斯柴尔德（Mayer Amschel Rothschild）

那么你认为金钱是万恶之源。你有没有想过金钱的根源是什么？

——安·兰德（Ayn Rand）

2008年和2009年金融危机的严峻形势渐渐趋缓的几个月里，有一天我和美国国家经济委员会（U.S. National Economic Council）主任拉里·萨默斯在他白宫的办公室一起吃午饭。我们的话题谈到了这次危机、危机的后果以及它可能让他的思想（继我们在克林顿政府时期共事之后）发生怎样的改变。

“你有没有想过，”我问，“我们的改革过了头，过于偏向于‘把它留给市场’的方向，现在钟摆要向相反的方向摆回来了？”

他顿了一顿，说，“你的意思是不是说，我认为我们要退回原来的起点，要让政府更多地介入市场，让政府作为监管方发挥更大的作用？”

我点点头。

“不，”他不假思索地回答道。“我认为我们不能也不愿意把时钟拨回去。我认为你不必担心奥巴马政府会像有些批评家建议的那样撤销我们以前做过的一切。说实话，即使我们想撤销，我也不敢肯定我们能做得到。时机不同了。”

我想，他觉得他的话会让我感到安慰，我会认为他的意思是尽管面临危机，奥巴马总统也不会成为秘密的社会主义者——这是一些言过其实的批评家给奥巴马扣的帽子。可是老实说，我不确定他的话是不是让我感到安慰。在克林顿政府之后、此次危机之前的几年里，我的感觉是，指针向所谓的市场自由偏得太厉害了；所谓的市场自由其实是给了金融界机会，让他们能够肆无忌惮，冒着不该冒的风险从事交易，攫取高额利润，并且引导国际金融体系的发展方向，使之从公众的代表手中褫夺从货币政策到市场稳定等方方面面的掌控权。

我对公众的代表不抱幻想。他们普遍对金融市场上正在发生的状况惊人地无知，三番五次地（我认为不是偶然的）对金融市场和几大金融机构令人不安的动态疏忽大意，所以我不幻想他们身怀绝技、能够在当前时刻力挽狂澜。事实上，奥巴马本人正是乘着历史上金融界政治捐助的最大一波浪潮登上了总统宝座；他带来的许多人马具有坚定的华尔街思维和相关偏见来替华尔街说话，由于竞选融资程序完全依赖本来应当受到监管的公司的捐助，相对而言，美国国会就更加腐败了。这种状况洋溢着当年的英国议会的味道——10% 的议员以某种方式是英国东印度公司的直接受益人或者与受益人有瓜葛。在这样的制度下，产生扭曲的结果在所难免。

不过，一个更为宏观的问题是，金融界之所以发生震荡，一部分原因是不是更大的历史趋势使然，致使政府掌控社会的另一大传统手段——对货币和金融的掌控，由于商业界长期有计划有步骤地维护其狭隘的自身利益而遭到了削弱；和通常的情况一样，哲学家和舆论引导者出于种种原因分享自己的观点，教唆了商业界的这种做法。与萨默斯的结论相一致的是，已经发生的深刻变化至少在一定程度上是不可逆的。不过，这并不意味着政府的角色必须进一步收缩，而是意味着政府必须调整自己，适应新的市场状况；新的市场状况是，权力制衡取决于私人大玩家，游戏的范围和工具的精密性远远超出了政府的多数监管者和政策制定者所能把握的程度。

显然，自从纪念韦斯特罗斯的彼得主教达成首份股份交易的文件以来，或者说，自从瑞典为了支撑帝国的财政而确立了铜的标准，用法伦矿的矿坑深处开采出来的铜铸造货币以来，我们走过了一条漫长的道路。当然，人们认为铜的价值比不上黄金和白银，但它也有足够的价值在多数交易中派上用场。许多铜币上刻有帝王的头像，说明它们是由官方准许铸造的；铜币的直径达到9.5英寸，作为零钱并不方便使用。虽然彼得主教的股份交易协议上盖有皇帝的印章，当时却并没有可以买卖股份的有组织的开放市场，所以这笔交易的价值很难确定。不过，这并不是那段遥远历史上的古老做法显得过时的全部原因。许多情况已经广为人知，包括促使斯道拉铜矿、英国东印度公司以及其他诸如高盛和摩根士坦利等现代企业的古老雏形纷纷兴起的契机等，而高盛和摩根士坦利等在当今世界所享有的影响力甚至比那些规模庞大、由国家扶持的前辈还要大。

货币的哲学与金融主权令人不安的现实

本·斯泰尔（Benn Steil）和曼纽尔·海因兹（Manuel Hinds）在他们合著的杰作《货币、市场和主权》（*Money, Market and Sovereignty*）一书中指出，货币主权——指国家规定和管理本国货币价值的能力，并把它延伸到国家财政生活的许多重要环节——“与全球化（被认为是商品和资本在全球市场的一体化）不相容。本来一向如此，可是人类历史发展到过去的30年，这一点才变得昭然若揭。”

这句话的中间部分——“一向如此”，乍听起来似乎有些奇怪。可是，研究货币，就是要着手对一种看似没有道理的信念进行认真分析，人们对这种信念的认知包裹着神话的外衣。说任何一个国家曾经能够全面控制它的货币供应，都是神话。这是因为，货币概念的支撑依赖于公众对什么是有价物的认知，因而也依赖于广泛的外部变量，从商品价值到影响商品价值的因素比如气候、战争乃至影响一国经济健康状况的其他条件等。

所以，货币主权是一种愿望。它指的是国家能够对其社会内部用于交换的货币的价值施以有意义的影响，这种能力对国家很重要，因为它意味着税收收入将是有价值的，国家将能够支付战争成本，经济活动将能够正常开展，保证让国家获取更多的税收收入以负担今后的战争。即便如此，我们快速查看一下历史就会发现，就连这种对国家掌控其金融命运的有所保留的观点也见证了公共部门的影响力从一开始就受到损害，此后一直在减弱，并且终于在过去的 30 年萎缩得所剩无几，就像斯泰尔和海因兹提示的那样。

也许有些反常的是，一个社会的交换手段的实际价值越小，人们认为政府对其价值施加影响的能力就越大。早期社会最早使用的大多是“商品”货币，即本身被认为具有价值的交换单位——黄金、贝壳、一定量的谷物等。举例说明，“锡克尔”（shekel，半盎司金币或银币）这个词是个重量单位，它的货币意义是指一定量的大麦。可是随着时代的发展，各国采用了“代表性”货币，这些货币被认为具有价值，其本位是政府承诺国家将以某种方式支持或者赎回它们。后来又出现了法定货币（fiat currency），法定货币与实物商品不存在可兑换性，它被认为具有价值，主要是因为国家或者市场认为它具有价值（我们很快就会看到，近年来权力制衡如何在这方面发生了改变）。

银行作为宝贵的商品本位的货币的保管方出现以后，用可携带、易转移的代表性货币从事交易往往更加方便，于是人们开始使用纸币。纸币最早出现在中国，大约在 1100 年前后的宋朝。宋朝是一个经济相当发达的社会，除了别的，它还见证了合股公司的广泛成立和铜币的使用——仅 1085 年一年就铸造了 60 亿铜币。由于铜的重量使然，铸造“交子”和印刷纸钞发展成了一个庞大的产业。

前面指出，瑞典在 17 世纪初扩张最厉害的时期采用了一种用白银或者铜铸造大银的货币制度。人们认为白银本身具有价值，银铸的大银要小得多，人们往往把它们收藏起来。铜铸的大银有餐盘大小。银行接受铜币的短期存放而开展长期出借业务，使这种货币制度造成的问题进一步复杂化。市场对铜币的需求很高，到 1660 年随着法伦矿的铜供不应求，市场对铜币的需求变得更高，铜币所含的铜减少了近 1/5，促使人们更加急于把自己原来存放在银行的铜币收回来。

1656 年，依照国王卡尔 · 古斯塔夫的两份皇家特许状，瑞典国家银行的前身成立，它提出一种解决办法。这家银行叫做“斯德哥尔摩银行”（Stockholms Banco），由一位企业家型人物约翰 · 帕姆斯特鲁奇（Johan Palmstruch）经营。帕姆斯特鲁奇发明了欧洲最早的纸币，解决了铜币分量太重、需求流向不均衡的问题。这种纸币叫做“信用券”（kreditivsedlar），它以银行赎回纸币的承诺为基础，一上市立即大受欢迎。过去要用一马车的铜币进行的交易，现在只要用几张标准面额的纸钞即可进行。所以这种欧洲最早的纸币的面值分别是 5、25、100 和 1000 个铜铸大银（koppermynt）。

遗憾的是，帕姆斯特鲁奇在发明了欧洲最早的纸钞之后并没有就此收手。市场对纸币的需求很大，帕姆斯特鲁奇没能抵挡诱惑，他印刷的纸钞超过了能够用铜币赎回的数量。到 1663 年，纸币的价值一路下跌；第二年，银行破产（再次开创了先例），瑞典政府不得不接管它的经营。

1667 年，帕姆斯特鲁奇还被关在监狱，一家由瑞典国会经营的国会银行（Riksens Standers Bank）取代原来的银行成立了。该银行后来更名为瑞典国家银行（Sveriges Riksbank），成为瑞典的中央银行并延续至今。

可是，这番波折给瑞典造成了很深的伤害，虽然瑞典是西方社会率先使用纸币的国家，它却再也没有继续使用纸币，直到进入下一个世纪。我们前面提到，国家总要获取货币以履行职能；把储备集中在国库里其实是国家权力的一个根本来源，因为国家可以用这些钱来建筑防御工事，招募军队，构建必要的强制力以实施法律，比如征税等，征税用强制力把货币收归国库，完成了权力循环。

随着军事支出的增加，所需要的货币量也相应地增加。瑞典尝试铜币和纸币的实验就是这一时期大环境下的一个小插曲。欧洲三十年战争之前、期间和之后的冲突的性质第一次提出了保持大规模常备军的要求。举例说明，到 1606 年，小小的荷兰共和国已经有了一支 6 万人的军队。西班牙军队到 1630 年代发展到 30 万人，是两百年前哥伦布几次率领探险船队去新世界寻找黄金时的 15 倍。法国军队在 17 世纪增加了 3 倍，到 1630 年超过了 15 万人。军事技术的改变、枪炮的使用、长期围攻的成本以及其他因素也导致负担一名士兵、维持一个军事单位的成本大幅增加。有人计算过，在伊丽莎白一世统治时期，装备一个步兵连的成本增加了 150%。成本如此之高，所以，商业失败或者财政不支就意味着战争失败，西班牙在三十年战争期间的情形就是明证。后来发展到了极端情况；到 17 世纪晚期，法国政府把将近 3/4 的收入花在陆地战争上，另外的 16% 花在法国海军身上。

当然，各国纷纷增加军费开支、增强军事实力的一部分原因在于，维护和扩张对土地或者海上航线的控制权是国家能够保护或者增进其经济福祉的唯一途径。军队成了一种经济工具，要求制定经济战略；16 和 17 世纪，欧洲国家发明了更为条理的预算、税收、借贷和货币政策手段。举例说明，英格兰银行于 1694 年成立，就是为了更为有效地管理与新一轮英法战争相关的财务问题。

国家在财政紧张的时候免不了要借钱，但主权国家一旦借钱，就会对另一方负有义务，主权也就会受到侵害。16 和 17 世纪，资本越来越多地集中在城市，城市精英的影响力增强。既然君主依靠法伦的矿山或者英国东印度公司的舰队给自己的战事提供经费，法伦矿和东印度公司的经营者就有了影响力。有人借钱，出借方就有了影响力。教会与国家之战的部分内容是，双方都主张自己对人和土地所创造的金融资源享有权利。事实上，有人认为，在这个时期，由战争胜负引出的经济问题要求建立先进的商业和银行体系，这是促使各国建立国家银行的原因，以便各国能够条理地支持和管理相关的财务事宜。

重视金融，要求有计划、有步骤地提供支持以加快财富创造，这种情况加快了资本主义发展的步伐——资本主义作为相对而言缺乏条理、效率低下、集中在乡村的封建经济的替代方式，其实是在12和13世纪开始发展起来的。这一时期的经济学早期理论脱胎于教会的观点，这一点并不奇怪，因为教会仍然是这一时期泛欧洲的一支主导势力。托马斯·阿奎纳（Thomas Aquinas）是这一时期许多影响深远的经济观点的主要作者，他提出了“公平价格”和“公平工资”理论，引导商人要创造出养活家人和教会（此外无他）所必需的价格和工资。他的观点被认为是神的启示，也有人认为是推进教会经济利益的自私论点；它造成一种精神风尚，即物质财富受到鄙夷，商业和贸易不可信任，它们是罪恶的冲动比如贪婪、自私和欲望等的证明。

文艺复兴和接下来的宗教改革运动之初，随着教会的影响力日渐削弱，人们向城市迁移的步伐加快，制造业在发展壮大，市场制度扎下根来，此时，社会思潮也开始发生改变。一部分变化是马克斯·韦伯后来在其文章“新教伦理与资本主义精神”（The Protestant Ethic and the Spirit of Capitalism）中提到的，他认为加尔文教徒的生活态度强调辛勤工作、取得成功是荣耀上帝的一种方式，这就意味着如果是由适当的人群出于适当的动机追求繁荣，那么繁荣更可接受。或者再引用一个与正在发生的深刻变化密切相关的参考来源——克里斯托弗·哥伦布说：“谁有黄金，谁就可以在这个世界上随心所欲，甚至可以让灵魂升入天堂。”正是这种观点巩固了16和17世纪即将出现的重商主义经济的基础，并且推动成立了当年的许多大型贸易公司。

这一时期还出现了一些其他的经济观点，比如16世纪英格兰的“金银通货主义者”，他们重点思考如何有效地保证把贵重金属尽可能地集中在本国的国库中。他们的观点与马基雅维里遥相呼应——“组织良好的政府应该是国富民穷”；他们支持促进健康的课税基础的政策，比如货币在一国国界内广泛流通，保留贵重金属以供主权国家使用，不鼓励黄金和白银出口等。（在西班牙，对非法出口黄金和白银的惩罚是死刑。）这一时期的政策还有刻意想办法提高外国货币的购买力，以鼓励它们流入本国境内。

虽然金银通货主义在16世纪开始衰落，但是直到大型贸易公司诞生以后才出现了偏重于以贸易为主的替代理论——主要是因为东印度公司之类公司为了采购它们所贸易的商品，必须出口黄金和白银。围绕出口黄金和白银究竟对英国好不好，爆发了一场政治辩论；东印度公司的一名董事接连写了几篇影响广泛的文章，其中包括1621年题为“英国东印贸易论”（A Discourse of Trade from England unto the East Indies）的小册子，更加重要的是他死后发表的一篇题为“英国得自对外贸易的财富”（England's Treasure by Foreign Trade）的长文，文章详细阐述了贸易带给英国的好处，从销售本地生产的商品的利润所得，到购买外国生产的商品所节约的金钱等面面俱到。这几篇文章的作者托马斯·孟（Thomans Mun）认为，实行促进出口、限制进口外国商品的政策，可以更好地解决英国所面临的问题——当然，英国的特许公司进口的商品除外。

孟的文章起初遭到了抵制，后来却成了英国这一时期对外扩张的理论基础，使英国成了当仁不让的世界头号强国。亚当·斯密谈到“英国得自对外贸易的财富”一文时写道：“孟的书名成了政治经济的一条至理名言，不仅对英国成立，对其他商业经济也成立。”

斯密动笔写作的时代是启蒙时期，在这个时期，人们更加普遍地想要把宗教虔诚一劳永逸地从经济理论当中剥离。在这个问题上，与斯密同时代的一位法国人走在前列。伏尔泰看到基督教的思想观念阴魂不散，继续对商业行为施以过于强大的影响，便作出回应，阐述了他的观点（后来得到斯密的响应）：通过市场活动追求财富和消费财富，在政治和道义上都是可取的。在接下来的几百年，他的观点将得到从哈耶克到弗里德曼等人的响应。伏尔泰写道："个人的利己主义倾向是社会秩序的基础，而不是像基督教和市民道学家想象的那样是社会秩序的威胁。"

伏尔泰在《哲学书简》(*Philosophical Letters*) 中写道，市场活动应当被重视，不是因为它使社会变得更加富裕，而是因为它与宗教热忱相比是更为可靠的动力。伏尔泰认为，目的是第一位的。他在"论帕斯卡先生的《思想录》"(On the Penssee of Pascal)(帕斯卡提出了相反的道德观)一文中写道："职业活动的区别完全在于它是温和还是严酷，是否危险，用途大不大。"在这位终极的理性主义者看来，谋求个人利益是理性的动机，宗教才是真正危险的动机。

伏尔泰还做了很多工作宣扬金融界的立场，金融界当时是被人们用怀疑的眼光看待的(继南海泡沫和它在整个欧洲的市场引发的震动之后，这种态度并不奇怪)。他在《哲学书简》中描绘了伦敦证券交易所的前身皇家交易所(Royal Exchange)的情形，刻画了交易所作为社交舞台和金融发动机所带来的普遍好处和多方面的巨大利益：

> 请走进伦敦的交易所吧，这地方比很多宫廷都更该受到尊敬；在这里，您看到各民族的代表，为人类的利润而聚集在一起。在这里，犹太人、伊斯兰教徒和基督徒彼此做生意，就好像他们是来自相同的宗教，只把异教徒的名号送给那些破产者；在这里，长老会的信徒信任浸礼教信徒，圣公会的信徒接受贵格会士的承诺。离开这个自由、和平的集会以后，犹太人去犹太教堂，其他人去喝酒。有人要赶去在洗礼池以圣父、圣子和圣灵的名义接受洗礼；有人请人给儿子割掉包皮，希伯来医生站在那个懵懵懂懂、不知所措的孩子头顶上方念念有词；还有一些人去了教堂，戴着帽子恭候上帝的启示；人人都很满意。

抛开对宗教姿态和宗教仪式的怜悯和轻蔑不说，伏尔泰认为，商业是当代诸多社会病症的天然解毒剂。他甚至提出，是富人的物质消费推动了穷人有活干，穷人有活干反过来让富人能够消费。他还指出，地理探险和商业活动跨越大洲，把世界更加紧密地联结起来，其动力正是对财富的追求。

前面探讨过的斯密的观点无疑在精神上与伏尔泰一脉相承。不过，必须指出的是，斯密和伏尔泰的许多观点都是以小企业之间理想化的商业活动为基础，没有任何一家小企业能够像巨头企业那样扭曲定价和市场动态。在斯密看来，可能扭曲定价和市场动态的是国家。这就是他重点鼓励国家不要干预市场的原因（后来，他的这个观点经常被人从当时的语境下抽离）。道格拉斯·多德（Douglas Dowd）在《资本主义与其经济学史记》（*Capitalism and Economics: A Critical History*）中写道："他没有料到工业化所造就的大公司会谋求并取得巨大的权力——没有料到温顺的国家会允许它们获取巨大的权力。"

斯密本人承认，他受大卫·休谟的影响很深。休谟是同时代的苏格兰经济学家，写过"商业本身……产生了人与人之间公平正义的观念。"休谟还提出一种与贸易有关的观点，认为贸易将促进参与贸易的各国的发展并形成良性循环——这种看法与零和游戏的贸易观点恰好对立，就其本身而言，这正是理想的自由贸易的理论基础。他还形成了后重商主义时代货币政策的观点，不仅欣然接受从外国流入的黄金和白银对本国经济的自我修正作用，还提出了类似"有益的通货膨胀"等概念，这些货币政策将在一个半世纪以后启发凯恩斯产生他的部分思想。

启蒙运动时期的这场同声大合唱为关于产业和金融的新观念布置好了舞台，因为它为迎接并理性看待工业革命所引发的诸多发展变化搭建起了知识框架，所以这个舞台的设置实在是适逢其时。前面指出，1776 年不仅见证了斯密《国富论》的出版和美国革命，还见证了蒸汽机首次用于商业用途，蒸汽机的设计者是这一时期另一位影响深远的苏格兰人詹姆斯·瓦特（James Watt）。

全球化最早的推手：银行业精英的崛起

在一定程度上，早期银行业的性质由黄金、白银和其他贵重物品的重量和价值决定，这些东西在运输中存在风险，安全存放也有一定的问题（虽然也许不至于像一车一车地运输馅饼大小的铜币那么麻烦）。为了便于开展商业活动，银行设立分支机构，允许在一地存入，在另一地提取，或者允许给存入者开支票（据说最早使用支票的是阿拉伯商人），这些支票本质上是安全地存放在银行仓库里的贵重物品的借条。

早期银行由于设立了分支机构，成了推动全球化的重要力量。举例说明，美第奇银行（Medici Bank）在整个15世纪都是欧洲最重要的银行，其支行遍布意大利半岛并扩散到法国、瑞士和今天的比利时，一直到达伦敦。它凭借财富积累，成了教皇和国王极其重要的债权人。这是一把双刃剑。美第奇既有钱又有势，后来这家银行出了两位教皇。它还争取到了重要的贸易特许权，可以进一步增加自己的财富。可是，借钱的时候人人都喜欢银行家，到了还钱的时候就没有人喜欢银行家了，双方的关系变得岌岌可危。美第奇经常处在必须向君主或者其他贵族催债，却正赶上君主根本无力还债、心情自然很不好的境地。

时局平稳的时候，美第奇为扶持从“大胆的查理”（Charles the Bold）到英格兰的爱德华四世等统治者立下了汗马功劳。可是这些统治者在时局艰难或者倒台以后，就粗暴地对待美第奇，赖着不肯还钱，还威胁说要收回美第奇正常经营所依仗的特许权，恐吓它不许把钱借给国王的敌人。这种种做法的结果是，伦敦、布鲁日的银行乃至后来美第奇的银行业帝国终于土崩瓦解。

不过，历史的发展表明，一个银行帝国退场，另一个银行帝国会起而代之。必须借钱、必须为商业提供便利，这种需求与国家和整个经济的正常运行息息相关，当美第奇银行的故事结束以后，富格（Fugger）银行登台亮相了。

富格是德国的一个银行家族，和美第奇一样，也曾在16世纪该家族的鼎盛时期富甲天下。他们在欧洲各国设立分行，为扶持国王们上台提供资金，最典型的例子是查理五世，查理五世之所以当选神圣罗马帝国的皇帝，就是靠向富格银行借了85万弗罗林金币（将近10万盎司黄金）。查理和数不清的贵族靠借钱才能统治国家，作为交换，富格家族不仅被授予了宗教上的赦免，还获得了商业上的特权，包括欧洲中部一系列银矿和铜矿的开采权。事实上，他们真的开采了这些贵重金属——国家可以用银和铜来铸造货币，并将其存入富格银行的仓库，以此来加强自己的权力，这就引起了富格银行与法伦矿的采矿公司之间的竞争。富格家族眼光远大，雄心勃勃，他们利用其与查理和西班牙人的关系，还支持并从美洲的采矿公司获取利润。

在银行业，也有人竭诚努力推动人类社会进入现代，其中影响最大的也许是梅耶·罗斯柴尔德。他生在德国法兰克福一户贫穷的犹太人家，父亲是一名货币兑换商。梅耶创办家族企业，让5个儿子分别负责家族银行设在欧洲各国首都的几家支行，形成了一张独立、机密、有弹性、完全由本家族控制的网络。

18世纪，这家家族银行支持许多公司参与了早期工业经济的扩张，它的业务在扩大，影响力在增强；一家私营金融企业何以能够对国家施加影响，最典型的例子莫过于拿破仑战争前后的幕后故事。拿破仑战争给罗斯柴尔德家族的崛起注入了强劲的动力，以至于后来，其家族成员在欧洲各国从英国到奥匈帝国都享有贵族头衔。同样，银行家的影响力与国家的野心息息相关。行使公共权力要花的钱比公共权力部门实际掌握的钱要多。所以，公共权力部门必须向外寻求帮助，赋予私人贷款人巨大的影响力。17和18世纪，由于司法制度与政治制度的发展，君主很难像过去那样回绝和冷落银行家，贷款人的权力进一步扩大。罗斯柴尔德家族开拓的市场和发明的技术（特别是与发行政府债务相关的工具），进一步扩大了这种权力。

这种私人影响力的升级有一个诱因，那就是欧洲自查理曼大帝以来极其大胆的对公共权力部门的攫取：拿破仑·波拿巴对公共权力的攫取。拿破仑把工业时代的效率用于征服，成了“全面战争”艺术的先行者。他的猛攻改变了欧洲大陆的版图，致使从西班牙到俄罗斯的边疆炮声隆隆，周边邻国坐卧不宁，不知道该用什么办法遏制他。他们考虑过数不清的战略，可是，每一种战略都要花钱。

英国的陆军元帅阿瑟·韦尔斯利（Arthur Wellesley）爵士、也就是后来的威灵顿公爵（Duke of Wellington）对拿破仑穷追猛打，那场战役代价高昂，最后导致英国债务飙升到7.45亿英镑，这个数字是英国GDP的两倍。（作为比较，美国2011年的债务敲响了警钟，达到了GDP的100%。）问题是政府不光需要钱，还需要硬通货，因为威灵顿公爵打仗的地方伊比利亚半岛的商人拒绝接受英国的汇票。

英国财政大臣知道罗斯柴尔德家族是出了名的神通广大，便派自己的代表“雇用那位绅士[内森·罗斯查尔顿（Nathan Rothschild），他是该家族在伦敦支部的负责人]，用极其隐秘的方式在德国、法国和荷兰大规模地收购法国的金币和银币，总价值不要超过60万英镑，从现在开始两个月内，尽可能完成这项工作”，目的是给威灵顿公爵弄到现金，支持他打仗。

罗斯柴尔德家族利用了其网络结构的优势，在黄金价格高的国家出售黄金换取汇票，再在一些黄金价格低的国家买入黄金，到1814年5月，他们筹集到了英国政府所要求的两倍数量的货币。尼尔·弗格森（Niall Ferguson）在《货币崛起》（*The Ascent of Money*）中对这一时期的状况做过精彩的叙述。书中写道，拿破仑后来被流放到厄尔巴岛以后，英国政府对罗斯柴尔德十分感激，时任首相的利物浦勋爵（Lord Liverpool）用一句话含蓄地表达了谢意：“罗斯柴尔德先生（已经成了）一位非常有用的朋友……我不知道，如果没有他的话，我们该怎么办。”梅特涅的秘书称呼罗斯柴尔德叫Finanzbonaparten，意思是金融波拿巴。罗斯柴尔德的竞争者比如巴林银行，也用类似的头衔称呼他。还有一些人不那么宽厚，带着意料之中的反犹情绪对他进行诋毁。（几百年来，各国领袖之所以选择犹太人的银行网络，抛开犹太人银行的优点不说，有一个原因便是犹太人不受尊重，这一点有助于遏制银行家。）

拿破仑帝国的征服战争再次打响时，内森和他的家族继续从战争中谋取利润。他们认定这场战争将推高黄金的价格，于是，他们大量买进黄金，给英国政府准备了数量可观的黄金，运给威灵顿公爵。可是，这些交易虽然让他们获得丰厚利润，战争却很快结束，对黄金的需求比他们预料得要少，结果导致大量黄金积压在他们手中。

老谋深算的内森估计，战争结束以后，英国尽管负债累累，英国债券的价格将很快上涨。内森和他的家族在债券市场上培养形成了高水平的专业技能——这种本事在某些方面可能永久性地改变私人金融机构与政府间的关系——他表现了这种才能，在债券价格低廉时买进，两年以后价格达到高点时卖出，赚到了高达 40% 的利润。

弗格森表述得很清楚，罗斯柴尔德家族是早期掌握了金融网络系统的高手，他们把筹集资金的关系网与一流的信息收集能力融合起来，在市场上呼风唤雨，始终比其他玩家领先一步。这样，他们成了欧洲债券市场的构建师和掌舵者，坐镇该地区第一大债券交易中心的伦敦运筹帷幄。他们在欧洲大陆发行债券，向各国政府收取巨额佣金，他们办事小心，除非付款全部收到，从不免除债券的相关费用。他们不仅在英国市场上兴风作浪，而且在法国、普鲁士、俄罗斯、奥地利、那不勒斯乃至巴西用债务工具制造气氛，煽动市场。他们垄断了债券保险市场。他们率先发明并提倡把各国债券统一在一种标准货币（sterling）之下，解决了交易效率低下的问题。他们还培养形成了当时一种绝无仅有的能力：通过一个国家的支行把债券发行到欧洲各国。他们由此占据了竞争优势地位，其业绩记录也表明了这一点。他们只做投资级债券的买卖，即使在拖欠十分普遍的时期，比如早期的几次拉美债务危机时期，他们同期（1820 年代）发行的债券也没有被拖欠。

内森写给普鲁士财政部某官员的一封信说明了罗斯柴尔德家族对政府享有的权力以及现代银行家可以不受惩罚地自行其是的程度，信中谈到了双方近期谈判的出售普鲁士债券的事宜：

> 亲爱的朋友，我已经履行了对上帝、对您的国王、对财政部长冯·罗瑟（von Rother）的义务，我的钱已经全部到了柏林——你们那里……现在轮到你们信守诺言，履行义务了。不要提出新的要求，一切必须保持你我双方当初一致同意的状态，这是我的期待，这一点从我送钱给你们也可以看出来。阴谋无法撼动内森·罗斯柴尔德，他拥有金钱、力量和权势，任何阴谋只会是徒劳。普鲁士国王、我的哈登贝格王子（Prince Hardebenberg）和罗瑟部长应该感到非常高兴并感谢罗斯柴尔德，他给你送去如此多的钱，并提升了普鲁士的信誉。

罗斯柴尔德家族主宰了那些必须靠他们的钱才能维持统治的国家的市场，获得了对欧洲各国宫廷的影响力，这种影响力在拿破仑的类似努力失败之后过了很久还在持续。造成这种状况有若干个原因，一是罗斯柴尔德家族银行的操作能力；一是各国的野心和不明智的做法，导致各国陷入了这种依赖关系而无法自拔；一是资本主义的扩张使新的通讯和交通手段成为可能，它要求由有经验的全球媒介（国家不能扮演这个角色）把各地的市场联系起来。还有一个原因是法治的根本理念已经深入人心，人们越来越不可能认为国家首脑凌驾于法律之上，相反，他们是法律的奴仆。

J. P. 摩根紧急救援美国

内森·罗斯柴尔德 1836 年去世的时候，他所缔造的银行网络的价值相当于英国 GDP 的 1%。12 年后，也就是 1848 年的多事之秋，美国首富约翰·雅各布·阿斯特（John Jacob Astor）去世时，身价是 2 000 万美元，也占到美国 GDP 的 1%。阿斯特的父亲是德国瓦尔多夫（Waldorf）乡间的一名屠夫。阿斯特靠充满危险的皮毛生意发迹，他的财富积累过程基本上是前工业时代的一个变体。他的公司只雇了寥寥数人从事皮毛材料的贸易。他利用自己的影响力先发制人，禁止外国人参与皮毛贸易，取消了政府的贸易站点。这两种措施所产生的直接后果都是削弱了政府对美国经济的影响力。

可是，阿斯特是 18 世纪的一个遗老。在 19 和 20 世纪的美国，巨额财富的积累要靠操控工业时代的杠杆力量和驾驭全新的产业与市场规模。我们在前面简短地探讨过一个例子。它再次说明，有先见之明的私人行为体一旦能够同时驾驭社会剧变时期的力量，就可以行使巨大的权力。

我们前面指出，铁路对打破美国早期的“孤岛社会”发挥了巨大的作用，另一个并行不悖的相关变化是，人们对美国股票市场的兴趣大增，交易活动爆炸性地发展起来。在阿斯特达到巅峰的时期，纽约股票交易所一天的交易也许是转移几百股股票的所有权，与罗斯柴尔德家族开展交易活动的发展迅速的欧洲债券市场相比，纽约股票交易所交易的价值只占欧洲债券市场的一小部分，但是到了 1850 年代，它每天的交易增加到成百上千股。1886 年，这个数字达到了 100 万股。投资者获利最高的企业多是铁路公司，或者是一些其财富与铁路的扩张息息相关的公司。建设基础设施、用铁路把国家经济串联起来，这需要资本的持续流入，由于当时美国政府的规模很小，除了私营的证券市场以外，再没有别的渠道能够承担这项长期而吃力的工作。

这一时期，内幕交易十分猖獗，杰伊·古尔德（Jay Gould）之类无道义的工业巨子任意利用市场来掠夺性地推进自己的商业利益，他们对政府官员施加影响，争取支持，在先行权、征用权的宣布、税收和其他监管方面谋求优惠待遇。查尔斯·弗朗西斯·亚当斯（Charles Francis Adams）和

亨利 ·亚当斯（Henry Adams）在谈到此类管理人员时写道：

海盗没有绝迹；他们只不过把活动场所转到了陆地，行为举止多少还算遵纪守法而已；后来，他们的本领练得如此高强，以至于全世界的商业活动为了他们被平等地加重征收税款；这是他们在无法无天的打劫年代做梦也不曾想到的。

繁荣过后，不可避免地出现了联合，约翰 ·皮尔庞特 ·摩根（John Pierpont Morgan）粉墨登场。他利用铁路行业盛极而衰的麻烦给自己谋利，收购了几家摇摇欲坠的铁路公司的股份，把它们汇总起来以实现巨大的规模经济。摩根先是在父亲的公司工作，由此顺理成章地进入了银行业，后来他自己成立了一家 J.P. 摩根公司。这家公司从一开始就生意兴隆，而它的势力范围真正开始扩大，则是摩根在股市上运筹帷幄、购入了多家铁路公司的股份以后。通过重组和联合，他把它们——包括后来的纽约中央铁路（New York Central Railroad）、切萨皮克及俄亥俄铁路（Chesapeake and Ohio Railroad）以及大北方铁路（Great Northern Railroad）等——建设成几支举足轻重的力量，即使 1887 年通过了州际商务法（Interstatel Commerce Act），他还是把它们打造成了铁路行业蒸蒸日上的全国性企业，在长达 3/4 个世纪里始终是美国商业的支柱。

摩根与美国政府初次合作是在 1893—1895 年的黄金危机期间，他当时所表现出来的那种影响力让他在同僚当中赢得了市场朱庇特的称号。他成功地重组了铁路公司，主持监管了两百多家铁路公司破产以后的善后工作和联合事宜，还紧急救援了罗斯柴尔德的竞争对手、英国的巴林兄弟（Baring Brothers）银行，此时的他意气风发，顺理成章地成了政府主动与之接洽的对象。黄金危机是由一系列愈演愈烈的问题触发的——1893 年的华尔街恐慌促使欧洲投资人开始出售金本位的美国债券，储存黄金造成美国的黄金储备日渐减少，达到了极低的水平（1 亿美元）。为此，政府作了努力，由财政部充当买方，把黄金债券卖给自己；这项措施非但没有起作用，反而使情况进一步恶化，黄金储备急剧减少，发出了危险讯号。

摩根看到了这个问题，向财政部提出一个方案：他与罗斯柴尔德家族联手，借给美国政府1亿美元，如果这笔贷款能够按照预先设定的计划，把一半投放国外市场，而罗斯柴尔德家族的声誉可以保证做到这一点，就必然可以终结此次危机。任何其他机构都不会拱手推开如此规模的一大笔交易。可是格罗夫·克利夫兰（Grover Gleveland）领导下的政府起初却犹犹豫豫，不能决断。到这个方案提出一年以后，克利夫兰才意识到自己的政策彻底破产，他回头去找摩根和罗斯柴尔德寻求帮助。摩根逐一开出了自己的条件，然后发电报告诉伦敦，交易已经达成。可是，美国财政部几乎马上否决了总统的决定，表示财政部能够独立完成这笔交易。摩根很生气，他气冲冲地回到华盛顿，要求重新掌控局面。总统拒绝见他，他花言巧语混进了总统在白宫的办公室。白宫正在开会讨论此次危机，情况渐渐明朗，美国政府已经到了走投无路的地步。它只剩下900万美元的储备。这时候摩根指出，他有一张1 000万美元的黄金支票当天就到期了。简而言之，他有能力扣动扳机造成一场终极灾难：掏空政府的金库。克利夫兰认识到，他已经别无选择，只好达成了交易。

摩根带着政府授予他的权力离开了会议室。本质而言，他要执行的任务属于一国中央银行的职责范围，比如管理美元—英镑的汇率。英镑当时是世界储备货币。这意味着摩根肩负着确定美元的价值、因而肩负着掌管美国经济众多环节的责任。他解决了黄金危机，1896年，美国财政部避免了破产的危险。摩根要求为他的银行发行的黄金证券收取天价的溢价。

反讽的是，他要求为自己不平凡的功绩索取回报时，恰恰是在他被罗斯福总统的政府盯上，成了政府想要摧毁的一家托拉斯的操纵者以后。这里所说的托拉斯是指大北方铁路托拉斯——但是也应该指出，中间几年，摩根策划成立了两家公司通用电气和美国钢铁，它们日后成了这一时期举足轻重的跨国公司。不过，罗斯福对摩根怀有足够的敬佩，1907年3月25

日华尔街再次崩溃时，这位年迈的银行家被认为是中流砥柱，成为这一体系当仁不让的拯救者。恐慌性抛售——这是一切时代的市场都少不了的一种特征，虽然"把它留给市场"的倡导者并不会经常提及这种特征——致使许多金融公司走向破产的边缘。曾经的敌人、如今仍然充当经济堡垒的托拉斯，也跌跌撞撞地走向破产。股票市场上即使是广泛持有的证券也难以再造兴旺的气象。

到了10月份，形势发展到如此紧迫，摩根终于接受了自从经济衰退以来就不断有人向他提出的请求，他临时召集了一次非正式的银行家委员会会议。10月21日，摩根和银行家们与财政部长乔治·科特柳（George Cortelyou）开了会。科特柳是一位经验丰富的公务员，他很快就认定，美国政府缺乏必要的工具，无法保护美国经济免于当时眼看就要发生的崩溃。科特柳给了摩根集团2 500万美元供其使用，第二天，在摩根的领导下开始进行干预，市场停止了对几家金融托拉斯的挤兑。

可是，第二天上午，纽约股票交易所的交易陷入了停顿。交易所所长兰塞姆·托马斯（Ransom Thomas）去到摩根位于华尔街23号的办公室，请求注入现金。罗恩·切尔诺夫（Ron Chernow）在摩根的传记中描述了当时的情景：

托马斯想让交易所打烊。"你们通常几点钟关门？"摩根问——股票交易所距离他的办公室只有20步，摩根却不知道它几点开门，几点关门；他认为股票交易是一项粗俗的活动。"嗯，下午3点钟，"托马斯说。摩根晃着一根手指头告诫他，"今天，3点之前不要关门，一分钟也不要提前。"两点钟，摩根把银行的几位总裁叫来，他警告他们说，他们必须在10到12分钟之内筹集到2 500万美元，否则可能会有十几家经纪公司倒闭。下午2:16，传来了这笔钱保证可以到位的消息。于是摩根派出一支工作小组到股票交易大厅宣布，同业拆借资金可以用10%的低利率买到。人群爆发了一阵嘈杂和喧哗，小组成员安东尼·霍奇斯（Anthony Hodges）的马甲都被扯掉了。摩根的人生中出现了神圣的一刻：紧急救援的消息传遍了整个交易所，摩根听到马路对面喧哗得厉害，就走到窗前去问是怎么回事，兴高采烈的股市交易人员向他欢呼，对他热烈鼓掌。

这个星期晚些时候，摩根筹集到3 000万美元紧急救援了纽约城市银行，并要求纽约市长作出承诺，允许由一个银行委员会监管纽约市的账目。

摩根利用危机谋取了一些好处，他从一家摇摇欲坠的经纪公司手中买下了田纳西煤炭钢铁公司（Tennessee Coal and Iron Company）。这次收购要求总统同意放弃援引《谢尔曼反托拉斯法》，心怀感激的罗斯福答应了。可是摩根已经70高龄，凡是见证过1907年崩溃的人们都很清楚，美国对发展迅猛的金融市场的依赖越来越深，这样一个国家的经济健康不能靠哪一个人来维持。在亚历山大·汉密尔顿最早提出成立美国中央银行的方案之后过了一个半世纪，经过了几次政治上引起争议的失误以后，这次崩溃终于促使政府采取了一些措施，并在6年以后成立了美国联邦储蓄银行。它的第一任总裁是本杰明·斯特朗（Benjamine Strong），他年轻时曾经是摩根救援委员会的成员。

美联储的成立被认为大大加强了联邦政府的权力，是持续了整个20世纪上半叶的联邦政府职权范围扩大的组成部分，包括设立联邦所得税和各项经济恢复计划（在又一次崩溃之后），后来这些措施被统称为新政——有一个问题始终悬而未决：政府的权力和资源能不能以足够快的速度发展，赶上金融市场的步伐？其他因素到头来会不会削弱政府权力部门的影响力，扩大私人行为体的影响力，在大致相同的情况下，是否会导致未来的银行家委员再次对政府施以巨大的影响？

高效的市场与除了几种货币之外一切的终结

我们已经看到，股市崩溃经常性地成为政治改革和金融机构调整适应新情况的推动力，并促进市场进一步大发展。1929年的股市崩溃也不例外。虽然政府采用种种新措施，加强对市场活动的监管，包括成立了证券交易委员会（Securities and Exchange Commission），在今后的几十年内，美国和国际证券市场都出现了与二战后金融扩张的要求相适应的明显扩张。战后时代，共产主义作为对手的威胁始终若隐若现，它利用纯政府的意识形态来建立阵营，向美国发起了挑战，这种情况导致金融扩张事实上成了一种义不容辞的爱国行为。20世纪50年代和60年代，华尔街恢复了卓越地位，再次成为受人青睐的对象，它推动了一系列变革，进而彻底消除了政府在20世纪上半叶短暂获得的相对于私人行为体而言的较大影响力。

从1970年代起，政策决策和相关的市场创新就不断地发展变化，接二连三的深刻变革推动着向存在了400多年的相对简单的货币和金融“旧世界”的告别。有几个因素在推动这些变革：在更加一体化的全球经济中参与竞争是真实的现状；新政时期美国大政府的效率低下和失策让人们在思想观念上备受挫折；欧洲福利国家的政府与世界上其他地方的共产党国家兴起；西方阵营的市场政策与东方阵营的社会主义政策之间在意识形态上的差距日益拉大，政治特征的对比越发鲜明；出现了把市场联系起来、加快市场之间的联系、加强市场调节的新技术，使发明新的工具、采用新的策略和实现新的规模成为可能。

公共和私人行为体对全球金融的流动各自发挥作用，上述变化对二者的相对作用产生了深远的影响，以至于许多人纷纷表示，政府处在被永久性边缘化的边缘，被迫成为一种兼职教练、兼职裁判、兼职市场助理的角色，此外的作用似乎微乎其微。而即将到来的变化规模巨大、影响深远、性质剧烈，最早暗示这一点的动作发生在1970年代初——70年代对国际经济政策产生了深远影响，其重要性可以与历史上其他几个关节点等量齐观。变化的第一个前兆是，1971年8月的第13个星期五，美国总统尼克松和他的高级顾问们悄悄离开华盛顿，前往马里兰附近一处山上的总统休假地戴维营。陪同尼克松的是他的财政部长约翰 · 康纳利（John Connally）、预算总监乔治 · 舒尔茨（George Shultz）、美联储主席阿瑟 · 伯恩斯（Arthur Burns）和高级经济顾问保罗 · 麦克拉肯（Paul McCracken），外加由几位政治助理和一位演说稿撰写人组成的扈从。

他们正在商讨的问题是，美国是否应该放弃把美元与黄金牢牢绑定；这是二战结束以后就一直存在的一个承诺，政府提出以每盎司35美元的价格用黄金兑换美元。这个承诺作为代表性货币的最新证明，是国际金融体系的基础，如今这个体系的舵手是美元。问题是，在刚刚过去的几年里，美国国际收支平衡表上的赤字在直线上升，外国持有的美元储备大量增加，重新评价美元价值的压力在不断增大，达到了可能引发危机的地步。1971年年初，德国中央银行表示，它将不再支持美元，投机人士预测德国马克重新估价以后即将升值；同年5月，外汇交易市场上美元承受的压力如此之大，德国、瑞士、荷兰、比利时和奥地利同时关闭了本国的市场。一周以后，数十亿美元流入了欧洲各国的货币市场，几个国家——德国、瑞士和荷兰觉得自己别无选择，必须允许本币浮动，也就是说，市场给它们发出了信号，必须重新评价本币的价值，即本币对美元的价格上升。欧洲人认为这是一场美元危机，美国人矢口否认。

欧洲人觉得美国的领导层一味搪塞，不敢面对现实，便开始想办法主张自己的兑换权，要求用黄金来稳定汇率。尼克松等人前往戴维营之前的几个月，法国要求美国把它的2.82亿美元兑换成黄金，比利时有8 000万美元要求兑换，瑞士有7 500万美元要求兑换，荷兰有5 500万美元要求兑换；这时候英国也加入进来，有30亿美元要求兑换。8月初，美国财政部只剩下100亿美元的黄金，是1936年以来的最小储备量。问题与历次危机如出一辙：外国银行持有的美元超过了180亿。如果各国再提出几笔数额巨大的兑换黄金的要求，美国将无法承受，可能引发黄金挤兑，进而使国际货币体系遭到破坏。

尼克松请他的团队抛开美国原先在美元问题的立场，立足新的实际情况考虑问题。据当时在场的演说稿撰写人威廉·萨菲尔（William Safire）说，尼克松“不打算对堤坝修修补补，等别的地方有了窟窿再补上。他想筑一道新的堤坝”。康纳利率先朝着这个方向发起冲锋，提出了关闭美元窗口的主张。美联储主席伯恩斯坚决不同意。局面发生了改变；另外几位高级官员包括未来的美联储主席保罗·沃尔克（Paul Volcker）等纷纷站在康纳利一边，他们认为美国没有别的出路，必须退出美元交易。萨菲尔形容保罗·沃尔克“精通国际货币体系，好像生来就是要捍卫它的；在他看来，布雷顿森林协定（Bretton Woods Agreement，1947 年达成，这份协议确立了黄金与美元挂钩，每盎司黄金 35 美元，构建了战后货币体系）神圣不可侵犯。”

1971 年 8 月 15 日星期天晚上，尼克松向美国人民发表讲话，时间安排在热播电视剧《大淘金》（*Bonanza*）的下一集开播之前。尼克松在讲话中对他为应对这次危机而采取的措施给出了解释，并且表示“危机”是由“国际货币投机商”造成的：

> 我们必须保护美元作为稳定世界货币的支柱的地位。过去 7 年平均每年都会发生一次国际货币危机。那么，谁从这些危机当中受了益？不是普通的工作者，不是投资人，不是真正创造财富的人。受益的是国际货币投机商。他们趁着危机兴旺起来，他们为危机推波助澜。最近几个星期，投机商向美元发起了一场全面战争。国家货币的实力建立在国家经济实力的基础上——美国经济遥遥领先，是全世界最强劲的。因此，我已经指示财政部采取必要的措施来捍卫美元，抵抗投机商。我已经指示康纳利部长暂停美元与黄金的兑换，除非兑换的数量和条件符合稳定货币的利益，符合美国的最大利益。

尼克松的讲话忽略了一点，给黄金施加压力的是外国政府，而正是美国政府对本国事务的处理方式让自己陷入眼前的账务亏空，并且导致外汇交易市场波动不定。尼克松也没有指出，把黄金与美元脱钩以后，他有效地（虽然是无意中）扩大了投机商的权力，投机商因此可以对确定任何一种货币的价格起到更大的作用。这样一来，他催生了现代外汇交易市场的诞生，这个市场只给几种主要货币留有空间，除了这少数几个国家之外，其他国家被从根本上剥夺了曾经拥有的一项基本主权——印制和铸造本国货币的权力。在一个影响货币价格的根本因素越来越少的世界，更大的权力归向了市场，归到那些运筹巨额资金的人手中。

“尼克松冲击”摧毁了布雷顿森林体系。它虽然有效地促进了多数国家采用法定货币（fiat currency），使货币的虚幻价值变得比以前更加虚幻，但是美国就此与其国际经济合作伙伴达成了多项交易，使美元的价值悄悄下降，美国的债务减少。9月，康纳利在伦敦召开的十国集团（Group of Ten）会议上解释说，美国指望世界各国想办法把美国的赤字扭转过来：“我们遇到了一个问题，我们要与世界共同承担这个问题——就像我们与世界分享繁荣一样。朋友就该这样。”当时美国的赤字是130亿美元。今天的赤字是当年的一千多倍。

管理美元浮动的计划如同昙花一现。1972年，英国效仿美国，实行了英镑浮动汇率。过了一年，欧洲各国告知美国人，他们要实行本币的联合浮动。这意味着市场前所未有地成了决定货币价值的主导因素。现在，全世界每天的外汇交易量是将近4万亿美元。各国政府也许会设法通过市场干预对本币的价值施加影响，可是，不管他们想对抗什么外债，他们手中可以操作的只有央行的储备。目前，世界第一外汇储备大国是中国，它的储备达到2.85万亿美元。可是，在这个数字中，估计每天在中国的市场上交易的只有20亿美元，只占一个正常工作日总交易量的2‰。日本是第二外汇储备大国，是除中国以外外汇储备超过1万亿美元的唯一国家，它每天的交易量大概在1 000多亿美元。全世界只有20个国家的外汇储备超过1 000亿美元，美国的储备仅为1 290亿美元，在这张名单上列在靠后的位置。所以，现在各国政府干预外汇市场的能力处于历史最低点。

而由专门从事外汇交易的投机商、对冲基金和其他投资公司实际开展的交易量估计占到总交易量的3/4或以上。此外，在这个交易量当中，每天只有约1.5万亿美元是外汇市场上的“即期”交易，其余的则采用了形形色色、极其复杂的衍生工具，其风险很难评估，因为它们既不受有效的监管，也很少有人懂得它们究竟是什么，当然专业人士除外——我们已经看到，连投机商往往也并不完全清楚他们的所作所为波及到多大的范围，可能引发怎样的后果。德意志银行和UBS、巴克莱、花旗、苏格兰皇家银行、JP摩根、汇丰、瑞士信贷、高盛和摩根士坦利等前10家从事外汇交易的公司所占的市场份额达到了将近1/5。

可是，如同约瑟夫 ·施蒂格勒指出的那样，主要由于意识形态方面的原因，以米尔顿 ·弗里德曼等为首的经济学家都认为，让市场投机对确定现代货币的价值发挥类似于主导的作用，其实是健康的，虽然这些市场的规模、复杂性、波动性、不透明度以及未知的风险均为前所未有。由于世界几种主要货币的联合，政府影响货币定价的能力进一步削弱——欧洲各国在世纪之交统一采用了欧元。为了在单一的欧洲市场上更为便利地开展贸易，各国政府放弃了历史上对货币的掌控权（在本书写作期间，欧元区陷入危机，提出了欧元的未来以及在今后的岁月如何管理欧元等问题）。今天，几乎所有的外汇交易全部在10种货币之间进行。与美元的交易占到85%，与欧元的交易占39%，与日元的交易占19%，与英镑的交易占12.9%。接下来名列前茅的前10种货币的交易比例都是个位数。实际上，今天全世界交易的货币当中只有4种有意义的货币，不久的将来也许中国的人民币也会加入这个行列。

欧洲货币统一对经济的好处不可否认，但它也产生了新的风险，并且进一步削弱了政府的权力。风险明朗化是在欧元区2010和2011年危机期间，希腊、西班牙和葡萄牙等财政脆弱的国家必须依靠强大的邻国才能继续履行其在欧盟内部的责任。事实是，在本书写作期间，欧元实验能否成功还是个未知数；德国和较为繁荣的北欧国家不愿意为南欧国家的不节制买单，这种情绪也许不仅会阻挠货币统一的进程，似乎还会不可逆转地导向全球化的一个重要的必然结果——地区化，地区化也是决定国家未来角色的一个关键因素。反过来，如果欧洲国家认为，解散欧元区的代价太高，那么此次危机也可能产生相反的效果。如果是这样，此次危机会让人们欣然接受比如欧洲央行主席让—克劳德 · 特里谢（Jean-Claude Trichet）提出来的一些方案：要想实现货币统一，必须实现财政统一，欧盟应该加强对各成员国的权力，另外成立一个泛欧洲财政部，与欧洲央行共同管理欧洲的财政。

世界上只有几种核心货币留了下来，这意味着货币政策掌握在这几个国家——主要是美国、欧盟、日本和英国的央行官员手中。可是我们知道，就连这一点也是一种误解，因为这几家央行的管理者可以使用的资源相对来说十分有限。鉴于交易量相当巨大，现在，真正确定各国货币价值的是市场力量，而在市场上占据主导的则是几家大型私营外汇交易机构和对冲基金。

当然，实物货币本身几乎已经是个过时的概念了。今天世界上所流通的货币几乎没有一种是以实物资产做担保；各种充当价值载体的有形工具和虚拟工具在全世界来来去去，货币本身在其中的地位也在不断下降。今天，世界上有 16 550 亿的实物美元，有人估计实物货币的总价值在 8 万亿美元以上。另一方面，全世界衍生产品的总价值估计达到了将近 791 万亿美元。这个数字是实物货币的近一百倍，也相当于全球 GDP 的近 14 倍。衍生工具一枝独秀，成了世界上最大的价值载体。很少有人搞得懂它们；它们不受任何有意义的监管，不可能知道它们真正价值几何，因为一则它们的价值要视未来的条件情况而定，二则与每一种衍生工具相对应的风险是一片混沌。

除了衍生产品，还有证券。今天，全球的证券总值包括世界各国近 82.2 万亿的债券和 36.6 万亿的等价物（全球股市加起来的总值）。这个证券总值不仅令全球的货币总量相形见绌，而且所有的证券都有一个共同点。它们都由市场设计、发行和估价，由市场打理和撤销。世界各国的市场的命脉、全世界价值的载体是金融工具——它们往往十分复杂，不属于任何国家，其价值经常直线上升，达到了让世界各国的政府官员难以企及、难以理解的高度；这些金融工具全都由一个私人行为体的小团体创造、掌控并施加影响。

先是教会对国家，然后是国家对市场；接下来……市场成了教会

丹·耶金和乔·斯坦尼斯劳在《制高点》一书中写道，20 世纪 70 年代是一个关键时期，此时亲市场的力量开始战胜过去的思想观念（从马克思到凯恩斯，无不支持政府发挥更大的作用）在理念上占据上风。“1970 年代给出的信息是，”他们写道，“政府也可以失败。也许市场根本没有那么蠢。”他们引用了前尼克松政府的经济顾问赫布·斯坦（Herb Stein）的话：

> 过去 20 年里，政府支出、政府税收、政府赤字和政府监管全部迅速增加，政府扩大了货币供应量；这 20 年结束之际，通货膨胀率居高不下，实体经济增长缓慢，“正常”失业率也许达到从未有过的高位。人们顺理成章会得出下面的结论：问题是由加强政府职能造成的，采用相反的措施或者停止执行这些措施，问题就可以得到解决。

同时代的读者也许会深有感触：在今天的美国，经过了政府与市场的长久脱离，许多条件仍然成立。美国人和英国人对老政策的不满日益加深，思想观念上出现了新的倾向。当代享有广泛影响力的经济学家马丁·费尔德斯坦（Martin Feldstein）描述了这种新趋势的若干层面：

> 税收改革的理论依据超出了公共金融专家的技术概念的范畴。它们考

虑从普遍的凯恩斯主义经济理论大规模撤退——凯恩斯经济理论是整个战后时期经济政策的依据。这个变化在思想层面有 4 个环环相扣的方面：关注奖励对行为产生的效果；关心资本形成；强调资源的使用效率；对预算赤字持负面态度。这几点在经济学上都不是新概念；其实它们不过是回归了从亚当·斯密到 1930 年代大萧条引发凯恩斯革命以前经济学界的主导理论。

费尔德斯坦在思考这一时期的问题时指出，罗纳德·里根和玛格丽特·撒切尔分别在美国和英国当选总统和首相，正是这种变化的反映，结果导致政策重点转向了通过放松管制、减税、私有化（英国的政策）和尽量取消政府的活动来弱化政府的作用。效果好坏参半。美国实现了大刀阔斧的减税，最高税率减少了一半，可是政府支出却增加了，导致赤字相应地上升，于是政府一方面更加不愿意监管市场，另一方面对市场的依赖更加严重。1980 年代，美国司法部反垄断部门的律师数量减少了一半，给它的拨款被砍掉了 1/3。联邦贸易委员会的拨款也被大幅度削减。美国任命了更多对企业友好的法官。不仅"反对反垄断执法权的极端态度"盛行一时，对司法部律师的教化居然达到如此地步：他们被要求选修经济学课程。

英国的煤炭行业实行了私有化。美国的航空业获得了空前的自主权，私人行为体实现了真正的掌控。英国天然气（British Gas）和英国钢铁（British Steel）被重组以扩大盈利，减少政府的影响。英国政府在北海油气田的股份实行了私有化——机场和港口也一样，政府在英国石油（British Petroleum）的股份也以类似的方式交给了人民。美国也对电讯部门解除了管制，另外一些曾经被严格控制的行业比如能源部门也实行了大刀阔斧的取消管制。

曾在里根政府任职、后来成为华尔街银行家的戴维·斯托克曼（David Stockman）认为，"里根政府认为，经济管制首先从原则上就是错误的。"出于显而易见的自身利益和意识形态的理由，这个观点得到了商业界的热烈拥护。里根和撒切尔在政治上都很成功，英美两国在他们的任期内都出现了经济增长，他们的观点以及作为他们理论依据的米尔顿·弗里德曼和费尔德斯坦等经济学家的观点受到了更加广泛的赞同。在美国，中间派的民主党政治人物比如比尔·克林顿（Bill Clinton）是这一运动的领跑者，后来的英国劳动党候选人托尼·布莱尔（Tony Blair）紧随其后，提出了“第三条路线”。这种状况不仅弥合了二者以及他们的反对者之间的意识形态分歧，也让筹资变得容易多了。

太小而无法成功：危机时代的政府

比尔·克林顿有一位举足轻重的筹资人是某公司的CEO，这家公司肩负着摩根曾经肩负过的角色：金融界当仁不让的领袖。它就是高盛，这位筹资人就是鲍勃·鲁宾（Bob Rubin），他后来先是当过克林顿政府的首任国家经济委员会（National Economic Council）主任，后来还当过财政部长。鲁宾是这一时期进入美国政府的高盛前高管当中引人注目的一位。事实上，他的3位高盛接班人也都担任过政府高官——史蒂夫·弗里德曼（Steve Friedman）担任过乔治·W. 布什（George W. Bush）的国家经济委员会主任，汉克·保尔森（Hank Paulson）当过布什的财政部长，乔恩·科尔津（Jon corzine）既当过参议员，又当过新泽西州长。其他具有高盛背景的人在国务院、财政部、进出口银行（Export-Import Bank）和白宫担任高级职务的屡见不鲜。高盛并不是个案：华尔街的男女高管成了现代美国政府和世界各国政府中不可或缺的身影。在世界各国的政府中，仅高盛一家公司就出了几十位部长、中央银行行长和次内阁官员。花旗集团、摩根大通和另外几家顶尖的金融机构在这份名单上添加了更多的名字。其他行业比如航空和国防与政府的纽带也十分牢固，这些行业的大公司有洛克希德·马丁（Lockheed Martin）和波音等。在所有这些情况下，旋转门都是双向旋转的：华尔街的高管攫取白宫的职位，政府的许多雇员卸任以后也去私营部门谋取报酬优厚的岗位（这是对他们曾经推动对公司友好的政策的大力回报）。所以双向流动十分频繁。举例说明，威廉·戴利（William Daleyz）2011 年担任白宫幕僚长之前，是波音公司、雅培实验室（Abbott Laboratories）、默克公司（Merck & Co.）以及摩根大通的董事。他不是第一次在公共和私人部门之间穿梭，此前他就当过克林顿政府的商务部长。他也不是奥巴马政府绝无仅有的例子，可以说明高盛的前雇员和合同商在白宫、财政部和国务院谋到了高官岗位。

金融界高管把自己作为最优秀、最聪明的人向美国政党和世界各国的政治领导人推销，不仅在竞选时节对他们给予资金支持，还为政府赋予了了解市场、与市场沟通的能力——人们越来越多地认为，市场关系到政府的成败。政府在经济中的传统作用被市场褫夺得越多，由此形成的新的经济机制和市场对全球和国家经济的影响就越大，政府与市场玩家（他们会破译市场趋势，能够与金融界的权力经纪人对话）的合作就越是利害攸关。就连外国领导人也会先在国内发起一场竞选宣传，再在华尔街发起一场竞选宣传，以确保市场不会发出可能在政治上摧毁自己的信号。

此外，当然，各国政府越来越深地依赖金融机构来应对赤字问题，结果使自己陷入了与大胆的查理、利物浦勋爵、格罗夫·克利夫兰当年一模一样的处境。各国政府在 1990 年代和 21 世纪头几年整顿过金融家，除此以外，过去几十年的放松监管、技术革命和全球化都让金融行为体具有了极其强大的影响力，他们可以操控的金钱比以前多得多，他们能够（特别是）在全球市场上更加大胆地运筹操作，而政府的审查和监管比以往任何年代都少。

罗伯特·鲁宾领导克林顿政府推行激进的亲市场政令，包括我在商务部工作期间参加过的自由贸易促进计划，也包括与拉里·萨默斯及一个团队协同展开的有计划、有步骤的努力——该团队的成员有蒂莫西·盖特纳（Timothy Geithner）、吉恩·斯伯林（Gene Sperling）以及另外几位日后在奥巴马政府任职的高官，一如既往地继续放松对美国金融机构的监管。金融工具如衍生产品发生市场崩溃时，鲁宾抵制加强监管，甚至不惜与克林顿任命的其他高官抗争，比如商品期货交易委员会（Commodity and Futures Trading Commission，简称 CFTC）主席布鲁克斯丽 · 博恩（Brooksley Born）。博恩积极要求银行披露关于衍生产品波及范围的更多信息，却遭到鲁宾、萨默斯、美联储主席艾伦 · 格林斯潘和 SEC 主席阿瑟 · 利维特（Arthur Levitt）等人的抵制，他们认为最好是市场能够"自我监管"。1998 年 6 月，鲁宾公开谴责博恩加强管制的政策立场，甚至建议国会取消 CFTC 的监管权。他的努力产生了结果，后来，国会在克林顿任期的最后一年 2000 年的最后一天通过了一项法案，叫做《商品期货现代化法案》(Commodity Futures Modernization Act)，允许银行不受政府的任何干预，像交易违约掉期一样交易衍生产品。

与此同时，尽管存在减少政府对市场干预的强大冲动，有一个领域却欢迎政府干预。实际上华尔街一致鼓励联邦政府继续支持低利率住房贷款。让美国人成为房主不仅可以创造一个抵押和抵押担保债券的大市场，而且购买住房的人越多，被认为物有所值的住房就越多，觉得自己可以贷款或者投资买房的人就越多——从各个方面看这都是金融界的福音。1997 年，美国居民拥有的房地产总价值是 8.8 万亿美元；到 2006 年，这个数字达到了近 22 万亿。在 1980 年代和 1990 年代的大多数年份，美国的平均住房价格与中等家庭收入的比率一直在 3 ∶ 1 左右徘徊。到 2006 年，这个比率达到将近 5 ∶ 1。在旧金山湾区和洛杉矶甚至达到了 10 ∶ 1。在熟悉泡沫的人眼中，这就是泡沫了；可是政府的观察家比如美联储主席艾伦 · 格林斯潘却认为，不可能存在泡沫，住房的流动性差，不大可能吸引投机商。也许格林斯潘接触社会不多，没有遇到过和我一样的情况。我们休假的时候，服务生向我们一家人兜售购买独立产权公寓的策略。抛开这个事实不说，格林斯潘的解释视而不见一个事实：克林顿政府的自由化引发了抵押担保债券市场的爆炸性大发展，此类债券的流动性极强，足以吸引不计后果的投资。

我在克林顿政府时期认识了鲍勃 · 鲁宾和他的同事们，后来也认识布什政府时期他们的接班人，我知道，他们真诚地认为自己是在通过提高市场效率来促进增长。我不认为他们是在精心算计，以保护自己身为曾经或者未来的银行家或投资人的利益。他们潜移默化地吸收了当代许多主流观点。可是，他们在有些问题上显然打错了算盘。《商品期货现代化法案》的通过与抵制博恩的多项主张、废除《格拉斯—斯蒂格尔法案》（Glass-Steagall Act，该法案在大萧条时期通过，旨在把商业银行与投资银行区分开）一样，都促成并进一步助长了住房市场的泡沫，加速了泡沫破裂所引发的崩溃。

最近这次危机的有趣之处在于，惯常的脚本出现了微妙的修改：金融巨头在当今世界显示出更大的不受惩罚的权力。（这种情况反过来引发了国际社会对许多思想观念的反弹——这些思想观念导致了崩溃，导致了1990年代和2000年代大错特错的老古董观点：美国牛仔的资本主义将是各国市场不可避免的未来。）此次危机包含一些惯常的要素：泡沫、政府无能、政府官员的核心被收买并与他们本该监管的机构保持过于紧密的关系，对市场不断变化的性质缺乏了解，恐慌性销售引起观察者害怕灾难发生。它甚至还包括资深银行家委员会与政府官员开会，商讨共同应对危机；官员们认识到（就像蒂姆 · 盖特纳承认的那样），他们必须像罗斯福当年那样依靠这个非正式的群体，因为他们自己手中没有控制市场的适当工具。

有些人也许会认为，今天的银行没有那么大权力，因为它们不是像摩根当年那样紧急救援政府；实际情况刚好相反。这些机构凭借游说、捐助和让自己人担任政府高官等花钱买来的影响力，推动通过了一系列监管改革，他们鼓吹一种在许多其他行业会引人发笑的观点：他们可以自我监管。（想象一下这样一位银行家迈进一辆自我监管的出租车，或者用一家自我监管的制药公司生产的牙膏刷牙会是什么情形。）然后，当他们操控权力、结果却使自己处境艰难的时候，他们就回头去找政府，表示他们（这些自由市场和减少政府干预的鼓吹者）“大到不能倒”，政府必须给予紧急救援。等到危机渐渐过去，他们不再需要政府的资金了，他们就把钱还回去，要求政府别再打扰自己。如果政府想加强对他们的监管，他们就会极力抵制并设法对改革施加影响，所以危机所引发的根本问题依旧没有得到解决，比如衍生品市场的不透明等。全球金融让国家对许多此类市场鞭长莫及，无法进行监管；甚至几位国家首脑和政府高官也提出了这个问题，最著名的就是法国总统尼古拉 · 萨科奇（Nocolas Sarkozy）、德国总理和财政部长，可是改革却遭到美国的阻挠，理由是我们必须捍卫自己的主权。缺乏国际监管机制，其必然结果是零主权影响力，有效的多国监管机制至少可以产生一定的主权影响，美国政府却对这个道理置若罔闻。

高盛之类公司在危机发展酝酿之时就赚取了利润，在危机时期又得到了紧急救援，在危机之后比其他行业更快地恢复了高盈利和管理层的丰厚奖金。金融公司在 2008—2009 年金融危机之前、期间和之后独领风骚，它们明显地过度操作，似乎理直气壮地认为政府应当服务于它的需求却不得约束它的工作风格，高盛也许是此类金融公司的一个突出案例。显然高盛也不是个例。其他金融公司比如摩根士坦利、花旗集团、美国银行和几十家欧洲公司也都是危机时刻大公司与政府关系融洽的主要受益方；这些公司都从美联储那里拿到了数十亿美元的紧急贷款，以便在危机时期继续开展业务。这些贷款不仅条件优惠，而且分配极不透明，具体的分配办法在多年以后仍然没有全部公开。

这就是说，当代美国对过度交易、滥用权力、利用长期的监管不力谋取私利的商业文化不满，这种不满至少在 2008 年前十年（其实每个时代都不乏类似的例子）就埋下了种子。几年前安然公司（Enron）和世通（WorldCom）公司的两桩丑闻就震惊全球，说明会计欺诈不知不觉中已经达到了登峰造极的地步，大大动摇了美国人对企业界和金融界的信任。几年来，安然和世通公司都采用欺诈手段，在做账时虚报数百万美元的利润，它们愚弄投资者，让投资者以为公司的经营情况比实际上要好。两家公司的欺诈行径被揭穿以后很快破了产，却给公众造成了很大伤害：投资人的钱打了水漂，数千万无辜的员工丢掉了工作。

近几年，大公司招致公众不满的还有一件事：它们能够广泛地避税，它们还长期游说财政紧张的联邦政府给予减免税收的优惠。举例说明，几十年来，美国一家极其古老、极其成功的公司——通用电气，凭借巧妙的避税手段，给美国财政部缴纳的税收只占自己收入的极小部分。《纽约时报》刊登过一篇题为“通用电气的策略让其完全不用交税”（GE's Strategies Let It Avoid Taxes Altogether）的文章，作者戴维 · 科欣纽斯基（David Kocieniwski）叙述了通用电气如何采用“创新的会计方法”和积极游说争取低税率，有计划、有步骤地大幅减少了它按照利润率应当向联邦政府缴纳的税款。2010 年，通用电气的总税负是利润额的 7%——不到一家普通跨国公司缴纳的总税项的 1/3。文章指出，通用电气的税收部门被叫做“世界上最好的税法律师事务所”，过去十年，通用电气花了 2 亿美元用于游说修改美国税法。这些行为以及通用电气多年来把重要的制造基地迁到海外的记录让奥巴马政府处于尴尬地位，但奥巴马政府还是任命通用电气的董事会主席杰弗里 · 伊梅尔特（Jeffrey Immelt）担任美国的就业与竞争力委员会主席。

所以，这不是单个的事例，而是看起来没完没了、周而复始的事例，说明（往往过度地）积极追求利润、标准松散、企业与它从事经营活动的社会缺乏共同利益等因素何以缓慢却稳步地伤害了公众对政府放松监管的支持态度，让他们不再赞同某些对特殊待遇习以为常的公司。危机之后，我们还发现，与高盛相关的政府决策居然也受到高盛和华尔街另外几家公司的极大影响。有一次，高盛向 CFTC 提出理由，认为它的商品交易公司 J. Aron 应该可以在不受政府干预的条件下就石油的价格波动下大的赌注；虽然它有充分的理由小心谨慎，因为如果出错，公司会蒙受巨大的损失。后来国会的一位职员得知高盛给 CFTC 写过这样一封信，便要求取得它的复印件，CFTC 拒绝向国会出示该信件，在得到高盛的首肯之后才把信交了出来。还有一次，我坐在美国国际集团（AIG）前CEO莫里斯·汉克·格林伯格（Maurice Hank Greenberg）的办公室，听他讲述AIG和雷曼兄弟获准破产的时候，前高盛CEO、时任财政部长的汉克·保尔森如何自始至终与当时的高盛CEO劳埃德·布兰克费恩（Lloyd Blankfein）保持密切沟通。格林伯格简直是气急败坏地讲述了保尔森如何决定指示AIG接受政府的数百亿救援资金，那些钱却转手流入了另外几家公司手中，目的是保住那几家公司，而不是AIG——那几家公司当中规模最大、拿到资金最多的便是高盛，当时房间里与保尔森在一起的唯一一家金融机构的代表（布兰克费恩）也来自高盛。在紧急救援AIG期间，保尔森给布兰克费恩打了24个电话。

最后的交易本质上是直接的现金支付，把现金从美国纳税人手中转到不遗余力地鼓吹小政府和"把它留给市场"的高盛股东手中。政府让尼尔·卡什卡利（Neel Kashkari）来负责为华尔街提供救援资金的不良资产处置项目（TARP），他是一名35岁的高盛雇员。

《滚石》杂志记者马特·泰比写出了报道此次危机的振聋发聩的文章，他在"制造美国泡沫的巨大机器"（The Great American Bubble Machine）一文中写道：

> 这一切——紧急救援AIG、迅速批准它们转型为银行控股公司、TARP资金等所传达的共同信息是，倘若涉及到高盛，压根就没有自由市场。政府也许会听任别的市场玩家死去，却无论如何不会让高盛破产。突然之间，它在市场上的优势地位已经变成了最高权力的公开宣言。

这种权力感在全世界面前表露无遗：高盛的高管在几次听证会上蛮横地对国会的问题置若罔闻，危机之后，他们很快就又开始给自己发放优厚的奖金（没有纳税人的干预，他们根本拿不到那些奖金）。可是，2008年，这家公司14亿美元的收益只缴纳了1 400万美元的税款，税款只占收益的 1%。造成这种情况有一个原因是它的“区域收益组合”（geographic earning mix），许多跨国公司用这个工具把收益转移到税率低的海外国家。换句话说，高盛需要美国资金的时候，是一家美国公司，到纳税的时候就不一定了。

高盛并没有从此次经历中吸取教训。布兰克费恩争辩说，高盛不需要紧急救援——就连前高盛雇员卡什卡利也认为这种说法太过荒诞。此外，布兰克费恩还认为，“我们很重要。我们为公司筹集资金，帮助它们发展壮大。公司发展了，才能创造财富。反过来，人们有了工作，就可以促进更大的发展，创造更多的财富。这是一个良性循环（virtuous circle）。”梅·惠斯特（Mae West）（百老汇女演员，好莱坞历史上最棒的台词作家之一，作风大胆，言辞放纵。——译者注）听了这话也许会说，“这和美德（virtue）毫不相干。”在考虑是否要遏制这些金融巨头公司时，还是有一些现实因素参与了进来。这个问题在我与罗伯特·鲁宾之类人士的谈话过程中被提到，也许并不让人意外。

我们坐在他位于纽约的外交关系协会（Council on Foreign Relations）办公室，房间不大，到处堆放着打包到一半的板条箱，他即将动身去别处履职。他本来是个安静、爱思考的人；话题转向他对 1990 年代的自由化是否留有遗憾时，他的观点与他的被保护人萨默斯大致相同。他认为他们当年提倡的政策是对的，到了今天他仍然认为是对的。他说出了心中的困惑：我们是不是没有充分考虑到由自由贸易引起的错位问题？他肯定认识到，当年本来可以多做一些事情，为住房市场的震荡发生之前未雨绸缪。可是当我问他，那几家规模极大、影响力极强的金融机构是否应当被分解，“大到不能倒”是不是一个真正需要解决的问题时，他马上摇头否定。

“不，”他说，“你难道不明白吗？大到不能倒不是一个制度问题，而是制度本身。你本身没有一定的规模，在为全球规模庞大的公司服务时就不可能是一家有竞争力的金融机构。跨国公司的规模越大，金融机构的规模就必须相应地越大。”

欧洲的另一个反常现象：瑞典的银行危机

鲁宾的话有一定道理。更何况如果权力的天平继续向市场和市场大玩家的方向倾斜，那么这个结果在一定程度上是不可避免的。可是 2008 年和 2009 年危机也是一个转折点，是一记警钟。在世界其他地方，美式资本主义制度虽然仍被广泛认为是世界上最高效的增长引擎，却也被认为存在某些重要的不足。从欧洲到亚洲，各国政府提出了其他模式，并且认为自己的模式重新焕发了活力和吸引力；欧洲各国政府一贯认为，公共部门必须与企业界合作，而在亚洲各国，公共部门与企业界的合作更加紧密，更是一荣俱荣一损俱损，他们仍然认为公司既要为狭隘的以股东为重的目标服务，也要为国家服务。

我遇到过一位来自某亚洲国家的政府高官，他说，在他整个一生，不管他那些来自四面八方的同事对美国有什么看法，只要他们和美国人开过会，看到各种不同意见都可以在会上探讨时，他总会产生一种感觉：房间里的每个人都觉得，要想成功，自己的国家必须变得更像美国。危机之后，他指出："现在情况不一样了。美式资本主义遭到了无法挽回的破坏。"

就连在小小的瑞典，帕尔·纽德也解释说，因为瑞典把市场应当如何运作的观点置于社会契约的核心地位，瑞典不仅更好地应对了汽车制造企业所面临的威胁和全球化的挑战，而且，他们在 1990 年代初期遭遇同样由房地产泡沫破裂引发的银行危机时，"我们进行了干预，银行需要帮助，我们给予了帮助。可是，既然瑞典人民紧急救援了银行，政府就要保证让瑞典人民得到回报，而不仅仅像你们美国那样给予象征性的偿还。我们认识到，我们的国家与我们的公司是一种合伙关系；不像你们在美国形成的关系，我们认为这种合伙关系不是单向的。"

第九章

武力衰落

国家是能够在一定的领土范围内合法地、独占地使用武力的人类社会。

——马克斯 ·韦伯,《政治作为一种志业》(*Politics as a Vocation*)

老实说，我愿意看到政府干脆退出战争，把整个场地交给个人私下解决。

——约瑟夫 ·海勒(Joseph Heller),《第 22 条军规》(*Catch-22*)

形形色色的权力当中，最大的权力也许莫过于随心所欲的权力，因为它是指行为者的意志不受一切其他影响，这种权力让统治者凌驾于一种制度之上，并成为这种制度的决定性力量。同理，大国不考虑对方国家的意见，把自己的意志强加给它，就是权力的终极标准。在整个人类历史上，这种权力的关键都是武力——个人或者部落、城市、国家的代表用武力让他人屈服于自己的意志。后来，正如上面韦伯的言论所表述的，为了让他人屈服于自己，集合和动用武力就成了国家的决定性权力。为了“秩序”和“公共福利”的缘故，不管是军队的破坏力，还是执行法律、维护和平所必需的较为有限的工具，国家都要求独享武力的使用权，以威胁他人的生命、幸福和自由。

虽然统治权还有其他重要支柱，但是社会的进步改变了武力在现代国家生活中的作用。一方面，冲突变得代价高昂，很少有国家会在深思熟虑之后诉诸战争，很少有国家会认为战争是解决国际争端的可接受的选择。另一方面，国际和国内的法律制度也在不断地发展完善，在很大程度上消除了负责实施法律的人手中随心所欲的权力。法律掌握在立法者手中，战争在很大程度上让挑起战争的人平静下来。

这种情况对整个社会的好处毋庸置疑，却也毋庸置疑地改变了国家的作用，在某些方面使国家的地位大大沦落，几乎没有什么特点能够使之与拥有类似资源与权力的其他行为体相区别，后者也在法律制度的框架下和平地运行——比如跨国公司。还有一些问题是关于非国家行为体的作用将如何发展变化，这些行为体能够比国家更加自由地使用武力；关于在当今世界，强国由于“过于强大”而无法随意使用手中掌握的武力，何以致使非国家行为体的影响力变得更大。

人与人对抗

根据霍布斯、洛克和罗素的思想传统，人最初所处的自然状态也是一种永久的战争状态，霍布斯认为是“人与人对抗”的状态。如霍布斯所述，“自然权利”是指每个人尽一切必要的努力保全自己的权利，“甚至对彼此的身体也是如此”。只要维持自然状态，安全就是不可能的；永久的战争状态无法忍受，人们愿意放弃自然权利来保证自己的幸福。于是，每个人同意放弃这种对一切事物的权利，“而在对他人的自由权方面满足于相当于自己让渡出的自由权利”。这种“社会契约”要求有一位执行者，要求某种“强制力来促使人们平等地履行契约……维持通过相互约定、作为放弃普遍权利之补偿而获得的所有权。这种共同权力在国家成立以前是不存在的”。

同样，洛克也认为避免战争状态是“人把自己纳入社会、放弃自然状态的一大原因”。洛克认为，人把裁判或者“乃至用死亡本身”惩罚别人的权利交给了社会，由此形成了公民社会。在洛克看来，首要目标之一是，不仅要保护社会成员的幸福，还要保护其财产，这个任务由所有成员共同承担。在霍布斯和洛克的概念当中，多数情况下使用武力的权利被交给了国家，国家反过来可以利用这种权利服务于公共利益。当然，这些只是政治理论。现实社会中，正是由于无情地使用武力，才催生了早期的部落领袖，不论斯堪的纳维亚的原始氏族、蒙古骑手，还是欧洲中部的法兰克人概莫能外。从史前时代到查理曼，再到今天缅甸和津巴布韦的集权政权，统治者使用的工具都是恐惧：人们认为统治者愿意并且能够剥夺他人的生命或者财产而不受惩罚。

对于我们，核心问题是，关于使用武力，有些东西是否发生了改变，从而永远地改变了国家或者说世界上多数国家的性质，改变了国家与其他独立行为体之间的关系。或者，更为直接的说法是：当今世界，国家受到它自己的法律、受到新产生的国际法律的约束，跨国私人行为体可以凭借其全球范围内的经营活动，影响法律的制定甚至干脆避开法律的应用，全球性的威胁和挑战越来越超出了国家行为体能够管辖的范畴，不管在法庭面前，在资源或者它们可以用来实现预期结果的战术方面，国家和公司都站在了同一条起跑线上，在这种情况下，是否有些东西发生了根本改变，甚至于影响到社会契约的性质，并无可挽回地改变了全世界的公民社会可能运行的方式?

为了解答这个问题，我们要考察一些可以概括为武力衰落的变化（多数国家可以切实而成功地把武力衰落作为一种选择），同时提出一个问题：在这个方面，私人行为体或者非国家行为体是否真正获得了一个全新的角色，并且可以凭借这个角色享有曾经由主权国家独享的权力。

雇佣兵 1.0：纠正在权力由国家"独占"问题上的误解

本书的读者只消回想一下英国东印度公司的军队就会明白，权力由国家独占的观念是相对较晚的时期才产生的。事实上，在漫长的历史时期内，军队大多由雇佣兵组成，或者说，组成军队的人群不是隶属于某个政治实体，而是隶属于一个人、一个家族、一个地区，隶属于教会乃至行会。我们看到，大铜山矿工的故事清楚地表明了这种现象。在瑞典统一之前，达勒卡利亚地区的人们解决纠纷、维护和平的方法是使用刀剑和战斧。他们用同样的方式保护矿山。他们看到古斯塔夫 · 瓦萨想要统一瑞典，此举威胁到了自己的自主权，便发动了 3 次起义。中世纪晚期，除了其他权力，矿工大师还有权携带"剑、盾、铁帽和铠甲手套"，确切地说这些东西并不是开采工具，而是成了身份地位的象征，也说明了他们在欧洲的角色；在欧洲，有身份、有地位的人经常被号召拿起武器解决当前的问题。

矿工们顺应欧洲大陆的潮流，成立了自己的行会，行会名称取自他们的守护神圣乔治（Saint George），瑞典语翻译为 Saint Orjen。行会的规定十分严苛，但权力也很明晰。这个群体独立行使审判职能，要求会员在疾病或者人身受到威胁时相互帮助。事实上，会员之间的约定相当有力，他们必须帮助彼此脱离困境，哪怕对方是一名罪犯，会员也要帮助他逃到 20 英里以外或者为他提供船只。会员对行会的忠诚胜过对地方法律的忠诚，"行会首领的话比法官的话还有分量"。

在三十年战争期间，矿山的工人们朝着争取独立再次迈出了勇敢的一步，这一步比同时代的绝大多数其他私营企业还要远得多。他们组建了自己的军事单位，由 7 个步兵连和一个骑兵中队组成。工作日的等级秩序被保留下来：矿工担任步兵，股东担任军官并主持军事法庭的审判。这个军事组织除了肩负其他职责以外，还维持矿山的治安并在整个战争时期保卫矿山，矿山被认为是国家安全的重点保护对象。不过，虽然这是矿山采取的新举措，私人雇佣军的成立却并不是一种创新。自从 13 世纪封建军队衰落以后，雇佣军就在欧洲各国遍地开花。随着大小城镇的重要性增加，它们的统治者和精英纷纷雇佣由私人组建的军事单位。这些单位叫“自由兵团”（free company），它们在欧洲大陆到处流窜，为那些需要打仗、有经费支持的人们提供服务。雇佣军在英法百年战争期间达到了鼎盛。1362年，法国国王“好人”约翰二世想彻底消灭自由兵团。他组建了一支封建军队，可是自由兵团联合起来，把他的军队打败了。后来的统治者也认为自由兵团是极大的威胁，接连几位继任的法国国王不惜与邻国开战，仅仅为了把雇佣军赶出法国。

意大利的城邦和公国之间不断地陷入混战，也吸引了大批的雇佣军。马基雅维里在《君主论》中提到了对雇佣军的看法，我们可以想象，他的观点也许表达了他为之分忧的那些贵族领袖的观点：

雇佣军和援军是无益的，并且是危险的，一个人如果以这种雇佣军队作为基础来保卫他的国家，那么他的王位既不会稳固亦不会安全，因为这些雇佣军队是不团结的，怀有野心，毫无纪律，不讲忠义，在朋友当中耀武扬威，在敌人面前表现怯懦。他们既不敬畏上帝，待人亦不讲信义。敌人在哪里进攻，他们就在哪里溃败。因此，在和平时期你受到这些雇佣军的劫掠，在战争时期则受到敌人的掠夺。这是因为，除了一点军饷之外，他们既没有忠义之忱，也没有其他的理由使他们走上战场，而这点军饷并不足以使他们愿意为你牺牲性命。

百年战争结束以后，“好人”约翰的孙子、法国新国王查理七世得出了类似的结论。为了解决这个问题，他向法国境内的商人开征了一种新税，他用这笔钱来雇用了几支自由兵团。如果他们能够消灭其他自由兵团，他就按时为他们发放饷银。在自相残杀之后，活下来的雇佣军就成了法国常备军的中坚力量。

雇佣军还去到海上，在英国与西班牙战争中立下了汗马功劳。有几位雇佣兵比如弗朗西斯 · 德雷克（Francis Drake）爵士和沃尔特 · 雷利（Walter Raleigh）爵士赢得了女王伊丽莎白一世的宠爱，由于劫掠西班牙舰队护送的珍宝船而大发其财，德雷克成了英国屈指可数的平民富翁。

同样，瑞典国王古斯塔夫 · 阿道夫领导瑞典国家在三十年战争中取得辉煌的胜利，也不光依靠矿工的支持，依靠把开采出来的铜用于制造武器和从事贸易，还依靠了由荷兰人路易斯 · 德吉尔提供部分装备的瑞典海军，德吉尔当时是矿山的管理者。1630 年，古斯塔夫率领 7.3 万大军向帝国发起进攻时，其中就有 3 万人是收取报酬的德国雇佣军。荷兰东西印度公司也提供了私人军队帮助荷兰帝国扩张领土，神圣罗马帝国和天主教联盟的军队在战争期间也雇用了数千万雇佣兵。

过了一个世纪以后，普鲁士军队有一半的士兵是外国籍。英国军队中十分之四的兵源不是英国人。西班牙和法国军队中，1/4 的军人不是他们为之打仗的本国人。这种几百年来对雇来的刀剑和枪支的依赖开始发生改变，改变之后在一个曾经千方百计、不遗余力地消灭雇佣军的国家产生了极其可怕的后果，这个国家就是法国。

大众军队、大规模杀伤：从攻陷巴士底狱到日本长崎

1793 年 1 月，路易十四与他的奥地利妻子玛丽 · 安托瓦内特（Marie Antoinett）被砍了头，这件事让其他欧洲君主坐立不安是情理之中的。各国君主急切地想要保住自己戴着王冠的头颅，遏制让法国人民沸腾起来的激进共和主义，他们形成了所谓的第一次反法同盟。这个同盟包括奥地利（玛丽 · 安托瓦内特一被捕，奥地利就与法国开了战）、普鲁士、俄罗斯、不列颠、西班牙、葡萄牙、荷兰共和国和意大利的许多公国。

保卫法国，与欧洲所有其他国家似乎全部联合起来的力量为敌，这是一项艰巨的任务。为此法国公安委员会（Committee on Public Safety）作出了一项比以往采取的一切其他措施都更具革命性的决定。委员会放弃依

靠波旁王朝的军队，他们认为那支军队是旧的不守信用的贵族统治的残留物，他们也严肃地质疑军队领导层的许多人物究竟忠于何方；委员会认为他们要有一支真正的人民军队。1793 年 8 月，公安委员会宣布普遍征兵（levee en masse），要求全民服役，征募年龄介于 18 岁到 25 岁之间的全体未婚男性入伍：

从现在起到我们的敌人被赶出共和国的领土为止，所有的法国人都被要求长期为军队服务。青年人应该参加战斗，已婚人士应该铸造武器和运输补给品；妇女要参加制造帐幕和服装，并去医院服务；儿童应该把旧亚麻布做成绷带；老年人应该被带到公共场所去，激励战士们的勇气，宣讲共和国的团结，鼓动对国王的仇恨。

这条命令下达 4 个月内，法国军队从 29 万人急速增加到 70 万人。现代社会第一支真正的国民军诞生了，它确立的先例将改变今后的战争与政治的面貌。

拿破仑掌权以后，用国家资源把一支军队派往各地的战场；1808 年，这支军队在西班牙有 30 万人，法国有 10 万人，莱茵有 20 万人，意大利还有 6 万人。4 年以后这支军队发展到 100 万人。法国革命把贵族从军队的领导层清理出去，对军事结构的改变不再被视为社会总结构或者政治结构的威胁，所以法国国民军实行了极其广泛的改革。拿破仑具有天才的组织能力，他还利用工业革命早期的产能为这支军队供应物资并加以维护，由此在欧洲确立了新的力量标准。拿破仑的敌人唯一能做的是亦步亦趋地模仿他。英国及其盟友用类似的方法组建军队，也征募了一支 75 万人的大军，其中 1/3 参加了威灵顿公爵把法国皇帝拿破仑赶跑的滑铁卢战争。

美国乐于置身事外，远离冲突，它希望自己的公民一定不要卷入战事，特别是不要让战事波及到北美、使这个年轻的国家受到威胁。所以它在 1794 年通过了《中立法案》（Neutrality Act），禁止“美国公民或侨居者接受委任或者应征为外国服务”。1817年，一项后续法案扩大了适用中立法案的外国的名单。这些法规不限制美国人在海外的活动，只是禁止他们参加那些可能把麻烦带到美国家门口的活动。欧洲国家比如英国、法国、德国、比利时、意大利、葡萄牙、西班牙、俄罗斯和瑞典都通过了类似的法律，墨西哥也一样。然后，在1848年革命的转折点过了8年以后，在世界上最庞大的私人军队经历了印度兵起义之后终于解散的前一年，世界许多国家才签署巴黎条约，规定私掠船为非法。

由此产生的结果是，任何国家要动用武力都必须动员由国家出资的国民军。另外，由于拿破仑时代的战斗规模浩大，人类利用大规模的生产技术、全新的通信工具和交通手段支持战事的能力也在不断增强，这些军队必然是既庞大又昂贵。本世纪英国军队始终保持在25万人左右，法国军队从拿破仑战败之际的13.2万人增加到1880年的54.4万。俄罗斯军队在欧洲最为庞大，有近100万。在德国统一战争之前，普鲁士军队有13万人，统一以后整合成了一支43万人的国民军。

维护如此庞大的武力的必要性起了作用，加快了民族国家成为全球舞台上的主要行为体的步伐。欧洲在三十年战争时期有100多个政治实体，到1900年只剩下20多个。管理国家强制力的全新方法巩固了国家的权力。在奥托·冯·俾斯麦（Otto von Bismarck）首相的领导下，原来的普鲁士、后来的德国成了雄强有力的现代国家的典范。普鲁士青年人均有义务在正规军中服役3年，再在后备军中服役4年。然后他们还要在地方防卫军（Landwehr）中服役，为前线提供支持。对年轻新兵的教育使新兵比邻国的农民军队训练有素，普鲁士军队总参谋的组织才能也让普鲁士军队胜出一筹，他们把哈布斯堡王朝从德国赶走，把本地区的其他城市和公国统一为一个单一的国家以后，普鲁士军队的优势更加凸显无疑。和拿破仑、加里波第以及其他国家的领袖一样，俾斯麦认识到，他和他身边的领导层如果认同于为国家利益服务的更为崇高的召唤，那就既可以强化爱国情怀，又能够增强忠诚度。

利用新产生的国家认同感来支持和加强国家的实力，这种能力并非欧洲独有。美国经过内战之后成为一个更加强大的统一的国家，对它自身以及它的命运有了更加清晰的认识。美国内战牺牲了 60 万生命，经过这场战争以后，它更加明了并且更能满足现代军队在技术和组织方面的要求，这种能力在它平定边疆的时候得到了进一步的加强。同理，日本在 1868 年明治维新以后，也积极效仿欧洲国家的榜样，制定了以普鲁士宪法为蓝本的宪法，对自己的法律、银行和教育制度进行改革，甚至还聘请一流的外国专家参与建立它的军队。他们的军队先是由法国顾问、后来由德国顾问指导，海军由英国顾问指导；1873 年，它制定计划，开始在一系列冲突中摩拳擦掌，跃跃欲试——第一次中日战争、义和团起义、日俄战争以及 1910 年征服朝鲜。第一次世界大战爆发以后，日本还讨论并计划派遣 10 万到 50 万军队参加大战（后来没有实现）。到 1920 年，日本有 30 万常备军。

1910 年，俄罗斯有 120 万常备军。法国和德国各有 60 万。奥匈帝国有 40 万，英国和意大利各有将近 25 万。这些数字已然不小，而不到 4 年以后那场即将爆发的冲突将要求各国的军事力量几乎无限制地扩充和增强。第一次世界大战期间，同盟国——美国、英国、法国、俄罗斯和意大利总共动员了 4 007 万军队。轴心国——德国、奥匈帝国、保加利亚和奥斯曼帝国也把 2 520 万人派上了战场。战争中死亡人数在 900 万到 1 300 万人之间。还有 1 000 多万人死于饥饿。战后继发的流感又夺走了 5 000 万人的生命，战争期间死于其他疾病的人数也有数百万。经济成本估计将近 3 500 亿美元，不过我们不可能算出精确的数字。

第二次世界大战要求动员一亿多人口。二战期间的死亡人数估计在 5 000 万到 7 000 万之间。全球化与工业革命相结合，造成了人类历史上这场惨绝人寰的人为的灾难。此外，这场冲突如此激烈，全世界的主要国家几乎悉数卷入战争，并且为战争的技术准备进行了大量投资，以至于战争结束时，战争技术的发展已经达到惊人的地步，未来的世界大战必将为此付出难以形容的高昂代价。二战使用了核武器、生物武器和化学武器，各国为开发、生产、运输并且继续维护这些武器以备在今后的冲突中使用，花费了数十亿美元的成本。1945 年 8 月 9 日上午 11:02，一枚代号“胖子”（Fat Man）的原子弹在日本的长崎上空爆炸，几乎在顷刻间把整座城市夷为平地，造成 7.5 万人死亡，7.5 万人严重受伤。这枚原子弹也发出一条信号，这条信号就像前两次由国家出资全力参与的世界大战那么不可思议：这个世界能够对自己犯下罄竹难书的罪恶，特别是“全面战争”的定义已经从指代军队之间的冲突“进步”到了也可以指代摧毁敌国为数众多的平民；对这样一个世界而言，不可思议已经不成其为问题。

大国制定维护和平的法律时发生了什么？

在国家的早期发展史上，战争是国家之间解决分歧的合法的且被普遍接受的手段。到了动员和管理军队成为国家的职责、并用庞大的资源来维持军队的时候，战争的成本已经抬升到了令人难以想象的地步。历史上一直有人在思考并寻找战争的替代方式，可是，20 世纪爆发了两次世界大战，每次大战之后，下一场战争却在地域的广度和野心方面变本加厉。两次世界大战远远算不得成功，但它们产生了一种效果，那就是使某些国家发动战争的难度增大了。再加上现代战争的成本问题，它们可能产生的另一个效果是改变了未来可能爆发的战争的性质。

起初人们想用新生的软弱的国际法来指引和约束国家的行为。单份的条约和协议只确立一些规则，国际法在此基础上迈进了一步。一战以后，伍德罗 · 威尔逊前往欧洲去履行美国总统的首次外交使命（他是第二位出访海外的美国总统，第一位是 10 多年前出访巴拿马的西奥多 · 罗斯福），他雄心勃勃地想要构建一项世界上从未有过的协议。他想要构建的其实是一种宪法性的世界秩序，它不仅把国家的存在建立在民族自决权的基础上，还保证国家之间相互交往的行为标准能够预防未来的冲突。他设想了国家之间一种全新的社会契约：基本类似于霍布斯所谓自然状态下的个人，国家也愿意放弃部分权力以维护安全。同样重要的是，威尔逊的方案提出了国际联盟的设想，以保护国家不受别国侵略。

如同人类行为的常见情形，真正的改变必须等到遭遇危机才会发生。更准确地说，往往要等到不仅遭遇一次危机才会发生。就在“终结一切战争的战争”（第一次世界大战）之后，有一种感觉仍然存在：大规模的灾难是反常现象。数以百万计的死亡和千千万万的失踪人口不足以促使世界主要国家的领导人痛下决心，放弃国联所要求的主权传统。欧洲各国的领导人和美国国内的共和国反对者迟迟没有行动，使国联的构想渐渐失去了活力。

二战以后，很显然，国联的愚蠢不在于威尔逊对它的构想，而在于它遭到各国抛弃。由于这个原因，1945 年 4 月 25 日，50 国代表在旧金山齐聚一堂，酝酿成立一个国际组织——它也许真的能够有效地避免未来的冲突，澄清国家的权利和角色。与会人员欣然接受了美国总统富兰克林·德拉诺·罗斯福（Franklin Delano Roosevelt）提出的一个名词，这个词早先是用来指代大西洋联盟的各成员国的：“联合国”（united nations）。这个名称暗示新机构的组织方式将巩固二战后胜利方的所得，促进各成员国的平等权利；事实证明，联合国的倡议远比威尔逊当年的国际联盟要成功。

联合国宪章在 1945 年 10 月生效，它在若干处明确规定武力统治为非法；在认可使用武力的地方，使用武力的权利也只限于联合国安理会。第 2 条第 4 款写道：

> 各会员国在其国际关系上不得使用威胁或武力，或以与联合国宗旨不符之任何其他方法，侵害任何会员国或国家之领土完整或政治独立。

第 39 条规定，联合国安理会将“断定任何和平之威胁、和平之破坏或侵略行为之是否存在，并应作成建议或抉择……以维持或恢复国际和平及安全。”第 42 条允许安理会“采取必要之空海陆军行动，以维持或恢复国际和平及安全。”

在其后的几年，遵照联合国宪章成立的国际法院（International Court of Justice，简称 ICJ）把这些原则做了进一步扩充。1949 年，它裁决即使国际机构无法解决一国国内的争端，也禁止别国干预该国的内政。1986 年，国际法院在裁决“尼加拉瓜共和国诉美利坚合众国”（The Republic of Nicaragua v. The United States of America）案时进一步申明，在联合国宪章规定的禁止使用武力之外，“禁止使用武力的原则……因此可以认为是国际法的原则”。后来有法律学者主张，广泛地禁止使用武力“具有国际法强制规范的性质”，意思是说，这个原则不可更改，也不允许有例外。

这些法律貌似让所有国家站在了同一条起跑线上，实际情况却并非如此。一个原因是，即使在有明显的正当理由的情况下，联合国也不肯使用武力。联合国成立的宗旨是代表弱小国家拿起武器，为它们扫平竞争场地，结果它却除了泛泛之言再没有别的。与此同时，联合国的结构把特殊的权力赋予了二战后取得胜利的几个大国，使之能够否决对自己不利的一切决议；它们的表现就好像联合国、联合国的规则以及其他成员国的意见对自己不具有同等的约束力。

举例说明，上面提到了尼加拉瓜诉美国案，该案争论的焦点是美国支持尼加拉瓜反对派的军队（是的，反对派的军队始终没有彻底退场），这么做侵犯了尼加拉瓜的“主权、领土完整和政治独立”，ICJ 裁决美国不对。里根政府对这个裁决置之不理，先是说国际法庭不具有司法权，继而又拒绝支付给尼加拉瓜的几十亿赔偿款。后来，美国给新的尼加拉瓜政府施加压力，逼迫它撤销案件，以换取美国继续给它援助。

哈佛大学教授劳伦斯 · 特赖布（Lawrance Tribe）在写到这一案例时指出，“不论在国内还是国外，里根政府都清楚地表明，它将不会受到区区法律的干扰；它想干什么就要干什么。”在这一点上，里根总统与世界其他主要大国在联合国成立以来的行为如出一辙。苏联否决了安理会谴责苏联侵略阿富汗的决议。英国和法国否决了要求它们从苏伊士运河撤出的裁决。北约轰炸南斯拉夫，没有得到联合国常任理事国的支持，因为俄罗斯明确表示，它将否决安理会授权轰炸的一切决议。

大国还扭曲法律使之适合自己的目的，因为再没有其他力量能够执行相反的决议。美国援引“自卫权”对伊拉克首先发起进攻，是明显的强词夺理，是牵强附会的欲加之罪。因为根本不存在威胁。

有些小国能够利用大国的扶持帮助自己规避联合国的压力，但许多国家并无这种自由。部分原因是这些小国面对经济压力时十分脆弱，这种经济压力可以是国际金融机构（按照投票规则，大国在此类机构中占据主导）实施制裁，拒绝给它发放贷款，也可以是设立禁飞区，比如联合国为了给利比亚的卡扎菲（Muammar Qaddafi）施加压力，制止其大规模屠杀该政权的反对派就设立了禁飞区。同样，有些小国也巧妙地利用联合国和它的一国一票制来获得比实际上更大的影响力，比如瑞典和挪威在环境问题上就有很大的发言权，可是，在涉及安全的问题上很少是这种情况。因此，可以说国际机构成功地遏制了国家使用武力的冲动，可惜只是一部分国家、而且是小国家使用武力的冲动。当然，事实证明，在这种情况下，实际上小国并没有比大国更加安全；情况恰恰相反。

两个因素造成了这种矛盾现象。首先，大国垄断了动用武力的能力的市场。其次，绝大多数国家衰落，沦为了所谓的“半国家”，它们无力动用武力，或者说，在多数情况下甚至无力保卫自己，结果导致这类成员国的局势日益不稳，那些极其弱小的、失败的国家局势尤其不稳。

谁能承受现代战争的成本？

把所有的因素考虑在内，美国干预伊拉克和阿富汗的成本估计将达到2万亿和3万亿美元。在这本书的写作期间，美国每周花费近20亿美元用于维持10万左右的驻阿美军。维持这些军队的供应链无不辗转回到美国，军队还使用各种先进技术，涵盖从外太空到海洋深处、从无人驾驶飞机到复杂的信息系统等诸多领域。这些军队也许无法实现给阿富汗带去民主或者使这一地区局势稳定的最终目标，但是它们具有其他武装力量所欠缺的能力。

事实上，20世纪的前20年，只有一个国家有实力在全世界任何地方的太空、空中、陆地或者海上发动武力，这个国家就是美国。美国每年的国防支出相当于世界其他国家加起来的总和。紧随其后的对手是中国，但中国的国防开支只有美国的1/10。实际上，国防开支排在前5位的另外4个国家——中国、法国、英国和俄罗斯，它们的国防开支只占全球国防总开支的4%到6%。排在它们后面的前10个国家的国防开支只占全球总开支的约1/50。这15个国家其实就是世界上被认为拥有真正军事能力的所有国家了，它们能够在任何时间段内成功地动用武力。可是即使在这些国家当中，多数国家的能力也极其有限。其余175个国家加起来的国防开支只占到国防总开支的18%。

抛开总预算的问题不说，一个事实是现代战争要求具备特殊的、难以掌握的技术能力。举例说明，世界上只有9个核动力国家，只有5个正式的“核武器国家”。只有20个国家被认为拥有弹道导弹的能力，其中多数国家的弹道导弹能力十分有限，是否足以应付持续的冲突大可怀疑。更何况多数武器系统的成本高得离谱。据估计，一架崭新的轰炸机的真实美元成本从1933年以来增加了近2000%，年增长率据估计为13.3%，远远超过了除一两个国家以外的国家经济增长率。一架歼击机的成本每年增加9.9%。航空母舰的成本每年增加10%，多数国家都负担不起。与此同时，人力成本也在上升，由此导致可以用于研发新武器或者替换零部件的成本越来越少。

所以，多数国家无力承担动用武力的高昂代价。200多个国家当中只有40个国家拥有能够集结10多万军队的有效军力。只有23个国家能够集结20万军队。举例说明，目前，瑞典的现役军队减少到了只有13万人，虽然它还有几十万的后备军，但是内幕人士仍然半真半假地开玩笑说，如今瑞典军队的舰队司令和将军的数量比他们能指挥的船只、坦克、飞机以及士兵还多。

有能力或者有意愿使用武力或者抵御侵略的国家越来越少，造成这种情况的原因不管是由于现代战争不可思议的性质使然，还是财政成本抑或国际法的规范使然，有一点十分肯定：过去几百年来，大国参加的战争越来越少。到了 21 世纪，这种趋势似乎还将继续下去。据查尔斯 · 蒂利（Charles Tilly）的统计，16 世纪大国参与的战争有 34 次，17 世纪 29 次，18 世纪 17 次，19 世纪 20 次，20 世纪 15 次。战争的平均持续时间从 1.6 年缩短到 0.4 年，开战年份在整个世纪所占的比重从 95% 下降到了 53%。

很显然，不管是偶然还是有意为之，至少对当前来说，大国为了自己的缘故让世界变得更加安全了。可是，小国必须一边应对自身影响力削弱的问题，一边与越来越多重新冒头的私人行为体作斗争，这些行为体呈现为多种形式，有的古老，有的相当新颖。

巨人的战争，侏儒的战争

温斯顿 · 丘吉尔说过，“巨人的战争结束了，侏儒的战争才刚刚开始。”这句话听起来好像一句预言似地，但是实际上侏儒的战争一直在进行。在巨人不打仗的时期，小规模的冲突引起关注，具有了相对的重要性。当然，经过了 19 世纪的合并，二战以后出现了民族自决权的概念，见证了帝国的解体和大量国家的产生。1945 年联合国首次召开大会时，只有 51 个国家的代表参加。今天，联合国有 190 多个成员国。不少新国家履行基本的国家权力的能力显然十分有限，不管是控制边境、动用武力还是发行货币。在缺乏武力效果的许多地方，联合国的效率低下与大国的漠不关心使这些真空地区的形势复杂化，真空被那些谋求抢占先机、施展拳脚、实施改变、追逐利润甚至仅仅想要避难的非国家行为体填充。有时候大国其实是与之勾结，使局势进一步恶化；大国如果认为破坏稳定的活动有利于自己的宏观战略，便鼓励非国家行为体实施破坏。

两次世界大战以后，从哥伦比亚到非洲的大湖地区（Lakes Region），都有叛军组织、毒品走私贩乃至强有力的街头帮派在书写暴力冲突的历史，并在其中扮演主要角色。有一个地方典型地反映了现代社会的这种现象。这个地方对世界主要国家在构建全球秩序时引发的动荡并不陌生。这个地方就是阿富汗，它在亚历山大大帝时期经历过动荡，在该地区的重要力量为英国东印度公司的时期，也经历过动荡。实际上，1839 年，正是英国东印度公司的军队通过博兰山口（Bolan Pass）进入阿富汗，打响了第一次英阿战争，英国与俄罗斯帝国在该地区争夺影响力的所谓"大博弈"（the Great Game）就此拉开序幕。

20 世纪中叶直至 1970 年代，阿富汗由国王统治，他使这个被部落和种族分割得支离破碎的国家基本维持了统一与正常运行。可是，经过接二连三的政变以后，阿富汗政府与苏联缔结联盟，开始推行世俗的法律。这些政策遭到了一部分宗教诉求强烈、文化保守的阿富汗人的反抗。美国本身想遏制苏联势力的扩张，便趁机支持阿富汗的伊斯兰抵抗组织。

1979 年，苏联入侵阿富汗。他们轻松地把联合国的谴责抛在脑后，却无法同样轻松地消灭阿富汗顽强的穆斯林游击队员，特别是美国在积极地支持穆斯林游击队以后，把越来越多的物资偷偷地从巴基斯坦运给他们。这场冲突对苏联而言成了类似于美国的越战泥潭，苏联渴望开展坦诚的对话成了它实行开放政策的一个诱因，也成了它开展一系列改革并最终导致莫斯科的共产党政权解体的契机。

美国在当地的盟友——塔利班控制了阿富汗政权，开始实行严格的原教旨主义统治。他们也为恐怖组织提供庇护所，比如基地组织（Al Qaeda）；在与苏联的战争期间，基地组织本身是美国支持的受益者。当然，2001 年 9 月 11 日，基地组织对美国的袭击让全世界认识到了非国家行为体可能产生的影响。基地组织的这次袭击也清清楚楚地表明，与一个没有国界、没有首都、没有正式军队的敌人作对是多么艰难。在其后的十年间，美国为了追捕基地组织，不是入侵了一个，而是入侵了两个国家，就是难度加大的一个证明。基地组织则表明了其结构的优越性，它不仅能够在阿富汗与巴基斯坦的崇山峻岭间躲避美国的打击，迫使美国花费大量资金；它还建立起一个网络结构，其网络在从也门到苏丹、北非等弱小国家到处生长，就连美国和欧洲也有他们的巢穴。到 2010 年 6 月，美国与基地组织作战的时间已经超过了历史上任何一场战争。到美国与基地组织的战争结束之际，美国花费的资金几乎必然超过历史上任何一场战争。基地组织作为这场战争的对象，它的人员、它的附属机构几乎肯定比（比如说）瑞典军队少，它的多数成员穷困潦倒、四处逃亡、武器装备不足或者符合上述所有特点。

与此同时，美国支持的阿富汗政府虽然有庞大的西方联盟站在自己一边，却几乎不可能对本国人民充分地动用武力，以实现国内局势的稳定——虽然据美国参议院外交关系委员会（U.S. Senate Foreign Relations Committee）估计，2011 年西方国家在阿富汗的花费令人瞠目，占到了该国 GDP 的 97%。边境防守空虚，无力动用武力，经济繁荣的主要方面完全靠外援或者非法贸易维持，社会和政治不稳定——把阿富汗叫做一个国家是典型的想象压倒事实。是的，它甚至连半国家都算不上，而是更像一个失败的国家；在漫长的近代史上，它把相当广阔的一部分领土的控制权交给了部落军阀、极端恐怖分子等非国家行为体。虽然它拥有世界上极其先进的军事技术和所有其他新技术，国家软弱所造成的权力真空却引发了混乱局势；在一切历史时期，这种混乱在没有政府管理或者政府鞭长莫及的地区都普遍存在。

同样，索马里虽然先后成为英国和意大利的殖民地，其氏族为主的社会结构却始终没有改变，所以，它在成为民族国家、在其行使必要的职能过程中历经艰难。1991 年，美国军队刚刚从海湾战争中凯旋而归，随后短暂地进驻动荡不安的索马里，却几乎马上就蒙受了“黑鹰坠落”（Black Hawk Down）之辱，美国的这次爱国热情高涨的行动由于频频犯错而遭到了挫败。几年以后，伊斯兰教派短暂地恢复了索马里的秩序，在几个月内遏制了当地军阀，可是，这时候美国又支持埃塞俄比亚出面干涉，要把伊斯兰教派赶走，以防基地组织扩散到混乱无序的索马里。埃塞俄比亚企图扶持该"国"自1991年以来的第14个新政府，可是暴徒与帮派结成的乌合之众（这些人是应募扶持索马里新政权的）分崩离析，局势再度陷入混乱。

世界对索马里局势漠不关心，直到海盗团伙——非洲海岸的军阀开始效仿英国黄金时代的雇佣兵英雄德雷克爵士之类的行径：他们劫掠从索马里海岸附近水域经过的船只。每年有2万多艘船要经过亚丁湾的苏伊士运河，所以他们的劫掠收获颇丰。虽然海盗只是轻型武装，数量也不多，可是，美国、中国、印度、意大利、俄罗斯、法国、丹麦、沙特阿拉伯、马来西亚、希腊、土耳其、英国和德国等国却不得不派出海军，联合起来对付他们。效果至多只能说令人失望。这说明像索马里这样的失败国家虽然几乎无力自卫，却能为非国家行为体提供绝好的掩护；非国家行为体成了一道极难突破的混乱无序的帐幕，这对权力关系急剧变化的世界构成了突出的威胁。

一旦这些非国家组织能够染指并部署大规模杀伤性武器来对付强大的敌人，再退回到比如说巴基斯坦与阿富汗交界的瓦齐里斯坦（Waziristan）或者索马里来策划下一次行动，非国家行为体与国家行为体之间的关系肯定会进一步发生改变。研究恐怖主义的一流专家在一系列访谈中几乎众口一词地认为，今后20年恐怖分子掌握大规模杀伤性武器的可能性介于"有可能"与"必然"之间；一位目前在美国政府任职的专家认为，"这是一种必然。在我们今天生活的世界上，没有人比我们更强大，可是几乎每个人都同样弱小。"

雇佣兵2.0：武力的再私有化

一些作用力导致经济力量重新分配，由国家转向了市场，军事力量在全世界的重新分配也得到了这些作用力的帮助。美国政府在废除《格拉斯—斯蒂格尔法》、禁止 CFTC 监管衍生品工具，终于诱发了 3/4 个世纪以来波及范围最广的金融大崩溃的同时，也在致力于把国家安全职能私有化。1996 年，由国防部和国防科学委员会（Defense Science Board）发布的一篇报告敦促政府考虑把非战斗性防御职能外包出去。理由是外包可以“降低成本，改善（国防部）勤务活动的业绩”。第二年，国防部在《四年防务评估报告》（*Quardrennial Defense Review*）中宣布，它有意“采纳和适应私人部门的经验教训”。

上述多项改革的倡导者是米尔顿 · 弗里德曼的一位忠实信徒，此人在美国国会服务期间曾经常去听弗里德曼讲课，还积极支持许多弗里德曼式的观点，比如全志愿兵役。他就是唐纳德 · 拉姆斯菲尔德（Donald Rumsfeld）。拉姆斯菲尔德在乔治 ·W. 布什政府担任国防部长期间，主持并加快了美国多项国防职能的私有化，历史上此类职能一直全部由国家承担。当然，他在这个问题上得到了副总统迪克 · 切尼（Dick Cheney）的声援，而切尼从政以前是这个私有化进程的最大受益者之一哈里伯顿（Halliburton）公司的 CEO。

布什团队就任时，美国的国防开支处于 1979 年以来的最低点。所以，在“9 ·11”以后向私人部门寻求帮助、迅速增加国防开支成了很有道理的当务之急，以至于人们甚至没有对这些措施提出质疑。此前被用作行政支持的外包，如今被广泛地、越来越多地用于野战。米德尔伯里（Middlebury）学院教授艾利森 · 斯坦格（Allison Stanger）对这一现象做了深入可靠的研究，写了一本书叫《契约下的国家》（*One Nation Under Contract*）；非洲事务副助理国务卿特雷莎 · 蕙兰（Theresa Whelan）在与斯坦格教授访谈的时候指出，“2002 年，我们越过了意大利的卢比孔河（Rubicon）；我们允许国防企业诺斯洛普格拉曼（Northrop Gumman）公司去非洲开展维和训练。此前我们用承包商在教室里进行培训，用承包商开展电脑模拟练习，但是从来没有派他们到战场上去”。

外包得到了军方内部许多人士的拥护；他们认识到，现代军事科技日益复杂的性质要求具备专业的技能，这种技能更容易在私营劳动部门找到。此外，这些技术也容易让四散分布、各自为阵的公共和私人群体形成网络，使之能够作为连贯的整体有效地开展工作。这样，军队领导人就可以集中精力处理只能由政府人员执行的重点事务。

当然，人们越来越不容易知道哪些是重点事务，哪些是“适合”交给承包商的活动。据斯坦格的说法，国防部 80% 的资金进了承包商的腰包，更大的份额进了私营部门行为体的腰包。美国国际开发署（U.S. Agency for International Development）90% 以上的资源是通过私人公司传输出去的。在 2004 年 3 月 21 日以前，美国和国际社会普遍不了解这些内幕。3 月 21 日这天，逊尼派叛乱分子在伊拉克的费卢杰（Fallujah）杀害了 4 名承包商。这 4 个人都是总部设在北卡罗来纳沼泽地的黑水公司（Blackwater）的工作人员。这家原本知名度不高的私人保安公司在伊拉克战争区执行的“关键使命”越来越多，为了回归对其有利的匿名状态而更名为季伊企业（Xe Enterprise），不料却由于一系列滥用暴力事件而欲盖弥彰。

据说黑水公司一位普通步兵挣的工资比给他下达命令的多数将军都高，不过，公司 2004 年 3 月 21 日这天在费卢杰执行的任务却相当平凡。他要武装护送另一家承包商怡乐服务公司（Eurest Support Service，简称 ESS）的车队经过一片危机四伏的地区；怡乐公司隶属于哈里伯顿公司，负责为美军提供厨房设备。这次行动具有预示前景不妙的所有征兆。黑水公司的几个保安此前从来没有在一起合作过。有一个保安刚刚来到这个国家。从合同要求的角度看，这个工作团队人手不够。几辆卡车没有防护，这一点违反了黑水公司与 ESS 的合同。还有无人知晓的一点：有人向叛乱分子泄露了车队行驶路线的详细情报。他们进入费卢杰时发生的路边炸弹袭击的余波使他们迟迟未能做出反应，他们遭到了伏击。有人向他们投掷了一枚手榴弹。随即四面响起了机关枪。黑水公司的两名保安试图跳进吉普车逃生的时候中了弹。他们被分了尸。另外两名保安被击毙，人们把后两个人的尸体拖到幼发拉底河，悬挂了 10 个小时以后切割、焚烧并拖到街上示众。

私人承包商一夜之间被推到了聚光灯下，而事实上美国军方在 2002 年到 2005 年间新招募的合同雇员已经将近 180 万人。（雇佣此类承包商的不止美国一个国家。这种现象在全世界越来越普遍，英国、南非、俄罗斯和以色列公司也都榜上有名，他们受雇提供服务，执行过去主要由国民政府的直接雇员执行的任务。）此类公司当中还出现了“军事服务公司”的新品种，它们既提供保障服务，也提供战斗服务。被杀害的黑水公司雇员的家人以及此后承包商失策行为的受害者都发现，世界上最强大的国家把相当一部分国防责任转移给了私人公司，产生了一个极其严重的问题：私人公司不承担责任。

在费卢杰事件之后，4 名黑水公司保安的家人对公司提起诉讼，指控它在整个事件当中处置失当，事后又企图掩盖真相。黑水公司认为自己属于美国“总军力”的组成部分，所以不能被起诉；也就是说，对它的一切指控都会侵犯总统作为总司令的权力。哈里伯顿公司的子公司 KBR 提交了一份“法庭之友”意见陈述书，支持了黑水公司的观点。后来黑水公司在一次飞机失事造成 3 名美国士兵死亡后遭到起诉时，再次使用了相同的理由。这一次黑水公司还厚颜无耻地指出，按照军人“由于服役或者服役过程中不可避免的活动”而受伤、政府在民事侵权案件中享有主权豁免权的规定，它不应当承担民事侵权赔偿。与此同时，黑水公司还主张，由于它的私人身份，它的雇员也不应当承担《军事审判统一法典》（Uniform Code of Military Justice，UCMJ）所规定的法律责任。黑水公司因此想要巧妙地钻现存法律的空子，不对任何人负责，事实上，它所承担的责任比它为之效力的政府还要少。

鉴于事态如此发展，国会试图在最近的拨款立法中添加新的条款，要求承包商承担 UCMJ 的法律责任。此外，我过去在基辛格顾问公司（Kissinger Associates）的同事 L. 保罗 · 布雷默（L. Paul Bremer）是美国在伊拉克的

“总督”，他的安保不是由美国军方负责而是由黑水公司承包，这件事变得众所周知；他认为，他下达的第17条命令授予了所有承包商豁免权，但它并不表示黑水公司和其他人不受法律惩处，他们仍然受到伊拉克法律的约束——这个说法不能令人满意，一是美国不太可能允许伊拉克法庭审判美国的雇员，二是黑水公司也不太可能允许自己的雇员长时间留在伊拉克等待审判。美国司法部一直避免蹚这趟浑水，直到2007年9月，5名黑水公司的保安在巴格达繁忙的环形交叉路口杀死17名伊拉克平民，致使另外20人受伤。诉讼在15个月以后才提起。

私人承包商引起的另一个问题是，利润动机也许会让他们偏离美国公共利益的方向。利益冲突暴露出来：公司的联合创始人阿尔·克拉克（Al Clark）是黑水公司CEO过去的导师，他由于在训练任务问题上与CEO意见分歧而辞了职。克拉克表示，他认为公司应当把它所掌握的全部知识都传授给接受培训的执法官员；埃里克·普林斯（Enric Prince）则认为，这么做是自砸饭碗，因为这样一来，那些官员就不会回来接受进一步的培训了。还有一些事例证明，承包商非法扩大了自己为政府提供服务的清单，比如名称怪异的卡斯特巴特勒公司（Custer Battles Company）的情况，据查它用欺诈手段从伊拉克的联盟临时管理当局（Coalition Provisional Authority）获取了几百万美元。在欺诈行为被披露时，该公司已经从与美国政府的合同当中获得了1亿美元的报酬。

在非洲，另一家私人承包商——南非战略资源公司（Executive Outcomes，简称EO）雇佣南非军队和警察部队退役的特种兵为西非各国政权提供有偿服务，帮助后者镇压起义，一时名声大噪。1995年，叛乱武装逼近了塞拉利昂首都，美国和英国政府以及联合国都拒绝干预，塞拉利昂军队首脑瓦伦丁·斯特拉瑟（Valentine Strasser）在《雇佣兵》（*Soldier of Fortune*）杂志上看到了EO的报道以后聘请了它。在当地钻石矿的高管、英国前特种部队士兵安东尼·白金汉（Anthony Buckingham）的大力引荐下，它来了。政府付不起给EO的费用，于是达成了一笔三方交易，白金汉为政府支付费用，作为交换，他获得钻石矿区的开采权。

不到一个月，160 名 EO 雇员便驾驶自己的武装直升机抵达。只用了一个星期，叛乱武装就被驱赶到了密林深处。成百上千名叛乱分子被杀死或者负伤。战斗刚一胜利，EO 就径直去了钻石矿。它在那里坚守阵地，保护钻石矿的开采活动。它时不时地重新代表政府与叛乱武装开战，多次打败叛军。斯特拉瑟后来被赶下台，塞拉利昂进行了选举。新政府要求外国雇佣军离开。EO 警告说，这个决定会给政府带来麻烦。塞拉利昂政府没有收回要求，雇佣军走了。95 天之后新政府也垮了台——被 EO 从首都赶走的叛军卷土重来，把它推翻了。

最后，斯坦格和其他专家还提到雇佣承包商使军队事务私有化所造成的另一个问题，那就是政府方面从事采购的人手太少，无法有效地对合同进行监管。所以合同常常要求承包商自行监督其分包商的活动，承包商的监督成了保证达到政府要求的唯一手段、至少是主要手段。不用说，这种情况也不可否认地造成利益冲突。坏事往往引不起注意，直到丑闻登上报纸头条。举例说明，阿布格莱布（Abu Gharaib）监狱的 37 名调查人员当中有 27 名是承包商。著名的承包商戴恩公司（DynCorp）被发现在前南斯拉夫经营一个性奴役集团，“年仅 12 岁的小姑娘被按小时、天或者年来出售”。2009 年 8 月，黑水公司的两名前保安在联邦法庭作证指出，黑水公司的老板埃里克 · 普林斯也许“杀害或者参与杀害了几个配合联邦政府调查该公司的人”。他们还说，黑水公司非法走私武器到伊拉克，普林斯是知情人。这些内幕被曝光以后，公益诉讼又引出其他一些内幕被公之于众，包括黑水公司，特别是普林斯参与了由中情局和美国联合特种作战司令部（Joint Special Forces Command）开展的暗杀计划。

中情局的行动被披露时，中情局局长莱昂 · 帕内塔（Leon Panetta）告知国会，他发现并取消了该计划，即由中情局出资派一批私人间谍追捕前一时期的敌人，暗杀奥萨马 · 本 · 拉登（Osama bin Laden）也是目的之一。后来披露的消息称黑水公司与军方合作，参与了在巴基斯坦境外开展的其他情报收集行动，参与了“抓抢”（snatch and grab）行动和暗杀塔利班与基地组织成员。报道称，第二个计划与帕内塔报告的第一个计划不同，它其实是按照不经投标的保密合同执行和开展的。

下一场战争、非战争与斯道拉的巴西军队

美国国家安全机构和世界其他大国使用私人承包商的事实引发了大量争议。可是没有人预言它们会放弃这种做法。一个原因是几乎所有的发达国家都面临着严重的预算紧张问题，进而承受着削减政府经常费用的沉重压力，这种情况往往导致只好雇佣承包商。此外，未来战争的性质也许会变得更加复杂，要求公共和私人部门加强合作。实际上，公共与私人部门的合作，也许会呈现全新的形式。举例说明，在广泛报道的伊朗核设施遭到震网（Stuxnet）蠕虫病毒袭击事件之后，伊朗谴责西门子帮助美国和以色列发起了这次网络攻击，因为它遭到入侵的目标——核电设施的程序是西门子编写的。参与调查该事件的某消息人士告诉我，他认为此次袭击事件没有西门子的某些协助是不可能发起的，只可惜拿不出证据。西门子矢口否认参与了袭击事件。

过去的全面战争被未来看不见的高度技术化的“非战争”取代——用先进的信息技术不断地刺探和突破；所有聪明和出色的程序员和技术专家拿着更高的薪水、享受着更好的福利在私人部门工作，政府又有什么选择呢？同样，信息技术的提供者被认为充当了未来电子化的政体之间的结缔组织，有多少信息和安全工作将要求公共与私人部门的合作，并且给参与其中的企业造成真正的道德困惑呢？

与此同时，世界上绝大多数国家也不太可能大幅度提升发动武力的能力，更别提加强保护自己的边界不受实力更强、技术手段更为灵活先进的敌国或者对手的入侵了。在大多数情况下，它们会用武力来维护国内的和平。

于是我们又看到了公共与私人权力的一种全新情况：公共权力被用

来诱惑全球公司来本国投资。当地政府镇压抗议，稳定本地区局势，以便让投资者能够进来，这样的事例一年年层出不穷。用巴西农村地区来举例说明，人们认为，农民组织"农民之路"（Via Capesina）的妇女占有的土地被一家外国空壳公司非法收购，此举违反了巴西政府公开宣布的旨在让穷人受益的土地改革政策。政府调来军队镇压抗议活动。抗议者指出，对方之所以能够这么做，是因为巴西地方政府与那家外国公司的关系过于紧密，那家外国公司想把它的制浆造纸生产扩大到里奥格兰德（Rio Grande do Sul）的发展中地区。

由于合法使用武力的权力由巴西政府独享，这家跨国公司才得以在巴西为它的国际股东赚取利润；这家公司就是斯道拉 ·恩索。既然斯道拉能够影响东道国政府为了自己的缘故动用武力，它好像不再需要组建自己的私人军队了。

第三部分

思考：构建新秩序

第十章

超级公民和半国家

我们不能让小国家拿我们这样的大公司当儿戏——大公司在全世界做了巨大的投资。

——雪佛龙的无名氏说客

我们生活在人们对政府解决问题的能力渐渐失去信心的时代。可是在沃尔玛，我们看不到政客眼中的旁观态度。我们不坐等别人来解决问题。

——小H. 李·斯科特（H. Lee Scott Jr.）沃尔玛CEO，2008年

世界第一大公司沃尔玛的收入比全球除25个国家以外所有其他国家的GDP都高。它的员工数量超过了近100个国家的人口。全球最大的资产管理公司、总部设在纽约、知名度相对不太高的贝莱德（BlackRock）掌握的资产超过了地球上所有国家的国家储备。私人慈善组织盖茨基金会（Gates Foundation）在世界各地为卫生保健投入的资金与世界卫生组织不相上下。

私人力量的崛起是无可辩驳的事实。类似上面一段文字中列举的令人咋舌的报告单其实还有几千几万项，它们让人们难以预

料今后会怎样，学校里教授的一成不变的世界秩序的概念也受到颠覆。问题是：长达几百年的私人力量的崛起对世界的正常运行意味着什么？这个问题还附带着一个重要的相关问题：这种情况对普通人意味着什么？对作为普通人代表的政府意味着什么？当前的趋势可能怎样进一步改变人民、国家与公司之间的关系？我们的领导人是不是要使用一本全新的守则或者指南，以便更为准确地反映当前不断变化的现实？为了保证让全球的力量组合尽量公正地为所有人服务，我们能做什么，该做什么？

首先，我们必须承认公共与私人权力之间的界线已经变得十分模糊，原先的区别和架构不再适用。不管所谓的威斯特伐利亚时刻（也就是民族国家决定国家关系的体系）有没有真正出现过，与威斯特伐利亚的秩序在一段时间内固定下来所形成的传统观念相比，如今的新情况无疑更为庞杂且变化多端。国家行为体、国际行为体和私人行为体的领袖都需要一个新的架构，它必须凌驾于由主权国家充当国际问题的最终仲裁者的世界之上。全世界多数国家的许多主权都遭到了破坏，而解决一系列重大的全球问题如气候变化、抗击疾病、遏制核扩散、监管国际金融市场等任务无不极其艰巨；多数国家不再能够履行社会契约的基本职责（这是国家存在的唯一合理性所在）。与此同时，大多数新登场的势力又由于性质或者法律使然，无法代表广大的公众利益。国家与新势力之间几乎不存在有效的界面，公共—私人权力彼此合作或者建立联系、形成网络的思想大多十分模糊，流于憧憬，不切实际，其潜在的效果也相当有限。

同时，出于相同的理由，美国尤其要下决心超越作为冷战产物的关于商业与政府的意识形态和政治观念。在“大政府”与“自由市场”之间二选一是让人糊涂的错误认识，它对应的是共产主义与资本主义、左派与右派之间的零和博弈。如果说历史得出了一个斩钉截铁的结论，那就是，教会与国家之间的斗争其实是为了争夺最高权力，所以不可能以二者联手告终；公共和私人部门则不然，如果加以适当的平衡，它们其实是一个整体互为补充的两个部分。公共和私人部门经常是一对对手，但它们也彼此不可或缺，并且与每个人的幸福息息相关。两者的最终平衡由公共利益决定，在两者加强合作、和衷共济的时候，便可使所有人受益。这时候，问题就成了怎样达到适度平衡，用什么机制才能最大限度地保证它为广大公众服务。

我们要想构建一个框架，使之适应当前世界瞬息万变的现状，就必须摆脱旧有观念的束缚；认为世界由主权国家与从属的私人行为体构成的老观念更适合 17 世纪的认知（甚至不完全符合 17 世纪的现实）。我们必须认可并接受的是，当今世界卓有影响力的玩家组合是大国、半国家、超级公民与普通公众的组合；大国的所作所为仍然能够满足人们对国家的期待；半国家的主权支柱遭到破坏，为选民服务的能力大大削弱；超级公民是私人行为体，它们具有狭隘的自身利益、主要但不单纯追逐经济日程表；我们其余的人是受政府管理的公民，至少理论上，领导我们并签约履行社会契约的人要经过我们的首肯，我们期待后者妥善地管理社会并为我们提供某些基本的权利和境遇。

谎言、可恶的谎言与近似真相的东西

权力是抽象、相对的，像少男少女的情绪一般变化莫测；不过这个特点并不妨碍世世代代的专家学者对它进行量化、分类并剖析它的构成因素。举例说明，政治学者当中有一个家庭作坊式的流派，他们企图研究国家权力的衡量标准。只有一个变量的衡量标准因为过于简单，所以毫无意义，可是此类衡量标准还是经常被炮制出来。

国内生产总值（GDP）是一个经常被用来考察各国的经济健康状况、活力以及相对实力的指标。它计算的是一个国家生产出的全部商品和劳务的市场价值。GDP 是个相对较新的概念，在 1934 年提交给美国国会的报告中首次提出。它的发明者西蒙 · 库兹涅茨（Simon Kuznets）在提出这个概念时就指出，它不是考察国家健康幸福程度的好方法。它还有其他缺点。但是人们还是经常使用它，理由也是这本书经常用到的一个理由：它很简单。它大致计算了消费、投资、政府支出和净贸易，有时候剔掉其中的几个因素，换成薪水或者其他收入指标，得出对一国经济产出的估计。（GDP 与国民生产总值 GNP 不同，GDP 考察的是一定边界范围内的产出，GNP 考察的是生活在这个边界范围之内的人们凭借其所拥有的企业而实现的产出。）还有，这个数字把政治领袖的注意力引向了对商界领袖至关重要的议题上，这一点并非偶然。

当然，此类数字只能是大概的近似值，大致估计和不准确的地方随处可见。作为价值尺度的货币的价值一直在变。市场上的所有权每天都在变。利润以五花八门的形式在国家之间流进流出。有些产品昙花一现，难以追踪，或者其价值很难计算。每个经济体都少不了有一部分非法的经济行为缺少记录。税收记录也不准确。而全球化引起的知识产权跨界转移、复杂的公司间贸易、在浩瀚的网络上进行交易等，更是进一步让 GDP 的概念变得繁杂难解。但是，有数字总比没有数字好，人们渐渐提出了各种方法论，使我们能够较为准确地计算各国的经济状况，并用这个相当粗略的统计数据在国家之间进行比较。

也许 GDP 最大的缺点不在于它的计算，而在于对它的分析。GDP 渐渐被视为衡量国家和政府业绩的主要指标。如果 GDP 增幅显著，就表示执政成功。如果下降，就表示出了问题。GDP 可以成就也可以断送某些人的政治生涯。如果 GDP 连续下降两个 25%，人们就说出现了衰退。GDP 增幅明显表示经济繁荣。可是就像库兹涅茨当初指出的那样，GDP 其实只是一种大概的统计工具，它无法准确地反映社会或者社会进步诸多方面的情况，可是这一点马上被很多人抛在脑后。其实，GDP 不能反映社会当中收入分配是否均衡。它不能反映生活质量。它不能反映所生产的是创新产品还是仿制品，比以前生产的产品更好还是更坏。所以，GDP 与股市指数或者金融市场的其他衡量标准一样，也是一个危险的数字；人们认为它所反映的内容超过了实际，它歪曲了人们对社会真实状况的认知，它掩盖了真正的问题或者成绩，所以可能导致政治领袖片面而徒劳地追求统计数字，重视数字结果，却对真实的现状或者亟待解决的问题视而不见。

看看 GDP 排名第一的国家美国的情况，就可以清楚地看到过度依赖 GDP 作为指标的缺陷。美国在许多方面遥遥领先于世界许多国家，在另外一些方面却又惊人地落后于许多国家。有些国家几乎在一切方面都不可能在全世界胜出，可是在关系到普通人生活的方面，却远远走在美国前面。选择用哪些衡量标准来考察社会的业绩，并不是一个价值中立的问题。美国作为一个国家，它长期依赖的指标都是让我们把关注点放在企业、金融机构或者国防工业的利益上，平等、生活质量乃至社会流动性的指标都没有引起应有的重视。

我们美国人用 GDP 来讨论美国的情况是好还是坏。我们讨论美国是正处于衰退之中、在衰退之前还是正在螺旋下降，即将进入麻烦不断的衰退，在所有的讨论中，GDP 都是焦点话题。

可是，即使中国的 GDP“超过了”美国，它大体上也还是一个穷国，社会问题层出不穷。虽然过去 10 年来美国的“发展”引人注目，人口普查数据却表明，自 1999 年以来，美国中等收入下降了 7% 以上，只有 1% 的最高收入人群显示收入增加。1/4 的美国儿童生活贫困。美国与许多发达国家相比失业率很高。

当然不能只怪 GDP。听着新闻，你如果认为股市业绩与现实相互关联是情有可原的。可是市场是各种情绪肆意泛滥的浩瀚海洋，相形之下，荷尔蒙充溢的普通高中生反倒显得平静而理性；推动市场上下波动的多数“数据”都是胡说八道。贸易赤字的数字也许听起来大得吓人，它们的缺点同样让人恐怖：它们不能有效地反映劳务贸易、网络贸易和公司间贸易（只举 3 项，此外还有很多）。

比这些统计数字的缺点还要糟糕的是，我们过度依赖它们作为衡量社会成功与否的指标，由此也产生一系列后果。举例说明，一个国家如果过分强调 GDP 增长和市场业绩，也许会把政策重点放在这些业绩指标的重要动力因素——企业和金融机构上；而刚刚过去的金融危机表明，大公司或者精英的业绩与大多数普通人几乎毫不相干。

此外，社会的目的当然不仅仅是创造财富，特别是如果大部分财富集中在少数人手中的话。约翰 · 洛克提出著名的观点，认为生命、自由和财产权是我们的基本权利，他主张人们应该只占有自己可以使用的部分，把“足够多、同样好的”部分留给他人。我们在第 4 章指出，托马斯 · 杰斐逊后来有意识地用“追求幸福”的权利取代了财产权。他们想用另外的指标更好地引导政府，幸福便成了他们的口号。

经济学家卡罗尔 · 格雷厄姆（Carol Graham）前不久出版了著作《追求幸福：美好生活的经济学》（*The Pursuit of Happiness: An Economy of Well-Being*）。他认为“归根到底，幸福是个比收入更为复杂的概念。但它也是一个值得赞赏、更难企及的政策目标。”格雷厄姆指出，通往幸福的道路千差万别——有些社会倾向于强调知足常乐，还有一些社会更重视创造平等机会；格雷厄姆加入了越来越多主流思想家的行列，认为时代已经发展到该重新思考如何衡量我们的业绩、设定何种目标的阶段。

这个思想家群体也包括像法国总统尼古拉 · 萨科奇这样的公众人物。2008 年萨科奇针对这个问题成立了一个委员会，同时领导该委员会的还有诺贝尔奖获得者经济学家约瑟夫 · E. 斯蒂格利茨、哥伦比亚经济学家杰弗里 · D. 萨克斯（Jeffrey D. Saches）、英国首相戴维 · 卡梅伦（David Cameron）以及开风气之先的多位不丹领袖，他们从 1972 年起就确立了提升国民幸福的发展目标。

格雷厄姆承认，确定衡量幸福的标准是一道难题。但她在谈话中告诉我，她不认为这个难题无法解决：“这个标准不必完美；毕竟我们花了 20 多年才就 GDP 该包含哪些内容达成了一致，而 GDP 的指标还远远谈不上完善。”

可是，对于美国人，除了选择适当的目标，还有一个当老大的问题。许多美国人一辈子生活在美国，一辈子认为美国是世界上最强大、最成功的国家。可是随着中国崛起、美国经济陷入停滞，人们沮丧地觉得，这样的日子好像到了头。美国承受着国家认同危机，政客们竞选取悦选民，纷纷承诺保证让美国回归原来熟悉的地位。

这种做法也很成问题。美国作为一个发达国家，不太可能实现像新兴国家那样的高速增长（美国目前的实际 GDP 增长率排在第 127 位）。欧洲和日本也在努力应对成熟社会所面临的现实问题。

而成熟社会可以为其公民提供的许多福利也是大多数发展迅速的新兴国家做不到的——丰富的教育产品和文化资源、卓有成效的机构、社会稳定与繁荣等。

因此，许多国家在不同的历史时期做过世界强国，比如瑞典、荷兰、法国、英国和德国等；它们在遭受挫败或者长期与经济衰退作斗争之后，把目光从争夺强国头衔转向了为公民提供最高的生活质量。

《新闻周刊》（*Newsweek*）用健康、教育和政治等指标评选了“世界最好国家”，美国名列第 11 位。在 2011 年的生活质量指数国家排行榜（Quality of Life Index by Nation Ranking）上，美国排在第 31 位。同样，经济学人信息部（Economist Intelligence Unit）在前不久的世界宜居城市排行榜上，把美国第一座宜居城市排在第 25 位。在美世生活质量调查（Mercer's Quality of Living Survey）中，美国最好的指标排在第 31 位；在英国 Monocle 杂志的评比中，美国只有 3 座城市跻身世界前 25 座最宜居城市之列。

这些榜单上，各项指标均突出的国家和城市大量集中在北欧、澳大利亚和加拿大，东亚国家从日本到新加坡也都有不俗的表现。排名靠前的国家往往也是在教育方面比美国领先的国家，这一点并非偶然——当然我们也承认，对于像总体生活质量这样复杂的概念，过于突出其任何一方面的影响因素都是错误的。世界上生活质量最高的国家也几乎都比美国在公共建设上投入更多资金。此外，这些国家的环保意识也比美国强，并且都为其公民提供了更为全面的社会安全网和全国卫生保健。

不容否认的还有，排名靠前的国家几乎全都十分重视政府在保障社会福利方面的作用。抛开这些差别的政治性不说，这些国家的政府都注重社会效益，政策取向注重增强满足感和安全感，增强个人能力和提供机会，这一点可被视为是成熟的又一个标志。

值得指出的还有，提供保证高品质生活的基本条件并不是今天欧洲一些国家入不敷出或者遭遇经济灾难的原因。举例说明，许多国家在生活质量榜单上名列前茅，比如瑞典、卢森堡、丹麦、荷兰和挪威，它们同时也在财政稳健的国家名单上遥遥领先；美国落在后面，它在主权财政责任指数（Sovereign Fiscal Responsibility Index）一项排在第 28 位。

这些国家有一个共同点：它们不追求做强做大，而是长期致力于做得更好。到最后，这个目标成了对经济衰退和盲目口号的有效解毒剂：它们认识到，一个国家是落后还是上了一个新台阶，在很大程度上要看它所设定的目标，也要看它的业绩怎么衡量。

社会学家们为了寻找更适当的指标来考察国家的业绩、强项和弱点，于是提出另外一些“大数字”指标。包括总军力（gross military capacity），总燃料和电力消耗量（total fuel and electric consumption）以及国土面积与人口等。这些指标也有缺点和局限性，但它们都是有用的。

还有一些多变量的指标被炮制出来，用来评估综合国力的宽泛定义，它们是否有用就难说了。这些指标把一些被认为构成或者影响一国国力的因素纳入一个明确的数字。它们的问题在于，它们的不准确性与单变量指标不相上下；单变量指标是在影响国力的几百万个不断变化的因素当中，挑选其中 1 个、6 个或者 25 个因素加以考虑，把剩余的几百万个因素忽略不计。现代国际关系理论之父汉斯 · 摩根索（Hans Morgenthau）提出一种方法，考察 8 个因素：地理因素、自然资源、工业能力、军事准备、人口、民族性格、国民士气和外交质量。他后来补充了第 9 个要素：政府质量。我们一眼就能看出这个方法存在的问题：一个资源稀缺、工业能力低下、人口稀少、民族性格不健全、国民士气低落，根本没有外交的小国家，如果它愿意把自己和它的邻国炸得粉碎，会变得相当强大。朝鲜就相当强大，至少作为一个破产的行将失败的小国来说相当强大——它由一小部分疯狂的、与时代脱节的领导人统治。

其他还有克利福德 · 杰曼（Clifford German）提出的测量综合国力的方法；他用核能力、土地、人口、工业基础和军事力量规模等指标计算得出综合国力的数字。还有维 · 福克（Wilhelm Fuck）的方法，他考察人口、能源生产和钢产量。还有奥考克与纽考伯（Alcock and Newcombe）的回归分析法和战争相关计划（the Correlates of War Project），它考察人口统计、城市和军事能力。韦恩 · 费里斯（Wayne Ferris）与雷 · 克莱因（Ray Cline）提出的方法用到了这些变量，但是添加了贸易和“奉行国家战略的意愿”等其他因素。这些主观努力都是既能反映一部分现实又不免歪曲现实；他们直到今天还在继续研究，是因为人们想知道哪些国家在上升，哪些在下降。

同样，评估公司的销售额是了解业务量的有用方法，而把零售企业（它的销售反映的是由其他企业制造、它以批发价格购买后再次出售的商品的价值）与制造企业（它出售自己生产的商品）进行比较则毫无用处。如果一家公司销售额很高，却在哗哗地赔钱，那么它也许还不如那些利润高的小公司“强大”。市场资本化是有益的指标，可是我们也知道，市场会由于高估或者低估股票价值而铸成大错；所以你最终从网络公司赚到的收入也许非常有限，而一家甚至算不上真正商业模式的公司的市场覆盖率也许比拥有物业和良好销售记录的公司还要高。员工数量、资产价值和其他指标会有一定作用，但也可能具有欺骗性，因为在不同的国家，公司的结构千差万别。

这里要说明的是，用几个放之四海而皆准的数字或者确定的数字来评估综合国力或者相对国力是一件棘手的布满陷阱的事情。就我们的目的而言，我们最好还是睁大眼睛，仔细挑选几个大概的数字，我们知道它们是大概的、有时很不准确（如前面指出，把一国的 GDP 与一家公司的销售额相比，是把一种增值指标与另一种非增值指标相比），而在权衡这些数字的时候多用一点常识。举例说明，一家公司年销售额为 4 000 亿美元，利润 800 亿美元，而一个国家的 GDP 是 4 000 亿美元，其中它的年预算中的任意支出为 800 亿美元，这家公司与这个国家是不同的；我们知道，这样一家大公司所掌握的资源、影响力和全球经营网络也许会让它在许多关键领域（在法庭、包括公众舆论的法庭；对外国政府的影响力；迅速调动资产以及其他影响力领域）比"类似规模"的国家享有更大的相对优势，它比规模较小的国家拥有的资源更是多得多。（二者所拥有的权力的特点完全不同，不过，你并不怀疑埃克森比危地马拉有更大的影响力，对吧？在多数问题上，埃克森的国际影响力都比危地马拉大。）

私人行为体往往（但不总是）拥有更多"说服性"工具，国家拥有的工具则较多倾向于"强制性"。企业也许无须像政府那样过多地担心社会舆论，所以更容易在全球开展经营。不过，两者都掌握着财力、人力和自然资源；两者都拥有事实证明可以促进自身利益的机制；历史表明，如果两者设法对某个具体议题施加影响，双方都能达到目的。所以，我们虽然明白公共和私人权力的差别，也知道提出精准的指标对二者进行比较的难度很大，但我们还是可以用手头现有的不够精准的工具得出一个结论：国际体系的特点一直在发生改变，出现了大量巨大的私人行为体，它们所掌握的资源和工具至少与多数国家一样多，因此，它们对许多问题的影响效果值得研究。

换一种说法，我们在探讨下面的内容时，仍然会基于一种假设：比如超级公民不必比所有国家都强大，我们才会认为它是有影响力的、值得注意的巨大行为体。同理，半国家也不必方方面面都弱于公司，才会在某些重要方面弱于公司。如果这两个结论都是对的，那么，我们必须就对国际体系中这些新玩家和新的权力层级以及我们作为公共和私人行为体参与这个体系的方式作出解释。

半国家

我们对半国家的定义是，它在法律上拥有主权，实际上没有主权。它可以主张对领土的控制权和与国家地位相关的其他权力，但是其国家地位的四个支柱中一个或者几个支柱发生崩坏，沦为象征。国家地位的四个支柱是指：制定和实施法律的能力；控制边界；用货币、税收和财政政策管理财政；动用武力或者至少有效地自我保卫。真正的国家还有第五个特点，这个特点也许是个有用的指标：其公民是否认为国家能够有效地履行它与公民之间的社会契约，能否保证公民的安全，维持生活秩序，保护其生命、自由、财产和幸福的基本权利。

在当今全球化时代，没有一个国家可以自称始终控制着自己的全部边界，自称在四通八达的市场上控制着经济命脉的所有环节，自称能够掌控或者抵挡来自全球的各种威胁。只是有些国家的主权支柱比另外一些国家的级别更低。（有一个思想流派认为，"主权"是个法律概念，所以不可能降低。不过这里的意思是指，在实践中如果它不能得到保护和伸张，便可能遭到削弱，受到挑战。）我们在上一节探讨过，许多国家的地位和力量遭到削弱的因素各个不同，其作用方式不同，对各国的削弱程度也不等。有时候，全球化是削弱传统力量的幕后推手。有时候，法律的演变是原因所在。有时候，军队事务的多重革命是主权遭到削弱的影响因素。有时候，新技术或者公众态度的改变是推动力。有时候则只是环境条件使然：钱不够，人口不够，体制基础不够，临界质量不够，不能使之登上国际舞台、与其他行为体一道成为屹立于世界民族之林的独立行为体。当然，还有许多时候是因为新的私人行为体崛起，它们成了超级公民，介入到了关于权利、影响力和机会等的社会契约，成为赋予其虚拟生命的国家的对手乃至凌驾于国家之上，这种情况更加凸显了公共部门的地位受到挑战、遭到削弱的状况。

我们可以使用的指标既不准确又具有误导性，但我们还是希望尽可能客观地判断哪些国家是或者不是半国家，所以，我们必须从几个方面来克服这个问题。联合国有 192 个会员国。有些国家用一切标准衡量都是毫无疑问的大国。它们的国家主权的每个支柱都显示出实力，它们对世界上几乎所有其他行为体都施加强大的影响力。二战以后，美国在短时间内被认为是超级大国，它位居这类国家之首。联合国安理会的永久会员国，G8、G20 以及全世界的有核国家都可以归入这一类。这个问题我们稍后再回来探讨。

首先，值得指出的是，有些国家所主张的实际上的主权无可辩驳地遭到了深刻的、也许是不可挽回的削弱。这些所谓的失败国家处于无政府状态，它们常常招来坏的行为体，国内冲突不断，造成导致美军频繁进驻的令人不安的局面。《外交政策》（*Foreign Policy*）杂志与和平基金会（Fund for Peace）自 2005 年起就在发布失败国家指数（Failed States Index），它用人口压力、国家的去合法化、精英宗派化等指标来考察 177 个国家，把它们分为“致命”（critical）、“危险”（in danger）、“警戒”（borderline）、“稳定”（stable）和“非常稳定”（most stable）几个等级。2009 年有 14 个国家被归入“致命”级别，包括苏丹、海地和缅甸等。这些失败国家或者几近失败的国家符合半国家的条件，因为它们无法提供人们期待于一个国家的基本服务。它们或许享有自决权，却不具备哪怕是勉为其难地为其人民服务的能力。

为了大致说明大国与其他国家的差距之大，我们要回头谈一谈前一章探讨过的军事实力。世界级海军的一个标志是航空母舰。全世界只有 10 支海军拥有至少一艘航空母舰。英国和意大利各有两艘。法国、日本、西班牙、俄罗斯、巴西、印度和泰国各有一艘。美国海军有 11 艘，其中 10 艘是尼米兹级核动力巨型航母，排水量近 10 万吨。美国海军将在 2015 年推出新一代航空母舰，计划命名为“杰拉尔德 ·福特”（USS Gerald Ford）号。这艘新型巨舰的价格估计是 140 亿美元，比全世界除 11 个国家以外其余国家的年军事总预算还高。用金融界的情况来说明，美国在 2008 年金融危机之后发起了经济刺激计划和不良资产处置计划，其资金总额为 1.487 万亿美元，这个数字比除 11 个国家以外其余国家 2008 年的 GDP 总额还高。

在全球化时代，为了搞清楚享有完全能力、能够全面行使职能的国家与符合半国家特征的国家之间如何划清界限，我们可以自下而上做一番考察。《外交政策》评选出 14 个由于人口、政治、社会和经济压力等因素的综合作用而失败的国家，它们是海地、缅甸、阿富汗、巴基斯坦、伊拉克、索马里、肯尼亚、苏丹、乍得、中非共和国、刚果民主共和国、津巴布韦、科特迪瓦和几内亚。被列为“危险”国家的是尼日利亚、埃塞俄比亚、朝鲜、也门、孟加拉和东帝汶。尼日利亚人口庞大，朝鲜不断闹腾。这两个国家都不能履行对其多数人民的基本社会契约，但是原因截然不同（一个是政府的控制和权力太小，另一个是太多）。

在评比这些国家的时候，我们还可以看看哪些国家太大，不适合包括在半国家的名单上。我们先来看看 GDP 超过全球巨头企业的收入比如沃尔玛、荷兰皇家壳牌（收入为 4 580 亿美元）或者埃克森（4 420 亿美元）的 23 个国家。国际货币基金组织认为，一国的 GDP 如果达到 4 580 亿美元，该国可以在全球排到第 24 位，排在沙特阿拉伯之后，挪威之前。这 23 个国家当中，有几个国家明显地处在高于半国家的水平。这些国家包括世界第一和第二大经济体美国和中国，这两个国家的军费开支和其他项目也排在第一和第二位。当然，如果欧盟是一个国家，它作为经济体就比美国和中国都大，但欧盟只是几个国家和半国家的集合体。

排在美国和中国之后的 10 个国家显然也成功胜出：日本、德国、英国、意大利、俄罗斯、西班牙、巴西、加拿大和印度。这几个国家加上美国和中国包含了当年七国集团的成员国、联合国安理会 5 个常任理事国、取得联合国安理会永久席位呼声最高的 4 个国家（日本、印度、巴西和德国）、金砖国家和全世界快速增长的重要新兴经济体的所有国家。（金砖国家是高盛提出来的名词，指巴西、俄罗斯、印度和中国。）这 12 个国家在国际货币基金组织和世界银行都拥有举足轻重的投票权，它们有相对较强的军事实力，经济运行良好，边界秩序井然，而且政府显然能够掌控其法律制度；它们具备人们期待于一个国家的所有特征，能够在全球化时代保护并行使主权——这是十分重要、越来越重要的一条标准。

可是，我们再看排在它们后面的 11 个国家，就会明白全面而切实地保持主权是多么艰难。这 11 个国家是墨西哥、澳大利亚、韩国、荷兰、土耳其、波兰、印度尼西亚、比利时、瑞士、瑞典和沙特阿拉伯。这些国家当中，有 4 个国家处于失败国家指数的“警戒”级别，说明有潜在的问题存在：它们是墨西哥、土耳其、印度尼西亚和沙特阿拉伯。这 4 个国家早已不再掌握自己的货币，印度尼西亚和墨西哥在边界控制方面遇到了麻烦，土耳其和沙特阿拉伯面临强大的内部压力，其执行法律的能力经受着考验。但是，由于它们的规模和资源，也许最为准确的表述是，如果它们不能尽快改革和加强制度建设，它们可能沦为半国家。GDP 排在前 12 位的国家，其军费开支全部排在前 16 位，而在第二组国家当中，只有澳大利亚、韩国和荷兰的军费开支排在前 16 位。波兰、比利时、瑞士和瑞典的军事能力十分有限。国家必须好战才是一个国家吗？回答是不，但是，放弃自卫或者至少对邻国施加影响的实力却相当于丧失了独立国家的一项传统权力。（加入北约之类组织并成为其活跃的成员国也许可以化解这个问题，但不可否认的是，此类联盟往往时断时续，反应迟缓，受不情愿的成员国或者大国意见的左右，如果把它作为国家动用武力的主要手段，传统的国家权力会遭到稀释。）在其余的 158 个国家中，有些国家显然具备正常运行的国家的特征，让我们在给它们归类时颇犯踌躇。社会稳定、运行良好、繁荣、安全、金融至少还算独立，GDP 榜单接下来的 20 个国家和地区有：中国台湾、挪威、奥地利、南非、丹麦、芬兰、新加坡、以色列和智利。再接下来的 20 个国家和地区是哪些？几乎肯定包括新西兰和越南。

不是半国家的国家到底有 20、30 还是 40 个？关于这个问题可能引发热烈的争论。不过，看着榜单上剩余的 160 多个国家和地区，我们很难说它们符合过去对国家是什么、应该是什么的定义——在当今世界上，很少有国家能够真正控制本国的货币，能够征税、监管经济和控制边界，能够实施针对独立的巨大经济行为体的法律，能够保卫自己、动用武力或者满足全球化时代社会契约的条件。

为了强调指出这一点，我们来看看前面探讨过的金融领域的几条其他标准：

- ✓ 64%的外汇持有的是美元；4.1%是英镑；3.3%是日元。其余28.6%的绝大部分（26.5%）是欧元。
- ✓ 欧元当然是欧元区17国放弃对货币的控制，把它交给欧洲央行的一个例子，像黑山共和国、科索沃、安道尔、梵蒂冈和摩纳哥等半国家的做法。还有20多个国家的货币钉住欧元。厄瓜多尔、巴拿马、萨尔瓦多、东帝汶和几个加勒比海及太平洋岛国使用美元，沙特阿拉伯、阿拉伯联合酋长国和阿曼则使用钉住美元的货币。
- ✓ 多数国家放弃了货币主权；它们一旦陷入麻烦，就会陷入任凭国际机构处置的境地，这些机构由所谓的15个大国全权掌控。美国、欧洲国家和日本长期以来是这些机构的主宰，近年来它们的结构改变可能主要会让新兴的大国受益，这些新兴大国也是GDP排名前15位的国家。
- ✓ 协调世界经济的组织从G8变成了G20，这个现象令人鼓舞，可是G20仍然由大国主宰，地球上85%的国家没有自己的代表参与其中。

最后，为了客观地看待这些国家的相对规模和影响力，我们来想一想《财富》杂志的世界500强企业榜单；据世界银行（又是用存在缺陷但仍能说明问题的年销售额与年GDP进行比较）的数据，所有这500家公司都可以与GDP排名前100位的国家平起平坐。多数读者在读这本书以前很少听说过斯道拉·恩索这家跨国公司，但它被认为享有比世界上半数国家还要高的经济影响力。

超级公民

怎样才能成为超级公民？首先，它具备使公司享有特殊优势的特征：永久性、能在全球范围内不受国家民族的羁绊灵活经营、流动性、杠杆手段、享有特殊权力和有限责任的拟制人身份。此外它们的“超级”还源自于自身的规模，这一方面产生规模经济，提高竞争力，进而能够进一步促进发展，能够筹集资金，开展收购，投资研发，拓展商业和政治触角；另一方面，使之能够平稳地度过艰难时局，凭借昂贵的法律或者政治策略向竞争对手乃至公共部门的敌人施加作用，对其势力范围内的广大人群的生活造成显著影响：员工、股东、客户、供应商、竞争者以及这些人的家庭，外加他们生活和工作的社会。此外，它们往往还掌握着要害的资源、土地、技术、基础设施、系统以及其他工具，使之拥有了特殊的作用能力。

必须承认，全世界有数以千万计的公司拥有普通人难以企及的寿命、政治影响力、资源以及左右逢源的能力。不过为了此处探讨的目的，我们只考察一部分私人行为体，它们的影响力不仅胜过普通公民，甚至可以与许多国家相提并论。

前面指出，选择用什么指标来进行比较是个棘手的问题。但是如果我们只把它们用作粗略的参照，还是可以看到引人感叹的结果：

- ✓ 以年销售额为指标，《福布斯》杂志排行榜上的第1000家大公司都比全世界1/3的国家大。欧文斯—伊利诺伊（Owens-Illinois）公司2010年的年销售额超过了70亿美元。
- ✓ 欧文斯—伊利诺伊公司的销售额超过了马耳他、巴哈马、摩纳哥、海地、乍得、贝宁、尼加拉瓜、百慕大、老挝、摩尔多瓦、尼日尔、科索沃、卢旺达、列支敦士登、塔吉克斯坦、马拉维、吉尔吉斯斯坦、蒙古和另外50多个国家。
- ✓ 有些人担心国有公司会成为全球巨头公司的主干；可是，排名前

1 000 位的大公司当中只有少数几家是国有公司，排名前 100 位的公司当中只有 4 家国有公司。

- ✓ 从员工数量看，排名世界前十位的大公司，每家公司的员工人数都接近 40 万。据估计每位员工养活的家庭人数大概是 5 人，这样算来，这些公司直接养活的大家庭达到 200 万人；而纳米比亚、博茨瓦纳、卡塔尔和爱沙尼亚的人口是 200 万左右，还有 50 个小国的人口还不到 200 万。沃尔玛有两百多万员工，它养活的员工家庭和社会人口在 800 万到 1 000 万之间，相当于奥地利、瑞士和以色列的人口规模，超过了 100 多个国家的人口规模。加上供应商、分销商和其他靠这些公司扶持的公司，你会看到，这些大公司的覆盖范围相当广大，几乎达到了类似国家的规模，只不过它们的员工分散在世界各国，公共部门除了寥寥无几的实体以外，绝少有它们那样的环球触角。
- ✓ 为了客观地看待上述问题，再举几个数字：沃尔玛每周为 2 亿人服务，荷兰皇家壳牌每天在全世界 4.4 万个服务站为近 1 000 万客户提供燃油，丰田每天销售 700 多万辆汽车，AXA 有近 1 亿保险客户。
- ✓ 仅荷兰皇家壳牌一家公司生产的石油和天然气就分别占到世界产量的 2% 和 3%。
- ✓ 本章开头提到的那家世界最大的资产管理公司贝莱德，它掌握的资产价值几乎相当于货币储备分别位居世界第一和第二的中国和日本的总和。贝莱德受托管理的资产达 3.3 万亿美元，而中国和日本加起来的储备是 3.6 万亿美元。贝莱德控制的资产是美国国家货币储备的 25 倍。
- ✓ 货币储备排名世界前 20 位的所有国家都持有价值超过 1 000 亿美元的硬货币。世界排名前 125 位的所有资产管理公司都掌握着相同价值的资产。

✓ 世界排名前27位的银行掌握着价值超过1万亿美元的资产。最大的银行法国巴黎银行（BNP Paribas）掌握着近3万亿美元的资产。排名第50位的银行掌握着近5 000亿美元的资产。

✓ 大型慈善机构的作用十分重要——盖茨基金会每年为慈善事业投入的资金与世界卫生组织不相上下，但是也要客观地看待它们的力量。目前，美国人每年的慈善捐助总额是3 000亿美元左右。这不是一个小数目，但它甚至不及一家全球巨头企业的年收入。此外，美国400家最大的纳税企业2007年的调整收入总额是1 380亿美元，它们的捐助额却只有110亿美元，其中还包括像沃伦·巴菲特之类人物的大额捐助。

✓ 全球最大的非政府组织世界宣明会（World Vision）的年度预算是21亿美元，高于世界上30个小国的GDP，但是其他“大型”非政府组织却远远落后于世界排名前1000位的公司收入。第二大非政府组织救助儿童会（Save the Children）的年度支出是将近9亿美元。显然，很多组织都提供了政府本身无法提供的极其重要的社会服务。它们对疾病救助和普遍的发展问题也具有很大的影响力。它们的影响力有时候比它们的绝对规模要大——我们看到，这是一个对公共和私人行为体都成立的事实。

上述统计数据很容易让我们得出结论：全球巨头企业、金融机构和私人非营利组织构成了2000多个超级公民，其影响力与相当数量的国家不相上下。

这里值得稍作说明的最后一个问题是GDP与销售额的比较。有些人不喜欢用这两个数字进行比较，他们认为GDP是个增值指标，不能反映一国的总“销售额”，这种比较对国家不利；这个理由模棱两可。首先，与GDP进行比较的多是以某种方式很快从一国流出的私人收入。其次，国家可以使用的资源当然局限在它的预算、财政或者借贷范围之内。国家预算通常只占 GDP 的一小部分，即使所占比例较高，在多数情况下预算的大头也不是可自由支配的支出。举例说明，美国联邦政府 2010 年的预算估计为美国 GDP 的 24% 多，其中可自由支配支出不到 1/3，只有约 12% 是非国防可自由支配支出。这意味着政府实际可以控制的支出相当于 GDP 的 12%，而公司分配和控制其销售收入的权力要大得多。

最后很重要的一点是，GDP 表示的是由多个分散的生产方的共同产出，是复杂的国家经济中人、公司、政府以及其他行为体的共同产出。它不表示协调的经济活动。GDP 计算的项目与公司的经济计划不同，它的几乎所有活动都不是相互关联、受到指引的，除非在相当同质化的小经济体中，国家甚至很难把它推向某个方向（见后文探讨企业家型国家的部分）。相反，公司的经济活动是受到指引、经过协调的，资产在共同的长远目标下被理性分配。这是公司经济相对于国家经济更有力量、也是我们得出另一个结论的原因：虽然把 GDP 与销售额进行比较来衡量经济力量，无疑好比是把苹果和橘子进行比较，但是这个比较也许是低估了公司而不是国家的影响力。

但是，使这些超级公民享有特殊优势的不仅仅是其金融影响力。有人已经指出了它们为了逃税而变换场地的后果。这种做法常常引起争议，比如前面提到的美国最大的政府承包商哈里伯顿公司就把总部从休斯敦迁到了阿联酋的迪拜。2008 年，大批英国公司把总部迁到了爱尔兰，英国财政部发言人、反对党自由民主党的文斯·凯布尔（Vince Cable）抨击迁址是“公然的逃税行为”。瑞士、卢森堡和荷兰也纷纷修改本国税法，争先恐后地竞相吸引这些公司迁入本国。这些国家主动示好，并且表明自己有权重新制定税率，这时候公司的流动性突然造就了一个市场，过去由单一行为体即主权国家决定一切的日子一去不复返了。

某顶尖科技公司的著名首席执行官对我说：“我是美国人。我们的公司当年是在美国成立的。我们的管理主要在美国进行。可是，忠诚于美国是我们无法承受的奢侈。我们必须到环境条件最好的地方，如果这意味着转移就业或者由此引起（各国政府之间的）金融或者税收待遇争夺战。吸引全球企业意味着国家间的竞争……我们知道，国家在开条件的时候，胜算的筹码握在我们手中。”

沃尔特·奥佩罗（Walter Opello）和斯蒂芬·罗索（Stephen Rosow）合写了一部实用的著作《民族国家与全球秩序》（*The Nation-State and Global Order*），书中提出这样的观点：

> 全球市场日益承担起监管主权国家、成立机构、制定准则与语汇的角色，它使国家实行自由市场经济政策并从全球竞争力的标准出发解释国家利益不仅成为必要，而且不可避免。对穷国尤其是这样，它们的经济极大地受到国际监管机构的影响……
>
> 网络与其他数字网络的发展将使民族国家越来越难以有效地向全球商务征税。这些新技术正在削弱国家作为征税主体的效力，它们可能使国家丧失征税权，削弱国家利用必要的财政资源发起战争的能力。

这段话说得精辟，它解释了许多国家推行改革的动机，改革与其说是体现国民意志的行为，不如说是向市场力量投降的行为。金钱在说话，全世界都在聆听。

要举一个例子说明超级公民相对于国家的影响力大小，只要看看瑞典即可。瑞典 2009 年的 GDP 是 4 060 亿美元。埃克森同一年的销售额是 4 420 亿美元。瑞典的人均 GDP 排名世界第 9 位，但是几乎在公正评估的影响力的一切方面，它都比不上洛克菲勒帝国的后裔和旗舰公司埃克森。瑞典有 900 万居民。埃克森有 83 600 员工，这些员工直接养活了将近 50 万人口。加上它遍布世界各地的 175 000 家供应商、1 000 万客户，它养活的人口数量还要多。埃克森有 250 万股东，其中有 2 000 家是机构投资者，这些机构投资者掌握着数以百万计的退休人员的储蓄，这些退休人员因此也与公司的命运休戚与共。埃克森在 46 家炼油厂拥有所有者权益，拥有每天提炼 600 万桶油的产能。2006 年，埃克森的预算支出超过 4 000 亿美元。瑞典政府的预算支出只有它的 1/3。此外，接着前面的要点，瑞典的预算严重地受到权益支出左右，政府对权益支出几乎无能为力。埃克森仅运营成本一项就花费 660 亿美元，资本项目花费 200 亿美元，这些数字是瑞典政府可以负担的支出的 7 倍。

瑞典在 30 多个国家设有使领馆，埃克森几乎在全世界都有经营，其产品和营销网点遍布 80 多个国家，还在 80 多个国家设有 100 多个勘探站和生产地。从武力方面，瑞典的现役部队和后备军很小，大概只有 290 000 人，表示它是一个中立国家，军队几乎从来没有部署过。人们已经知道，埃克森美孚雇佣私人武装和当地军队，在亚洲和非洲各国执行保安任务，最著名的就在印度尼西亚的亚齐（Aceh）省。2000 年，在印尼政府与分裂主义运动之间矛盾激化期间，埃克森美孚每月花在保安人员身上的费用是 50 多万美元，许多保安人员被控犯下了拷打和谋杀等侵犯人权的罪行，这些事实无不说明埃克森愿意在世界范围内用武力保护自己的资产。

最后，再举一个双方在气候变化问题上短兵相接的例子，是我们前面提到过的：瑞典是促成主张减少温室气体排放的《京都议定书》的主要国家之一，但是它的努力却只让 173 个国家签署了该协议。这个数字太小了，全球最大排放国美国没有在协议上签字，部分原因是有一群资金实力雄厚的公司在幕后精心斡旋，它们当中有埃克森美孚、同类石油天然气企业、汽车公司和排放密集型企业。《卫报》（*The Guardian*）后来报道称，副部长保拉 · 多布里扬斯基（Paula Dobriansky）做简报前给这伙人的便条中写道："美国总统拒绝签署京都议定书，是部分采纳了你们的意见。"瑞典有一张投票权，它巧妙地利用了这张选票的效力。可是到头来，事实证明，埃克森美孚拥有否决权。

如果说瑞典有什么安慰，那就是有几家至少曾经拥有瑞典身份的公司比如斯道拉 · 恩索，轻松地登上了超级公民的名单。斯道拉 · 恩索 200 亿美元的年销售让它稳居国家排名的中部地带，位于波斯尼亚和冰岛之间。

今天，斯道拉在全球35个国家有3.2万员工和87个生产厂家。它拥有的土地相当于卡塔尔的国土面积。其他同等规模或者规模稍大一点的瑞典公司还有沃尔沃（Volvo）、爱立信（Ericsson）、瓦腾福（Vatenfall）、北欧银行（Nordska Bank）和斯堪雅（Skanska）建筑集团；与斯道拉不同的是，它们的总部仍然设在瑞典。

公司更像国家：企业社会责任的迷思与现实

我们看到，不断演变的超级公民公司采取模仿、复制乃至超越国家的行为方式，历史上这样的事例屡见不鲜。斯道拉为法伦的矿工及其家属提供住房、学校，自己建立法庭乃至军队；英国东印度公司治理印度次大陆，控制着世界最大的一支武装力量；安德鲁·卡耐基、亨利·福特和美国镀金时代的其他富豪实业家为工人们建设城镇、供应物资，使之弥漫着类似文化生活的氛围。诸多现象都不稀奇。而在过去的一百多年来，公司所扮演的类似国家的角色有了发展和改变，随着跨国公司本身规模的壮大而变得更加普遍而复杂。

今天的公司往往好像自有一套外交政策，退休的资深外交官、退役的将军或者海军将官受公司聘请，充当公司与政府间的接触面，为公司构建国际战略的情况并不罕见。这些公司积极开展政治倡议宣传活动。它们发起意义重大的安全倡议。它们还提供卫生保健、培训、庇护、安全和其他应当由国家履行，可是国家无法或者不愿意提供的职能。人们发现，公司越来越多地要么接过政府的角色，要么想方设法深刻地（有时候非法地）影响政府的方向。与此同时，也有越来越多的公司在寻找和追逐所谓的“企业社会责任”。

实际上，有些学者比如罗莎贝思·莫斯·坎特（Rosabeth Moss Kanter）在其著作《超级企业》（*Super Corp*）中指出，“先锋企业”在追逐这些高尚目标的同时，也改善了公司业绩。它的道理迂回巧妙；根据我与公司打交道的经验，公司积极追求“企业社会责任”的主要原因是为了增加收益——其手段无非是满足政治需求，谋求社会支持，节省资金，获取税收优惠，赢得投资支持等等。不是说 CEO 们不是好人。我认识的绝大多数 CEO 都是好人，他们也发自内心地希望“回馈”社会——但是是在极其有限的范围内。美国企业慈善促进委员会（Committee Encouraging Corporate Philanthropy）2008 年发布了一份报告，它调查了 155 家公司（其中 69 家为财富百强企业）的 CSR（企业社会责任）捐助，CSR 总开支的中位数占公司收入的百分比只有 0.13%。除非投资者或者政府下达命令——各国政府日益认识到，它们要靠企业的帮助来履行社会契约的义务——这个数字发生变化的可能性不大。当然，在全世界现存的各种资本主义变体中，公共和私人行为体对履行社会契约所扮演的确切角色各个不同，这个问题我们留待接下来的最后一章探讨。

而在其他领域，私人行为体扮演通常由国家扮演的角色、执行通常由国家执行的任务的历史相当漫长，现在，随着巨头公司的发展和利益扩大，这种势头似乎有加速的趋势。其结果未必完全符合公众利益或者自由社会的基本价值观，比如民主，比如对法治的尊重等。过去一百多年的几个简短的例子也许能说明这一点。

中美洲的联合水果公司

联合水果公司（the United Fruit Company）是划时代的开路先锋，在字面和比喻意义上都是如此。19 世纪末，它最早的发迹是靠在中美洲环境恶劣、酷热难耐的丛林修建铁路。波士顿的迈纳 ·C. 凯斯（Minor C. Keith）和他的叔叔、经验丰富的铁路建筑商亨利 · 梅格斯（Henry Meiggs）在哥斯达黎加兴建第一个项目时就遇到了严酷的自然环境。由于高温和丛林疾病，5 000 多人在修建铁路的过程中死去。其中包括梅格斯和凯斯的两个兄弟。为了养活工人，凯斯在铁路沿线种植了香蕉。中美洲对铁路的需求不大，但是凯斯看到了种香蕉发财的机会。香蕉在美国没有名气，但是香蕉的种植成本低廉，而且便于运输，哥斯达黎加人很乐意以一小块尚未开垦的丛林为代价，换取他在该地区修建铁路。很快，香蕉就成了铁路运输的主要货物；凯斯把热带贸易交通公司（Tropical Trading and Transport Company）与波士顿水果公司（Boston Fruit Company，简称UFC）合并成联合水果公司以后，就不但深深地介入了众多项目，在本地区广泛地建设交通、港口和电报等基础设施，还建立了该地区今后几十年来借以闻名的出口业。

这样，公司一方面有了影响力，另一方面维护本地区的政局稳定也对公司有了很深的利害关系。为了促进当地人口的福祉，UFC 建立起私人医院体系，成立了世界上最大的私人卫生机构。它铺设有轨电车，安装了路灯。用一位评论者的话说，“联合水果……为了香蕉的缘故所发起的‘政权更替’（regime change）也许比为了石油的名义发起的还要多。”

1911 年，洪都拉斯总统米盖尔 ·达维拉（Miguel Davila）与美国政府合作，准备实行金融改革；UFC 认为改革也许会威胁到它在某些领域的渔翁之利，于是便与另一家大型水果供应公司联手，支持一位一拍即合的前总统推翻并取代了达维拉。后来，这两家公司为争夺洪都拉斯与危地马拉边境的一块土地发生纠纷，双方都动用了地方军队给对方施加压力，差一点酿成一场香蕉权大战。后来，此类事件在这一地区一再上演，政府领袖被扶上台又被赶下台，各国的国民政府本质上沦为了一家大型外国投资公司的辅助机构——这家公司就是后来的奇基塔公司（Chiquita Brands）。这些外国公司为这一地区赋予了一样东西：一个绰号。各国因此被叫做“香蕉共和国”。

智利的 ITT

还有一个拉美国家也见证了外国公司更换政权，获取优惠经营环境的情况。这个国家是智利，这家公司是国际电话电报公司（International Telephone and Telegraph Company，简称 ITT）。ITT 在智利经营着一家健康的小公司，业务涉及从电信服务到租赁汽车等各行各业。可是，1970 年社会主义者萨尔瓦多 · 阿连德（Salvador Allende）作为总统候选人登场以后，ITT 和它的 CEO 哈罗德 · 杰林（Harold Geneen）认为情况恶化，他担心阿连德当选以后出现比恶化更糟糕的情况——实行国有化把 ITT 的资产没收。那样 ITT 将损失惨重，它将损失掉价值 2 亿美元的资产，其中最大的一笔是智利国家电话公司 70% 的股份。

杰林与美国政府关系紧密，为尼克松总统做过慷慨的捐助，在美国国内是曝光率很高的一位 CEO。为了阻挠阿连德的候选人资格，他的人马开始与其他忧心忡忡的美国公司携手作战，竭力把民意支持引向右翼的方向。陶氏化学、辉瑞（Pfizer）和凡士通轮胎和橡胶公司（Firestone Tire and Rubber）成立了秘密的智利特别委员会（Chile Ad Hoc Committee）以推进其政治利益。可是，后来披露的事实证明，他们并没有就此罢手。专栏作家杰克 · 安德森（Jack Anderson）在《华盛顿邮报》（*The Washington Post*）上发表的爆炸性报道文章中写道，接下来"ITT 与美国中央情报局定期探讨美国跨国公司对在智利制造经济混乱、推动智利向右发展的过程中应该发挥的作用。（安德森找到的文件）提到并探讨了美国支持发起政变的可行性。文件甚至透露，ITT 董事会主席哈罗德 · 杰林主动提出捐出'最高 7 位数'的资金给中情局，以阻止阿连德当选。"

ITT 的活动到此并没有结束。它捐了 70 万美元给阿连德的对手。但阿连德还是获胜了。杰林又拼命游说美国政府发动政变。尼克松总统和他的顾问不肯。于是中情局和 ITT 一致决定全力给阿连德施加经济压力。至少这是他们明白表述的计划。1973 年 9 月 11 日，奥古斯都 · 皮诺切特（Augusto Pinochet）将军发动血腥的政变上了台；政变不仅导致阿连德身亡，还导致芝加哥大学的米尔顿 · 弗里德曼和阿诺德 · 哈伯格（Arnold Harbinger）等人所实施的亲商业、亲市场政策在智利得势。此次政变标志着美国国务院—福特基金会的计划取得了圆满成功，该计划早在1950年代便开始实行，其目的是把以美式资本主义为原型的政策框架移植到智利。十几年来该计划培训了100多名智利人，就连其出资方福特基金会也批评它那“狭隘的思想观念是它的重大缺陷”。奥兰多·勒特里尔（Orlando Letelier）是阿连德的驻华盛顿大使，后来遭到杀害，特勒里尔形容此次政变是“军队与经济学家的对半合伙”。（这里我不想给读者留下错误的印象。经济学家们推行了重要改革，负责执行了促进智利经济快速增长和政治稳定的计划。相反，我举这个智利的改革与发展进程的例子，是为了说明自由市场主要观念的传播并不一定具有市场驱动的性质。）

虽然智利政府的公开声明多次矢口否认，但是事实摆在那里，此次政变是在美国政府的支持下实现的，政变得到了美国政府最高层的祝福。政变发生几天以后，基辛格本人在与尼克松的谈话中说：“要在艾森豪威尔时代，我们就是英雄。”

他接着又说：“事情不是我们做的。我的意思是我们尽量帮他们（创造了）条件。”有一次杰林说过，“看书是从头看到尾。经营公司的顺序恰好相反。要倒过来先从结果入手，然后为了达到那个结果，必须该干什么就干什么。”

尼日利亚的荷兰皇家壳牌

随意操控政府事务谈不上是历史的遗留物，谈不上是截然不同于今日商界风尚的“老派”CEO和公司的做法。举例说明，维基解密的丑闻揭秘披露了大量内幕，说明了一家又大又强的全球公司荷兰皇家壳牌在世界上一个人口众多、蛮荒和腐败的半国家尼日利亚有何所作所为。一份保密文件引用了壳牌澳大利亚（Shell Australia）公司主席安·皮卡德（Ann Pickard）的原话，她主张壳牌石油涉入尼日利亚“正在进行的一切事务”。美国驻尼日利亚大使罗宾·桑德斯（Robin Sanders）在一份日期标记为

2009年的越洋电报中写道，皮卡德口气很大，她说尼日利亚政府“忘记”了“壳牌支持不少人在相关部门任职，因此壳牌有办法涉入这些部门正在开展的一切活动。”皮卡德在与桑德斯会谈的时候说，壳牌拿到了尼日利亚邀请“中国投标争取石油开采权”的证据。据当地NGO组织“尼日利亚社会行动”（Social Action Nigeria）的活动家塞莱斯廷·阿克珀巴里（Celestine AkpoBari）说，“壳牌无处不在。他们在尼日利亚的每个部门都有眼线和耳目。他们比尼日利亚政府还强大。”

不管这种说法是不是夸大其词，事实是，石油业在尼日利亚享有非同寻常的影响力，自1960年代以来创造了6 000亿美元的收入。壳牌自己的估计是，它的尼日利亚公司在2005到2009年间“给政府捐助了360亿美元”，外加近海30亿美元的经营项目。尼日利亚政府预算收入的80%来自石油部门。与此同时，壳牌也体现了跨国公司的“不结盟”性质，它一边培植与尼日利亚腐败且往往十分残暴的军政府（被指责为）“过于紧密”的关系，一边努力拉近与美国等国家政府的关系，与它们分享情报——它怀疑部分尼日利亚政客与尼日尔三角洲的激进分子相互合作。根据维基解密披露的信息，这层特殊关系的直接体现是，壳牌向美国领事馆索要关于其竞争对手俄罗斯天然气工业股份公司（Gazprom）的敏感信息。

至于尼日利亚人民从中得到了什么好处呢？就拿尼日尔三角洲来说吧，这一地区是尼日利亚石油财富的主要产地，是3 000多万人繁衍生息的家园，也是“世界十大重要湿地和海洋生态系统之一。”尽管这里经济活动活跃，联合国发展计划（U.N. Development Program）对这一地区的描述却是“管理渎职，社会公共建设与服务崩坏，失业率很高，社会剥夺，赤贫，污秽肮脏，冲突肆虐。”这一地区的多数居民没有清洁的饮用水，也缺乏卫生保健。举例说明，2004年，非政府组织透明国际（Transparency International）列举了中饱私囊的国家领袖，把时任尼日利亚总统桑尼·艾巴查（Sani Abacha）排在第4位，认为他在担任总统期间攫取了20亿到50亿美元的财富；总统的财富如此之巨，尼日利亚人民却承受着不堪忍受的痛苦。绿色和平组织近期的一份报告称："壳牌在 200 多个国家从事经营活动，可是，它 40% 的漏油事件发生在尼日利亚。"尼日利亚政府却满足于从另一个角度看待问题。壳牌的报告称，它 2008 年的漏油量是 2007 年的两倍，2009 年是 2008 年的两倍。根据一份估计，"自 1958 年勘探到石油以来，尼日尔三角洲泄漏了 1 300 多万桶石油。这个数字相当于阿拉斯加附近海域埃克森–瓦尔迪兹号（Exxon Valdez）漏油事件每年发生，持续 50 年。"

多年来壳牌似乎欣然采纳了弗里德曼等经济学家们的观点，这些人认为"公司是股东的财产……公司的利益就是股东的利益。那么，它该不该投入资金履行与公司的收益无关的所谓社会责任？我给出的回答是不"。过去，壳牌把责任推到政府身上，不承认它在政府内部的影响力。近年来情况开始发生改变。

壳牌在其 2004 年的企业内部伦理研究中承认，"由于我们回报合同、获取土地以及与社会代表（community representative）达成交易的方式，我们有时候导致冲突加深。"2010 年，壳牌又宣布，它计划清理尼日尔三角洲的 268 处漏油点。这些计划能落实到哪一步还要拭目以待，但它们毕竟反映了一种更为宏观的意识：公司如果盲目追求利润，不考虑社会后果，将会增加隐性成本，不仅会削弱它的地位和影响力，而且会增加实际负债，破坏股东价值。从这个角度看，坎特的著作以及克林顿全球倡议（Clinton Global Initiative）和世界经济论坛（World Economic Forum）等组织也许掌握了一些相当务实的工具可以促进社会创业，就连弗里德曼也会在他的构想中给予赞赏。特别是公共部门大型机构投资者对大公司享有强大的政府影响力，这些投资者越来越关注自己所投资的公司在社会责任方面的表现，也许资本家古老的自身利益会推动公司朝着为广大公众服务的方向发展。

国家更像公司：企业家型国家的前景

一方面，公司广泛地承担了历史上由政府承担的角色，或者说反过来，公司在积极地与政府合作，公开或不公开地对公共政策的决策施加影响；另一方面，有些国家的政府也认识到，要想在现代社会的全球经济环境下更好地参与竞争，欣然接受企业界司空见惯的做法可以让自己获益。企业家型国家通常都是小国家，我们可以把它们看做政府最佳实践与创新的实验室，也许有助于大政府或者大政府下的地区政府和市政府更好地争取私人和公共投资，而投资关系到多数经济的生死存亡。

在这里我们再次见到了一再重复的历史悖论：政府赋予了公司生命，可是今天，不管是良好的信用评级，要求申请贷款，还是关系到保持经济增长和政治稳定的外国直接或者间接投资的流动，政府都必须依靠私人部门的批准和支持。事实上，事情已经发展到了这种地步：许多现任和未来的政府领导人觉得自己在为两类选民服务。一类是选举期间在本国的投票站投票的选民。另一类是在全球范围内用自己的金钱进行公民投票的选民，这个投票一天 24 小时在世界各地一刻不停地进行着。

世界各国谋求政府高级职位的候选人来到纽约和伦敦，不光是为自己的竞选活动筹集资金，也是为了自抬身价，吸引那些公司投自己一票。克林顿任职期间，财政部长罗伯特·鲁宾之所以享有很高的影响力，一个原因是克林顿害怕失去金融界的支持。鲁宾对克林顿的市场运动的作用，相当于詹姆斯·卡维尔（James Carville）和乔治·斯特凡诺普罗斯（George Stephanopoulos）等政治顾问对克林顿政治努力的作用。我参加过拉美资深政府领导人策划并在华尔街设立办事点的会议，也出席过他们安排的“宣传”午餐会，他们与投资人（和捐资人的）比如乔治·索罗斯（George Soros）以及高盛、花旗集团和摩根大通等公司高管共进了午餐。

这种依赖对某些人来说关乎生死存亡。我记得 20 世纪 90 年代末，我坐在某著名主权债务专家的办公室。我们谈话的时候，他接到了俄罗斯副总理兼财政部长打来的电话。两个人谈了5分钟左右，然后我的这位银行家老朋友挂断了电话。“简直是疯了，”他说，“是短期债务。他们要多少都不够。他们用短期债务给军队发饷，用短期债务付账。他们就像瘾君子。”

“他们是瘾君子，”我说，“你又是什么？”几个月以后，成了瘾的俄罗斯在新兴国家当中引发危机，再次证明了市场对这些国家的领导人的影响。我的这位银行家朋友继续着他漫长的赚钱生涯，虽然他借钱的对象还不了钱，造成了一场国际危机。当然，那位借钱还不了的政府首脑马上就丢掉了职位。

此外，金融公司可任意使用的信息工具和分析工具让各国更加难以掌控其流入金融界的信息，金融界对政府就好比大公司的投资者关系部门。为了说明华尔街如何监测全球动态，我们以世界最大的资产管理公司贝莱德为例。贝莱德有8 900位员工，它的中坚力量是一群薪酬很高的精英分析师，他们在一丝不苟地实时评估各国和各国市场的状况。记者在2008年发送的一篇CNN报道中写道：

> 目前贝莱德每天运行着数以百万计的风险模型。对每个模型，电脑在不断地运算着时刻变化的潜在风险情景，每周运算2亿多种情景——从美国拖欠偿还债务会怎样，到中国不再购买美国国债会怎样等无所不有。这种分析能力让贝莱德一枝独秀。

贝莱德并非绝无仅有。这种能力——每天不但能作出几百万次判断，而且能把判断转化成对数万亿美元资本的分配——在非常真切的意义上构成了21世纪全球经济的生命力。显然，这不是各国政府能够控制的；各国政府至多只能施加影响。

其中能够对之有效地施加影响的有几个企业家型国家。这些国家具有类似于企业家的诸多特征。这些国家多是小国家，强悍好斗，有时候甚至很高傲，它们知道自己的抗争好比绝地求生。诸多因素使它们具有一种紧迫感，知道自己必须创新，必须投入心血、全力以赴才能成功。它们的例子也说明，小不一定意味着必然受到半国家身份地位的制约。你可以把小国家看成是被剥夺了传统的国家力量、无法与巨大的公共行为体角逐竞争的实体，反过来，你也可以把小国家看做是巨大的经济行为体，堪与多数大公司相比。在全球市场上，小国家把自己变成了公司样的经济体，只有在这个意义上，上述比较才是贴切的。

新加坡、以色列和阿联酋就属于这一类。就权利而言，这几个国家都没有权利存活，更别提蓬勃生长了。它们都是小国家。新加坡基本上没有什么资源；以色列的资源十分有限。阿联酋有石油和天然气，但它不愿意像许多产油国那样掉进自鸣得意的陷阱而把自己毁掉。这 3 个国家都面临着复杂的周边地理环境。它们也都认定：要想成功，必须大力扶持国际商贸与金融业，吸引技术，培养工人阶级的学生。此外，这 3 个国家都欣然接受了得自国际公司最佳管理实践的做法，比如积极聘请公司高管进入政府，实施系统的战略规划，采纳有意义的考核指标，主动向投资界伸出橄榄枝，以及注重创新，把创新作为国家“企业文化”的组成部分等。

新加坡

你从美国、欧洲甚至东京的成田机场降落到新加坡的樟宜机场（Changi Airport）时，它的现代、整洁和效率一定会给你留下深刻印象。坦白地说，如果你乘坐的是新加坡航空公司的航班，樟宜机场也许不会让你感到惊讶，因为新加坡航空公司的服务质量谁也比不上。然后你驾车驶入新加坡的闹市区，宽阔的、灯光明亮、一尘不染的道路两旁，闪闪发光的摩天大楼从精心打理的花园、从热带花卉和棕榈树丛中探出头来。这个小小的岛国在 1965 年作为独立国家尚不存在，如今却成了也许是全世界管理最完善的城市；与许多来访者一样，你也会感到好奇，古希腊人在建造城邦国家、新加坡的缔造者李光耀（Lee Kwan yew）在决定建设这座城市国家的时候，究竟有过怎样的想法。

新加坡曾经是苏门答腊的边远哨所，后来成了与英国东印度公司共同管理的贸易据点。“二战”期间，英国在新加坡一败涂地。温斯顿·丘吉尔把新加坡战役的失败叫做“英国历史上最可怕的灾难和最大的投降。”“二战”以后，英帝国四分五裂，分崩离析，新加坡是其中一个碎片，1959年它取得了自治权。这个岛国在1963年8月9日获得主权时，享有一个对它有利的优势。它的新总理是一位41岁的政治家，他领导着这座岛上最重要的政党人民行动党（People's Action Party）。他就是剑桥毕业的律师李光耀，他在领导新加坡半个多世纪以来，成了世界上一位胜任能干、有时候引起争议的领袖。

围绕李光耀的争议往往与他和他的政党对国家的强力控制有关，与新加坡政府对其人民的强力控制有关。从严格的公共场所行为规范（禁止把口香糖吐在大街上）到把鞭笞作为一种惩罚手段，新加坡在某些重要方面不符合西方对自由社会的标准。然而，让西方批评家争吵不休的却是新加坡凭借积极而创造性地接受市场力量，成功地为其人民创造了高水平的生活质量，这似乎是个矛盾的结果。在李光耀看来——他目前的头衔是内阁资政（Minister Mentor），这个结果并不矛盾。新加坡的优秀外交官马凯硕（Kishore Mahubani）曾经向我描述过，新加坡人创造了“一种亚洲模式、新加坡式资本主义，它把我们对社会的重要性、对尊重社会重要性的理解与我们对自由市场与竞争的欣赏融合起来。”

新加坡财政部长尚达曼（Tharman Shanmugarantnam）在某次宴会上把这个问题放在了更为客观的视角下。尚达曼曾在伦敦经济学院（London School of Economics）、剑桥和哈佛就读，被各国财政部长誉为全世界屈指可数的精明能干的部长；他在2008—2009年金融危机不久后说，“我们看到了盎格鲁–美式资本主义的不足。我们看到了欧洲社会资本主义面临的许多挑战。我们确信共产主义已经失败。现在有了不同意见、有了别样的平衡存在的空间……我们在新加坡长期培植的就是一种不同意见和别样的平衡。”

我追问尚达曼，这句话是什么意思，他说："我们认为，政府的角色是授权人民自己抓住机会。我们必须提供教育和基础设施，营造大环境，让他们为自己争取成功。"

李光耀本人说过，政府的目的是"提供所有公民都渴望的事物：美好生活、安全、一流的教育与孩子们的未来。这就是好的治国理念。"这意味着新加坡人的意见更倾向于一种家长制的国家，倾向于对媒体和公共话语施以比美国人和欧洲人感到自在的更多控制，但它也意味着国家有步骤、有计划地付出努力，每隔两年制定和更新一次国家竞争力战略；这番努力从公共–私人学术讨论开始，探讨世界将如何改变、新加坡的相对优势在哪里等问题，最后落实为重新分配资产，扶持新的当务之急。这些不是说说而已，所以，新加坡才从发展传统的制造业转变为生物技术和水资源等领域的全球佼佼者。

为了减少政府腐败，持续吸引优秀而聪明的人才，李光耀认为，新加坡部长应当拿到相当于新加坡最好行业的 CEO 的薪酬。新加坡设计出一种薪酬机制，即根据几个重要部门高管的薪资水平，按一定比率计算得出政府首脑的薪酬。国家总理每年的薪酬是 300 万美元；其他部长为 100 多万美元。有批评者认为官员赚钱太多了，李光耀回答说："平息一切议论的方法是政府突然失灵。可是，如果政府失灵，新加坡就再也不可能重新成为一个完整的国家了。"

类似的观念体现在整个制度当中，比如跨部门收费制度"利用市场概念对内部（政府）服务的提供者和消费者给予奖励和惩戒"。对效率高的部门的奖励是，它得到较多的资源。卫生保健、住房和教育服务都按用户付费的市场机制来提供，价格由需求决定。这并不意味着政府不再为人民提供上述服务；经济危机期间，新加坡政府的紧急救援和对失业工人的保护极其广泛，在世界范围内可圈可点。它推出 150 亿美元的经济刺激计划，占到 GDP 的 6%，内容包括"技能更新、把企业所得税减少到 17%、为中小企业提供贷款援助，用费用减免和现金支出帮助低收入家庭，以及增加用于基础设施、卫生保健和教育等公共开支等。”

美国和英国公民习惯了在这些问题上采取黑白分明的立场，在他们看来，新加坡的做法把市场思想完全改变了——它把创新和相信竞争与国家发挥积极作用的重要性以及集体先于个人的价值观揉到了一起。其结果让人无法质疑。新加坡有亚洲第二高的人均收入，在全世界名列前茅。它的人均 GDP 是 62 200 美元，排在世界第 5 位。它有世界最低的失业率和婴儿死亡率。它的预期寿命排在世界第 13 位，卫生系统的业绩排在第 6 位，虽然它在卫生保健上只花费了 GDP 的 1%（美国目前的花费即将达到这个数字的 20 倍）。

新加坡被评为全世界经商环境最佳的国家、第二自由经济体（仅次于香港，这一点很有趣，因为二者都处在不同于西方所谓国家应当发挥何种作用的制度之下）。与此同时，新加坡还被认为是拥有最适于经商的劳资关系的亚洲国家。诸多因素结合起来，才会让全球商业网络（Global Business Network）的创始人和主席彼得·施瓦茨（Peter Schwartz）在谈到这个城市国家时这样说道：“新加坡是世界上管理最完善的公司。”所以，我在 2010 年那天晚上与尚达曼共进晚餐时，他才会担心回去以后必须向国会作出交代，为什么新加坡本年度的增长率“只有”将近 14%。

新加坡“只是”一个城市国家，它的许多政策很难在庞大而多元的经济体和社会中加以复制。但是它的案例的借鉴意义却由于几个原因而凸显出来。首先，新加坡是亚洲一个重要的进出口贸易中心，所以它与本地区的经济体不仅在经济上，而且在文化上相互关联。新加坡不仅像其他成功故事一样引人注意，促人效仿，新加坡政府也在整个地区积极分享它建设和治理现代都市的经验教训，尤其是与中国人。新加坡在看到了中国“新城”苏州等发展项目之后，从新城的枝干上削了一块，把它移植到一个更大的领域。此外，因为新加坡有大量华人和其他亚洲人口，它很容易与亚洲各国的领导人沟通，而由于它作过英国殖民地的历史，它也很容易与世界各国的领导人沟通。所以，新加坡国家虽小，其影响力却很大，并且还在继续增大。

阿联酋

樟宜机场与美国机场的对比已然十分鲜明，而从迪拜机场延伸到阿布扎比的现代化公路与你在美国腹地可能遇到的坑坑洼洼的土路的反差也相当巨大。阿联酋现代化的摩天大楼看起来就像未来派的电影场景；比较起来，在美国，人们经常必须沿着拥挤的道路缓慢蠕动，放眼望去只见一片片生锈的工业废墟。人们会不由地感慨，自1960年代发现石油以来，阿联酋发生了多么天翻地覆的变化。这里是世界水准的地方，就在阿联酋受到全球金融危机冲击的时候，这里依旧随处可见建筑起重机、脚手架、大工程、超高摩天大楼和大型娱乐中心。不过，真正重要的是这些城市正在发生的事情：阿联酋和它的许多邻国不同，它没有大量地花费靠石油赚来的钱。它在积极谋求多样化，并且投入资金发展新的产业、教育人民、从全世界引进人才。事实上，阿联酋在大刀阔斧地把自己变成一个商业保育箱；2010年10月我在阿布扎比出席了一次由意大利阿斯彭学会（Aspen Institute）主办的创新研讨会，会上结识了一个西方人，他说："这不是一个国家，而是一家创业投资基金。"

今天，阿联酋只有25%的收入来自石油和天然气。迪拜的比例还要小，只有5%。阿联酋拥有世界9%的探明石油储量和近5%的天然气储量。它正在打造传奇的发展道路，从建筑到工程，从信息技术到马斯达尔（Masdar）实验性质的"绿色城市"（下一代能源技术正在这里开发），这些措施将造福于阿联酋的近100万人口，在未来几十年石油和天然气储量开采完毕之后，阿联酋还可以继续发展。

阿联酋的办法之一是效仿新加坡的榜样，发展几支重要的主权财富基金，把国家财富重新指向全球投资项目，这样既可以创造收入，又可以学到某些重要领域的知识。阿联酋也为半国家开拓了新的力量源泉，提供了由于活跃的市场参与而形成的影响力。阿布扎比投资局（Abu Dhabi Investment Authority）是世界最大的主权财富基金，它管理的资产价值估计高达 6 270 亿美元。

阿联酋具有类似于新加坡的发展精神并非偶然。阿联酋认真研究过新加坡的案例。他们在短时间内取得的成果也类似于新加坡。目前，世界银行在贸易便利性一项把阿联酋排在全球第 3 位。根据世界经济论坛的评选，它的基础设施投资名列世界第 3 位，新技术渗透率为世界第 14 位，高效的商品市场排名世界第 6 位。阿联酋的人均收入排在第 18 位，每年 4 万美元。

虽然迪拜由于对旅游业的依赖尤其受到金融危机的冲击，但是很显然，阿联酋在长期资产多样化方面采取了审慎而具有创造性的举措。阿联酋也没有采用民主体制，它的被赋予权力的本地精英与来自中东广大其他地区的工人之间存在潜在而严重的紧张关系，工人被引进以后住在拥挤窄小的社区，发展机会也相对很小。（据估计阿联酋国民的人均收入在阿布扎比是 27.5 万美元，迪拜为 12 万美元，这两个数字说明了两地之间的差别；如果算上工人的人均收入，这个数字一下子被拉低到 4 万美元。）不过，阿联酋的国家领导人哈利法 · 本 · 扎耶德 · 阿勒纳哈扬（Khalifa bin Zayed Al Nahyan）在大力倡导企业家精神和发展教育，其魄力在中东地区（以色列以外）前所未见。在阿斯彭研讨会的小组讨论会上引人注目、大胆放言、提出挑战的与会人员当中不乏受到良好教育的年轻职业女性，她们身穿传统服饰，却提出了截然不同于传统观念的意见，预示着这个国家美好的未来。

以色列

在中东另一个地方，以色列由于把沙漠变成绿洲、建立起蓬勃发展的经济而名闻天下，虽然它缺乏邻国赖以为经济支柱的石油和天然气资源，前不久仍然成为世界经济合作与发展组织（OECD）的成员国。以色列不同于新加坡和阿联酋的地方在于，它享有蓬勃的、引起争议的民主；它不同于盎格鲁—美式资本主义模式的地方在于，它的治理是把福利国家的“大政府”传统与注重创新的文化结合起来。以色列的创新能力目前排名世界第6位，总体竞争力排名世界第24位。

以色列国的成立主要由犹太复国运动领导，这群人抱持强烈的极左立场和意识形态，他们认为，以色列国作为一个强大的犹太国家要想成功，必须依靠工人阶级定居者的农业合作劳动。这个事实显著地影响了它早期的政治和经济政策。他们的理念被概括为“马克思主义信念与农业乌托邦相混合的社会民族主义意识形态”。在这种思想的指引下，世界上有了合作农场“基布兹”；以色列颁布的一系列公共政策实行如此广泛的中央控制和所有权，以至于它被贴上了“苏联阵营以外最具社会主义特色的经济”的标签。

以色列建国前40年间，公共部门一度庞大到占据了经济总量的80%。不过，到1970年代，一些其他因素开始给这种制度施加压力，包括犹太移民大量涌入（许多来自苏联）、通货膨胀盘旋上升、赤字增加和公共债务负担沉重等。经济增长出现迟滞，很显然，政府的某些宏观政策必须加以调整。

1984年，以色列的通货膨胀率达到50%。1985年，国家开始实施一项重大改革，叫做经济稳定计划（Economic Stabilization Plan）。该计划要求政府大幅度削减支出，与工会达成交易实行工资控制，以色列货币谢克尔贬值和采用水平波动汇率制度等。通货膨胀得到了控制，但是社会主义经济结构仍然没有改变。这时候，以色列受到了在芝加哥大学就读的一群青年领袖的影响，他们呼吁以色列推行“撒切尔式改革”。这群新自由主义者当中有一位年轻人叫本雅明 · 内塔尼亚胡（Benjamin Netanyahu），他出生在以色列，父亲是历史学家，哥哥是一位战争英雄。他和这个群体的其他人一样斥责社会主义模式的失败，担心以色列在重造世界经济的IT革命和其他潮流中落在后面。

1990 年代的改革几乎没有取得什么进展，2001 到 2003 年间以色列又遭遇了历史上最严重的衰退。2003 年，内塔尼亚胡担任财政部长以后，启动了以色列经济复苏计划（Program for the Resuscitation of Israel's Economy）。它的 4 大主旨是“收缩公共部门”、“私有化和税收改革”、“改革垄断和卡特尔”以及“重建以色列资本市场”。到 2008 年，以色列的公共部门下降到了“只占”GDP 的 45%。随后出现了一个前所未有的经济增长和稳定时期。

究竟是哪些措施起了作用，关于这个问题存在很多争议，但大家达成共识的一点是，以色列的创新能力发挥了关键作用。今天，以色列“拥有全世界人均数量最多的新公司，共 3 850 家；也就是说，每 1 844 个以色列人就有一家新创办的公司。”以色列在纳斯达克股市挂牌交易的科技公司比所有欧洲国家加起来都多。以色列原材料缺乏，受此制约，它把关注点放在自己在科技领域享有的强大的相对优势上，成了高科技与 IT 商品和服务的重要出口商。现在，以色列工业产出的 40% 以上为出口导向，其中约 1/4 是电子产品，约一半的出口服务与科技密集型产品有关。

以色列也像新加坡和阿联酋一样，以一家成功的企业可能采用的方式对世界市场做出回应：调整战略，扬长避短，创新。举例说明，2008 年以色列在 IT 领域吸引的风险投资（VC）按人均计算是欧洲的 30 倍，中国的 80 倍。

半国家（或普通公民）该怎么办？或者说如何应对后主权时代的现实

半国家必须如何调整和适应明显发生了改变并且继续瞬息万变的国际体系的全新现实，对于这个问题，企业家型国家的例子只提供了一种答案。同样，少数大公司在世界舞台上施展身手、摆布贫弱的民族国家的故事也只是描述了全球现实的一部分；当今世界，绝大多数国家的规模和实力也许都比不上 2 000 个左右举足轻重的独立经济和政治行为体。此外，业已发生改变的现状仍在继续发生改变。全球化、跨国公司激增、经济持续增长和重新确定公司的适足规模、新技术突破以及不可避免地增强国际机构的重要性等，这些都将成为影响主权国家的有利因素。

在这种“后主权”环境下，余下的主权更多地集中在少数几个大行为体手中，对于多数国家，主权的意义越来越小；为了达成选民和股东的目标，国家和公司将必须被迫合作并以多种方式在广泛的体系内展开竞争。我们可以料想，本章提到的一些问题将继续困扰这个体系，新问题也必然会出现。

在由国家、半国家、超级公民和普通人构成的全新国际环境下，极有可能出现的具有普遍性的挑战有：

✓ 不平等

不平等呈现为多种形式。过去几十年自由市场理念的传播增加了穷人的收入，也加剧了全世界几乎所有国家的收入不平等。此外，大国与半国家之间影响力的不平等可能会加剧，造成全球巨头企业与区域型小公司竞争者之间关系紧张和市场不平等，从而可能形成二者联合起来反对竞争的压力。

✓ 腐败与权力滥用

国家贫弱、大量人口处于赤贫状态，大公司由于其资源优势或者跨国身份，能够逃避为其行为承担法律后果，这两种情况结合起来可能会加剧腐败，特别是在极其贫弱的半国家。

✓ 民族主义与反全球化

我们已经看到了民族主义与反全球化的事例。如果现存的制度似乎加剧不平等，并给外国人提供不公平的好处，那么反全球化是不可避免的。不仅民粹主义者会积极拥护政治民族主义，在全世界对稀缺商品的需求日益增长的情况下，资源民族主义可能会造成进一步的紧张关系，还可能进一步逆转全球市场自由化的潮流。

✓跨国公司的异化

如果跨国公司被看做是不忠诚于任何国家的实体，那么它们会越来越多地成为民粹主义者、民族主义者和政治机会主义者攻击的靶子。

✓无能的国家领袖让人挫折感加深

中东 2011 年的动乱说明了这种挫折感加深可能呈现的外在形式；此次动乱本质上是经济上被剥夺了投票权的年轻人在寻求机会，他们认为是政府在阻挠自己享有机会。

✓贸易冲突

脆弱的贸易制度承载了过于沉重的负荷，再加上思想多元化、对全球化的反弹、资源民族主义等，可能会让今后 10 年成为进入现代以来贸易冲突最为频繁的时期。

✓在上行趋势有望开始之前继续追逐最低的税收和劳动力成本

超级公民会继续挑拨国家与半国家互相对抗，以便自己渔翁得利。它们会成功；国家的税收收入会受到压缩，工资增长比预期更加缓慢。

✓更加广泛地拥护民族产业政策和不公平的竞争手段

这个问题与贸易冲突相伴而生。我的公司为商业圆桌会议（Business Roundtable）做过一项全球能源与气候竞争的研究，研究表明，25 个国家当中有 23 个国家的政府在积极谋求与公司合作以创造就业和投资流动。美国是局外人，它放弃了政府在市场上应当发挥的一项重要作用。

✓流氓化

比尔·克林顿曾经说过，核武器是“朝鲜唯一的经济作物。”巴基斯坦受到美国的支持和关注，也是因为美国希望支持它的能够控制其核储备的领导人。伊朗获得国际地位和影响力，靠的仅仅是追求核武器。对于边缘化的半国家和这些国家心怀不满的领导人而言，极端的不良行为也许是他们引起关注和获得影响力的唯一手段。新技术简便快捷的传播加剧了这个问题，此前很难制造的大规模杀伤性武器变得易于制造，恐怖分子和黑市网络易于获得支持，潜在的流氓行为的全新工具比如网络恐怖主义或者网络战争越来越易于发起。

与此同时，国家要建设性地探讨其他方案，以便更好地应对全新的现实，比如：

✓新的联合和联盟（包括国与国之间和公共与私人部门之间）

弱国唯一的手段将是以数量取胜。区域性联盟、志趣相投的国家的联盟、区域性组合、针对正在形成的威胁或者机遇开展特别合作等，都可以在这个问题上发挥关键作用。

✓加强国际组织和国际法的建设

政治制度和法律制度的出现往往是为了纠正不平等，使竞争场所平等化。如果人们认为大国和大公司在扭曲国际体系，在损害他人的情况下为自己服务，那么，加强现有的软弱体系也许会成为受人欢迎的选择。为此人们必须改变对全球治理问题的看法。必须认识到，授权多边组织来帮助（它们只能是帮助）履行社会契约的根本要求并不是“把主权让渡给上一级机构”。相反，它是为了维护国家层面的主权，把主权集合起来共同分享。实际上，在多数跨国问题上，强大的全球治理和全球政府机制并不是传统国家主权的敌人，而是它唯一的希望所在。

✓改变战略观，修正世界观并相应地调整结构

当然，认识到哪些情况已然发生了改变是尤其可喜的第一步。多数国家存在组织不善的问题，不能与其他国家、更不能与私人行为体有效地开展合作。过去，外交被认为是就迫在眉睫的问题进行沟通的主要方式，偶尔也是合作方式。但是多边主义的新时代要求多个层级的政府——超国家、国家和地方层级的政府每天无缝隙地协同工作。在当前许多发达国家由于财政负担过重纷纷削减国际资源的历史时刻，必须认真思考和分析所谓的节约与真正的节约之间的区别。为了利用有限的国家资源来应对共同的问题，形形色色的国际负担分摊将成为越来越根本的方式。负担分摊还可能对下一代政府收入的产生起到作用——全球治理需要资源，有些资源也许要求在超国家基础上缴税或者付费。当然，除此之外，国家还必须采用新的界面和战略与私人行为体相互作用——不管是在全球市场上对私人行为体有效地加以规范，还是为抗击新的威胁、抓住新的机遇与私人行为体合作。

前景思索

根据《牛津英语词典》，“国际”这个词在18世纪晚期才开始在英语中广泛使用。威斯特伐利亚巩固了民族国家的概念、认为民族国家是国际社会主要的基本政治原则，一个半世纪以后出现了这个词，最早用来指万国法律。

这个词流行起来以后，渐渐开始用来指代所有的世界事务。人们一生中的大多数活动在国界内开展，在几个国家之间发生的事情被认为主要是这些国家的责任。所以，世界舞台上举足轻重的互动交往由代表单个国家的政府之间的关系决定。

今天，“国际”这个词仍然指代国家之间相互交往的地方，指地图上越过边境的活动。但它不再突出地用来指代这些活动中的主要玩家。国家的角色在变，国际舞台上加入了新的行为体，对于今后一百年可能出现的问题是否能够解决，这些新行为体与国家的作用一样重要。

从我们该如何掌控国际经济到怎样保护环境，未来的发展要看我们能否在公共和私人权力中心之间达成适度的平衡；不仅是国家与企业之间的平衡，而是自认为必须肩负起一度由国家肩负的责任、必须应对一度只针对国家的挑战的企业，与发现自己必须像企业那样灵活变通、积极开拓的国家之间的适度平衡。

要想达成这样的平衡，必须不仅要有新的机制，还要改变态度和观念——在超国家层面，也在国家层面。如何掌控公共与私人行为体之间几百年来的争斗，不久前人们还以为找到了这个古老问题的答案：冷战结束以后，20 世纪末的资本主义原型与 21 世纪初的美国市场原教旨主义占了上风；现在，危机和变化提出了不一样的答案。

人们必须扪心反思。其他方法正在吸引拥护者，甚至形成了一定的凝聚力。虽然几乎每个国家的资本主义都有所改变，它们彼此之间存在重要的差别，但是，那些让政府和私人行为体在商业领域以外发挥积极作用的资本主义似乎在受欢迎程度和业绩表现两方面都胜过了如今受到怀疑、信誉扫地的美国模式。

本书最后一章将简短地探讨这番思索可能得出什么结果。

第十一章

多种资本主义

说实话：如果我们不曾以西方的优点作为自己的指导，我们就不可能摆脱落后局面，我们的经济和社会可能仍会处于不发达的状态。但是，我们不想要西方的一切。

——新加坡资政李光耀，1994 年

美国金融市场的肆意妄为和监管不力造成了（2008 年金融危机）——这种普遍持有的观点导致人们对自由市场政策的批评增多，也许会使美国很难实现其长远目标……已经加剧了人们对美国有没有能力管理全球经济和国际金融结构的质疑。

——美国国家情报局（National Intelligence）局长丹尼斯 · C. 布莱尔（Dennis C. Blair），2009

瑞典韦斯特罗斯附近的田野里有一块神符石，上面留下了维奥法斯特（Viofastr）的儿子格林穆德（Grimmundr）的记载。石头上镌刻的文字被氧化铁染成了红色，据当地的传说，当年把山羊科勒的羊角染红的也是氧化铁。这块石头的历史大概可以追溯到铜山开始开采的年代。石刻文字说明人们正在韦斯特罗斯（此地日后成了斯道拉铜矿的股东彼得主教的家园）与达拉纳之间架设一座桥梁。

不过，格林穆德却是瑞典当年另一项伟大事业的组成部分，这项事业不仅在散落瑞典乡间的成百上千块神符石上予以纪念，类似的纪念还出现在从中亚一直延伸到北美的广大地区。据石头文字的记载，格林穆德是一位维京战士，他和多数瑞典维京人一样游历到了东方。把维京人向全世界进发的所有线路综合起来，你就会看到一项此前从未有过的伟大的全球事业。比成吉思汗早了几百年，比中国伟大的太监司令郑和跨越太平洋的探险要早，比西方的“地理大发现”和今天的全球化时代要早，维京人的雄心和胆魄把看似遥不可及的天涯海角连接了起来。

附近的神符石，比如在斯道拉 ·里特尼（Stora Rytterne）教堂遗址附近的一块石头记载了远到花剌子模（Khwarenzm，即今天的乌兹别克斯坦）的目的地。维京人也被叫做“罗斯人”（Rus），他们建立了基辅罗斯公国（Kievan Rus），基辅罗斯公国后来成了俄罗斯。他们与卡扎尔人（Khazars）开展贸易。他们率先进入巴格达劫掠。一位维京领袖“远行者英瓦尔”（Ingvar the far-travelled）因前往里海卡斯皮安地区（Caspian）的倒霉的远征而名扬天下，这次远征发生在 11 世纪中期，是此类探险的最后一次。维京人让人印象深刻。一位阿拉伯旅行者描述他们说，他“从未见过如此完美的体格，他们像棕榈一样笔直，头发金黄，脸色红润”。

就本书探讨的专题来说，这项遥远而庞杂的全球事业既是公共也是私人性质。这些事业既是开拓进取，也经过官方批准，如同当年的普遍情况；在公元 1000 年前后，它既经过精心策划，在很多时候又是突发奇想。这项事业依靠那个时代最先进的航空交通技术，也大量使用残暴的武力。这项事业要求远见卓识，它的驱动力则是孤注一掷的求生本能。它的参与者在其短暂而血腥的一生中取得短暂的胜利。他们的辉煌体现为行吟诗人的颂歌和镌刻在散落乡间的粗糙石块上的文字。

在公元 1000 年前后，一个维京人、牧羊人或者矿工能活到 40 岁就是了不起的成就。人们认为英瓦尔的远征毁于疾病；疾病肆虐，达到了无人生还的地步。卫生状况很差；人们很少洗澡，住房简陋，在极端气候条件下毫无舒适度可言。青少年承担着成年人的重任，成年以后往往只有 10 到 20 年的寿命。与封建时期的欧洲其他国家相比，瑞典人虽然享有更高程度的独立，虽然没有遭受过奴役，没有罹患过当年司空见惯的许多疾病，但是，饥馑、无知和生活艰难仍然日复一日如影随形。

这些维京人开辟的贸易路线把全世界连接起来，离韦斯特罗斯的神符石上提到的桥梁不远的铜矿之类企业创办起来，它们播下的种子所结出的果实我们直到今天还在享用。公共与私人权力在这 1000 多年间的博弈以及二者何以造就了世界、造就了彼此的故事就像维京人的传奇一样离奇、惊险而引人入胜。这个故事提出了许多问题，而且牵涉诸多不公不义的行为，但有一点可以肯定：私人企业的兴起与政府的演变可以在斯德哥尔摩西北部连绵起伏的群山当中找到重要的根源；这种全球现象自从有文字记载的历史之初就一直在进行，我们今天的现实也因此大大改善。

换句话说，虽然这本书用相当多的篇幅探讨了公共与私人权力之间的张力，特别是探讨了我们何以走到今天的地步——在世界许多地方，二者的平衡明显地被打破；但是，我们的任何结论都必须在继续从蓬勃的市场获得好处的大前提下得出，在使我们的时代区别于过去时代的先进的政府概念的前提下得出。

我们在日常生活的方方面面几乎都比那位可怜的格林穆德占有优势，他肯定是在“东方”某个地方痛苦地死去的，对此我们必须感谢市场的产品和机制，感谢市场的倡导者。几乎所有重要的新技术、基本战胜了饥荒的农业突破、收入增长、教育和理解力水平的提升、文化传播等都源于现代商业的兴起。

同样，我们必须指出，商业活动所激发的创新大多是在政府行为的帮助下促成的；政府在法律规范之外认购公路、运河、铁路和机场，政府提供学校和医院，政府保障安全。

站在更为宏观的角度，我们在阐述本书简短涉猎的这段历史时期的时候，可能犯下的最大错误是沦为过于简单化。大致而言，如今，商业企业的实力、规模和全球覆盖面超过了任何历史时期。超级公民作为国际舞台上举足轻重的新玩家应运而生。但它们并非无所不能。它们所掌握的权力的特点与国家大不相同。国家失去了一些传统意义上的权力；但是，所有国家、包括贫弱的半国家也都保留了一些权力，有的国家能实施法律，有的能够动用武力，有的能控制本国的边境和经济。有时候，比如前面一章提到的流氓国家的情况，它们靠新的技术和战略继续充当有分量的行为体，如同贫弱的国家与政治玩家在一切历史时期的表现和作为。

我们探讨了企业与政府关系的历史，应该肯定的是：我们不愿意把时钟拨回到过去，政府规则与商业机制的演变对取得的进步至关重要。我们今天仍面临的问题有很深的根源，虽然当代政治往往要求用立见分晓的测试方式来分析，但我们必须要用比分析当代政治更为微妙复杂的眼光，来公正地看待这些问题。

当我们从1000多年的发展过程中寻找规律的时候，可以得出与当代相关的清晰结论。其中最清晰的结论是，不管是公共还是私人行为体，当一方的影响力压倒了另一方或者覆盖整个社会时，广大公众一而再、再而三地受到损害，有时候受到极其痛苦的损害。过去的20年清楚地表明，苏联共产主义所体现的政府权力太大摧毁了经济生活，打击了一个伟大民族的精神，而美国近年来对金融界和企业的贪婪不加遏止，由此体现的市场权力太大则可以把世界上哪怕最富有的国家抛入金融危机的深渊，造成社会分裂，使该国在国际舞台上的影响力下降。

我们应该思考的问题并不是像某些现代政治家明确或者含蓄地表达的那样，企业或者政府究竟好不好，或者一方是否比另一方好。而是要提出更具有建设性的问题，那就是我们希望企业和政府在社会当中扮演什么角色，反过来，我们必须扪心自问，我们首先要为社会确立什么目标。

曾几何时，解答这些问题的权利和职责专属于民族国家，今天，民族国家无疑仍是当仁不让的核心角色。但是，国家在设法解决这些根本问题时也必须意识到，在全球化的大标题下显现出来的历史力量正在改写基本规则，这些规则决定着国家可以选用的方案。有些问题要求区域合作或者全球共同努力。有些问题是多数国家无能为力的。大国和半国家的可选方案各有不同，而超级公民、强有力的不属于任何国家的全球私人行为体的粉墨登场进一步改变了可能的联盟关系，它们也许会对每一种结局施以不同的影响。

所以，对于当前时代，我们还要思考什么发生了改变，什么没有发生改变？哪些选择是人民和政府作出的，它们如何对私人行为体作出的选择产生影响？两种不同的选择如何相互影响？最后，我们要思考的是，我们该怀抱怎样的希望，该为什么而努力，我们的时代该为这场极其重要而永无止境的争论作出何种贡献？

闪耀却遭到孤立的时刻

今天，除了专攻政治学和哲学的学生，很少有人会苦思冥想社会该如何加以组织。为什么要对社会加以组织，思考这个问题的人就更少了。但是有一点很明确，不管是否经过公众辩论，是否做过大量思考，世界各国的公民、形形色色的企业领导者都会行动起来，给出事实上的答案。人们采取行动，产生结果。体制、法律规范、预算和由此形成的经济与社会被一而再、再而三地创造出来。问题是对这些决策享有发言权的人往往太少，在享有发言权的人当中，认真思考过自己的行为将对普通公民产生何种后果的人也太少。

国家的角色在变，但是，大国和有影响力的国家做出的政治和经济决策仍然在领导世界舆论，推进全球行动。这些国家采用的制度不同，公众、公众的代表和私人行为体对结局施加影响的方式不同，最后的情形各有不同。但是，每一种情形都会产生结果，推动、启迪乃至刺激其他国家的舆论领袖。

换句话说，在思想的全球市场上，有些制度像股票一样一直在涨，有些制度却一直在跌。我们看到，在一切历史时期，思想跨越边境受到拥护或者遭到排斥；有些国家开辟道路，另外一些国家追随其后。宗教改革运动、启蒙运动、工业革命、信息时代，这些都是我们赋予几个时代的名称，在这些时代，几种重要思想受到地理政治和经济财富的刺激，受到新技术的刺激应运而生并流行起来，奠定了时代的基调。在一切历史时期，另外一些意义重大的支流，比如使用纸币，比如接受有限责任公司的概念等，也在世界某个角落发起并流行起来，它们改变着世界，也让观察者看到，创新者在确定自己时代的发展道路。

在过去的 100 年，确切地说是第一次世界大战以后，或许也包括一战前的几十年，由于美国实业家比如洛克菲勒和摩根等人的崛起，在社会应当如何组织的问题上，美国成了当仁不让的思想领袖。自由市场资本主义加民主，这就是它简化的准则，二者的具体搭配则一代又一代略有调整。在 20 世纪的大多数时候，另一种被广泛宣扬的思想是共产主义，主要以苏联为代表；在这种制度下，平等不是出自个人选择，而是出于国家行为，国家被赋予了为大多数人规划最美好未来的职责。

先是苏联由于不堪承受其自身的重负，由于其制度存在深刻的缺陷而轰然倒塌——它的中央计划失败，它的封闭社会无法有效地在全世界参与竞争；信息的自由流动好比参与全球竞争的氧气，经济要想发展全都离不开氧气。

美国胜利了，可是，如同惯常的情形，它误解了自己的胜利。它以为胜利主要是由于自己的美德而不是敌人的虚弱。接着它错误地指认了自己的美德，致使美式资本主义本身成了一个拙劣的仿制品——就在美国职业运动员用激素给自己打气、达到荒唐地步的同时，美国商界在肆无忌惮地开辟新道路，用前所未有的财富来谋求新的特权，以便今后可以更加肆无忌惮。在这方面美国不是个别现象，全世界的金融中心和企业集团都表现出类似的行径。但是，他们效仿的是美国的榜样，就像本章开头丹尼斯·布莱尔那句话所表明的，名誉扫地的也是美国的榜样。

历史上，人们不可能在几十年间知道哪个特定时期是真正的转折点，不管它看起来多么紧张激烈或者意义重大，人们也不可能知道它的精神或者思想能否流传下去。事后看来，1648年、1776年和1848年当然是分水岭。1970年代，我们看到了货币与黄金脱钩，看到了对新政的反弹，看到了跨国公司加速兴起和收入差距迅速拉大，看到了致使共产主义走向终结的诸多力量，但它是个历史的分水岭吗？也许还有待深入研究。

事后看来，1990年代和21世纪头10年好像也可以标志着一个转折点。这一时期始于苏联共产主义的垮台和后来所谓的"历史的终结"，却在70多年以后的金融地震中结束——金融地震结束了一切关于"历史终结"以及美国永远上升、美国是超级大国和意识形态的灯塔之类思想。

这一时期之初，美国经济处于相对的欣快期，我们看不到美国市场正在释放破坏性的力量，看不到不平等加剧，看不到新的大国如中国、印度和巴西的潜力得到释放，它们正在崛起并占据它们在170多年间不曾有过的重要地位。这一时期的市场凯旋论（market triumphalism）虽然抓住了美国取得冷战胜利在一个重要层面的意义，却几乎没有察觉随之而来的挑战，而是想当然地认为当时貌似真实的表象将一直保持下去。

直到21世纪初发生经济和政治震荡，情况才变得明朗：美国陷入了它无力负担的中东战争的泥沼，遭到了它应当预见和阻止却没能做到的经济危机的打击，金砖国家崛起，欧洲和日本在谋求自新。2001年的"9·11"事件表明，即便在美国似乎是唯一坚不可摧的超级大国时代，非国家行为体也可以发起破坏稳定的挑战。但是，从意识形态的角度，从世界如何看待自身、世界该如何自我组织的角度看，2008年和2009年的金融危机所造成的冲击远比毁灭性的"9·11"事件更为重要，虽然"9·11"事件把下曼哈顿地区17英亩的土地夷为废墟。

金融危机之后，那些抱持资本主义与共产主义截然对立的意识形态的观察者认为，公众舆论对国家的目标与市场角色的观点的确发展到了一个转折点。苏联共产主义的“太多国家”与美式资本主义的“太多市场”都暴露出深刻的缺陷（苏联共产主义的缺陷是致命的，美式资本主义则蕴含着识别并修正自身缺陷的方式）。

“我们对马克思主义所谓资本主义矛盾性的议论冷嘲热讽，”2008 年 9 月彼得·杰伊（Peter Jay）在 BBC 节目中评论说：“因为马克思主义到 1970 年代已经引人注目地失败，资本主义却还在蓬勃发展，马克思主义的信徒名誉扫地。”“后冷战时期，”伦敦《卫报》的一位专栏作家写道，产生了“另一种乌托邦的意识形态……某种市场原教旨主义成了指导思想。”因此，他用一句话点破了创伤后压力所导致的言过其实，“由于发生了像苏联倒台这样意义深远的变化，一种政府和经济模式彻底崩溃。”《纽约时报》在危机期间写道，“透过当前的危机考察反对监管的思想的缺陷和错误，显然并不嫌早；从里根时代起，华盛顿就被反对监管的思想牢牢控制住了……国家要站在全新的视角看待市场，要承认不受约束的资本主义具有自我毁灭的倾向。”两天以后，托尼·本恩（Tonny Benn）在大洋彼岸写道：“政策将必须做出重大改变。我们曾经实行一种依靠市场、排斥政府的制度，这种制度失败了。市场失败了。”

美国的欧洲盟友与中国和印度等新兴国家的发言人用赤裸而激动的语言响亮地提出疑问：美国模式是否已经完蛋。2008 年，德国财政部长彼得·斯泰因布吕克（Peter Steinbruck）预言：“美国将失去全球金融体系中超级大国的地位。世界将变得多极化……世界将再也不是原来的样子……10 年后当我们回顾今天，将发现 2008 年是一次根本的转变。”2009 年 4 月，法国总统尼古拉·萨科奇在 G20 峰会上说，“一贯正确、无所不能的市场结束了”；他认为盎格鲁—美式资本主义“那一页已经翻了过去”。也许更让人吃惊的是，英国保守党影子内阁财政大臣乔治·奥斯本（George Osbourne）也加入了怀疑者的行列，他谴责了盎格鲁—美国模式的基本前提，即自由市场总是有效率的，政府应当为它让路。就连艾伦·格林斯潘也承认，他“对放松管制的信念动摇了”，他一直认为“政府监管人员在主持纪律方面并不比市场更好”。如今他的观点大为缓和。

为了寻求解决方案，各种观点纷纷被抛了出来并受到拥护。新时代似乎在明显地召唤国际合作，也许还有全新的国际体系。G8 变成 G20 以后，迈步走进了这场危机的舞台中央。《经济学人》指出，央行的政策“如果加以协调将会更加强大。不过需要结合的不仅是各国央行。”国民政府也要齐心协力：“即使像欧洲宣称的那样，危机是在美国酝酿形成的，现在它也属于了每个人。”BBC 把这次挑战看做一个分水岭，表示“新的世界秩序将从混乱中产生”，指出“金融洪灾之后，世界的形状开始缓慢呈现。首先要说的是，所有人都在同一条船上。大家必须同舟共济。”文章声称“超级大国的新外交不是东方与西方对峙，不是回归 19 世纪 30 年代灾难性的操纵，而是在一致同意的更好原则上理顺国际关系”。

那么，一个显而易见的问题是，这些原则是什么原则。要把旧的原则抛在一边吗？乍看起来好像是的。美国、欧盟、日本和中国宣布了巨额的政府刺激计划，干预资金高达数百亿美元乃至万亿美元。小国家提出了较小的计划。人们风传要采用新的协调机制。人们就市场改革的话题争论不休。在貌似需要讨论这些问题的地方，比如美国，政府介入并紧急救援了汽车制造企业和金融机构。

短时间内就引发了预料之中的强烈抵制。全世界和美国总统拥护“社会主义”，“中央集权制”重新抬头。美国掀起大讨论，从在政府成本太高、负担过重的情况下如何有效为更多人提供医疗保障到中国崛起等，议题非常广泛，所有这些讨论都被解读为一个信号：正在发生的岂止是改革而已，思想观念的钟摆也重新回归到 20 世纪 30 年代。改革采用的思想是富兰克林 · 罗斯福的，是约翰 · 梅纳德 · 凯恩斯的，还是列夫 · 托洛茨基（Leon Trotsky）的，要看抵制与批评的歇斯底里程度。几个月过去了，改革的呼声和反对改革的警告依然在空中飘荡，并且随着右翼的美国茶叶党代言人和从开罗、雅典、伦敦到美国各地城市爆发的反现存体制抗议者申诉各自的理由而不断地变换着形态。专家和喜欢思考的观察者都在努力破译对各国领袖造成冲击的力量，想要搞清楚哪些力量是有意义的，并将产生长期后果，哪些力量稍纵即逝，将随风飘散，如同带来午后尘暴的旋风。

我的观点很明确：与其聆听政治宣传的说教，点击浏览博客，阅读观点专栏文章，不如学一学历史；回顾历史可以更好地解答长远趋势是什么，当前哪些力量在起作用，必须解决哪些问题等。通过研读历史，我们可以更好地理解重要问题的多个侧面——市场的兴起在技术、社会和经济层面带来的益处及其局限。我们可以探讨谁占据着经济制高点，但是，当我们研究他如何登上那个制高点的时候，却不得不提出一个问题：他是否也占据了政治制高点？这是一件好事吗？我们看到，基层民主在全世界的传播产生了巨大的收益，创业精神的传播与资本主义制度所创造的机遇实现了同等的价值，但是，我们也看到，由于巨大的权力集中在少数超级公民手中，他们越来越多地不再忠诚于任何民族国家，民主在基层以上的若干层面正在遭到抛弃。

超级公民的利益与他们身边普通人的利益正在分离。普通人必须生活在国界以内，对超级公民而言则国界不再具有意义，后者需要让就业岗位和资本流动起来，他们把人、村庄、城市和国家视为可供自己选择的经济条件，视为一道以效率和利润为主宰的不断变化的算术题的组成部分，双方的利益正在分离。与此同时，超级公民及其思想观念上和政治上的盟友与倡导者（这些人往往是超级公民慷慨大度的受益者）错误地把经济福祉与经济增长合并到了一起。总计的、掩饰不平等的指标比如 GDP 被欣然采纳，那些能够更准确地反映一个社会真实而有差别的状况的指标被抛弃。在国家权力日益遭到侵蚀、跨国挑战不断增加的同时，一个问题提了出来：公共利益应该如何予以满足，私人利益如何有效而适当地予以疏导和制衡。制度的变化比实施制度的大环境的变化要慢。国家机制和国际机制旨在把公共意愿转化成行动，到目前为止，它们是不称职的。

思想的市场在缓慢发展

从历史的视角研究这些问题倘若可以有所教益，那就是，虽然金融市场发展的步伐如此迅捷，各大行为体每天作出成百上千次评估和决策，虽然商业市场在迅速演化以适应复杂的全球现状，但是思想市场的发展却相当缓慢，就连其中的革命也可能把人引入歧途；不管 1776 年、1789 年、1848 年还是 2011 年革命，它们都似乎迅速引发了剧烈的动荡。法国革命令人惊讶地于一夜之间创造了一个不一样的世界，可是仅仅过了十几年，法国人就又在侍奉一位君主了。1848 年革命像夏天的狂风暴雨一般横扫而过，摇撼了欧洲多个重要国家的首都，所过之处一片狼籍，可是，它所预示的思想观念的转变却迟迟未能生根。

所以，过去 20 年的乱象——共产主义垮台，“9 · 11” 事件的惊人打击，从 1990 年代新兴国家的金融危机、高科技泡沫破裂到贝尔斯登、雷曼兄弟和 AIG 倒闭再到欧元区债务问题等，无不暗示也许变革正在发生，却并没有像报纸文章的大标题提示的那样回答我们向何处去的长远问题。

这个问题只能在思想的市场上得到解答，而它的解答也将会像历史上那样，表现为多种制度的斗争。过去 20 年不仅目睹了共产主义的垮台，还目睹了全世界欣然接受了一种思想：一切社会中，市场都扮演着重要角色。虽然美式资本主义本身没有取得胜利，但是资本主义取得了胜利。当然，这并不意味着世界范围内思想观念的冲突会就此结束。过去 10 多年来，美国、日本和欧洲部分国家发生了危机，新兴国家在全世界崛起，有些国家发展极快，比如中国，它实行国家大力控制的政策；有些发达国家极具弹性，比如德国和北欧几个国家，它们的主要特征是对政府、企业和劳动者应当如何齐心协力抱持另一种观点。在这种情况下，思想市场的竞争将不仅触及公共与私人权力如何平衡的问题，还将决定这个平衡是什么，未来几十年如何实现这个平衡。

后冷战时期的动荡已经成为过去，现在，我们正在进入多种资本主义相互竞争的时代。最早观察到这一现象的政治学家有彼得·霍尔（Peter Hall）和戴维·索斯凯斯（David Soskice），他们在 2001 年出版了《资本主义的多样性：比较优势的制度基础》（*Varieties of Capitalism: The Institutional Foundations of Comparative Advantage*）一书。这个观点一经提出，竞争的性质和人们对美国在其中的地位的看法就显著地发生了变化。

五种资本主义：既然不是美国模式，那是谁的模式？

参与竞争的模式当中，美国模式当然是其中的一种，它受伤流血，却并没有屈服。从 2010 年以后华盛顿盛行的大讨论判断，旧的思想观念很难消除。美国共和党的核心理念是主张政府应当尽可能地缩小。"大政府"意味着管制、税收、联邦雇员的人数、联邦预算占 GDP 的百分比。另一个政党——民主党对政府计划的接受度较高，却不愿意提出反对共和党的观点。民主党倾向于妥协，部分原因是他们也严重依赖大公司和金融界提供融资，这一点与共和党别无二致。目前美国尚无正在实施的竞选融资改革措施以纠正这个问题。在 2012 年总统竞选的冲刺阶段，时任美国总统的顾问对他说，他必须筹集到 7.5 亿到 10 亿美元才能保住自己现在的位子。这笔钱只能靠与私人权力中心的紧密纽带来筹措，反过来，私人权力中心会倡导"精简"美国政府以对待资本主义。不过，在美国眼下的大讨论中，有一条断层线清晰可辨，那就是人们在用哪一种方式促使美国复苏，在取得更好效果这一问题上意见上存在分歧——共和党主张通过缩小政府，削减膨胀的美国联邦赤字，而民主党人则主张加大政府支出，政府参与大型基础设施及其他创造就业的计划。然而，这两种意见只是美国传统的"洛克式自由主义"理想的细微差别，即政府应当尽量不干涉人民的活动。双方都不主张政府控制工业政策，或者广泛地扩大社会安全网，或者政府加大对商业和市场日常活动的干预，就像其他国家可能出现的情况。

各国几乎都提出了自己的资本主义变体。有几个变体是由有影响力的大国提出来的，在与美国竞争构建21世纪的政治和经济理论与实践的时候，它们的做法也许会成为主要的竞争者。其一便是世界第一人口大国提出的资本主义，它是增长最快的主要经济体，以购买力平价（purchasing-power-parity）计算，它的经济规模可能在2016年赶超美国，按不变价计算，可能在2030年赶超美国。这个国家就是中国。从许多方面看，它的制度由于源自共产主义和中央计划，与主要的资本主义模式差别最大。实际上，中国国内称之为“具有中国特色的社会主义”，而在许多其他人眼中则是“具有中国特色的资本主义”。批评者给它冠以从“竹节型资本主义”（《经济学人》）到“专制资本主义”等形形色色的名号；它是一种迅速演变、有时好似一团乱麻的混合体，从野蛮生长、监管不到位、竞争激烈的创业型“牛仔资本主义”飞地，到让人想起传统社会主义的五年计划和政府大包大揽的引导以及国家对大型企业的所有权等无所不包。

其他发展中的经济体从另一个视角体现了公私平衡问题；与传统的发达经济体相比，许多重要的经济体，包括金砖四国的另外三个国家——巴西、印度和俄国，都相当容易接受国家在经济中发挥主要作用。俄罗斯独具个性、腐败、独裁的模式无法赢得广泛的支持，我们把它的例子抛开，就只剩下印度和巴西模式了，这两者具有一些重要的共同点。印度人称自己的模式为“民主发展资本主义”，劳伦斯·萨默斯认为它构成了新生的德里共识的核心，与1980年代、1990年代和2000年代初的华盛顿共识相互对照。印度模式认识到，发展中社会具有特殊的要求，它要求政府在设法驾驭市场精力充沛的特性的同时，发挥积极作用满足历史上被剥夺公民权的广大人口的社会、经济和政治需求。第三种主要模式过去叫做欧洲社会主义，大国当中最典型的例子是德国。德国不仅领先于欧洲所有其他国家，也是迅速从2008—2009年经济危机中康复的世界主要发达经济体。实际上，它的康复如此强劲，以至于当欧元区由于南欧几国（希腊、葡萄牙和西班牙）的财政失败而面临危机时，德国被认为是整个欧盟不可或缺的经济体，是众望所归的火车头和力量源泉。不过德国并不是这种资本主义模式的仅有范例——它们具有强有力的社会安全网，政府发挥积极作用促进商业，企业、政府与劳动者形成了独特的合作关系。瑞典也是一个极好的例子，说明马克 · 吐温所谓欧洲模式已经死亡的报告是言过其实。最后，还有第四种重要的非美式资本主义变体，它们出自几个由于取得成功而具有了影响力的小国家。这几个国家在前一章“国家表现得像公司”部分探讨过。它们是企业家型国家，是响应政府的积极作用、经济充满生机的小国家，虽然政府对市场有不同程度的干预。除了新加坡、阿联酋和以色列，像智利和立陶宛等国情迥异的国家也被归入这一类。

还有一些模式也具有程度不等的影响力。日本的经济规模使之引人注目，只可惜自 1990 年代中期以来，它的经济失调同样引人注目。韩国的成功使它成为少数几个发展中国家的典范之一，“逐级”登上了第一世界的地位。但是韩国很小，可能很快就会在吸收了失败的北方的遗留物之后面临独特的挑战。南非在非洲享有特殊的影响力。土耳其也具有影响力，但是它的规模、临近欧洲的地理位置以及以贸易而非资源为主的经济，使它成为中东地区的异类。其他重要国家比如尼日利亚、埃及和墨西哥等国国内麻烦不断，不能充当榜样。

所以，正如发源于英国、法国、德国、荷兰和斯堪的纳维亚的宗教改革曾经你追我赶、此起彼伏一样，眼下全世界正忙于确立新时代的标准，看起来此刻极有可能出现的情况是，关于如何在 21 世纪平衡公共与私人权力的问题，其主导思想如果不是出自美国，将可能出自上述四种思想流派。

为了明确哪一种思想可能占上风，而不是把它看做一场有人赢必然有人输的零和游戏，我们应该思考这些模式有何相同之处，有何不同之处，它们的相似性和差异在行动中可能如何体现。思考这个问题尤为必要，因为我们已经清楚地指出，国家力量在应对全球挑战方面存在局限，今后几十年将要求国家之间加强合作，要求缔造更加强大的全球治理机制。这些制度的原则和价值观可能也将由上述多种模式决定，多种模式的竞争结果最终将可能决定一些全新体制的形态及其指令（或者现存体制比如G20、国际金融机构和世界贸易组织等不断演变的形态）。

“中国特色的资本主义”

我们不难理解人们对中国模式的兴趣以及中国模式影响力的增加。中国自20世纪70年代提出经济改革以来，4亿多中国人摆脱了贫困。这个国家在将近20年间保持了平均两位数的年增长率。2010年，它超过日本成为世界第二大经济体。按名义GDP计算到2020年它有望成为世界第一大经济体。目前它拥有世界最大的外汇储备，总额超过了3万亿美元。

目前中国是全世界经济发展最有活力的国家。可是，除了其增长的规模和速度，无法对中国经济进行简单的描述。一方面，中国致力于一个又一个五年计划；政府扮演积极的、有时候高压的角色，不仅对国有企业如此，对在增长迅速的中国市场谋求一杯羹的外国公司也不例外。全国人民代表大会通过的计划，由国务院协调下的经济权力部门予以落实。

从新能源技术（中国过去3年在该领域的支出超过了世界所有其他国家）到修建全新的交通基础设施，再到在全世界缔结新重商主义交易以获取重要的自然资源，中国是许多大项目的建筑方和主要出资方。中国也要求并往往能够赢得想要参与中国经济的外国公司的重大投资和技术转移。自从邓小平提出改革以来，政府在经济中的作用显著收缩，可是，即便如此，中国政府在经济中扮演的角色仍然远比其他主要经济体的政府更大。目前，政府不拥有多数所有权的公司却占到了产出的2/3，经济中最大份额的利润也由这些公司创造，根据韩国的一项估计，它们构成了中国GDP的近3/4。

过去30多年来，中国领导人打破了批评家的预言，在多方面有效地发挥了中央计划的效力，在这么短的时间内推动这个人口如此众多的国家实现了深刻的经济转型，成就了前所未有的业绩；所以《经济学人》编辑的评论有意对未来的矛盾轻描淡写。

印度与巴西的“民主发展的资本主义”

中国的经济价值和政策正在获得影响力，一个明显的体现是中国被纳入了全球主要经济体对核心问题的大讨论。这件事始于2008年11月，乔治·W. 布什在经济危机期间主持召开了一次会议，与会国不是传统的G8国家，而是覆盖面更广、包括中国在内的G20国家。这个决定的主要原因显然是为了让中国来到会议桌前，其他新兴国家比如巴西和印度日益加强的经济分量也是考虑因素。

后来，四个金砖国家在政策和行动上加强了协调，进一步增强了这个群体在全球舞台上的影响力，与其他中等水平的新兴国家比如南非和土耳其等国的合作也起到了相同的效果。巴西和印度两国最早在著名的2003年坎昆世界贸易组织部长级会议上首次合作，它们在国际外交舞台上也在扮演越来越积极的角色，谋求推进本国的国家利益，巩固发展中国家在诸如气候变化谈判、国际体制改革、核不扩散乃至中东外交等重要而广泛的问题上达成的联盟。虽然如此，金砖国家之间的差异与它们的相似之处同样显著。特别是印度和巴西与中国不同，这两个国家是民主国家，它们的公民对如何平衡公共和私人利益享有更大的发言权。印度是中国在同一地区的竞争对手，两国的边界紧张关系由来已久；巴西虽然与中国缔结了更为紧密的贸易和投资纽带（中国超过美国，成了巴西的第一大贸易伙伴），却在货币政策上与中国存在显著分歧。

与此同时，印度和巴西模式与美式资本主义的差别也很深刻；两个国家都拥有强大的社会主义政党和社会行动主义政党，与中国一样，两国也必须严重关注发展所面临的重大挑战。举例说明，4亿印度人的生活中仍然没有电。有5 000万巴西人，大约占巴西人口的1/3仍然生活在贫困线以下。虽然巴西现在是世界第八大经济体，再过10年将成为第五大经济体，但它的人类发展指数（Human Development Index）却排在第73位。印度目前是世界第十大经济体，以购买力平价计算排名第四，以名义GDP计算到2030年有望成为世界第三大经济体，它的人类发展指数排名却只是第121位。(中国排名第89位，美国排名第四，挪威排名第一，瑞典第九，德国第十，以色列第15，新加坡第27。)

巴西政府谋求解决社会问题的例证是，路易斯·伊纳西奥·卢拉·达席尔瓦（Luiz Inacio Lula de Silva）执政时期发起了"家庭支持计划"（Bolsa Familia）。该计划是全世界规模最大的有条件现金转移支付计划，它帮助贫困的巴西家庭保障适当的医疗卫生、教育和人力资本发展。该计划由于为促进削减巴西的贫困发挥了核心作用而受到赞誉；在卢拉执政期间，贫困率从22%下降到了7%。卢拉是一位社会主义者，他把在国内外抗击贫困视为自己的重要使命，但他也与巴西过去几十年的政治教条决裂，积极维护自由市场政策以确保外国在巴西持续投资，到他离任时，外国投资达到了破纪录的水平。和中国一样，巴西的情况也是行动主义政府与尊重市场力量的混合。某些重要企业、最著名的有巴西石油公司（Petrobras）等仍然为国家所有和控制。不过，我在与卢拉内阁的一位前部长交谈过后，明白了这种"混合"制度的复杂性；他告诉我，他曾经向卢拉抱怨，他前去巴西石油公司为国家的一项紧急任务寻求帮助，该公司的管理层却说，公司由于有私人股东，所以无法照办，可是在另外一些情况下，如果政府项目适合他们，他们又会说，他们合作的能力有限，因为国有公司的身份对他们造成了束缚。

拉里·萨默斯2010年在孟买的一次讲话中指出，与华盛顿或者北京发表的意见相比，印度平衡公私利益的方式其实是对全世界更具吸引力的一种模式。萨默斯举了印度"民本"（pepolecentric）政策以及印度致力于刺激消费而非刺激出口的例子，他说，再过几十年，"大讨论的内容将以孟买共识为多，华盛顿共识和北京共识为少。"他的观点与奥巴马政府努力拉近与印度的关系有一定的关系，奥巴马政府提出，印度的民主模式可以成为亚洲地区与中国相对的一支平衡力。但是他的观点也与一种普遍的感觉有关：由于印度具有民主的传统，由于它的可以追溯到英国东印度公司时代的制度和文化态度，印度已经为它在全球经济中扮演积极的、前瞻性的角色做好了准备；许多人觉得，印度模式在增长率和对全世界的制度吸引力两方面领先于中国是指日可待的事情。

在印度经济的几个重要层面，从核能力到其他能源资源，再到如印度斯坦航空公司（Hindustan Aeronautics）和印度斯坦机床工具公司（Hindustan Machine Tools）等制造企业，印度也还保留着一部分正在收缩但仍然值得注意的"公营事业"；国有公司说明一点，印度政府仍然觉得，出于安全和发展两方面的原因，公共部门（在国民、政府或者领土层面）必须在商业活动的管理中发挥积极作用。

这种实践根源于印度刚刚获得独立以后指引了国家近 45 年的社会民主政策。它在 1991 年以后演变为一种具有较高市场自由度的制度，使印度成了继中国之后世界上增长第二快的主要经济体。费边社会主义实验（一度产生了全世界最高的所得税）失败以后，一种广泛实行监管改革、加强金融自由化的制度取而代之。印度经济在封闭中度过了 50 多年后向世界开放（在某些方面英国东印度公司对它的剥削无疑造成了负面影响）。它不仅在达成自己的公私平衡，而且在形成自己的工业发展道路方面走在了前列。这些成绩包括一位杰出的印度商界人士所谓的"甘地工程"（Gandhian engineering）——他形容其特征是把定价和产品开发模式建立在贫穷的普通印度人的需求之上。由此产生了每月只需花费几便士即可使用的手机和世界上最廉价的汽车纳诺（Nano），所以印度的公私权力关系具有一种截然不同的精神气质，所采用的衡量标准也大不相同。

德国、法国与斯堪的纳维亚的"欧洲资本主义"

我们在本书前面的章节简短地思考了现代的瑞典经济学如何发展演

变到今天的状况：用社会计划为工人在面临国际市场动荡时提供安全庇护，同时促使工人更加愿意欣然接受与自由贸易和创业精神相关的风险。同样，在 1990 年代的金融危机时期，瑞典政府也没有像美国那样单纯为银行提供紧急财政援助，而是要求用银行股权来交换政府投资，因为政府乐于承担公共部门的角色，由此保证让瑞典纳税人承受的风险获得收益，并且刺激银行尽快偿还债务以减少自己的义务。（美国没有这样的收益保障，虽然华尔街的紧急救援资金大多已经偿还，美国政府的巨额担保继续存在，从而把纳税人置于下一次市场突然陷入低迷的风险之中。）瑞典前副财政部长博·隆德格林（Bo Lundgren）说："如果我走进一家银行，我宁愿要股权，这样还能为纳税人带来好处。"当时瑞典政府大刀阔斧地介入银行业，一度把瑞典 GDP 的约 4% 用于救援银行业，并控制了整个银行系统 20% 以上的股份。

美国人曾经嘲讽欧洲的社会主义冲动在拖欧洲经济的后腿，可是瑞典的措施却推动几家银行实现了可观的增长并维持了稳定。实际上，这些措施表明，政府更为积极的政策可能更适宜应对向世界市场开放所引起的张皇失措和重重压力。欧洲即使受到危机的冲击，许多国家也仍然保持着繁荣态势，在平衡审慎的财政政策与保持处于世界领先地位的足够高的生活质量的同时体现了经济弹性。

再没有比德国更为显著而有影响力的例子可以说明欧洲模式的再度兴起以及人们对它的赞赏。不仅因为德国是欧洲最大的经济体，还因为德国的增长率，用《纽约时报》的戴维·莱恩哈特（David Leonhardt）的话来说，"德国人虽然享有刻板的名声，却也比美国更乐意动用政府权力来扶持经济。德国人在减少政府浪费时也更加不留情面。"假如不是 2005 年德国的增长率超过美国，此类观点的冲击力不会那么大。它们引起共鸣，不仅因为德国在主要经济指标上的业绩超过了美国，而且因为普通德国人从增长中获得的好处也比普通美国人更多。美国的收入不平等已经创了新高，德国人在过去 25 年平均工资的增长率则是美国的 5 倍。

事实上，过去10年，美国就业人口的数量出现了历史上首次收缩；而德国就业人口取得如此成功的部分原因是，德国政府积极介入并调整失业政策，千方百计致力于把德国劳动者置于更为适合的工作岗位。德国还加强了教育计划，所以当美国在国际数学和理工领域的表现直线下降之际，德国的表现却在上升。还有，德国的监管人员比金融机构强悍得多，他们要求更高的资本储备。最后，德国大力维持劳动者在经济中的强劲声音，一方面把工会纳入公司董事会（这么做对公司和工会都效果良好），另一方面又保证让工人保持竞争力并拿到高薪。再没有比美国制造业的崩溃对美国工会的影响力造成更大削弱的。有些人也许会说，崩溃是工会的无理要求造成的，可是反驳这个理由也很容易：在这个问题上，政府能力收缩产生了很大乃至更大的效果，导致美国的教育制度、基础设施和其他竞争因素无法达到全球标准。

如同这里举的别国的例子，德国政府也一直在果断地促进本国的国际商业活动。美国的商业利益由于它所取得的成功（或者由于它相信自己的媒体宣传）而受到了损害。美国企业希望政府退出市场，美式资本主义理论家希望美国像避开瘟疫一样避开“产业政策”。而世界其他国家却没有收到这样的备忘录。德国投入30倍于美国的资金用于发展出口，投入大致相当的金额用于寻求外国直接投资。华盛顿彼得森研究所（Peterson Institute）的雅各布·科克加德（Jacob Kirkegaard）在接受《华盛顿邮报》的采访时说：“美国有一种普遍的感觉：政府和经济应该是两块截然分开、各自为阵的地盘。在深刻的衰退期间，拥有行动主义的政府是具有一定优势的。”当然，我们前面指出，即使在衰退之前，德国在工资增长、教育、培训和为工人提供强有力的社会安全网方面也超过了美国——现在德国是世界第4大经济体。前奥巴马政府官员贾里德·伯恩斯坦（Jared Bernstein）也对《华盛顿邮报》说，“其他国家比较乐于接受所谓的‘产业政策’，这是事实。如果你指责德国推行产业政策，我不敢肯定（默克尔总理）会不会马上认为这是一种侮辱。在这里……我们不喜欢这类词汇。”

德国模式值得注意还有一点，它与其他模式不同，它其实是地区模式的一部分，这种模式把相当重要的主权转让给一个超国家权力机构欧盟。德国人做事的魄力之大不应当被低估。德国控制着世界上最受尊敬的一种货币，它放弃这种控制权加入了欧元区。由于希腊、葡萄牙和其他国家的财政危机，欧元区的实验经受着深刻的压力；在这本书写作期间，欧元区似乎不仅会存活下去，而且为了避免今后发生类似的问题，欧洲货币联盟将必须辅之以真正的货币统一。那样的话，欧盟国家必须承诺接受共同的财政方针的指导，各国为彼此的失策承担责任；这个结果倘若能够出现，将仅仅是因为欧洲最大的经济体德国认为，听任欧元实验失败的代价太过昂贵。由于把部分主权转让给超国家机构，国家的作用反而得以加强；这种憧憬也许会对世界产生深远影响，因为全世界还有那么多半国家在寻求合作机制以加强自己的影响力，重新获得当前的地位不太可能提供的对自己命运的控制权。

新加坡的"企业家型小市场资本主义"

我们在前一章探讨过新加坡、以色列与阿联酋何以脱颖而出的问题。是的，这些经济体具有规模小的优势。是的，正如许多人所述，它们的小规模也许意味着它们的成功经验不具有普遍适用性——特别是它们敏捷灵活，政府官员在管理国家时好像在管理一家公司。但是，首先，世界上有许多小的经济体可以受益于它们的经验（比如波罗的海国家在共产主义垮台以后的情形，比如巴勒斯坦国如果建立以后可能出现的情形）。其次，新加坡的经验表明，这座城市国家在管理像中国的苏州之类城市规模的发展问题时，新加坡把它的城市规划相关知识有效地出口到了苏州，它的技能也还可以运用于更大的国家经济当中，从而发挥使这类企业家型小市场资本主义在世界舞台上不可或缺的影响力和重要作用。

资本主义之间的竞争将产生相对的赢家和输家，却不太可能出现一种观念压倒另一种观念取得绝对胜利的结果。如前所述，对阿联酋、以色列和新加坡等企业家型小国家起作用的，几乎肯定不会对金砖国家之类新兴的大国起作用。中国 5 000 多年来念念不忘维护国内稳定，其家庭和社会价值观建立在儒家思想的基础之上，对中国起作用的，不会对临近的具有民主和多元文化传统的印度起作用。对欧元区南部诸国起作用的因素，必然不同于对德国和斯堪的纳维亚各国起作用的因素。在世界某些地区，区域一体化也许有助于弥补半国家的软弱。在诸如贸易、环境、用共同的标准监管全球金融市场等问题上，加强国际体制是保护本国利益唯一可能的方式。区域一体化不会对主权构成威胁，相反，它是主权国家谋求对本国国界内发生的事务保持影响力的唯一选择。

对于世界多数国家，公共与私人权力将达成这样的平衡：国家扮演只能由它扮演的核心角色，充当为公共利益服务的制度性权力中心。这个角色几乎肯定要比过去 30 年来的美国理想所鼓吹的要大，并且更加倾向于行动主义。实际上，它很可能类似于美国政府在历史上扮演过的角色，比如干预建设铁路，比如干预兴建全国高速公路网和因特网的诞生。

在“市场上”几乎所有其他形式的资本主义模式下，国家发挥的作用都比美国倡导和美国政府所发挥的作用更加重要，这个事实意味着美国的观点不太可能盛行，发展势头强劲的恰恰是其他模式。它们增长得更快，它们在更为有效地抗击不平等，更为顽强地参与竞争，更为胜任地保护自己的人民不受现代市场动荡不安的影响和伤害。

重访法伦矿

1990 年代，再没有比瑞典的社会福利模式更加显得过时的，当时美式资本主义正蒸蒸日上。瑞典遭到银行危机的打击，它好像正在被吸收加入欧盟，它的国家遗产比如斯道拉等被全球化的神秘力量拉到了国外，未来前途难测。早在斯道拉的合并和搬迁之前就出现了不祥的迹象。在股东大会在法伦矿的大矿坑里召开几年以后，在公司永远放弃瑞典身份几年以前，在铜矿的开采持续了1 000多年以后，法伦的土地再也挖不出一粒矿石，公司关闭了矿山。

如果我们深入探究那只山羊无意中的发现导致了什么，不单从公司发展的角度，也从民族形成和促进世界发生改变的角度，那么，法伦矿现在留给我们的与其说是一座遗址，不如说是某个保存完好的东西，它响彻了有意义的往日生活的回声和教训。它具有霍夫曼虚构小说中的暗示：

法伦没有人记得他们。福尔博姆倒霉的婚礼日已经过了50多年。几名矿工在把两座矿井打通的时候，偶然发现地底300码的硫酸水中，埋藏着一具年轻矿工的尸体。他们把尸体抬到阳光下，它好像化成了石头。

这个年轻人看起来好像正在酣睡，他的五官保存完好，一身簇新的矿工服没有丝毫腐烂的痕迹，就连插在胸前的鲜花也鲜艳欲滴。附近的人们聚拢在这个年轻人身边，没有人认识他，谁也不知道他是谁，矿工当中也没有失踪的同伴。

尸体要被带到法伦。远处来了一个年迈的老妇人，她拄着拐杖，艰难地蹒跚着，一步一挪……她看到了尸体，立刻丢开拐杖，双手举到天上，发出了撕心裂肺的哭喊。

矿山的喧嚣和冶炼厂的火光终于沉寂，地狱般的黑烟和常年燃烧的火焰也早已消散，正如冶炼会产生残渣一样，这个过程也留下了远比人们从地底挖出的岩石在外观上更为宝贵和珍奇的东西。

从岩石中产生了一种观念，产生了一家公司，它为其他公司开辟了道路，产生了公司与国家关系不断发展变化的认识，产生了使一个民族崛起的财富，产生了货币性质和私人财产与权力的全新思想。它为一个社会奠定了基础，正如瑞典前财政部长帕尔·纳德指出的那样：“好像它有一个钟摆，有一种平衡，在关照人民与保持竞争力之间、在增长和生活质量之间、在公共和私人权力之间、在国家利益与全球化的需求之间，这个平衡比其他平衡更好。”这种观点和目标在我与其他国家的领导人谈话中引起共鸣，比如新加坡、巴西、印度和设法在公共与私人权力之间达成更好平衡的其他国家。

与此同时，马茨的故事之所以引起我的共鸣还有一点：这位贫穷的矿工基本上没有什么变化，他身边的世界却日新月异。

从这一点来看，他在某种意义上类似于今天的各国政府，它们陷入了无力调整适应的困境；私人利益始终在不懈地遏制或者改变可能制约其壮大与自由的公共权力，并屡屡取得成功。政府却大体上被固化了，它基本保持着几百年前它最早成型时的国民、中央集权和等级化形式。曾经做过的试验，比如全球和地区的跨国机构，被政府官员刻意设计得很软弱，他们在民族国家层面捍卫主权，却没有充分认识到，这种姿态事实上也许限制了他们在全球化时代有效地服务于本国选民利益的能力。

政府权力的许多传统的构成因素发生萎缩或者受到遏制（哪怕政府本身有时候变得越发膨胀和功能失常）的同时，世界一直在变；正如在吞噬了那位年轻矿工的塌陷的坑道上方，法伦的生活也一直在变。

全球私人行为体发展到了这种地步：它们虽然不具备法律授予的许多正式的政府权力，却能够对抗、挑战、打败或者绕开公共权力，或者干脆操纵公共权力使之服务于自己的需求。这些行为体，即大公司和金融机构，在全球舞台上远比仍被困在国界以内的政府更为身手敏捷。实际上，私人行为体学会了在国民政府的权力尚未有效触及的空白地带兴旺发展，比如全球金融市场的监管空白，或者利用其增强的流动性让各国政府相互争斗，为自己争取优惠的待遇。在整个过程中，这些适应性强、善于创新的私营企业都利用了进步本身带来的好处，它们利用官员的无能和贪婪对曾经制约它们的法律规范和制度施加影响，使之最终能够让它们赚取利润，并发展壮大到让“拟制人”概念的设计者们无法想象的地步。全球私人行为体的发展和它们培植的创新无疑也刺激了经济活动，刺激了技术和社会的发展与进步，并因此施惠于广大世界。但是，它们的发展有时引起了不可否认的负面后果，比如破坏环境，扭曲良好的国家治理，培植亲信，贪婪地为少数人攫取财富和资源等。

政府和它所服务的选民面对的挑战是，明确公共权力的体制能否调整适应并发展演变，在被赋予了高度权利的私人行为体威胁到公共利益时，能否起到有效而适当的制衡作用，在私人行为体服务于公共利益的时候，能否与之有效地合作。要有全球监管和监督机制，还要有全球法律和全球代表性治理机制。所以国家体制要更加强大，民族国家之间也要加强合作。还要有新型的公私合作关系——这些组织是为当下和长远的社会需求服务的最佳方式。

不可否认，可怜的马茨过早地遭到埋葬，政府却不一定走向相同的命运。它不一定会成为我想象中那幅粗略的人类社会组织进化树上一根渐渐枯萎的枝干。其实，那幅想象的进化图之所以粗略，一部分在于它错误地隐含着公共与私人权力不共戴天的意味。公共和私人权力是同一个生态系统的组成部分，与其他生态系统一样，它们也在寻找并要求达到平衡。今天我们看到多种资本主义相互竞争，就是这个更大的生态系统里正在发生重要的再平衡的明证，是一场驾驭作为增长引擎的市场的努力，与此同时避免把数十亿人的生活和尊严、我们身处的环境和对社会正义的理想作为燃料消耗殆尽。

这场再平衡的中长期结局尚不明确。但可以确定的是，美国和世界其他一些地方失去了平衡，比如机会平等和结果平等等更高的利益受到了损害。确定的似乎还有，最后的平衡将在国家、半国家、超级公民与我们普通人的全新排列组合中达成，在全球、地区和国家层面的公共与私人机制下达成，这些机制截然不同于历史上曾经有过的机制。大公司必须重温不仅为股东服务、也为广大社会服务的古老观念，公司发展壮大不是它履行社会责任的全部，特别是当公司发展壮大到可以扭曲或者阻碍实现重大的社会目标的地步时。政府必须认识到，它要想在国家层面保持主权，就必须把主权交给上一级治理机构，政府的最终目标不仅仅是促进财富创造，还要为所有公民保障尽可能高的生活质量。如前所述，公司必须在某些方面变得更像国家，国家则更像公司。在两种情况下，我们都要保持自律，经常反复思考我们当初为什么要设立这些体制；我们必须认识到，公司和国家都没有存在的权利，除非它们既服务于个人的需求和抱负，也服务于共同的目标。说到底，我们的故事贯穿了一个观点：上文提到的社会、政治和经济生态系统中的一切力量，归根结底都来自人民，来自普通、脆弱、有寿命期限的公民，是他们把力量赋予了由他们创造并允许其为自己服务的伟大而持久的组织。他们不是金字塔的底部，而是它的基础，他们是最早被赋予任何力量或者权利的唯一行为体，因而也是把力量赋予不断变化的公共与私人组织混合物的唯一主体，他们过去是、将来还会继续构想这类组织并允许其存在下去。

注　释

内容简介：只有肉体没有灵魂

1.“凡是私有制存在的地方，凡是用金钱衡量一切价值的地方”Thomas More, *Utopia*, Raphe Robynson, ed.（Cambridge: Cambridge University Press, 1908）, 61.

2.“公司被抬升到崇高的地位以后，将出现一个高层腐败的时代”Stephen R. Barley, “Corporations, Democracy, and the Public Good,” *Journal of Management Inquiry* XVI, no. 201（September 2007）: 203.

3. 高盛CEO劳埃德·布兰克费恩和公司的另外几名高管Dan Farber, “Goldman CEO Blankfein Uses Don't Ask, Don't Tell Defense,” CBS News, April 27, 2010, www. cbsnews.com/8301-503983_162-20003586-503983.html.

4. 国会抨击了11个小时，高管们虽然有些发窘: “Panel's Blunt Questions Put Goldman on Defensive,” *New York Times,* April 27, 2010.

5. 主持听证会的是参议员卡尔·莱文: U. S. Senate Committee on Homeland Security and Governmental Affairs, *Wall Street and the Financial Crisis: The Role of Investment Banks; Hearing Before the Permanent Subcommittee on Investigations,* 111th Cong., 2nd sees., 2010, pp. 1-7. http://frwebgate.access.gpo.gov/cgi-bin/getdoc.cgi?dbname=111_senate_hearings&docid= f:57322.wais.

6.高盛给它的员工发放了153亿美元的薪酬和奖金Jill Treanor, "Goldman Sachs Bankers to Receive $15.3bn in Pay and Bonuses," *Guardian,* January 19, 2011; Colin Barr, "Trading Shortfall Smacks Goldman Sachs," CNN Money, January 19, 2011, http://finance.fortune.cnn.com/2011/01/19/trading-shortfall-smacks-goldman-sachs/.

7.年中已经通过的新的金融改革提案被搁置"Dodd-Frank in Limbo," *New York Times*, May 27, 2011.

8.在英国和整个欧洲，人们也怨声载道"Anger over £6.4bn Bonus Bonanza at Four City Banks," *Guardian,* December 21, 2008.

9.政府发布了严厉的紧缩政策的国家"European Cities Hit by Anti-austerity Protests," BBC News, September 29, 2010, www. bbc.co.uk/news/world-europe-11432579.

10. 据2011年3月《华尔街日报》报道，美国排名前400位的大富豪 Robert Frank, "Billionaires Own as Much as the Bottom Half of Americans?" *Wall Street Journal,* March 7, 2011, http://blogs.wsj.com/wealth/2011/03/07/billionaires-own-as-much-as-the-bottom-half-of-americans/.

11.抗议活动就扩散到全世界900多座城市Karla Adam, "Occupy Wall Street Protests Continue Worldwide," *Washington Post,* October 16, 2011, www.washingtonpost.com/world/europe/occupy-wall-street-protests-continue-world-wide/2011/10/16/gIQAcJ1roL_story. html.

12.斥责"美国模式"Philip Augar, "It Is Time to Put Finance Back in Its Box," *Financial Times,* April 13, 2009.

13."世界人民曾经羡慕我们的经济"Quoted in "The End of American Capitalism?" *Washington Post,* October 10, 2008.

14.关于"大政府"与"大公司"的危险孰大孰小See, for example, Arthur C. Brooks, *The Battle: How the Fight Between Free Enterprise and Big Government Will Shape America's Future*（New York: Basic Books, 2010）.

15. 中国都是世界最大的经济体Simon Cox, *Economics: Making Sense of the Modern Economy*（New York: Bloomberg Press, 2006）, 94.

16. 印度都仅次于中国位居第二Eugene P. Trani and Robert D. Holsworth, *The Indispensable University: Higher Education, Economic Development, and the Knowledge Economy*（Lanham, MD: R&L Education, 2010）, 199.

17. "一只吸血大乌贼，缠绕在人脸上"Matt Taibbi, "The Great American Bubble Machine," *Rolling Stone*, July 13, 2009, www. rollingstone.com/politics/story/29127316/the_great_american_bubble machine.

18. 艾达·塔贝尔写了揭秘标准石油公司发展史的经典著作 Ida M. Tarbell, *The History of Standard Oil Company*（New York: McClure, Philips and Co., 1904）.

19. 厄普顿·辛克莱写了《屠场》Upton Sinclair, *The Jungle*（New York: Doubleday, Page and Company, 1906）.

20. 弗兰克·诺里斯的小说Frank Norris, *The Octopus: A Story of California*（Garden City, NY: Doubleday and Company, Inc., 1901）.

21. 诺里斯的小说取材于真实而血腥的土地争夺战 Ibid., 48.

22. 约翰·特伦查德和托马斯·戈登连写了140篇文章 John Trenchard and Thomas Gordon, *Cato's Letters,* vol. I（4th ed., 1737）. Accessed via GoogleBooks.

23. 特伦查德和戈登顺着柏拉图和莫尔的主题 Ibid., vol. III, 177, 184.

24. 他们早在300多年前就肯定地指出 Ibid., 189.

25.英国报纸《卫报》刊登了一篇专栏文章Prem Sikka, "The Best Democracy Money Can Buy," *Guardian,* June 25, 2009.

26. 特伦查德和戈登观察指出，"公司……" Trenchard and Gordon, vol. III, 177.

27. "金融对政治生活的影响力" Augar, "It Is Time to Put Finance Back in Its Box".

28.“商人没有国家”Thomas Jefferson, in a letter to Horatio G. Spafford（March 17, 1814）.

29. 美国的跨国公司一直在从美国经济中剥离Michael Mandel, “Multinationals: Are They Good for America? ” *Business Week*, February 28, 2008.

30. 我希望我们在这个特权阶级诞生之初就把它粉碎。Thomas Jefferson, 1816, quoted in Lawrence Goodwyn, *The Populist Moment: A Short History of the Agrarian Revolt in America*（Oxford: Oxford University Press,1978）, xxix.

31. 我们处在一种新的社会组织当中。Woodrow Wilson, *Woodrow Wilson: The Essential Political Writings,* Ronald J. Pestritto, ed.（Oxford: Lexington Books, 2005）, 107.

32. 公司由于其规模……已经成为一种制度Quoted in *Louis K. Liggett Co. v. Lee,* 288 U.S. 517（1933）, available online at http://caselaw, lp.findlaw.com/cgi-bin/getcase.pl? court=us&vol=288&invol=517.

33. 民主国家的自由就受到威胁 Franklin D. Roosevelt, in a message to Congress（April 20, 1939）.

34. 威胁到了美国在经济和政治两方面的领导地位：参见如美国司令丹尼斯·布莱尔评论说，现在美国的目标很难实现了；2008年金融危机之后，自由市场政策遭到越来越多的批评。Dennis C. Blair, “Annual Threat Assessment of the Intelligence Community,” *Testimony to the Senate Select Committee on Intelligence,* Washington, D.C., February 12, 2009, 2.

35. 我在上一本著作《超级阶层》中David Rothkopf, *Superclass: The Global Power Elite and the World They Are Making*（New York: Farrar, Straus and Giroux, 2009）, 72.

36. 公司根本不像它号称的那样是“发展的火车头”Quoted in Robert O. Keohane, “Not ‘Innocents Abroad’: American Multinational Corporations and the United States Government,” *Comparative Politics* 8, No. 2（January 1976）, 307-20.

37. 民族国家在本国保持经济和政治稳定的能力Richard J. Barnet and Ronald E. Muller, *Global Reach: The Power of the Multinational Corporations*（New York: Simon and Schuster, 1974）, 302.

38. 弗农认为，跨国公司和国民政府之间的关系Raymond Vernon, *Sovereignty at Bay: The Multinational Spread of U.S. Enterprises*（New York: Basic Books, 1971）.

39. 著名的有丹尼尔·耶金和约瑟夫·斯坦尼斯劳合著的《制高点：世界经济之战》Daniel Yergin and Joseph Stanislaw, *The Commanding Heights: The Battle for the World Economy*（New York: Simon and Schuster, 2002）.

40. 同样具有影响力的还有比如约翰·米克尔斯维特与阿德里安·伍尔德里奇合写的《公司》John Micklethwait and Adrian Wooldridge, *The Company: A Short History of a Revolutionary Idea*（New York: Modern Library, 2003）.

41. 就连弗农也在1991年出版的上一本著作《身处台风眼：跨过企业的不安前景》*The Troubled Prospects of Multinational Enterprises*（Cambridge, MA: Harvard University Press, 1998）.

42. 近年来在大量的著作中 Ian Bremer, *The End of the Free Market: Who Wins the War Between States and Corporations?*（New York: Portfolio, 2010）; John Kampfner, *Freedom for Sale: Why the World Is Trading Democracy for Security*（New York: Basic Books, 2010）.

43. 还有不少著作探讨全球化的长期影响 Thomas L. Friedman, *The World Is Flat: A Brief History of the Twenty-first Century*（New York: Farrar, Straus and Giroux, 2005）; Thomas L. Friedman, *Hot, Flat, and Crowded: Why We Need a Green Revolution—and How It Can Renew America*（New York: Farrar, Straus and Giroux, 2008）; Anne-Marie Slaughter, *A New World Order*（Princeton, NJ, and Oxford: Princeton University Press, 2004）.

44. 我认为这就是我当不了一名好记者的原因。Lawrence Summers,与作者的访谈，2009。

1 红角山羊

1.就像奥氏蜜环菌一样，这种巨型蘑菇的旁支四通八达、盘根错节 "Armillaria Root Rot, Shoestring Root Rot, Honey Mushroom （*Armillaria Ostoyae*）," Washington State University Department of Natural Sciences Extension, 2011, http://ext.nrs.wsu.edu/forestryext/foresthealth/notes/armillariarootrot.htm.

2.对国际关系观察敏锐的学生注意到这些问题存在重要的侧面Jessica T. Mathews, "Power Shift," *Foreign Affairs* 76, 1, January/February 1997; Anne-Marie Slaughter, *A New World Order*（Princeton, NJ: Princeton University Press, 2004）; Joseph S. Nye, Jr., *The Future of Power*（New York: Public Affairs, 2011）.

3.根据当地的传说，这只叫科勒的山羊Sven Rydberg, *Stora Kopparberg: 1000 Years of Industrial Activity*（Stockholm: Gullers International, 1979）, 9, 58.

4.现在，这只原本普普通通的山羊Aline Sullivan, "Stora's Story: A Company as Old as the Millennium Puts On a New Face," *New York Times*, November 27, 1999.

5.在过去的一千多年来，斯道拉铜矿也是专门负责开采这座铜山的企业的名称。"The Oldest Corporation in the World," *Time*, March 15, 1963.

6. 今天这家企业已经更名为斯道拉 · 恩索 "Stora Enso in Brief," Storaenso.com,www. storaenso.com/ABOUT-US/STORA-ENSO-IN-BRIEF/Pages/stora_enso_in-brief. aspx.

7.人们几乎挑不出一个地方Gunnar Olsson and Burnett Anderson, *Stora Kopparberg: Six Hundred Years of Industrial Enterprise*（Falun, Sweden: Stora Kopparbergs Bergslags Aktiebolag, 1951）, 24.

8.人们一直把达勒卡利亚的居民看做是独立的一种人Michael Roberts, *The Early Vasas: A History of Sweden 1523-1611*（Cambridge: Cambridge University Press, 1968）, 32.

9.就在这一地区严寒而荒凉的地表下面Eli F. Heckscher, *An Economic*

History of Sweden（Cambridge, MA: Harvard University Press, 1963）, 86.

10. 在17世纪一度占到70%Olsson and Anderson, *Stora Kopparberg*，19.

11. 日本建筑公司金刚组James Olan Hutcheson, "The End of a 1,400-Year-Old Business," *Business Week,* Special Report, April 16, 2007.

12. 斯道拉之所以值得书写Henrietta M. Larson, "A Medieval Swedish Mining Company," *Journal of Economic and Business History,* vol. II（Cambridge, MA: Harvard University Press, 1930）, 554 -55.

13. 注册公司的概念Jonathan Baskin and Paul J. Miranti, Jr., *A History of Corporate Finance*（Cambridge: Cambridge University Press, 1997）, 29, 38.

14. 公司最早被看做被赋予身份Nick Robins, *The Corporation That Changed the World: How the East India Company Shaped the Modern Multinational*（London and Ann Arbor, MI: Pluto Press, 2006）, 7.

15.这份文件是一份标记日期为1288年6月16日的交换契 "And Still Going Great," Economist, June 18, 1988; Olsson and Anderson, *Stora Kopparberg,* 5-6.

16. 靠大片的产业维生，它有自成一体的小规模经济Arthur Max, "Sweden's Stora Celebrates Its First 700 Years of Success," *Los Angeles Times,* July 5, 1988.

17.天主教其实是世界上第一家全球"私营"企业Franklin D. Scott, Sweden: *The Nation's History*（Carbondale and Edwardsville: Southern Illinois University Press, 1998）, 126, 188.

18.有位记者举例提到了这笔最早记载的公司交易Max, "Sweden's Stora Celebrates."

19. "我，彼得，韦斯特罗斯主教" Larson, "A Medieval Swedish Mining Company," 554-55.

20. 他也娶了一位法国贵族Erik Opsahl "Magnus 7 Eriksson-Utdypning（NBL_artikkel）"（Swedish）, *Store Norske Leksikon*（no date）.

21. 马格努斯1347年前往法伦矿所看到的一切Sullivan, "Stora's Story."

22. 看起来不像一处“宁静的地方”Olsson and Anderson, *Stora Kopparberg*, 24.

23.“旅客在前行的路上，会感到一阵恐惧”Quoted in Rydberg, *Stora Kopparberg*, 58.

24.“瑞典最伟大的奇迹，也是可怕的地狱”“The Falun Copper Mine,” EU 2001 Falun website, www.falun.se/eu2001/eu2001uk.nsf/dokument/DA9D010272570FC5C12569FA005948B3? OpenDocument.

25.“没有一位神话作者曾经描绘过的地狱景象”Olsson and Anderson, *Stora Kopparberg*, 26.

26. 林奈写道，“随时都有塌陷的可能”Rydberg, *Stora Kopparberg*, 63, 44.

27. 德国著名作家E.T.A.霍夫曼E.T.A Hoffmann and R. J. Hollingdale, *Tales of Hoffmann: The Mines of Falun*（New York: Penguin Group, 1982）.

28. 故事大致取材于悲惨的命运“Work in the Mine and Outside,” Storaenso.com: http://81.209.16.116/History/Organisational_history/Stora_Kopparbergs_Bergslags/Stora_Kopparbergs_Bergslags/Work_in the_mine_and_outside.

29.“深渊里一派疯狂混乱的景象”Hoffmann and Hollingdale, *Tales of Hoffmann*, 193.

30. 林奈观察到，“在幽黑的、随时担心塌方的地洞里”Olsson and Anderson, *Stora Kopparberg*, 26.

31.“我，马格努斯，蒙上帝的恩典”Larson, “A Medieval Swedish Mining Company,” 555-59.

32. 在这几百年里，受皇室特许状约束的企业 Karl Moore and David Lewis, *Foundations of Corporate Empire: Is History Repeating Itself*？（London: Pearson Education, 2000）, 184.

33. 举例来说，宗教改革运动发生以后：国王和中世纪的中产阶级都渴望一定领土范围内的中央集权国家。See Hendrick Spruyt's *The Sovereign Nation State and Its Competitors: An Analysis of Systems Change*（Princeton: Princeton

University Press, 1994）.

34. “达拉纳……独立，无所畏惧”Olsson and Anderson, *Stora Kopparberg*, 72.

35. “几近病态的权力欲”Vilhelm Moberg, *A History of the Swedish People*, vol.II, *From Renaissance to Revolution*（Minneapolis: University of Minnesota Press, 2005）, 155.

36. 他表达自己意志的其他方法Scott, *Sweden: The Nation's History*, 111-19.

37. 达拉纳人揭竿而起，竟然为此发动了三次起义Moberg, *History of the Swedish People*, 175-80.

38. 紧接着就采取了强有力的措施Scott, *Sweden: The Nation's History*, 158, 188.

39. 1613年，古斯塔夫·瓦萨的接班人古斯塔夫·阿道夫Eli Heckscher, “The Place of Sweden in Modern Economic History,” *Economic History Review* 4, no. 1: 8.

40. 这笔赎金的80%来自矿山的收入Heckscher, *Economic History of Sweden*, 85-87.

41. 1625年，也就是瑞典加入三十年战争5年前Ibid., 88; Olsson and Anderson, *Stora Kopparberg*, 19.

42. “王国的伟大”Quoted in “And Still Going Great.”

43. 它进而还确立了世俗的国家主权Kimon Valaskakis, “Long-term Trends in Global Governance: From ‘Westphalia’ to ‘Seattle,’ ” in *Global Governance in the 21st Century*（OECD, 2000）, 47-48.

44. 海外贸易成为经济支柱，也促进了社会繁荣Nathan Rosenberg and L. E. Birdzell, Jr., *How the West Grew Rich: The Economic Transformation of the Industrial World*（New York: Basic Books, 1987）, 75.

2　1288年：诞生了现代社会的战斗

1. 罗马走向衰落，皇帝们很少R. Gerberding and J. H. Moran Cruz, *Medieval Worlds*（New York: Houghton Mifflin, 2004）, 55-56.

2. 事实上，在前几位教皇当中，出了一位F. Homes Dudden, *Gregory the Great: His Place in History and Thought,* vol. I （London: Longmans, Green and Co., 1905）, 4.

3. 举例来说，禁止教士结婚*Canons of Gregory the Illuminator,* c. 2. A. Mai, *Scriptorum veterum nova collectio,* X, 2 （Rome 1838）, p. 269.

4. 罗马帝国灭亡以后的“黑暗时代”H.W.C. Davis, *Medieval Europe* （Fairfield, IA: 1st World Library Literary Society, 2004）, 68-84, www. 1stworld publishing. com/ebooks/e1-4218-0940-0.pdf.

5. 他绰号“铁锤”，可想而知Barbara H. Rosenwein, *A Short History of the Middle Ages* （Peterborough, Ontario: Broadview Press, 2004）, 72-73.

6. 5世纪中叶，墨洛维家族建立了“Merovingian Dynasty”, Encyclopaedia Britannica Online, 2011, www. britannica.com/EBchecked/topic/376284/ Merovingian-dynasty.

7. 751年，教皇扎迦利想请人帮他Rosenwein, *Short History of the Middle Ages,* 72-73.

8. 这笔“丕平献土”被看做是纽带，Hendrik Spruyt, *The Sovereign State and Its Competitors: An Analysis of Systems Change* （Princeton: Princeton University Press, 1994）, 97

9. 他的儿子就是我们今天所称的查理曼Alessandro Barbero, *Charlemagne: Father of a Continent* （Berkeley: University of California Press, 2004）, 116.

10. 值得指出的是，伦巴第人 Sir Robert Buckley Comyn, *The History of the Western Empire: From Its Restoration by Charlemagne to the Accession of Charles V* （London: W. H. Allen & Co., 1851）, 12.

11. 查理曼希望Rosenwein, *Short History of the Middle Ages,* 74.

12. 查理曼听利奥诉说自己如何遭到不公正待遇John Bagnell Bury and Zachary Nugent Brooke, *The Cambridge Medieval History,* vol. II （New York: Macmillan Company, 1913）, 619-20.

13. 这个象征性的举动产生了魔术般的效果The symbolism worked its magic: Ibid.

14. “教会与国王的合作虽然产生了种种好处”Spruyt, *Sovereign State and Its Competitors,* 97.

15. 与这一矛盾相关联的挑战Mark Kishlansky, Patrick Geary, and Patricia O'Brien, *Civilization in the West,* 3rd ed.（New York: Longman, 1998）, 289-91.

16. 他“认为基督教会是一个完整的国家”Davis, *Medieval Europe,* 86.

17. 格列高利颁布敕令表明了自己的意见Spruyt, *Sovereign State and Its Competitors,* 49.

18. “我，亨利，不是靠篡夺，而是由仁慈的上帝授任的国王”Quoted in ibid.

19. 准备前往德国Uta-Renate Blumenthal, *The Investiture Controversy: Church and Monarchy from the Ninth to the Twelfth Century*（Philadelphia: University of Pennsylvania Press, 1988）, 122-23.

20. “我热爱正义而讨厌不公”Quoted in ibid., 126.

21. 1122年，双方的矛盾短期内得到了解决Kishlansky, Geary, and O'Brien, *Civilization in the West,* 292.

22. 举例来说，瑞典到12世纪才Vilhelm Moberg, *A History of the Swedish People,* vol. I, *From Prehistory to the Renaissance*（Minneapolis: University of Minnesota Press, 2005）, 73-87.

23. 老斯渥尔克国王是拥护教会的主要人物Ragnar Svanstrom, *A Short History of Sweden*（Sweden: Stubbe Press, 2008）, 25-27.

24. 由于这份特许状，“一个教士特权阶层出现了”Ibid., 27.

25. 他表现很出色。年纪轻轻 Frank Barlow, *Thomas Becket*（Berkeley and Los Angeles: University of California Press, 1990）, 10-17, 30-39.

26. 亨利敏于处理司法事务Charles Tilly, *Coercion, Capital, and European States: AD 900-1992*（Cambridge, MA: Blackwell, 1992）, 154.

27. 他定期派出一群皇室法官在全国巡行Rosenwein, *Short History of the Middle Ages,*140-42.

28. 几个星期后，身体虚弱的亨利躺在病床上怒气冲冲地叫嚷Barlow, *Thomas Becket,* 235.

29. “那位凶恶的骑士突然（向贝克特）扑了上去”Quoted in Christopher Lee, *The Sceptred Isle: 55 BC-1901*（London: Penguin Group, 1997）, 71.

30. 虽然不是闻所未闻的事情Spruyt, *Sovereign State and Its Competitors,* 96-97.

31. 他在这份《教俗敕令》中认定，国王只有在取得教皇许可的情况下才可向教会征税Rosenwein, *Short History of the Middle Ages*, 171.

32. 这份文件叫做《一圣教谕》Christopher T. Carlson, “Church and State Consistency of the Catholic Church’s Social Teaching，” *Catholic Lawyer,* vol. 35（1992）: 342.

33. 1302年，他召开了第一次三级会议Ephraim Emerton, *The Beginnings of Modern Europe*（*1250-1450*）（Boston: Ginn and Company, 1917）, 120.

34. 举例说明，在世纪之交的英格兰Karl Moore and David Lewis, *Foundations of Corporate Empire: Is History Repeating Itself?*（London: Pearson Education, 2000）, 137-43.

35. 虽然公司所有者仍然对自己的企业承担全部法律责任Jonathan Baskin and Paul J. Miranti, *A History of Corporate Finance*（Cambridge: Cambridge University Press, 1997）, 29-42.

36. 佩鲁齐家族借钱给那不勒斯国王Edwin S. Hunt, *The Medieval Super-Companies: A Study of the Peruzzi Company of Florence*（Cambridge: Cambridge University Press, 1997）, 134.

37. 一个编年史家布雷克隆的乔斯林报道过的例子来说明Sir Ernest Clarke, *The Chronicle of Jocelin of Brakelond*（London: Bury St. Edmunds Pageant Edition, 1907）, 75-76.

38. 《坎特伯雷故事集》就表达过Geoffrey Chaucer, “The Reeve’s

Tale" from *Canterbury Tales* (Garden City, NY: International Collections Library, 1913), p. 109, 112, quoted in Moore and Lewis, *Foundations of Corporate Empire*, 147.

39. 最后的结果却是自由企业遍地开花Moore and Lewis, *Foundations of Corporate Empire,* 146-48.

40. 他们离开传统封建制度的大本营Spruyt, *Sovereign State and Its Competitors*, 62.

41. 作为这一时期规模最为浩大的战役J. F. Verbruggen, *The Art of Warfare in Western Europe During the Middle Ages* (Woodbridge, UK: Boydell Press, 2002), 261.

42. 这场4 000多人同仇敌忾的战役Jan Mahler, *The Battle of Worringen, 1288: The History and Mythology of a Notable Event,* 1993, Master's Thesis, University of Alberta, 83.

43. 和欧洲其他地方一样，在瑞典 Svanstrom, *Short History of Sweden,* 27.

44. 为了与教会的力量抗衡，1280年，马格努斯又颁布了《埃尔斯诺令》Franklin D. Scott, *Sweden: The Nation's History* (Carbondale and Edwardsville: Southern Illinois University Press, 1998), 57, 68-69.

45. 1319年，比格尔遭到罢黜Thomas Lindkvist, "The Making of a European Society: The Example of Sweden," *Medieval Encounters* 10, No. 1-3: 178.

46. 瑞典因此加入了卡尔马联盟Byron J. Nordstrom, *The History of Sweden* (Westport, CT: Greenwood Press, 2002), 38-39.

47. "农民不肯为打仗而交税"Scott, *Sweden,* 123.

3 1648年：平等化的发端

1. 四周一片黑暗、清凉和寂静Michel Roberts, *The Early Vasas: A History of Sweden, 1523-1611* (Cambridge: Cambridge University Press, 1968), 197.

2. 这种趋势体现了天主教会的衰落Hendrik Spruyt, *The Sovereign State and Its Competitors: An Analysis of Systems Change* (Princeton: Princeton University Press, 1994), 61.

3. 瑞典之所以成为一个国家，是因为他赶走天主教会Franklin D. Scott, *Sweden: The Nation's History*（Carbondale; Edwardsville: Southern Illinois University Press, 1998）, 121-25.

4. 他的葬礼在他去世之前就做了精心安排Joseph Gonzalez, "Rewriting History: Humanist Oration at the Funeral of Gustav Vasa, 1560," *Journal of the Society for the Advancement of Scandinavian Study* 78, no. 1（2006）: 21-42.

5. 1609年，42岁的贵族Tryntje Helfferich, *The Thirty Years War: A Documentary History*（Indianapolis, IN: Hackett Publishing）, 19.

6. 为了巩固图恩对自己的支持，作为这笔交易的组成部分Peter H. Wilson, *The Thirty Years War: Europe's Tragedy*（Cambridge: Harvard University Press, 2009）, 112-115, 270.

7. 他安排让城堡的一名卫队长把自己的人马放进去Helfferich, *Thirty Years War*, 15.

8. 远洋航船改进了设计Kimon Valaskakis, "Long-term Trends in Global Governance: From 'Westphalia' to 'Seattle,'" *Global Governance in the 21st Century*（OECD, 2000）, 50.

9. 于是，有些早期的公司Karl Moore and David Lewis, *Foundations of Corporate Empire: Is History Repeating Itself？*（London: Pearson Education, 2000）, 197-99.

10. 这些早期公司当中有一家英国东印度公司Sir Courtenay Ilbert, *The Government of India: A Brief Historical Survey of Parliamentary Legislation Relating to India*（Oxford: Clarendon Press, 1922）, 4.

11. 公司的预期存续时间Nick Robins, *The Corporation that Changed the World: How the East India Company Shaped the Modern Multinational*（London and Ann Arbor, MI: Pluto Press, 2006）, 7, 27.

12. 这家公司其实部分效仿了年代更早的公司Ann M. Carlos and Stephen Nicholas, "Giants of an Earlier Capitalism: The Chartered Trading Companies

as Modern Multinationals," *Business History Review* 62, no. 3（1988）: 403， 411.

13. 荷兰公司控制的岛屿则成了今天的印度尼西亚J. H. Elliott, *Imperial Spain: 1469-1716*（New York: St. Martin's Press, 1964）, 44.

14. 马丁尼茨为之效力的哈布斯堡正同时在两条战线上开仗。*Philip Bobbitt, The Shield of Achilles: War, Peace, and the Course of History*（New York: Alfred A. Knopf, 2002）, 116; Myron P. Gutmann, "The Origins of the Thirty Years' War," *Journal of Interdisciplinary History* 18, no. 4（Spring 1988）: 767.

15. 统治时期达到登峰造极的地步H. G. Koenigsberger, *The Habsburgs and Europe: 1516-1600*（Ithaca, NY: Cornell University Press, 1971）, 1-10.

16. 腓力二世掌权后不久，低地国家就遭遇了考验Geoffrey Parker, *The Dutch Revolt*（Ithaca, NY: Cornell University Press, 1977）, 68-71.

17. 北部省份的新教贵族Wilson, *Thirty Years War*, 130.

18. 战线拉得这么长，在腓力统治期间，国库宣布破产Elliot, *Imperial Spain*, 191,257, 280-81.

19. 国库没有钱，意味着军队没有钱。Parker, *Dutch Revolt*, 231.

20. 荷兰共和国的国民生产总值中Wilson, *Thirty Years War*, 138.

21. 荷兰西印度公司效法那家立足于亚洲的同类企业Elliot, *Imperial Spain*, 174-77, 262-71.

22. 海因带着近20万磅黄金回到了尼德兰E. H. Carter, G. W. Digby, and R. N. Murray, *From Earliest Times to the 17th Century*（*History of the West Indian Peoples*）, new ed.（Nelson Caribbean, 1997）, 116.

23. 三十年战争的头几年，丹麦国王克里斯蒂安在北欧出过一次兵William P. Guthrie, *The Later Thirty Years War: From the Battle of Wittstock to the Treaty of Westphalia*（Westport, CT: Greenwood Press, 2003）, 6-7.

24. 他们的失败让斐迪南皇帝的腰杆硬了起来Wilson, *Thirty Years War*, 448-49.

25. 他们要找一位带头人，他们认为古斯塔夫·阿道夫是个合适的人选

Vladimir Brnardic, *Imperial Armies of the Thirty Years' War（1）: Infantry and Artillery*（Oxford: Osprey Publishing, 2009）, 7.

26. 古斯塔夫认识到他必须想办法对付西班牙的步兵大方阵Elliot, *Imperial Spain,* 124.

27. 古斯塔夫想建立一种更为灵活多变的队形Scott, *Sweden,* 177.

28. 德吉尔起初只是法伦矿的一名投资人*The Baltic World, 1492-1772*（New York: Longman, 1990）, 149.

29. "如果你想给这座铜矿画一幅全景图" Sven Rydberg, *The Great Copper Mountain: The Stora Story*（Hedmora, Sweden: Stora Kopparbergs Bergslags Aktiebolag in Collaboration with Gidlunds Publishers, 1998）, 85-87.

30. 约翰想保持中立Geoffrey Parker, *The Thirty Years' War*（New York: Routledge, 1997）, 113-14.

31. 她14岁的时候，奥克森谢纳描写她Oskar Garstein, *Rome and the Counter-Reformation in Scandinavia: The Age of Gustavus Adolphus and Queen Christina of Sweden, 1622-1656*（Boston: Brill, 1992）, 553-54.

32. 她对集合起来的矿工讲话时说*Economist,* June 18, 1988.

33. 1935年同意签署了《布拉格合约》，解散天主教联盟Parker, *Thirty Years' War,* 136.

34. 1643年，法国人大败法兰德斯军队Wilson, *Thirty Years War,* 667.

35. 数量众多的各色人等集中起来开会，这个简单的事实Leo Gross, "The Peace of Westphalia, 1648-1948," *American Journal of International Law* 42, no. 1（1948）: 20.

36. 数百年来，等级秩序一直是欧洲社会的一条根本的组织原则Mark Kishlansky, Patrick Geary, and Patricia O'Brien, *Civilization in the West Since 1300,* 3rd ed.（New York: Longman, 1998）, 481; Wilson, *Thirty Years War,* 672-73.

37. 瑞典带着165人组成的代表团浩浩荡荡地前来Wilson, *Thirty Years War,* 673.

38. 著名的国际法律学者列奥·格罗斯描述了威斯特伐利亚取得的成果

Gross, "The Peace of Westphalia, 1648-1948," 28-29.

39. "自主、统一的理性行为体" Stephen D. Krasner, "Compromising Westphalia," *International Security* 20, no. 3 (1995-1996): 115.

40. 瑞典拿到了500万大银Scott, *Sweden,* 200.

41. 瑞典、荷兰和法国的力量尤其得到了加强Bobbit, *The Shield of Achilles,* 507.

42. 教皇派去威斯特伐利亚的代表、教廷大使法比奥·吉基 Koenigsberger, *The Hapsburgs and Europe,* 673.

43. 梵蒂冈对条约作出正式回应Bobbitt, *Shield of Achilles,* 116.

44. 庆祝活动规模盛大，豪华，前所未有地铺张Rydberg, *Great Copper Mountain,* 94.

45. 女王本人是个矛盾的集合体Garstein, *Rome and the Counter-Reformation in Scandinavia,* 505, 707-38.

46. 她慷慨地赞助文化和艺术活动Susanna Akerman, *Queen Christina of Sweden and Her Circle: The Transformation of a Seventeenth-Century Philosophical Libertine* (Leiden and New York: E.J. Brill, 1991), 289.

47. 打破了铜矿此前的纪录 "Vürldsarvstaden Falun-Ett vürldsarvs püverkan pü marknadsföringen av en destination," Baltic Business School (Tourism Program), 2008, 21, http://74.125.155.132/scholar? q=cache:4WbnkzvHPg8J :scholar. google. com/+stora+kopp.arberg+december+1650+3,000+tons+of+copper &hl=en&as_sdt=0,9.

48. 她是个秘密的天主教徒Francis W. Bain, *Christina, Queen of Sweden* (London: H. Allen & Co., 1890), 322.

49. 她任命了太多的新贵族Veronica Buckley, Christina, *Queen of Sweden: The Restless Life of a European Eccentric* (New York: Fourth Estate, 2004), 78.

50. 来自德国的采矿大师汉斯·菲利普·利贝克Rydberg, *Great Copper Mountain,* 118-20.

4 1776年：两场革命

1. 本书的“内容简介”部分提到，托马斯·杰斐逊十分欣赏Joseph J. Ellis, *American Sphinx: The Character of Thomas Jefferson*（New York: Alfred A. Knopf, 1997）, 49, 64, 335.

2. “它既不希望提出全新的原则、表达全新的情感”John P. Foley, *The Jeffersonian Cyclopedia: A Comprehensive Collection of the Views of Thomas Jefferson*（New York: Funk, 1900）, 43.

3. 十分流行的一方面观点Ron Chernow, *Alexander Hamilton*（New York: Penguin, 2005）, 302-47.

4. 斯密的《国富论》James Buchan, *The Authentic Adam Smith: His Life and Ideas*（New York: W. W. Norton, 2006）, 88-90. See also Ian Simpson Ross, T*he Life of Adam Smith*（Oxford: Clarendon Press, 1995）, 248, 269.

5. 要经过许多年以后，这本书才会取得它的地位Richard F. Teichgraeber III, “‘Less Abused Than I Had Reason to Expect’: The Reception of *The Wealth of Nations* in Britain, 1776-90,” *Historical Journal* 30, no. 2（June 1987）: 339.

6. 斯密之所以写作这本书，在很大程度上也是对过去制度的一种反应Adam Smith, *The Wealth of Nations,* R. H. Campbell, A. S. Skinner, and W. B. Todd, eds.（Oxford: Clarendon Press, 1976）, IV. vii.b.50, V.i.e.30.

7. 由长老或者达到年龄者组成委员会Thorkild Jacobsen, “Primitive Democracy in Ancient Mesopotamia,” *Journal of Near Eastern Studies* 2, no. 3（July 1943）: 166.

8. 到古印度的加纳司U. B. Singh, *Administrative System in India: Vedic Age to 1947*（New Delhi: APH Publishing Corporation, 1998）, 49.

9. 就连像斯巴达那样的寡头政体Charles D. Hamilton, “Spartan Politics and Policy,405-401 B.C.,” *American Journal of Philology* 91, no. 3（July 1970）: 295.

10. 当然，这些体制有时候显然是现代民主的雏形James V. Cunningham,

"Citizen Participation in Public Affairs," *Public Administration Review* 32, Special Issue: Curriculum Essays on Citizens, Politics, and Administration in Urban Neighborhoods, October 1972, 590.

11. "它顾全多数人而不是少数人的利益" Quoted in Robert A. Dahl, *Democracy and Its Critics* （New Haven: Yale University Press, 1989）, 17

12. 现存世界上最古老的议会Henry Chu, "Iceland Seeks to Become Sanctuary for Free Speech," *Los Angeles Times,* April 2, 2011, www. latimes.com/news/nationworld/world/la-fg-iceland-free-speech-20110403,0,5332545.story.

13. 它首次召开大会是在公元930年Christopher J. Moore, *In Other Words* （New York:Walker, 2004）, 65.

14. 集会的主席叫法律演讲人Jon Johannesson, *Islendinga Saga: A History of the Old Icelandic Commonwealth* （Ann Arbor, MI: University of Michigan Press, 2007）, 47.

15. "thing" 的概念在整个斯堪的纳维亚都很常见 "Thing," Online Etymology Dictionary, Douglas Harper, 2010, http://dictionary. reference.com/browse/thing.

16. 挪威议会叫做 "Storting," Dictionary. com Unabridged, 2011, http://dictionary. reference.com/browse/storting.

17. 丹麦议会叫做 "Folketing," *Collins English Dictionary: Completee Unabridged,* 10th ed. （HarperCollins, 2011）, http://dictionary. reference.com/browse/folketing.

18. 在瑞典，用来指代地方集会的词Kathleen N. Daly, *Norse Mythology A to Z,* revised by Marian Rengel, 3rd ed. （New York: Infobase Publishing, 2009）, 20.

19. 只有一部分人有资格参与政治As per Max Weber's definition of a state: "a human community that （successfully） claims the *monopoly of the legitimate use of force* within a given territory." Max Weber, "Politics As a Vocation," in *From Max Weber*, translated and edited by H. H. Gerth and C. Wright Mills （New York:

Oxford University Press, 1946）, 78.

20. 周围武装齐备的群众热烈地为他喝彩Carl Ernst Sigfried Swansson, Social *Wrongs and a Practical Remedy*（New York: Shakespeare Press,1913）, 45-46.

21. 两个世纪以后又发生了类似的事情William Stubbs, *The Constitutional History of England in Its Origin and Development,* vol. I, 6th ed.（Oxford: Clarendon Press,1903）, 563-69.

22. 其实，克伦威尔对律师不屑一顾Roy Edward Sherwood, *Oliver Cromwell; King in All but Name, 1653-1658*（New York: St. Martin's Press, 1997）, 129.

23. 英国内战将导致查理一世倒台Ann Lyon, *Constitutional History of the United Kingdom*（London: Cavendish, 2003）, 206-26.

24. 他在自己的军队内部着力镇压的一支力量"Oliver Cromwell（English statesman）: First chairman of the Council," Encyclopaedia Britannica Online, www. britannica.com/EBchecked/topic/143822/Oliver-Cromwell.

25. 后来成为他挚友的艾萨克·牛顿Roger Woolhouse, *Locke: A Biography*（Cambridge: Cambridge University Press, 2007）, 70-71,314.

26. 他被任命为贸易与种植委员会委员Neal Wood, *John Locke and Agrarian Capitalism*（Berkeley, Los Angeles, and London: University of California Press, 1984）, 22.

27.《人类理解论》探讨人类理解力的极限John Locke, *An Essay Concerning Human Understanding,* available at Project Gutenberg, www.gutenberg.org/browse/authors/l#a2447.

28.《论宽容》，部分心得来自于John Locke, *An Essay Concerning Toleration,* full text online at www. earlymoderntexts.com/f_locke.html.

29. 威廉和玛丽登上王位的一个关键条件William and Mary signed the English Bill of Rights in 1689. The text is available at the Yale Law School website, http://avalon.law. yale.edu/17th_century/england.asp.

30. "因此，我认为，**政治权力**就是制定法律的权利" John Locke,

Two Treatises on Government（London, Printed for R. Butler, 1821）, 46-47, 189, 191,289-29.

31. 这份法案不仅规定了对君主权力的限制English Bill of Rights, available at the Yale Law School website, http://avalon.law. yale.edu/17th_century/england.asp.

32. 于是，洛克写了《论降低利率和提高货币价值的后果》"Some Considerations of the Consequences of the Lowering of Interest and the Raising the Value of Money," in Antoin E. Murphy, ed., *Monetary Theory, 1601-1758*（New York: Routledge, 1997）, 1-99.

33. 他在这个岗位上待了4年Adam Kuper and Jessica Kuper, eds., *The Social Science Encyclopedia,* 2nd ed.（New York: Routledge, 2003）, 827.

34. 它还发起了远到马六甲海峡和中国的冒险Nick Robins, *The Corporation That Changed the World: How the East India Company Shaped the Modern Multinational*（London and Ann Arbor, MI: Pluto Press, 2006）, 58-78.

35. 孟加拉作为最富有的省份 Ibid., 61.

36. "它在任何方面都不比埃及逊色" Quoted in Sunsil K. Munsi, *Calcutta Metropolitan Explosion: Its Nature and Roots*（New Delhi: Peoples Publishing House, 1975）, 11, 54, 66.

37. 公司进入了孟加拉的纺织品市场John Keay, *The Honourable Company: A History of the English East India Company*（New York: Macmillan, 1991）, 221-41.

38. 他在回首往事的时候却说，"每当我想到那个国家的巨额财富" P. Kanagasabapathi, *Indian Models of Economy, Business and Management*（New Delhi: PrenticeHall of India, 2008）, 51.

39. "如果没有对印度的掠夺，英国不会发生工业革命。" Quoted in Rajeev Srinivasan, "The uncouth reality of the present is not the only possibility for India: In our many pasts lie the seeds of our future," www. rediff. com/news/aug/04rajeel.htm.

40. 伯戈因委员会的一位委员指出："此种制度从来没有" Robins, *The Corporation That Changed the World,* 106.

41. 随着斯道拉由于铜的产量下降而摇摇欲坠Eli F. Heckscher, *An Economic History of Sweden* （Cambridge, MA: Harvard University Press, 1963）, 8; Sven Rydberg, *The Great Copper Mountain: The Stora Story* （Hedmora, Sweden: Stora Kopparbergs Bergslags AB in Collaboration with Gidlunds Publishers, 1998）, 143.

42. 查理有过好几次机会以较为有利的条件结束战争Stewart P. Oakley, *War and Peace in the Baltic, 1560-1790* （London: Routledge, 1993）, 111-16.

43. 贵族当中以卡尔·古斯塔夫·泰辛伯爵为首的批评者纷纷嘲讽Robert Nisbet Bain, *Gustavus III and His Contemporaries, 1742-1792: An Overlooked Chapter of Eighteenth Century History* （London: Kegan Paul, Trench, Trubner, & Co., 1894）, 8.

44. 礼帽族想要恢复与法国的纽带，实行一项国际政策Michael Roberts, *The Age of Liberty: Sweden 1719-1772* （Cambridge: Cambridge University Press, 1986）, 1-15.

45. "自由时代发现或者说重新阐释了民主政体的一些基本原则" Franklin D. Scott, *Sweden: The Nation's History* （Carbondale and Edwardsville: Southern Illinois University Press, 1998）, 251.

46. "战争不仅是一种政治行动" Quoted in Troy S. Thomas, Stephen D. Kiser, and William D. Casebeer, *Warlords Rising: Confronting Violent Non-State Actors* （Oxford: Lexington Books, 2005）, 164.

47. 有几场重大战役却发生了全世界*The Very First World War, 1756-1763* （London: Michael O'Mara Books, 1991）.

48. 波士顿殖民者在塞缪尔·亚当斯的领导下组织起来，乔装成莫西干印第安人Garry Wills, *Inventing America: Jefferson's Declaration of Independence* （New York: Vintage Books, 1979）, 26-27.

49. 总督有权在英国审讯皇室官员Gordon S. Wood, *The American Revolution* （New York: Modern Library, 2003）, 37-38.

50. 美国国旗代表美国的13个殖民地，这一点毫无疑问：我们不清楚东印度公司的旗帜是否直接影响了美国国旗的设计；曾在India Civil Service服务的英国历史学家Sir Charles Fawcett在1937年的一篇著名文章中认为，答案是肯定的，他的原文可见。即使没有产生直接影响，其相似性也显而易见。It is unclear whether the East India Company's flag directly influenced the design of the American flag; Sir Charles Fawcett, a British historian who served in the India Civil Service, suggested that it did in a famous article written in 1937 and reproduced at www. crwflags.com/FOTW/flags/gb-eic2.html. Even if no direct influence was involved, the likeness is still remarkable.

51. 2005年，美国联邦储备银行主席：Remarks by Alan Greenspan, Chairman of the Federal Reserve Board, at the Adam Smith Memorial Lecture, Kirkcaldy, Scotland, February 6, 2005, available at the Federal Reserve Board website, www. federalreserve.gov/boarddocs/speeches/2005/20050206/default.htm.

52. 今天，《国富论》被认为是一部里程碑式的著作Ian Simpson Ross, *The Life of Adam Smith*（Oxford: Clarendon Press, 1995）, 248, 269.

53. “如果你要等到美国宣称自己之命运” Edinbury, February 8, 1776, in *Correspondence of Adam Smith,* quoted in Buchan, 90.

54. 英国比其他欧洲国家更为开明Adam Smith, *The Wealth of Nations,* R. H. Campbell, A. S. Skinner, and W. B. Todd, eds.（Oxford: Clarendon Press, 1976）, IV. viii.b.50; subsequent Smith quotes from IV. vii.b.44, IV. vii.b.49, IV. vii.c.77, IV. vii.c.79, V.i.e.30, IV. vii.b.11, V.i.e.26, V.i.e.32.

55. 斯密的观点在拥有土地的士绅阶层中间引起了一些不安Teichgraeber, “Less Abused Than I Had Reason to Expect,” 351.

56. 他向国会提出3项动议Wills, *Inventing America,* 336-44.

57. 所以，美国必须主张独立，主要目的不是*A Global History*（Cambridge, MA: Harvard University Press, 2007）, 33-36.

58. 他还参考了乔治·梅森的《弗吉尼亚权利法案》Dumas Malone,

Thomas Jefferson: A Brief Biography（Chapel Hill: UNC Press Books, 2002）, 15-17.

59.“民族由生来自由而独立的人民构成” Quoted in Armitage, *Declaration of Independence,* 39.

60.“在人类社会发展的过程中” The Declaration of Independence: In Congress, July 4, 1776, “A Declaration by the Representatives of the United States of America, in General Congress Assembled,” in Armitage, *Declaration of Independence,* 165, 170-71.

61. 在夜幕下横渡特拉华河David Hackett Fischer, *Washington's Crossing*（Oxford: Oxford University Press, 2004）, 193-200.

62. 马萨诸塞州只给5家公司颁发了特许状Oscar Handlin and Mary Flug Handlin; *Commonwealth: A Study of the Role of Government in the American Economy; Massachusetts, 1774-1861*（Cambridge, MA: Belknap Press, 1969）, 99, 160.

63. 过了不到20年，“达特茅斯学院校董事会诉伍德沃德案” Ibid., 160.

64. 可是大铜山却并没有因此寿终正寝Sven Rydberg, *The Great Copper Mountain*（Stora Kopparbergs Bergslags AB in Collaboration with Gidlunds Publishers, 1988），129-41.

5 1848年：国家何以成为国家

1. 许多力量在推动这些变革，从工业革命到欧洲的饥馑“Anglo-American Merchant Bankers and the Railreads of the Old Northwest, 1848-1860,” *Business History Review* 34, no. 2（Summer 1960）: 153.

2. 这一年，14岁的爱尔兰移民安德鲁·卡耐基Andrew Carnegie, *Autobiography of Andrew Carnegie*（Boston and New York: Houghton Mifflin Company, 1920）, 34.

3.“不让历史重复是不值得的努力” Mark Twain, *Eruption: Hitherto Unpublished Pages About Men and Events,* Bernard DeVoto, ed.（New York: Harper & Brothers, 1940）, 66.

4. 召开维也纳会议制定条约David King, *Vienna 1814: How the Conquerors of Napoleon Made Love, War, and Peace at the Congress of Vienna*（New York: Crown Publishing Group, 2008）, 2.

5. 维也纳谈判的指挥家是奥地利贵族克莱门斯·梅特涅王子Mike Rapport, *1848: Year of Revolution*（New York: Basic Books, 2008）, 4.

6. 亨利·基辛格在公共舞台上第一次崭露头角Henry Kissinger, *A World Restored: Metternich, Castlereagh and the Problems of Peace, 1812-1822*（New Haven, CT: Phoenix Press, 2000）.

7. 人们认为基辛格效仿了梅特涅的策略和价值观Robert D. Kaplan, "Kissinger, Metternich, and Realism," Atlantic Online, June 1999, www. theatlantic. com/pastldocs/issues/99jun/ 9906kissinger. htm.

8. 法国效仿美国的民主所做的实验虽然热情澎湃却极其混乱 Peter Jones, *The 1848 Revolutions*（Burnt Mill: Longman Group Limited, 1981）, 21.

9. 工业革命打破了旧的经济格局，重新打造经济Jonathan Sperber, *The European Revolutions, 1848-1851*（Cambridge: Cambridge University Press, 1994）, 18; Jones, *1848 Revolutions,* 6.

10. 许多人认为，拿破仑·波拿巴这个人恢复了法国的稳定局势Arnold Whitridge, "1848: The Year of Revolution," *Foreign Affairs* 26, no. 2, January 1948, 272.

11. 他重新扛起民族主义的招牌，以便让自己的人民有一种目标感。Philip G. Dwyer, "Napoleon and the Foundation of the Empire," *Historical Journal* 53, no. 2, 2010, http://newcastleau.academia.edu/ PhilipDwyer/ Papers/167092/Napoleon_and_the _Foundation_of_the_ Empire.

12. 梅特涅和他的雇主希望借此机会复辟君主制Rapport, *1848: Year of Revolution,* 4-5.

13. "危急时刻，主要还要靠君主"Quoted in Rapport, *1848: Year of Revolution,* 5.

14. 给封建主义、最终给贵族统治、君主政体和“老办法”画上句号 Jones, 1848 *Revolutions*, 28, 45.

15. 阿利克西·德·托克维尔在访问美时认识到Richard Swedberg, *Tocqueville's Political Economy*（Princeton, NJ: Princeton University Press, 2009）, 17, 58.65.

16. “对平等的低级趣味” Alexis de Toqueville, *Democracy in America*, vol. 1（Charleston, SC: CreateSpace, April 27, 2011）, 50, 419.

17. 权力的重新分配，平民和公民权利中心的地位提高Alexis de Tocqueville, *Democracy in America,* vol. 2, unabridged ed., translated by Henry Reeve（Lawrencc, KS: Digireads.com, January 1, 2007）, 11, 148.

18. 托克维尔谴责美国念念不忘金钱Tocqueville, *Democracy in America,* vol. 2,261.

19. 可以追溯到熟悉的行会结构的老做法Sperber, *European Revolutions,* 18; Jones, *1848 Revolutions,* 6.

20. “手工业者和匠人” Rapport, *1848: Year of Revolution,* 31.

21. “他们黑不隆冬的地下室里，他们的房间里” Quoted in Rapport, *1848: Year of Revolution,* 35.

22. 农业的进步促发了变化Niek Koning, *The Failure of Agrarian Capitalism: Agrarian Politics in the UK, Germany, the Netherlands, and the USA, 1846-1919*（London: Routledge, 1994）, 14-16.

23. “铁和皮革的生产” Sperber, *European Revolutions,* 40.

24. 斯道拉成了既是欧洲的一大生铁制造企业Sven Rydberg, *The Great Copper Mountain: The Stora Story*（Hedmora, Sweden: Stora Kopparbergs Bergslags AB in Collaboration with Gidlunds Publishers, 1998）, 170, 176.

25. 斯珀伯指出，这诸多矛盾派生出了新的矛盾Sperber, *European Revolutions,* 42.

26. 马铃薯晚疫病菌俗称马铃薯疫病Arline Tartus Golkin, *Famine, a Heritage of Hunger: A Guide to Issues and References*（Claremont, CA: Regina Books, 1987）, 52.

27. 疫病造成马铃薯歉收Terry Glavin, *The Sixth Extinction: Journeys Among the Lost and Left Behind*（New York: Thomas Dunne, 2007）, 220.

28. 让穷苦工人的处境雪上加霜Helge Berger and Mark Spoerer, "Economic Crises and the European Revolutions of 1848," *Journal of Economic History* 61, no. 2（June 2001）: 296-303.

29. 对制造品的需求下降，欧洲各国的企业纷纷倒闭 Berger and Spoerer, "Economic Crises and the European Revolutions of 1848," 303-304.

30. 成百上千家大磨坊关了门 Ibid., 306; Arthur L. Dunham, "Unrest in France in 1848," *Journal of Economic History,* vol. 8（1948）: 75.

31. 几乎没有钱来进口粮食Dunham, "Unrest in France in *1848*," 77, 81.

32. 梅特涅、基佐和他们的同僚出生社会动乱年代Rapport, *1848: Year of Revolution,* x, 2, 4, 37.

33. "我认为我们现在正睡在一座火山口上" Quoted in Rapport, *1848: Year of Revolution,* 42.

34. 启蒙运动对多种形式的专制权力的抨击Jones, *1848 Revolutions,* 21, 23.

35. 最早使用"社会主义"这个词的是Aruther John Booth, *Saint-Simon and Saint_Simonism: A Chapter in the History of Socialism in France*（Charleston, SC: Nabu Press, 2010）, 4-5, 56-57.

36. 路易·勃朗是另一位早期社会主义者Branko Horvat and Mihailo Markovic, *Self-governing Socialism: A Reader*（Armonk, NY: M. E. Shape, 1976）, 9.

37. 基佐的反对者打算举行宴会Rapport, *1848: Year of Revolution,* 50-56.

38. 用缺乏创意的假名字"Mr. and Mrs. Smith": Arnold Whitridge, "1848: The Year of Revolution," *Foreign Affairs 26,* no. 2（January 1948）: 265.

39. "法国加入共和国的大家庭" Ibid., 264.

40. 勃朗设想的用铁路的收入作为资金，执行一项劳工计划Jones, *1848 Revolutions,* 36.

41. "1848年以后……工人在社会上获得了全新的地位" Whitridge,

"1848: The Year of Revolution," 275.

42. 路易·菲利普倒台的消息传到维也纳的时候，梅特涅已经74岁 Rapport, *1848: Year of Revolution,* 4.

43. 有人担心这位老人在位的时间实在太久了Jones, *1848 Revolutions,* 42.

44. 如何调和社会正义与个人自由这一对矛盾Rapport, *1848: Year of Revolution,* 255, 407.

45. 这就是让身为新闻工作者的马克思为自己的所见所闻感到十分困扰的地方Karl Marx and Friedrich Engels, *The Communist Manifesto*（New York: Tribeca Books, 2011）; Eduard Heimann, "Marxism: 1848 and 1948," *Journal of Politics* 11, no. 3（August 1949）: 530.

46. "由此可见，资产阶级赖以形成的生产资料和交换手段" Marx and Engels, *Communist Manifesto,* 5.

47. 他希望扭转或者遏止这种不平等 Marx and Engels, *Communist Manifesto,* 81; Heimann, "Marxism: 1848 and 1948," 523.

48. "这些不得不把自己零星出卖的工人" Marx and Engels, *Communist Manifesto,* 479.

49. "（工人）不仅是资产阶级的、资产阶级国家的奴隶" Ibid.

50. 马克思写出这样的语句，还号召再发起一场革命Heimann, "Marxism: 1848 and 1948," 524.

51. "让统治阶级在共产主义革命面前发抖吧" Marx and Engels, *Communist Manifesto,* 500.

52. 联合王国的局势基本稳定Miles Taylor, "The 1848 Revolutions and the British Empire," *Past and Present Society,* no. 166（February 2000）: 146-58.

53. 从英属圭亚那到加拿大，到处都在爆发农民起义Ibid., 171.

54. 东印度公司走到了生死存亡的拐点Nick Robins, *The Corporation That Changed the World*（London and Ann Arbor, MI: Pluto Press, 2006）, 6.

55. 英国人与印度兵之间关系高度紧张Ibid., 162-63.

56. 印度士兵莽卡班迪发起抗议，公开宣布反叛 Lion M. G. Agrawal, *Freedom Fighters of India*（McMinnville, TN: Isha Books, 2008）, 145.

57. “我尽管热爱军队，却不得不承认” Quoted in ibid., 74.

58. 狄更斯还与人合写了一份呼吁书，要求毁灭 “Mutiny Echoes: India, Britons, and Charles Dickens's *A Tale of Two Cities*,” *Nineteenth-Century Literature* 62, no. 1（June 2007）: 49.

59. 根据1858年印度政府法案 Robins, *Corporation That Changed the World*, 163-64.

60. “穆勒首先指出，公司‘自掏腰包’” Quoted in ibid., 164.

61. “地球上再不曾有过一个文明的政府比它更腐败” Quoted in ibid.

62. 1848年3月10日，美国国会批准了瓜达卢佩伊达戈条约John S. D. Eisenhower, *So Far from God: The U.S. War with Mexico 1846-1848*（New York: Random House, 1989）, 383.

63. 有两个人在加利福尼亚的柯洛玛河畔发现了一种东西H. W. Brands, *The Age of Gold: The California Gold Rush and the New American Dream*（New York: Doubleday, 2002）, 15, 23-24.

64. 还使大型企业的创立成为可能Glenn Porter, *The Rise of Big Business, 1860-1820*（Wheeling, IL: Harlan Davidson, 2006）, 34-35.

65. 英国和荷兰投资人，这些人和其他人一样，也想把钱投给美国企业Hidy and Hidy, “Anglo-American Merchant Bankers,” 153-55.

66. 在1850到1860年间铁轨的长度增加了3倍Porter, *Rise of Big Business*, 35, 37-38.

67. 他要用铁路把石油从油田运到市场上Daniel Yergin, *The Prize: The Epic Quest for Oil, Money, and Power*（New York: Simon and Schuster, 1991）, 29-30.

68. 他的标准石油公司发展成为美国最大的炼油公司Peter Collier and David Horowitz, *The Rockefellers: An American Dynasty*（Austin, TX: Holt, Rinehart and Winson, 1976）, 22; ibid., 40. 当时，炼油厂充当中间人，它们从生产商那里获取原油，再用铁路公司运输石油，所以处在组织原油生产和稳定铁

路交通的有利位置。

69. 洛克菲勒因此能够与铁路公司谈判达成优惠的价格Porter, *Rise of Big Business*, 72-73.

70. "一个资本打倒许多资本家" *Marx, Capital,* vol. 1, part vii: Primitive Accumulation, chapter 32: Historical Tendency of Capitalist Accumulation, http://marxists.org/archive/marx/works/1867-c 1.ch32.htm.

71. 他在1848年找到了第一份工作 Carnegie, *Autobiography*, 34.

72. 斯道拉铜矿的总经理埃里克·约翰·永贝里Sven Rydberg, *The Great Copper Mountain: The Stora Story*(Hedmora, Sweden: Stora Kopparbergs Bergslags Aktiebolag in Collaboration with Gidlunds Publishers, 1998), 171-191.

73. 永贝里的父亲大手大脚花光了积蓄 Gunnar Olsson and Burnett Anderson, *Stora Kopparberg: Six Hundred Years of Industrial Enterprise*(Falun, Sweden: Stora Kopparbergs Bergslags Aktiebolag, 1951), 37.

74. "防止投机商滥用这些资源" Rydberg, *Great Copper Mountain,* 179.

75. 永贝里也大力倡导发展教育和提高工人福利Ibid., 188.

76. "世界上那些古老的国家正以蜗牛的步伐缓慢地向前爬行" Quoted in Rydberg, *Great Copper Mountain,* 191.

6 法律规定如何适得其反

1. 他提出了一系列改革Goran B. Nilsson, "Sweden 1848: On the Road to the 'Middle Way,'" in Dieter Dowe et al., eds., *Europe in 1848: Revolution and Reform*(New York: Berghahn Books, 2001), 326.

2. 瑞典初次通过了有限责任法John Micklethwait and Adrian Wooldridge, *The Company: A Short History of Revolutionary Idea*(New York: Modern Library, 2003), 24; Oskar Broberg, "The Emergence of Joint-Stock Companies During the Industrial Breakthrough in Sweden," in Gerald D. Feldman and Peter Hertner, eds., *Finance and Modernization: A Transnational and Transcontinental Perspective for the Nineteenth and Twentieth*

Centuries（Burlington: Ashgate Publishing, 2008）, 165-86.

3. 1840年，蒲鲁东出版了一本书《什么是所有权或对权利和政治原理的研究》Pierre-Joseph Proudon, *What Is Property? An Inquiry into the Principle of Right and Government*（Middle-sex: Echo Library, 2008）.

4. 他写道，“资本主义的经济理念”Quoted in Iain Mckay, ed., *Property Is Theft! A Pierre-Joseph Proudon Anthology*（Edinburgh, Oakland, and Baltimore: AK Press, 2011）, 4.

5. 社会主义运动在欧洲渐渐变得势头强劲起来Michael Rapport, *1848: Year of Revolution*（New York: Basic Books, 2008）, 260-62.

6. 年轻的裁缝奥古斯塔·帕尔姆*The Nation's History,* enl. ed.（Carbondale: Southern Illinois University Press, 1998）, 429.

7. “通往社会主义的社会改良”Ibid.

8. 得到了同时兴起的工会的拥护Jae-Hung Ahn, “Ideology and Interest: The Case of Swedish Social Democracy, 1886-1911,” *Politics 0 Society* 24, no. 2（June 1996）: 175.

9. 就像斯道拉的永贝里看到的那样Sven Rydberg, *The Great Copper Mountain*（Stora Kopparbergs Bergslags AB in Collaboration with Gidlunds Publishers, 1988）, 188.

10. 这些变化是商务公司的法律概念与个人权利相结合而产生的Brian Lane, “The Abuses of Corporate Personhood,” *USA Today Magazine,* May 2004.

11. 中世纪的欧洲继承了罗马的观点Karl Moore and David Lewis, *Foundations of Corporate Empire*（London: Pearson Education, 2000）, 100-106, 114-16; Janet McLean, “The Transnational Corporation in History: Lessons for Today? ” *Indiana Law Journal 79,* no. 363（April, 2003）: 364-65.

12. 就在南海泡沫破灭之前 John Carswell, *The South Sea Bubble*（Stroud, Gloucestershire: Alan Sutton Publishing, 1993）, 129.

13. 在法律学者道格拉斯·阿纳等人看来Douglas Arner, “Development of

the American Law of Corporations to 1832," HeinOnline, 55 SMU L. Rev. 23,2002, 33, http://heinonline.org/HOL/Page? collection=journals&handle=hein.journals / smulr55&type=Text&id=35.

14. 出现了成立新公司的浪潮Gregory A. Mark, "The Court and the Corporation: Jurisprudence, Localism, and Federalism," *Supreme Court Review*, vol. 1997, no. 403, 410-12.

15. 詹姆斯·麦迪逊提出一条修正案Ibid., 412 n. 27, citing Charles C. Tansill, ed., *Documents Illustrative of the Formation of the United States* （Washington, D.C.: Government Printing Office, 1927）, Madison's notes, 724.

16. 汉密尔顿呼吁建立美国版的英格兰银行 Ibid., 344.

17. "要对此种性质的一家机构给予完全的信任" *Report on a National Bank* （1790）, in Papers *on Public Credit, Commerce, and Finance by Alexander Hamilton*, Samuel McKee, ed. （New York: Columbia University Press, 1934）, 53-83.

18. 国会却在1791年为美国银行颁发了特许状 Ron Chernow, *Alexander Hamilton* （New York: Penguin, 2005）, 349-51.

19. 他说汉密尔顿是在玩弄文字游戏Thomas Jefferson, "Opinion on the Constitutionality of Establishing a National Bank," in Noble E. Cunningham, Jr., *Jefferson vs. Hamilton: Confrontations That Shaped a Nation* （New York: Palgrave Macmillan, 2000）, 53.

20.汉密尔顿十分愤怒Alexander Hamilton, "Opinion on the Constitutionality of Establishing a National Bank," in Cunningham, *Jefferson vs. Hamilton*, 56.

21. "（汉密尔顿）给你们设立了银行" Quoted in Broadus Mitchell, "Alexander Hamilton,Vol. II," 99, cited in Chernow, *Alexander Hamilton*, 353.

22. 法庭裁决"黑德和艾默里诉普罗维登斯保险公司案" *Head ζ Amory v. Providence Insurance Co.*, 6 U.S. 127 （1804）, 167.

23. 1809年，他就"美国银行诉迪维尤克斯"案件发表观点Mark, "The Court and the Corporation," 421.

24. 在马歇尔时代最著名的一次裁决Ibid., 422.

25. 后来在1819年，马歇尔又参与了“达特茅斯学院校董事会诉伍德沃德案”的裁决*The Trustees of Dartmouth College v. Woodward,* 17 U.S. 518（1804）, Preface, 2-7. See also Albert J. Beveridge, *The Life of John Marshall,* vol. iv（Orlando, FL: Houghton Mifflin Company, 1919）, 223-25.

26. 10年后维洛克去世Beveridge, *Life of John Marshall,* 226-36.

27. 丹尼尔·韦伯斯特为学院和原来的校董会辩护*Trustees of Dartmouth College v. Woodward,* Preface, 68-73.

28. 韦伯斯特接着建立起一种关联Ibid., 76.

29. 韦伯斯特在结束辩护的时候慷慨陈词Ibid., 95-96, 115.

30. 据目击证人的描述，韦伯斯特说完他的辩护词以后Rufus Choate, “A Discourse Commemorative of Daniel Webster,” in Samuel Gilman Brown, *The Works of Rufus Choate: With a Memoir of His Life,* vol. I（Boston: Little, Brown, & Co. 1862）, 516-17

31. 法庭宣布判决结果的时候*The Trustees of Dartmouth College v. Woodward,* 625-57

32. “公司是个拟制的存在” Ibid., 636.

33. 1686年，詹姆斯二世国王决定George Louis Beer, *The Old Colonial System: 1660-1754*（Charleston, SC: BiblioLife 2008 ed., 1913）, 324.

34. 英国议会撤销了东印度公司的特许状Nick Robins, *The Corporation That Changed the World: How the East India Company Shaped the Modern Multinational*（London and Ann Arbor: Pluto Press, 2006）, 164.

35. 7年以后，康涅狄格州树立了一个流行一时的榜样John Mickelthwait and Adrian Wooldridge, *The Company: A Short History of a Revolutionary Idea*（New York: Modern Library, 2005）, 46.

36. 今天有50多家上市公司是在该州创立的Delaware Department of State, Division of Corporations, official website of the State of Delaware, January 19, 2011, www. corp.delaware.gov/aboutagency, shtml.

37. 法庭在审理"圣克莱拉郡诉南太平洋铁路公司案"时没有提出理由便宣布*Santa Clara County v. Southern Pacific Railroad,* 118 U.S. 394（1886）, 396.

38. 从1890年起，它根据这一原则开启了一系列裁决 Carl. J. Mayer, "Personalizing the Impersonal: Corporations and the Bill of Rights," *Hastings Law Journal* 41, no. 3, March 1990, 588-93.

39. 美国最高法院法官雨果·布莱克在文章中感叹*Connecticut General Life Ins. Co.v. Johnson,* 303 U.S. 77（1938）, 90（dissent by Justice Black）.

40. 修正案的措辞提到它保护的对象U.S. Constitution, Amendment XIV.

41. 公司被看做是国家的一种准公共延伸物Mayer, "Personalizing the Impersonal," 580.

42. 公司法人的理论不断演变Ibid., 581.

43. 该案由大法官莫里森·"莫特"·韦特主持审理Andrew Glass, "House Funeral for U.S. Chief Justice, March 29, 1888," Politico, Lite section, www.politico.com/news/stories/0311/52015.html.

44. 韦特大法官告知控辩双方*Santa Clara County v. Southern Pacific Railroad Company,* 118 U.S. 394（1886）.

45. 后来路易斯·布兰迪斯法官在文章中写道Mayer, "Personalizing the Impersonal," 585.

46. 183 这就是就相当于法庭提出了一条14修正案的子规定"经济上的实质性理论"Ibid., 588-89.

47. 公司成功地主张了适用其中的5个修正案Stephen G. Wood and Brett G. Scharffs, "Applicability of Human Rights Standards to Private Corporations: An American Perspective," *American Journal of Comparative Law,* vol. 50, Supplement: "American Law in a Time of Global Interdependence: U.S. National Reports to the 16th International Congress of Comparative Law"（Autumn 2002）: 548-51.

48. 举例说明，法庭在审理1977年的一个案件时认为Mayer, "Personalizing the Impersonal," 606.

49. 陶氏公司反对环境保护局飞越公司厂房的上空检测Ibid., 610-611.

50. 第5修正案保护不受双重危险U.S. Constitution, Amendment V.

51. "禁止公司向一切政治委员会支付献金" *United States v. Automobile Workers,* 352 U.S. 567（1957）, 572（quoting 40 Cong. Rec. 96）.

52. 约翰·保罗·史蒂文斯认为既是由于"公司在联邦选举中逐渐开始施展巨大的权力" *Citizens United v. Federal Election Commission,* 08 U.S. 205（2009）, 42-43.

53. 1947年的塔夫特-哈特莱法案确立了这条禁令的永久有效性*Federal Election Commission v. Wisconsin Right to Life,* 551 U.S. 06-969（2007）, 7-9（dissent by Justice Sourer）.

54. 一个竞选资助案件"巴克利诉瓦利奥案" *Buckley, v. Valeo,* 424 U.S. 1（1976）.

55.这个案件对公司法人的政治言论自由"权"缄口不言Wood and Scharffs, "Applicability of Human Rights Standard to Private Corporation," footnote 91.

56. 最高法院在波士顿第一国家银行诉贝洛蒂案的裁决中指出*First National Bank of Boston v. Bellotti,* 435 U.S. 765（1977）, footnote 26.

57. "腐蚀性或者扭曲的后果" *Austin v. Michigan Chamber of Commerce,* 494 U.S. 652（1990）.

58. 法院的裁决允许非营利机构用自己的经费*Federal Election Commission v. Beaumont et al.,* 539 U.S. 146（2003）.

59. 当过宪法学教授的奥巴马认为,"联合公民诉联邦选举委员会案" "2010 Barack Obama," transcript, 2010 State of the Union address, January 27, 2010, http://stateoftheunionaddress.org/2010-barack-obama.

60. "演出中断的一刻" Benjamin F. Carlson, "Seeking a Second Joe Wilson, Press Pounces on Alito." Atlantic Wire, January 28, 2010, http://atlanticwire.theatlantic.com/opinions/view/opinion/Seeking-a-Second-Joe-Wilson-Press-Pounces-on-Alito-2334.

61. 最高法院提出，它别无选择，只能允许播出这则“不含威慑性政治言论”的广告*Citizens United v. Federal Election Commission,* majority opinion by Justice Kennedy, 12.

62. 他们进而认为，即使PAC被理解为Ibid., 21-22.

63. 认为偏袒和施加影响在政治事务中不可避免Ibid., 45.

64. “所以，法院的这一观点是对美国人民常识的抵制” *Citizens United v. Federal Election Commission,* dissent by Justice Stevens, 90.

7 边界以外

1. “我们不能坐等各国政府做所有的事情” Kofi Annan, “A New Coalition for Universal Values,” *International Herald Tribune,* July 26, 2000, www. un.org/News/ossg/sg/stories/articleFull.asp? TID=31&Type=Article.

2. 诺贝尔经济学奖获得者约瑟夫·斯蒂格利茨认为全球化是“拆除自由贸易的藩篱” Joseph Stiglitz, *Globalization and Its Discontents*（New York: W. W. Norton, 2002）, ix.

3. 某些别有用心的左翼社会学家形容全球化Alex MacGillivray, *A Brief History of Globalization*（New York: Carrol and Graf, 2006）,“The International Forum on Globalization,” 5.

4. T. N.哈伯……认为是“再殖民化” T. N. Harper, “Empire, Diaspora, and Languages of Globalism 1850-1914,” in A. G. Hopkins ed., *Globalization in World History*（London: Pimlico, 2002）, 141.

5. “臣民对主权者负有义务” Thomas Hobbes, *Leviathan*, quoted in Larry May, *Crimes Against Humanity: A Normative Account*（Cambridge: Cambridge University Press, 2005）, 74.

6. 跨国行为体会利用监管的缺失Brian Roach, “A Primer on Multinational Corporations,” in Alfred D. Chandler, Jr., and Bruce Mazlish, eds., *Leviathans: Multinational Corporations and the New Global Industry*（Cambridge: Cambridge

University Press, 2005）, 38.

7. 联网国家的数量就达到了100个 “Intellectual Property on the Internet: A Survey of Issues,” World Intellectual Property Organization, 2002, ii, www.wipo.int/copyright/en/ecommerce/ip_survey/.

8. 埃及政府切断了网络连接Daily Mail Reporter, “How the Internet Refused to Abandon Egypt: Authorities Take Entire Country Offiine...but Hackers Rally to Get the Message Out,” Daily Mail Online, January 30, 2011, www. dailymail.co.uk/news/article-1351904/Egypt-protests-Internet-shut-hackers-message-out.html.

9. 托马斯·L·弗里德曼从解放广场经过，他注意到Thomas Friedman, “Egyptians Finally Find Their Voice in Tahrir Square,” *New York Times,* February 8, 2011.

10. 据联合国的数据，现在这个数字是将近50亿Donald Melanson, “UN: Worldwide Internet Users Hit Two Billion, Cellphone Subscriptions Top Five Billion,” engadget website, January 28, 2011, www. engadget.com/2011/01 /28/un-worldwide-internet-users-hit-two-billion-cellphone-subscript/.

11. 航海技术的进步促使全球贸易迈入了一个新时代Kevin H. O'Rourke and Jeffrey G. Williamson, *Globalization and History: The Evolution of a Nineteenth-Century Atlantic Economy*（Cambridge: MIT Press, 1999）, 93.

12. 从新英格兰的水塘里开凿的冰块被运往Debra Cottrell, “Ice Harvesting,” Heart of New England online magazine, www. theheartofnewengland.com/LifeInNewEngland-Ice-Harvesting.html.

13. 后来汽船取代快速帆船，增强了跨越航行的安全性Karl Moore and David Lewis, *Foundations of Corporate Empire: Is History Repeating Itself*（London: Pearson Education, 2000）, 270.

14. 亚历山大·格雷厄姆·贝尔对着他的实验电话说“沃森先生，过来一下”“Mr. Watson—Come here!” American Treasures of the Library of Congress, Reason Gallery A, July 27, 2010, www. loc.gov/exhibits/treasures/trr002.html.

15. 大西方号汽船成了第一艘在大西洋上两岸往返的汽船Ewan Corlett, *The Iron Ship: The Story of Brunel's S.S. Great Britain*,（London: Conway Maritime, 1990）.

16. 弗里德曼把这个时期叫做“全球化1.0”Thomas L. Friedman, *The World Is Flat: A Brief History of the Twenty-first Century*（New York: Farrar, Straus and Giroux, 2006）, 9.

17. 我们可以追溯亚述人、罗马人以及早期沿着丝绸之路进发的沙漠商队的领袖Moore and Lewis, *Foundations of Corporate Empire*, 1-5.

18. 汉萨联盟的贸易商Philippe Dollinger, *The Emergence of International Business 1200-1800,* vol. I, *The German Hansa*（London: Routledge/ Thoemmes Press, 1999）.

19. 全世界大概有1 500到2 500家企业可以被叫做“跨国”企业 Medard Gabel and Henry Bruner, *Global Inc: An Atlas of the Multinational Corporation*（New York: W. W. Norton, 2003）, 3.

20. 目前估计的跨国公司数量是8万多家“The Number of Transnational Companies Grows by 2,500 a Year,” PPI Trade Fact of the Week, December 3, 2008, www.dlc.org/ndol_ci.cfm? contentid=254841&kaid=108&subid=900003.

21. 全球出口占到全球经济产出的不到5%Gabel and Bruner, *Global Inc.*, 18.

22. 18世纪初，导致了政治分裂O'Rourke and Williamson, *Globalization and History,* 77.

23. 改良派认为，《谷物法》对农业有利 Betty Kemp, “Reflections on the Repeal of the Corn Laws,” *Victorian Studies,* 5.3（March 1962）: 194.

24. 他的结论是，如果他在这个问题上让步Michael Lusztig, “Solving Peel's Puzzle: Repeal of the Corn Laws and Institutional Reservation,” *Comparative Politics* 27.4（July 1995）: 393-408, 393.

25. 反讽的是，正是基佐在1841年向法国人民提出了那个著名的号召H. L. Wesseling, *Certain Ideas of France: Essays on French History and Civilization*（Westport, CT: Greenwood Publishing Group, 2002）, 12.

26. 1845年，也正是基佐把卡尔·马克思从巴黎驱逐出境François Furet,

Revolutionary France, 1770-1880（Indianapolis, IN: Wiley-Blackwell, 1995）, 377.

27. 科布登第一本书《英国、爱尔兰与美国》 Richard Cobden, *The Political Writings of Richard Cobden,* vol. I（1835）, with a Preface by Lord Welby, Introductions by Sir Louis Mallet, C.B., and William Cullen Bryant, Notes by F. W. Chesson and a Bibliography（London: T. Fisher Unwin, 1903）, http://oll.libertyfund.org/title/82/39682.

28. 科布登当上议员以后John Morley, *The Life of Richard Cobden*（London: T. Fisher Unwin, 1905）.

29. 现在再看科布登的分析，我们有一种鲜明的印象Richard Cobden, *Speeches on Questions of Public Policy,* vol. I, John Bright and James E. Thorold Rogers, eds.（London: Macmillan and Co., 1870）, 385.

30. "当人们更多地相互打交道，世界将变得和平。" Quoted in Toby Baxendale, "David Miliband's Rejection of State-Directed Socialism," The Cobden Center（Economics）, September 23, 2010, www. cobdencentre.org/2010/09/david-milibands-rejection-of-state-directed-socialism/.

31. "我们的最高行为准则是" Quoted in Ralph Raico, "The Case for an America First Foreign Policy," in *The Failure of America's Foreign Wars*, Richard M. Ebeling and Jacob G. Hornberger, eds.（Fairfax, VA: Future of Freedom Foundation, 1996）, 22.

32. 赫斯特写道，科布登"信仰个人自由和进取" Francis W. Hirst, *Richard Cobden and John Morley. Being the Richard Cobden Lecture for 1941*（The Cobden Club，1941）, 37-38.

33. 贵族扩张、农业在英国占据首要地位的时代一去不复返 O'Rourke and Williamson, *Globalization and History,* 92.

34. 一位巡回演员，偶尔也发明一些东西，叫艾萨克·胜家Lin Van Buren, "Isaac Merritt Singer," The USGenWeb Project, www. rootsweb.ancestry, com/~nyrensse/bio206.htm.

35. 他用这笔钱开了一家演出公司，5年来到处巡演Nicholas Fox Weber, *The Clarks of Cooperstown: Their Sewing Machine Fortune, Their Great and Influential Art Collections, Their Forty-Year Feud*（New York: Alfred A. Knopf, 2007）, 19.

36. 他来到纽约，想试着推销他发明的一种用来刻印标记的机器Mira Wilkens, *The Emergence of Multinational Enterprise: American Business Abroad from the Colonial Era to 1914*（Cambridge, MA: Harvard University Press, 1970）, 37-38.

37. "我没日没夜地工作" *Quoted in ibid.*

38. 卡勒博却靠不住，不合作Fred V. Carstensen, *American Enterprise in Foreign Markets: Studies of Singer and International Harvester in Imperial Russia*（Chapel Hill: University of North Carolina Press, 1984）, 17.

39. 胜家想起了他的英国经理乔治 ·B ·伍德拉夫Wilkens, *Emergence of Multinational Enterprise,* 41-44.

40. "我们的生意要想永远兴旺" : *Ibid.*

41. 几十年以后，另外几家美国大公司比如福特Mira Wilkens, "Multinational Enterprise to 1930: Discontinuities and Continuities," in Alfred D. Chandler, Jr., and Bruce Mazlish, eds., *Leviathans: Multinational Corporations and the New Global Industry*（Cambridge, MA: Harvard University Press, 2005）, 75.

42. 约翰 ·D ·洛克菲勒（纽约上城区一名蛇油推销员的儿子）Ron Chernow, *Titan: The Life of John D. Rockefeller, Sr.*（New York: Random House, 1998）, 63-64.

43. "标准石油对宾夕法尼亚州的立法机构无所不为" Quoted in Kevin Phillips, *American Theocracy: The Peril and Politics of Radical Religion, Oil, and Borrowed Money in the 21st Century*（New York: Viking, 2006）, 34.

44. 洛克菲勒公开宣讲的名言是，"竞争是一种罪过" Chernow, *Titan,* 149.

45. 洛克菲勒谋求一切可能得到的好处，包括主宰Elizabeth Granitz and Benjamin Klein, "Monopolization by 'Raising Rivals' Costs': The Standard Oil Case," *Journal of Law and Economics* 39, no. 1（April 1996）: 26-27.

46. 美国3 600万桶炼油产能当中，标准石油占到3300万桶Peter Collier, and David Horowitz, *The Rockefellers: An American Dynasty*（Austin, TX: Holt, Rinehart and Winston, 1976）, 28-29.

47. 它将单方面决定美国原油的价格Daniel Yergin, *The Prize: The Epic Quest for Oil, Money, and Power*（New York: Simon and Schuster, 1991）, 53-54.

48. “约翰·D·洛克菲勒守口如瓶”，一条新闻标题写道Ibid., 97。

49. “洛克菲勒先生掌握了最高造诣的遗忘的艺术”Quoted in Collier and Horowitz, *Rockefellers*, 43.

50. 商业界就为罗斯福将如何处理托拉斯忧心忡忡James MacGregor and Susan Dunn, *The Three Roosevelts: Partician Leaders Who Transformed America*（New York: Grove Press, 2001）, 69.

51. 退还了10万美元竞选经费Yergin, *The Prize*, 107; MacGregor and Dunn, *Three Roosevelts,* 96-97.

52. 作者艾达·塔贝尔在书中尖锐地抨击了洛克菲勒Quoted in Yergin, *The Prize*, 105.

53. 法律程序之规模浩大不亚于它的目标公司Ibid., 108。

54. “我们认为，被告构成了垄断”*The Standard Oil Company of New Jersey et al. v. the United States,* 221 U.S. 1（May 1911）, 504, http://biotech.law, lsu.edu/cases/antitrust/Standard_Oil case.htm.

55. 爱德华·道格拉斯·怀特一字一顿地宣读了这份裁决，声音低得几乎让人听不见Ibid., 512.

56. 这些由标准石油派生出来的公司的总销售额See their sales on the Fortune 500, http://money, cnn.com/magazines/fortune/fortune500/2010/full_list/index.html.

57. GM也为支持德国的战争行为立下了汗马功劳Joel Bakan, *The Corporation: The Pathological Pursuit of Profit and Power*（New York: Free Press, 2004）, 87-88.

58. “纽约的总部心知肚明”Edwin Black, *IBM and the Holocaust,* quoted in

Bakan, *The Corporation,* 88.

59. “公司没有能力评价政治制度” Bakan, *The Corporation,* 88.

60. 同意与纳粹政府合作，制造化学制品Peter Hayes, *Industry and Ideology: IG Farben in the Nazi Era*（Cambridge: Cambridge University Press, 2001）.

61. “发展中国家当中的民主国家在独裁国家面前正在退却” “Globalization Survey Reveals U.S. Corporations Prefer Dictatorships,” by R. C. Longworth, *Global Exchange,* November 19, 1999, www. globalexchange.org/campaigns/econl01/survey. html.

62. 伊瓦 克鲁格继承了一家勉强维持经营的瑞典火柴厂Archibald MacLeish, “The Grand Scheme of the Swedish Match King,” CNN Money, April 28, 2009, http://money, cnn.com/2009/04/24/news/companies/swedish_match_king.for tune/index.htm.

63. 他先是把自己的联合瑞典火柴厂与瑞典另一家生产火柴的企业瓦尔坎集团合并 “Business: Poor Kreuger,” *Time,* March 21, 1932, www. time.com/time/magazine/article/0,9171,743409-2,00.html.

64. 他在自己的公司发行债券，用这些资金挨个国家购买市场支配地位 Ibid.

65. “极不情愿透露信息” Quoted in Bill Wilson, “Kreuger: The original Bernie Madoff ？” BBC News, March 13, 2009, http://news.bbc.co.uk/2/hi/7939403.stm.

66. “克鲁格的财务手段越来越不正当” Ibid.

67. 解开马甲，从太阳穴上给了自己一枪 “Business: Poor Kreuger.”

68. 斯道拉买下了瑞典火柴Arthur Max, “Sweden’s Stora Celebrates Its First 700 Years of Success,” *Los Angeles Times,* July 5, 1988, http://articles.latimes.com/1988-07-05/business/fi-5265_1_swedish-match-ab.

69. “历史上最大的国际秩序全面重组” G. John Ikenberry, *After Victory: Institutions, Strategic Restraint, and the Rebuilding of Order After Major Wars*（Princeton, NJ: Princeton University Press, 2001）, 163.

70. 把此前征战不休的欧洲国家纳入“由新的体制机制管理的开放的多变经济秩序当中”Ibid., 165.

71. 阻挠国际社会批准《京都议定书》等协议的框架公约Bob Ward, “Why ExxonMobil Must Be Taken to Task over Climate Denial Funding,” *Guardian*, Guardian.co.uk, July 1, 2009, www. guardian.co.uk/environment/cif-green/2009/jul/01/bob-ward-exxon-mobil-climate.

72. 在GATT开展的“乌拉圭回合”谈判中Uruguay Round Agreement, Annex 2, “Understanding and Procedures Governing the Settlement of Disputes,” World Trade Organization, www.wto.org/english/docs_e/legal_e/28-dsu_e.htm.

73. 第二天，《纽约时报》的大标题写道Keith Bradsher, “Kodak Is Loser in Trade Ruling on Fuji Dispute,” *New York Times*, December 6, 1997.

74. 1993年柯达聘请原摩托罗拉公司的乔治·费舍担任董事会主席Jeffrey L. Dunoff, “The Misguided Debate over NGO Participation at the WTO,” *Journal of International Economic Law* 1, issue 3（1998）: 433,442.

75. 费舍游说美国政府出手干预，代表他采取行动Bradsher, “Kodak Is Loser in Trade Ruling on Fuji Dispute”; Dunoff, “The Misguided Debate over NGO Participation at the WTO,” 442.

76. 他聘请了一个开价很高的大型律师事务所Dunoff, “Misguided Debate,” 443（note 43）.

77. 柯达宣布，它将削减美国的1.4万个工作岗位“Can George Fisher Fix Kodak?” *BusinessWeek,* October 20, 1997, www. businessweek.com/1997/42/b3549001.htm.

78. 还有数万份双边投资条约存在Susan D. Franck, “The Legitimacy Crisis in Investment Treaty Arbitration: Privatizing Public International Law Through Inconsistent Decisions,” *Fordham Law Review* 73（March 2005）: 1522-23.

79. 林业继续成为它的重要业务分支“Report on Sweden: Stora Celebrations

Will Cap Turnaround in Forest Products Industry," *Globe and Mail*（Canada）, March 14, 1988.

80. 并在1962年大胆地去海外拓展业务Rydberg, *Stora Kopparberg*, 89.

81. 斯道拉给当地的林木喷洒有毒的除草剂二噁英Douglas Martin, "Fearing Illness, 15 *New York Times*, May 2, 1983.

82. 斯道拉逐渐减少了日益丧失竞争力的钢铁业业务"Stora Enso History," Storaenso.com, http://81.209.16.116/History/History_timeline.

83. "拥有的森林面积达到比利时国土面积的一半" Max, "Sweden's Stora Celebrates Its First 700 Years of Success."

84. 斯道拉在欧洲、亚洲和南美洲拥有、管理或者租用的土地面积"Stora Enso Oyj," Stora Enso website, Storaenso.com, http://81.209.16.116/History/Stora_Enso.

85. 瑞典历史上最大的一笔现金和证券交易Max, "Sweden's Stora Celebrates Its First 700 Years of Success."

86. "多年来我们是一家相当安静、听不到动静的公司" Quoted in Joanne Mason, "700-Year-Old Swedish Timber Company Is Still Going Strong by Branching Out," *Los Angeles Times*, June 7, 1988, http://articles.latimes.com/1988-06-07/business/fi-3731_1_swedish-match.

87. 庆祝韦斯特罗斯的彼得主教回购古老的法伦矿股份700周年Ibid.; Max, "Sweden's Stora Celebrates Its First 700 Years of Success"; "After 700 Years, Stora Throws a Party," *Globe and Mail*（Canada）, June 17, 1988.

88. "我们的未来在于欧洲一体化" Quoted in "After 700 years, Stora Throws a Party."

89. 贝格伦指出，如今新的斯道拉在欧洲大到不能被无视"Sweden's Stora Celebrates Its First 700 Years of Success."

90. 帕尔 纳德是社会民主党人Par Nuder, interview with the author, 2010.

91. "我认为这是一个有趣的问题" Charlene Barshefsky, interview with the

author, 2010.

92. 它与芬兰的林产品与包装业巨头恩索合并Stora Enso website, http://81.209.16.116/WebRoot/5032425/Taso2_content_siivottu.aspx? id=515562.

8 谁地盘上的货币?

1. 我和美国国家经济委员会主任拉里·萨默斯一起吃午饭Larry Summers, interview with the author, 2009.

2. 10%的议员以某种方式是英国东印度公司的直接受益人 Arnold A. Sherman, "Pressure from Leadenhall: The East India Company Lobby, 1600-1678," *Business History Review* 50.3 （Autumn 1976）: 329-55, 344.

3. 但它也有足够的价值在多数交易中派上用场Eli F. Heckscher, *An Economic History of Sweden* （Cambridge, MA: Harvard University Press, 1954）, 88-89.

4. 货币主权……"与全球化不相容"Benn Steil and Manuel Hinds, *Money, Markets and Sovereignty* （New Haven: Yale University Press, 2009）, 10.

5. 纸币最早出现在中国的宋朝Valerie Hansen and Kenneth R.Curtis, *Voyages in World History* （Boston: Wadsworth Cengage Learning: 2010）, 336.

6. 这家银行叫做"斯德哥尔摩银行"，由一位企业家型人物约翰·帕姆斯特鲁奇经营"Stockholms Banco, Sveriges Riksbank," Riksbank website, www. riksbank.com/templates/Page.aspx? id=30894.

7. 小小的荷兰共和国已经有了一支6万人的军队Maarten Roy Prak and Diane Webb, *The Dutch Republic in the Seventeenth Century: The Golden Age* （Cambridge: Cambridge University Press, 2005）, 69.

8. 西班牙军队到1630年代发展到30万人Olaf Van Nimwegen, *The Dutch Army and the Military Revolutions, 1588-1688* （Rochester, NY: Boydell Press, 2010）, 11.

9. 法国军队在一个世纪内增加了3倍Stephane Thion, *French Armies of the*

Thirty Years War（Auzielle: Little Round Top Editions, 2008）, 79.

10. 装备一个步兵连的成本增加了150%M. S. Anderson, *War and Society in Europe of the Old Regime 1618-1789*（Buffalo: McGill-Queen's University Press, 1998）, 17.

11. 商业失败或者财政不支就意味着战争失败Mark Kishlansky, Patrick Geary, and Patricia O'Brien, *Civilization in the West*, vol. II, *Since 1355*, 5th ed.（New York: Pearson, 2002）, 464.

12. 法国政府把将近3/4的收入花在陆地战争上Anderson, *War and Society in Europe*, 87.

13. 英格兰银行于1694年成立 Charles Tilly, *Coercion, Capital, and European States, AD 990-1992*（Malden, MA: Wiley-Biackwell, 1992）, 157.

14. 加快了资本主义发展的步伐Ernesto Screpanti and Stefano Zamagni, *An Outline of the History of Economic Thought*（Oxford: Clarendon Press, 1993）, 16.

15. 它们是罪恶的冲动比如贪婪的证明E. K. Hunt, *Property and Prophets: The Rise of Economic Institutions and Ideologies*（New York: M. E. Sharpe, 2003）, 10-12.

16. 马克斯·韦伯后来在其著作《新教伦理与资本主义精神》中阐述的，Hunt, *Property and Prophets*, 35-37; Luciano Pellicani, *The Genesis of Capitalism and the Origins of Modernity*（New York: Telos Press, 1994）, 31-32.

17. "谁有黄金，谁就可以在这个世界上随心所欲" Quoted in Michel Beaud, *History of Capitalism: 1500-2000*（New York: Monthly Review Press, 2000）, 15.

18. "组织良好的政府" Quoted in Beaud, *History of Capitalism*, 17.

19. 东印度公司的一名董事接连写了几篇影响广泛的文章Lynn Muchmore, "A Note on Thomas Mun's 'England Treasure by Porraign Trade,'" *Economic History Review*, 23.3（December 1970）: 498-503, 498; Henry William Spiegel, *The Growth of Economic Thought* Durham: Duke University Press, 1990, 107-8.

20. "孟的书名成了政治经济的一条至理名言" Quoted in Spiegel, *Growth*

of Economic Thought, 107.

21. “个人的利己主义倾向是社会秩序的基础” Jerry Z. Muller, *The Mind and the Market: Capitalism in Modern European Thought*（New York: Alfred A. Knopf, 2002）, 35.

22. 他在《哲学书简》中论述了Quoted in Muller, *The Mind and the Market*, 27, 29.

23. “请走进伦敦的交易所” Voltaire, *Philosophical Letters*（*Letters Concerning the English Nation*）, trans. Ernest Dilworth（Mineola, NY: Dover Publications, 2003）, 26.

24. “他没有料到工业化所造就的大公司” Douglas Dowd, *Capitalism and Economics: A Critical History*（London: Pluto Press, 2000）, 30.

25. 斯密本人承认，他受到大卫·休谟很深的影响。 Cited in Steil and Hinds, *Money, Markets, and Sovereignty*, 6.

26. 也曾在16世纪该家族的鼎盛时期富甲天下Jacob Strieder, Norman Scott Brien Gras, and Mildred L. Hartsough, *Jacob Fugger the Rich: Merchant and Banker of Augsburg, 1459-1525*（Washington, D.C.: Bearbooks, 2001）.

27. 罗斯柴尔德生在德国法兰克福一户贫穷的犹太人家Niall Ferguson, *The Ascent of Money: A Financial History of the World*（New York: Penguin Press, 2008）, 79-82.

28. 拿破仑战争给罗斯柴尔德家族的崛起注入了强劲的动力Liaquat Ahamed, *Lords of Finance: The Bankers Who Broke the World*（New York: Penguin Press, 2009）, 210.

29. 最后导致英国债务飙升到7.45亿英镑Ferguson, *Ascent of Money*, 82.

30. 英国财政大臣派自己的代表ibid., 82。

31. 英国政府对罗斯柴尔德十分感激Ibid., 83.

32. 这些交易虽然让他们获得丰厚利润Herbert H. Kaplan, *Nathan Meyer Rothschild and the Creation of a Dynasty: The Critical Years, 1806-1816*（Stanford: Stanford University Press, 2006）, 137; Ferguson, *Ascent of Money*， 84-89.

33. “亲爱的朋友，我已经履行了义务” Quoted in Ferguson, *Ascent of Money*, 87

34. 阿斯特的父亲是德国瓦尔多夫乡间的一名屠夫John N. Ingham, *Biographical Dictionary of American Business Leaders*, vol. I （Westport, CT: Greenwood Press, 1983）, 26-27

35. 1886年，这个数字达到了100万股Micklethwait and Wooldridge, *The Company*, 61.

36. “海盗没有绝迹” Glenn Porter, *The Rise of Big Business 1860-1920* （Wheeling, IL: Harlan Davidson, 2006）, 41.

37. 通过重组和联合Charles Morris, *The Tycoons: How Andrew Carnegie, John D. Rockefeller, Jay Gould, and J. P. Morgan Invented the American Supereconomy* （New York: Henry Holt, 2005）, 235-36.

38. 摩根策划成立了两家公司Micklethwait and Wooldridge, *The Company*, 62.

39. 这位年迈的银行家被认为是一种体系的当仁不让的拯救者Morris, *The Tycoons*, 249-50.

40. 科特柳给了摩根集团2 500万美元供其使用Ron Chernow, *The House of Morgan: An American Banking Dynasty and the Rise of Modern Finance* （New York: Atlantic Monthly Press, 1990）, 123.

41. “托马斯想让交易所打烊” Quoted in ibid., 125.

42. 陪同尼克松的有William Safire, *Before the Fall An Inside View of the Pre-Watergate White House* （New York: Doubleday, 1975）, 509.

43. 德国、瑞士、荷兰、比利时和奥地利同时关闭了本国的市场Susan Strange, “The Dollar Crisis 1971,” *International Affairs* 48, no. 2 （April 1972）: 191, 199.

44. 尼克松等人前往戴维营之前的几个月Ibid., 202; Yergin and Stanislaw, *Commanding Heights*, 44.

45. 尼克松“不打算对堤坝修修补补” Satire, *Before the Fall*, 512,518.

46.“我们必须保护美元的地位”Richard Nixon, speech made August 15, 1971, www. ena.lu/speech_richard_nixon_15_august_1971-2-5019.

47. 1972年，英国效仿美国Robert Solomon, *The International Monetary System, 1945-1981*（New York: Harper and Row, 1982）, 209, 233.

48. 现在，全世界每天的外汇交易量是将近4万亿“Global Forex Reserves Exceeding 4 Trillion USD for the First Time,” People's Daily Online, December 23, 2005, http://english.peopledaily, com.cn/200512/23/eng20051223_230380.html.

49. 目前，世界第一外汇储备大国是中国“Country Comparison: Reserves of Foreign Exchange and Gold,” CIA World Factbook, www. cia .gov/library/publications/the-world-factbook/rankorder/2188rank.html.

50. 每天在中国的市场上交易的只有20亿Mike Mish Shedlock, “China's Foreign Exchange Reserves Jump by Record $199 Billion,” Minyanville, January 12, 2011, www. minyanville.com/businessmarkets/articles/china-china-economy-exchange-reserves-infiation/1/12/2011/id/ 32145.

51. 如同约瑟夫·施蒂格勒指出的那样Joseph Stiglitz, “What I Learned at the World Economic Crisis,” *New Republic*, April 17, 2000, www. globalpolicy, org/component/content/article/209/42760.html.

52. 几乎所有的外汇交易全部在10种货币之间进行“Triennial Central Bank Survey of Foreign Exchange and Derivatives Market Activity in 2007,” *Bank for International Settlements,* December 19, 2007, www. bis.org/publ/rpfxf07t.pdf.

53. 有人估计实物货币的总价值在8万亿美元以上Josh Clark, “How Much Actual Money Is There in the World? ” http://money, howstuffworks.com/how-much-money-is-in-the-world.htm.

54. 全世界衍生产品的总价值估计达到了将近791万亿“International Banking and Financial Market Developments,” BIS Quarterly Review, December 2008, www. bis.org/publ/qtrpdf/r_qa0812.pdf.

55. 相当于全球GDP的近14倍According to Google public data, global GDP was $58.26 trillion in 2009, www. google.com/publicdata? ds=wb-wdi&met=ny_gdp mktp_cd&tdim=t rue&dl=en&hl=en&q=global+gdpm.

56. 近82.2万亿的债券World Stock and Bond Markets and Portfolio Diversity, Asset Allocation Advisor, November 2009, www. aametrics.com /pdfs/ world_stock_and_bond_markets_nov2009.pdf.

57. 36.6万亿的等价物 "World Equity Market Declines: -$25.9 Trillion," *Seeking Alpha*, October 8, 2008, http://seekingalpha.com/article/99256-world-equity-market-declines-25-9-trillion.

58. 丹·耶金和乔·斯坦尼斯罗在《制高点》一书中写道Yergin and Stanislaw, *Commanding Heights*, 47, 48.

59. "税收改革的理论依据" Martin Feldstein, "American Economic Policy in the 1980s: A Personal View," in *American Economic Policy of the 1980s*, Martin Feldstein, ed.（Chicago: University of Chicago Press, 1995）, 13.

60. 对企业友好的法官得到了更多任命Martin Feldstein, "Antitrust Policy: Summary of Discussion," in Feldstein, ed., *American Economic Policy in the 1980s*, 620-21.

61. "里根政府认为，经济管制是错误的。" Martin Feldstein, "Economic Regulation: Summary of Discussion," in Feldstein, ed., *American Economic Policy in the 1980s*, 452.

62. 他的3位高盛接班人也都担任过政府高官John Arlidge, "I'm Doing 'God's Work.' Meet Mr Goldman Sachs," *Sunday Times*, November 8, 2009, www.timesonline.co.uk/tol/news/world/us_and_americas/article6907681.ece.

63. 双向流动十分频繁OpenSecrets.org, www. opensecrets.org/revolving/ top.php? display=G.

64. 威廉·戴利2011年担任白宫幕僚长之前Biographical data available at OpenSecrets.org, www. opensecrets.org/revolving/rev_summary. php? id=70872.

65. 甚至不惜与克林顿任命的其他高官抗争 Matt Taibbi, "The Great American Bubble Machine," *Rolling Stone*, July 13, 2009, www.rollingstone.com/politics/story/29127316/the_great_american_ bubble_machine.

66. 美国的平均住房价格与中等家庭收入的比率John Cassidy, *How Markets Fail: The Logic of Economic Calamities* （New York: Farrat, Straus and Giroux, 2009）, 238-39.

67. 甚至几位国家首脑和政府高官也提出了这个问题 Philip Augar, "It Is Time to Put Finance Back in Its Box," *Financial Times*, April 13, 2009, http://delong.typepad.com/egregious_moderation/2009/04/philip-augar-it-is-time-to-put-finance-back-in-its-box.html; Bertrand Benoit, "US will lose financial superpower status," *Financial Times*, September 25, 2008, www. stwr. org/global-financial-crisis/us-will-lose-financial-superpower-status.html.

68. 其他金融公司比如摩根士坦利Bradley Keoun and Phil Kuntz, "Wall Street Aristocracy Got $1.2 Trillion in Secret Loans," *Bioomberg*, August 22, 2011, www.bloomberg.com/news/2011-08-21/wall-street-aristocracy-got-l-2-trillion-in-fed-s-secret-loans.html.

69. 几年前安然公司和世通公司的两桩丑闻Alexei Barrionuevo, "Enron Chiefs Guilty of Fraud and Conspiracy," *New York Times*, May 26, 2006; "WorldCom Company Timeline," Reuters and *Washington Post*, March 15, 2005, www.washingtonpost.com/wp-dyn/articles/A49156-2002Jun26.html.

70. 《纽约时报》刊登过一篇文章David Kocieniewski, "G.E. Strategies Let It Avoid Taxes All Together," *New York Times*, May 24, 2011.

71. 后来国会的一位职员得知高盛给CFTC写过这样一封信Taibbi, "The Great American Bubble Machine."

72. 保尔森给布兰克费恩打了24个电话Arlidge, "I'm Doing 'God's Work.' Meet Mr. Goldman Sachs"; Bethany Mclean, "The Bank Job," *Vanity Fair*, January 2010, www.vanityfair, com/business/features/2010/0 1/goldman-

sachs-200101.

73. “这一切所传达的共同信息是” Taibbi, “The Great American Bubble Machine.”

74. 就连前高盛雇员卡什卡利也认为这种说法太过荒诞Mclean, “The Bank Job.”

75. “我们很重要。我们帮助公司发展壮大” Quoted in Arlidge, “I’m Doing ‘God’s Work.’ Meet Mr. Goldman Sachs.”

76. 就连在小小的瑞典，帕尔·纽德也解释说Par Nuder, interview with the author, 2010.

9 武力衰落

1. 冲突变得代价高昂 *Revolutions in Military Affairs and Small States*（New York: Routledge, 2009）, 50.

2. 战争状态，霍布斯认为是“一切人反对一切人”的状态Thomas Hobbes, *Leviathan*, chapter XIII, http://oregonstate.edu/instruct/phl302/texts/hobbes/leviathanc.html.

3. 同样，洛克也认为避免战争状态是John Locke, “Second Treatise of Government,” in Michael J. Sandel, ed., *Justice: A Reader*（Oxford: Oxford University Press, 2007）, 89, 98-109.

4. 便发动了3次起义Vilhelm Moberg, *A History of the Swedish People*, vol. II, *From Renaissance to Revolution*, Paul Britten Austen, trans.（Minneapolis: University of Minnesota Press, 1973）, 175-76.

5. 中世纪晚期，除了其他权力，矿工大师还有权携带Gunnar Olsson and Burnett Anderson，*Stora Kopparberg: Six Hundred Years of Industrial Enterprise*（Falun, Sweden: Stora Kopparbergs Bergslags Aktiebolag, 1951）, 13.

6. 会员对行会的忠诚胜过对地方法律的忠诚Sven Rydberg, *The Great Copper Mountain: The Stora Story*（Stora Kopparbergs Bergslags Aktiebolag, 1988）, 50.

7. 这些单位叫“自由兵团”P. W. Singer, *Corporate Warriors: The Rise of the Privatized Military Industry*（Ithaca, NY: Cornell University Press, 2003）, 22-26.

8.“雇佣军和援军是无益的，并且是危险的”Niccolò Machia-velli, *The Prince*, chapter XII （Harvard Classics, 1909-1914）, www.bartleby.com/36/1/12.html.

9. 弗朗西斯·德雷克爵士和沃尔特·雷利爵士Peter Whitfield, *Sir Francis Drake*（New York: NYU Press, 2004）, 29-36.

10. 还依靠了由荷兰人路易斯·德吉尔提供部分装备的瑞典海军Peter H.Wilson,*The Thirty Years War: Europe's Tragedy*（Cambridge, MA: Belknap Press of Harvard University Press, 2009）, 185, 299-407, 458.

11. 英国军队中十分之四的兵源不是英国人Janice E. Thomson, *Mercenaries, Pirates, and Sovereigns*（Princeton: Princeton University Press, 1996）, 28-29.

12. “从现在起到我们的敌人被赶出共和国的领土为止”Quoted in Christon I. Archer et al., *World History of Warfare*（Lincoln: University of Nebraska Press, 2008）, 790.

13. 法国军队从29万人急速增加到70万人John J. Mearsheimer, *The Tragedy of Great Power Politics*（New York: W. W. Norton, 2003）, 283-84.

14. 用国家资源把一支军队派往各地战场Philip Bobbitt, *The Shield of Achilles: War, Peace, and the Course of History*（New York: Alfred A. Knopf, 2002）, 162.

15. 所以它在1794年通过了中立法案Thompson, *Mercenaries, Pirates, and Sovereigns,* 78-81.

16. 国军队从拿破仑战败之际的13.2万人增加到1880年的54.4万Mearsheimer, *Tragedy of Great Power Politics*, 303.

17. 普鲁士军队有13万人Paul Kennedy, *The Rise and Fall of the Great Powers*（New York: Vintage Books, 1987）, 154.

18. 然后他们再在地方防卫军中服役E. J. Hobsbawm, *Nations and Nationalism Since 1780: Programme,,Myth, Reality*（Cambridge: Cambridge University

Press, 1990）, 83; Kennedy, *Rise and Fall of the Great Powers*, 182-91.

19. 美国成为一个更加强大的统一的国家Kennedy, *Rise and Fall of the Great Powers,* 178-82, 206-9.

20. 1910年，俄罗斯有120万常备军Mearsheimer, *Tragedy of Great Power Politics,* 303, 320.

21. 威尔逊的方案提出了国际联盟的设想Bobbitt, *Shield of Achilles*, 471.

22.联合国宪章在若干处United Nations Charter. "Chapter VII: Action with Respect to Threats to the Peace, Breaches of the Peace, and Acts of Agression," United Nations, www. un.org/en/documents/charter/chapter7.shtml.

23. 1986年，国际法院进一步申明*The Republic of Nicaragua v. The United States of America*, 1986 I.C.J. 520, www. icj-cij.org/docket/files/70/6503.pdf.

24. 广泛地禁止使用武力"具有国际法强制规范的性质"Natalino Ronzitti, "The Current Status of Legal Principles Prohibiting the Use of Force and Legal Justifications of the Use of Force," in Michael Bothe, Mary Ellen O'Connell, and Natalino Ronzitti, eds., *Redefining Sovereignty: The Use of Force After the Cold War*（Ardsley, NY: Transnational Publishers, 2005）: 91-110, 93.

25. ICJ裁决美国不对*Military and Paramilitary Activities In and Against Nicaragua*（*Nicaragua v. United States of America*）, Jurisdiction and Admissibility, 1984 ICJ REP.

26. 美国给新的尼加拉瓜政府施加压力，逼迫它撤销案件Mark A. Uhlig, "U.S. Urges Nicaragua to Forgive Legal Claim," *New York Times*, September 30, 1990.

27. "不论在国内还是国外，里根政府都清楚地表明" Quoted in B. S. Chimni, "The International Court and the Maintenance of Peace and Security: The Nicaragua Decision and the United States Response," *International and Comparative Law Quarterly* 35.4（October 1986）: 960-70, 965.

28. 苏联否决了安理会的决议Brendan I. Koerner, "Can You Bypass a U.N.

Security Council Veto? ” *Slate*, March 12, 2003.

29. 美国援引“自卫权”对伊拉克首先发起进攻Raymond Hinnebusch, “The Iraq War and International Relations: Implications for Small States,” *Cambridge Review of International Affairs* 19.3（September 2006）: 451-63,452.

30. 但许多国家并无这种自由Hakan Wiberg, “The Security of Small Nations: Challenges and Defences,” *Journal of Peace Research* 24.4（December 1987）: 339-63, 343.

31.给利比亚的卡扎菲施加压力David D. Kirkpatrick, Steven Erlanger, and Elisabeth Bumiller, “Allies Open Air Assault on Qaddafi’s Forces in Libya,” *New York Times*, March 19, 2011, www. nytimes.com/2011/03/20/world/a frica/201ibya .html.

32. 美国干预伊拉克和阿富汗的成本估计将达到Joseph Stiglitz and Linda Blimes, “The Three Trillion Dollar War,” *Sunday Times*, February 23, 2008, www. timesonline.co.uk/tol/comment/columnists/guest_contributors/ar ticle 3419840.ece.

33. 紧随其后的对手是中国，而中国的国防开支只有美国的1/10 Global Firepower database, available at www. globalfirepower.com/active-military-man power, asp.

34. 其余175个国家加起来的国防开支Stockholm International Peace Research Institute’s 2009 Year Book on Armaments, Disarmament, and International Security in 2008, summary available at www. globalissues.org/article/75/worldmilitary-spending#WorldMilitarySpending.

35. 据估计，一架新轰炸机的真实美元成本Thomas R. Cusack, “Sinking Budgets and Ballooning Prices: Recent Developments Connected to Military Spending,” in Francis G. Castles, ed., *The Disappearing State? Retrenchment Realities in an Age of Globalization*（Cheltenham, England: Edward Elgar, 2007）: 103-32, 121.

36. 200多个国家当中只有40个国家拥有International Institute for Strategic Studies, *The Military Balance 2010: The Annual Assessment of Global Military Capabilities and Defence Economics*（New York: Taylor and Francis, 2010）.

37. 如今瑞典军队里的舰队司令和将军的数量 "Sweden Can No Longer Defend Itself," *The Local*（Sweden's News in English）, May 15, 2008, www.thelocal.se/1178 2/20080515/.

38. 16世纪大国参与的战争有34次Charles Tilly, *Coercion, Capital, and European States, AD 990-1992*（Malden, MA: Wiley-Blackwell, 1992）, table 3.1, "Wars Involving Great Powers," 72.

39. "巨人的战争结束了" Winston Churchill, *Triumph and Tragedy*（New York: Houghton Mifflin Harcourt, 1986）, 377.

40. 1839年，正是英国东印度公司的军队打响了第一次英阿战争 Christine Noelle, *State and Tribe in Nineteenth-Century Afghanistan: The Reign of Amir Dost Muhammad Khan*（*1862-1863*）（London: RoutledgeCurzon, 2004）, 38-56.

41. 这场冲突成了苏联的越战泥潭Philip B. Heymann, *Living the Policy Process*（Oxford: Oxford University Press, 2008）, 21-51, 64-82.

42.它的附属机构几乎肯定比（比如说）瑞典军队少Deb Riechmannm "Petraeus: Al-Qaida Is Not on Rise in Afghanistan," Associated Press, April 10, 2011, www.azcentrai.com/news/articles/2011/04/10/20110410afghanistan0410.html.

43. 据美国参议院外交关系委员会估计，西方国家在阿富汗的花费 Karen DeYoung, "Afghan Nation-building Programs Not Sustainable, Report Says," *Washington Post*, June 7, 2011.

44. 埃塞俄比亚企图扶持第14个新政府Jeffrey Gettleman, "The Most Dangerous Place in the World," *Foreign Policy*（March/April 2009）, www.foreignpolicy.com/story/cms.php? story_id=4682.

45. 各国却不得不派出海军，联合起来对付他们Jeffrey Gettleman, "The Pirates Have Seized the Ship," *GQ*, February 2009, www.gq.com/news-politics/big-issues/200902/somalia-pirates; Jeffrey Gettleman, "Somali Pirates Get Ransom and Leave Arms Freighter," *New York Times*, February 5, 2009, www. nytimes.com/2009/02/06/world/africa/06pirates.html? scp=6&sq

=gettleman+faina&st=nyt.

46. 1996年，由国防部发布的一篇报告“Improving the Combat Edge Through Outsourcing,” a Department of Defense report, March 1, 1996, available online at www. defense.gov/speeches/speech.aspx? speechid=890.

47. 第二年，国防部在《四年防务评估报告》United States Department of Defense, “Report of the Quadrennial Defense Review”（DIANE Publishing, 1997）, available online as a Google eBook, http://books.google.com/books?id=1buLAnPa0ZYC&source=gbs_navlinks_s.

48. 拉姆斯菲尔德在乔治·W·布什政府担任国防部长期间，主持On September 10, 2001, Defense Secretary Donald Rumsfeld made a speech in front of twenty-three thousand Pentagon employees in which he declared that he wanted to “save” the Pentagon from its own wasteful bureaucracy. Remarks by Donald H. Rumsfeld, Secretary of Defense, at the DOD Acquisition and Logistics Excellence Week Kickoff at the Pentagon, September 10, 2001, www. defense.gov/Speeches/Speech. aspx? SpeechID=430.

49. “2002年，我们越过了意大利的卢比孔河”Quoted in Allison Stanger, *One Nation Under Contract: The Outsourcing of American Power and the Future of Foreign Policy*（New Haven: Yale University Press, 2009）, 87.

50. 据斯坦格的说法，国防部80%的资金Allison Stanger, “Addicted to Contractors,” *Foreign Policy*, December 1, 2009, www. foreignpolicy, com/articles/2009/12/01/addicted_to _contractors.

51. 这家原本知名度不高的私人保安公司在伊拉克战争区执行的“关键使命”越来越多Jeremy Scahill, Blackwater: *The Rise of the World's Most Powerful Mercenary Army*（New York: Norton Books, 2007）, 69-72.

52. 公司这天在费卢杰执行的任务Ibid., 91-104; Jeffrey Gettleman, “4 From U.S. Killed in Ambush in Iraq; Mob Drags Bodies,” *New York Times*, April 1, 2004, www. nytimes.com/2004/04/01/international/middleeast/01IRAQ.html?

scp=7&sq=blackwater%20fallujah&st=cse.

53. 在2002年到2005年间新招募的合同雇员已经将近180万Stanger, *One Nation Under Contract*, 87.

54. 军人“由于服役”而受伤Scahill, *Blackwater*, 251.

55. 黑水公司还主张，它的雇员也不应当承担Jeffrey Rosen, “Contractors Status in Iraq Hits Gray Area,” *Sacramento Bee*, May 23, 2004.

56. L. 保罗 · 布雷默，他的安保不是由美国军方负责而是由黑水公司承包成了一件众所周知的事情 Alissa J. Rubin and Paul von Zielbauner, “Blackwater Case Highlights Legal Uncertainties,” *New York Times*, October 11, 2007.

57. 美国司法部一直避免蹚这趟浑水，直到2007年9月Ginger Thompson and James Risen, “Plea by Blackwater Guard Helps Indict Others,” *New York Times*, December 8, 2008.

58. 阿尔 ·克拉克是普林斯的导师Scahill, *Blackwater*, 103.

59. 承包商非法扩大了自己为政府提供服务的清单

4月，the Fourth Circuit Court of Appeals 驳回初审法官认为潜在的破坏有限的判决，恢复了陪审团裁决——根据 False Claims Act，公司为5起虚假申报事件负有责任。见 Rajiv Chandrasekaran, *Imperial Life in the Emerald City*（New York: Vintage Books, 2006）, 155-161; in April, the Fourth Circuit Court of Appeals reinstated a jury verdict holding the firm liable for five false claims under the False Claims Act, overruling the trial judge’s limit on potential damages. See Ellen Nakashima, “Court Revives Suit Over Iraq Work, Door Could Be Opened for Other Fraud Cases,” *Washington Post*, April 11, 2009.

60. 在非洲，另一家私人承包商南非战略资源公司雇佣南非军队和警察部队退役的特种兵Deborah D. Avant, *The Market for Force: The Consequences of Privatizing Security*（Cambridge: Cambridge University Press, 2005）, 10-15, 82-98; Singer, 110-15.

61. EO警告说，这个决定会给政府带来麻烦Avant, *Market for Force*, 82-89.

62. 斯坦格还提到另一个问题Stanger, *One Nation Under Contract*, 91-92.

63. 2009年8月，黑水公司的两名前保安在联邦法庭作证Jeremy Scahill, "Blackwater Founder Implicated in Murder," *The Nation*, August 4, 2009; see also CNN.com "Ex-guards' Statements Implicate Blackwater Founder in Iraq Crimes," CNN, August 4, 2009, www. cnn.com/2009/US/08/04/iraq. blackwater .lawsuit/index.html.

64. 报道称，第二个计划与帕内塔报告的第一个计划不同 Jeremy Scahill, "The Secret U.S. War in Pakistan," *Nation, November* 23, 2009, www. thenation. com/doc/20091207/scahill; see also Adam Ciralsky, "Tycoon, Contractor, Soldier, Spy," *Vanity Fair*, January 2010, www.vanityfair.com/politics/features/2010/01/blackwater-201001.

65. 此次袭击事件没有西门子的某些协助是不可能发起的 Saeed Kamali Dehghan, "Iran Accuses Siemens of Helping Launch Stuxnet Cyberattack," *Guardian*, April 17, 2011, www. guardian.co.uk/world/2011/apr/17/iran-siemens-stuxnet-cyber-attack.

66. 巴西农村地区，农民组织"农民之路"的妇女"Stora Enso's Brazilian Imbroglio," Forbes.com, March 5, 2008.

67. 抗议者指出"What You Should Know About Stora Enso," Friends of the Earth International, available online at www. foei.org/en/resources/publications/pdfs/2010/what-you-should-know-about-stora-enso/view.

10 超级公民和半国家

1. 我们生活在人们渐渐失去信心的时代"Remarks as Prepared for Wal-Mart CEO and President Lee Scott at the Wal-Mart U.S. Year Beginning Meeting," July 30, 2008, http:walmartstores.com/pressroom/news/7896.aspx.

2. 沃尔玛的收入比GDP高Authors Tracey Keys and Thomas W. Malnight write in their report "Corporate Clout: The Infuence of the World's Largest 100

Economic Entities" that in 2009, Wal-Mart Stores had Available online at www.strategy-dynamics.com/features/shapers-and-influencers/66-corporate-clout-the-influence-of-the-worlds-largest-100-economic-entities.

3. 贝莱德掌握的资产超过了地球上所有国家的国家储备Sheelah Kolhatkar and Sree Vidya Bhaktavatsalam, "The Colossus of Wall Street," *Bloomberg Businessweek*, December 9, 2010.

4. 盖茨基金会在世界各地为卫生保健投入的资金与世界卫生组织不相上下Both the Gates Foundation and the World Health Organization spend about $800 million on global health issues each year. Scott T. Firsing, *Disturbing Times: The State of the Planet and Its Possible Future*（Johannesburg: 30° South Publishers, 2008）, 47; Tom Paulson, "Gates Foundation Out to Break the Cycle of Disease," *Seattle Post-Intelligencer*, December 8, 2003.

5. 所谓的威斯特伐利亚时刻有没有真正出现过Stephen D. Krasner, "Compromising Westphalia," *International Security* 20:3（1995-96）: 115-16.

6. 1934年在提交给美国国会的报告中首次提出"National Income, 1929-32." Division of Economic Research, Bureau of Foreign and Domestic Commerce. Senate Document Number 124, 73rd Cong., 2nd sess.（January 4, 1934）, http://library, bea.gov/u? /SOD,888.

7. 它的发明者西蒙·库兹涅茨指出 Ibid. 5-7. Kuznets's exact words were, "The valuable capacity of the human mind to simplify a complex situation in a compact characterization becomes dangerous when not controlled in terms of definitely stated criteria... Thus, the estimates submitted, in the present study define income in such a way as to cover primarily only efforts whose results appear on the market place of our economy... Economic welfare cannot be adequately measured unless the personal distribution of income is known... The welfare of a nation can, therefore, scarcely be inferred from a measurement of national income as defined above." 原文是，"人类思维具有一种把复杂的情况

简化为简练特征的宝贵才能，这种才能如果不受明白确立的标准的制约，将变得危险……因此，对确定收入的研究主要只包含了其结果在我国经济市场上有所反映的部分，此处提交的是估计值……除非获悉个人对收入的分配情况，否则无法充分衡量经济福利……所以，按照上述定义，对国民收入的衡量很少能得出国家的福利。”

8. 美国中等收入下降了7%以上Timothy Noah, “The Great Divergence,” *Slate*, September 3, 2010, www. slate.com/id/2266025/entry/2266026/.

9. 约翰·洛克提出著名的观点John Locke, *Second Treatise of Civil Government*（chapter 5, section 27）, www. constitution.org/jl/2ndtr05.htm.

10. 经济学家卡罗尔·格雷厄姆认为Carol Graham, “Happiness Economics: Can We Have an Economy of Well-being? ” voxeu.org, July 31, 2011,www.voxeu.org/index.php? q =node/6819.

11. 格雷厄姆承认Carol Graham, interview with the author.

12. 美国目前的实际GDP增长率排在第127位 “Country Comparison: GDP—Real Growth Rate,” *CIA World Factbook*, www. cia.gov/library/publications/the-world-factbook/rankorder/2003rank.html.

13.《新闻周刊》评选了“世界最好国家” “Interactive Infographic of the World’s Best Countries,” *Daily Beast*, April 2010, www. thedailybest.com/newsweek/2010/08/15/interactive-infographic-of-the-worlds-best-countries.html.

14. 2011年的生活质量指数国家排行榜 “2011 Quality of Life Index,” *Nation Ranking* website, June 3, 2011, http://nationranking.wordpress.com/2011/03/06/2011-qli/.

15. 在梅西生活质量调查中，美国最好的指标 “Vancouver Still World’s Most Livable City,” Reuters, February 21, 2011, www. reuters.com/article/2011/02/21/us-cities-liveable-idUSTRE71K0NS20110221? pageNumber=l.

16. 梅西生活质量调查在美国最初出现在 “Quality of Living Worldwide City Rankings 201—Mercer Survey,” Mercer website, May 26, 2010, www. mercer, com/press-releases/quality-of-living-report-2010#City_Ranking _Tables.

17. Monocle杂志的评比中，美国只有3座城市 “The Livable Cities Index—01 Helsinki,” *Monocle*, issue 45, vol. 3（July/August 2011）, www.monocle.com/Magazine/volume-05/issue-45/.

18. 它在主权财政责任指数一项T. J. Augustine, Alexander Maasry, Damilola Sobo, and Di Want, “Sovereign Fiscal Responsibility Index 2011,” *Stanford University International Policy Studies Program* report, March 25, 2011, http://publicpolicy.stanford.edu/system/files/A%20Sovereign%20Fiscal%20Responsibility%20Index%20Full%20Report.pdf.

19. 现代国际关系理论之父汉斯·摩根索提出一种方法Richard L. Merritt and Dina A. Zinnes, “Alternative Indexes of National Power,” in Richard J. Stoll and Michael D. Ward, eds., *Power in World Politics* （Boulder, CO: Lynne Rienner Publications, 1898）, 11-12.

20. 克利福德·杰曼提出的测量综合国力的方法Ashley J. Tellis, Janice Bially, Christopher Layne, and Melissa McPherson, *Measuring National Power in the Postindustrial* Age （Santa Monica, CA: RAND, 2000）, 28-29.

21. 维·福克的方法Ibid., 29.

22. 奥考克与纽考伯的回归分析法Ibid., 29.

23. 战争相关计划，考察人口统计Merritt and Zinnes, “Alternative Indexes of National Power,” 16.

24. 韦恩·费里斯与雷·克莱因提出的方法Ray S. Cline, *World Power Trends and U.S. Foreign Policy in the 1980s*, 2nd ed.（Boulder, CO: Westview Press, 1980）, 12.

25. 员工数量、资产价值和其他指标会有一定作用：事实上，福布斯2000评选世界最大公司的时候，依据了销售额、利润、资产和市值等多项指标。见Scott DeCarlo, “The World’s Leading Companies,” Forbes.com, April, 21, 2010.

26. 埃克森的影响力比危地马拉都大：可以说埃克森美孚在法庭上的影响力的确比危地马拉大。背景情况见ExxonMobil does arguably wield more

clout than Guatemala in court. See for context, "A $16 Billion Problem," *Newsweek*, July 24, 2008.

27. 国家地位的4个支柱是指制定和实施法律的能力：历史学家和政治学家一般用3个标准来定义国家："众所周知，国家是唯一可以合法使用武力的机构，它享有一切形式的非经济强制力的垄断权。它的合法性建立在本国法律以及它与别国缔结的协议之上。经由这些手段，国家可以履行其职责：保障国内外的安全，实施法律，主持正义，保留并对国民生产总值进行再分配，制定和落实经济与政治政策等。" Sergei Rogov, "The Functions of a Contemporary State: Challenges for Russia," *Russian Social Science Review* 49.2（March-April 2008）: 4-5.

28. 2009年有14个国家被归入"致命"级别

失败国家指数排除了15个联合国会员国：4个欧洲小国家（安道尔、列支敦士登、摩纳哥和圣马力诺）、4个加勒比岛屿国家（多米尼加、圣基茨和尼维斯、圣卢西亚、圣文森特和格林纳丁斯）和7个太平洋岛屿国家（基里巴斯、马绍尔群岛、瑙鲁、贝劳、汤加群岛、图瓦卢和瓦努阿图）。见 *Foreign Policy* website, "2009 Failed States Index."

29. 全世界只有10支海军拥有至少一艘航空母舰World Wide Aircraft Carriers.com, "Where Are the Carriers? "（commissioned/operational carriers only）, www.worldwideaircraftcarriers.com/.

30. 美国海军有11艘U.S. Navy Fact File, "Aircraft Carriers—CVN," available at www. navy. mil/navydata/fact_display, asp? cid=4200&tid=200&ct=4.

31. 比全世界除11个国家以外其余国家的年军事总预算还高GlobalSecurity.org, "World Wide Military Expenditures," available at www. globalsecurity.org/military/world/spending.htm.

32. 比全世界除11个国家以外2008年GDP高International Monetary Fund, "World Economic Outlook Database, October 2009: Report for Selected Countries and Subjects," available at http://imf.org/external/pubs/ft/

weo/2009/02/weodata/index.aspx.

33. 评选出14个失败的国家“2009 Failed States Index.”此外，可以有把握地认为，没有用失败国家指数考核的全部15个联合国会员国都是半国家。

34. GDP超过全球巨头企业收入的23个国家“Global 500 （2009）,” *Fortune*, on money, com, available at http://money, cnn.com/magazines/fortune/global500/2009/fuil_list/.

35. 国际货币基金组织认为，一国的GDP如果达到4 580亿美元 International Monetary Fund, “World Economic Outlook.”

36. 所有12国也在IMF中具备很强的投票权“IMF Executive Directors and Voting Power,” available at www. imf. org/external/np/sec/memdir/eds.htm.

37. 和世界银行“International Bank for Reconstruction and Development: Subscriptions and Voting Power of Major Countries,” available at http://siteresources.worldbank.org/BODINT/Resources/278027-1215524804501/IBRDCountryVotingTable.pdf.

38. 有4个国家处于失败国家指数的“警戒”级别“2009 Failed States Index.”

39. 而在第二组国家当中，只有澳大利亚、韩国和荷兰的军费开支Global Security. org, “World Wide Military Expenditures.”

40. 64%的外汇持有的是美元IMF website, “Currency Composition of Official Foreign Exchange Reserves,” through 2009 QIII, available at www. imf. org/external/np/sta/cofer/eng/cofer.pdf.

41. 放弃对货币的控制，把它交给欧洲央行CIA World Factbook, “Field Listing—Currency Code,” available at www.cia.gov/library/publications/the-world-factbook/fields/2065.html.

42. 沙特阿拉伯、阿拉伯联合酋长国和阿曼则使用钉住美元的货币“GCC Defends Dollar Peg, Single Currency Deadline,” May 11, 2008, available at www. arabianbusiness.com/518871-gulf-to-keep-dollar-pegs-2010-single-

currency-plan.

43. 地球上85%的国家没有自己的代表参与其中Tan Sri Lin See-Yan, "The Pittsburg G-20 Summit—Has It Worked?" *Star* （Malaysia）, October 3, 2009, http://biz.thestar. com.my/news/story. asp? file=/2009/10/3/business/4817217&sec=business.

44.《财富》杂志的世界500强企业榜单 "Global 500," at CNN Money, available online at http://money. cnn.com/magazines/fortune/global500/2010/.

45. 据世界银行的数据，所有这500家公司都可以与GDP排名前100位的国家平起平坐 "Gross Domestic Product （2009）," The World Bank: World Development Indicators database （September 27, 2010）, available online at http://siteresources.worldbank.org/DATASTATISTICS/Resources/GDP. pdf.

46. 多数读者在读这本书以前很少听说过的跨国公司斯道拉恩索公司：2009年，斯道拉恩索的净销售额为110亿欧元（170亿美元）"Stora Enso Oyj," Lexis Nexis Academic Snapshot, www. lexisnexis.com.proxy. uchicago.edu/us/lnacademic/search/companyDossiersubmitForm.do.

47. 使公司享有特殊优势的特征Brian Lane, "The Abuses of Corporate Personhood," *USA Today*, May 2004, available online at http://findarticles.com/p/articles/mi_m1272/is_2708_132/ai_n6019798/? tag =content;col1.

48. 以年销售额为指标，《福布斯》杂志排行榜上的大公司的1/1000：如果按照销售额给福布斯的全球2000强企业排名，第1000家公司是欧文斯-伊利诺伊，它2010年的年销售额是70.7亿美元。"The Global 2000," *Forbes*（April 21, 2010）, www.forbes.com/lists/2010/18/global-2000-10_The-Global-2000_Sales_10.html.

49. 欧文斯-伊利诺伊公司的销售额超过了马耳他的GDP " Gross Domestic Product（2009）," The World Bank: World Development Indicators database.

50. 有些人担心国有公司会成为全球巨头公司的主干 Scott DeCarlo, "The World's Leading Companies."

51. 每家公司的员工人数都“Global 500（2010）: Top Companies: Biggest Employers,” *Forbes*, available online at http://money. cnn.com/magazines/fortune/global500/2010/performers/companies/biggest/.

52. 它养活的员工家庭和社会人口在800万到1 000万之间，相当于奥地利、瑞士和以色列的人口规模：奥地利、瑞士和以色列的人口分别为8 217 280、7 639 961和4 474 052。CIA World Factbook, “Country Comparison: Population,” available online at www.cia.gov/library/publications/the-world-factbook/rankorder/2119rank.html.

53. 沃尔玛每周为2亿人服务Wal-Mart website, http://walmartstores.com/aboutus/.

54. 皇家壳牌每天在全世界4.4万个服务站为近1 000万客户提供燃油“Shell Case Study: Balancing stakeholder needs,” The Times 100, available online at www.thetimes100.co.uk/case-study-balancing-stakeholder-needs-76-403-1.php.

55. 丰田每天销售700多万辆汽车：丰田2010年销售了7 237 000辆汽车，in FY2010, www. toyota-global.com/sustainability/sustainability_report/highlights_in_fy2009_economic_aspects/financial_results.html.

56. AXA有近1亿保险客户“The AXA Group at a Glance 2010,” 4. Available at www. axa.com/lib/axa/uploads/depliantinstitutionnel/2010/AXA _IDcard_2010_VAb.pd f.

57. 仅荷兰皇家壳牌一家公司生产的石油和天然气就分别占到世界产量的2%和3%。“Shell Case Study: Balancing Stakeholder Needs.”

58. 贝莱德受托管理的资产达3.3万亿美元Kolhatkar and Bhaktavatsalam, “The Colossus of Wall Street.”

59. 而中国和日本加起来的储备是3.6万亿美元CIA World Factbook, “Country Comparison: Reserves of Foreign Exchange and Gold,” www. cia.gov/library/publications/the-world-factbook/rankorder/2188rank.html.

60. 货币储备排名世界前20位的所有国家CIA World Factbook, “Country

Comparison: Reserves of Foreign Exchange and Gold."

61. 世界排名前125位的所有资产管理公司都掌握着相同价值的资产Global 2000, "The World's Biggest Public Companies," *Forbes*, filtered by industry （Investment Services）, available online at www. forbes.com/global2000/list? industry=Investment %20Services&state=All&country=All.

62. 世界排名前27位的银行掌握着价值超过1万亿美元的资产Global 2000, "The World's Biggest Public Companies," *Forbes*, the Global 2000 filtered by industry （Major Banks） and ranked by assets, available online at www. forbes.com/global2000/list? ascend=false&sort=companyAssetsl&industry=Major%20Banks.

63. 盖茨基金会每年为慈善事业投入的资金与世界卫生组织不相上下Scott T. Firsing, *Disturbing Times: The State of the Planet and Its Possible Future* （Johannesburg: 30° South Publishers, 2008）, 47; Tom Paulson, "Gates Foundation Out to Break the Cycle of Disease," *Seattle Post-Inteiligencer*, December 8, 2003.

64. 美国人每年的慈善捐助总额是3 000亿美元左右 "5 Questions for Vartan Gregorian, President and CEO, Carnegie Corporation of New York," *Philanthropy News Digest*, October 12, 2009, http://foundationcenter.org/pnd/fivequestions/5q_item.jhtml? id=268900010.

65. 美国400家最大的纳税企业2007年的调整收入总额是1 380亿美元 Carol J. Loomis, "The ＄600 billion Challenge," *Fortune* at CNN Money, June 16, 2010, http://features.blogs.fortune.cnn.com/2010/06/16/gates-buffett - 600 - billion-dollar-philanthropy-challenge/.

66. 很多组织都提供了政府本身无法提供的极其重要的社会服务Risto Karajkov, "The Power of N.G.O.'s: They're Big, But How Big? " Worldpress.org, July 16, 2007, www.worldpress.org/Americas/2864.cfm.

67. 美国联邦政府2010年的预算估计为美国GDP的24%多The White House website, "The President's Budget for Fiscal year 2010," www. whitehouse.

gov/omb/budget.

68. 有人已经指出了它们为了逃税而变换场地的后果“Out of the Door: Tax Treatment Tempts Businesses to Move Country,” *Financial Times*, May 5, 2008, www. ft.com/cms/s/0/0401152c-1ad4-11dd-aa67-0000779fd2ac.html?nclick_check= 1.

69. 英国财政部发言人、反对党自由名民主党的文斯·凯布尔Ibid.

70. “全球市场日益承担起监管主权国家的角色”Walter C. Opello, Jr., and Stephen J. Rosow, *The Nation-State and Global Order: A Historical Introduction to Contemporary Politics*（Boulder and London: Lynne Rienner Publishers, 2004）, 256.

71. 而是“最高”领导层屈服于华尔街高层的需求See, for example, Richard McGregor, *The Party: The Secret World of China's Communist Rulers*（New York: HarperCollins, 2010）, chapter 7, “Deng Perfects Socialism: The Party and Capitalism,” 194-228.

72. 瑞典2009年的GDP是4 060亿美元“Gross Domestic Product 2009,” World Development Indicators database, http://siteresources.worldbank.org/DATASTATISTICS/Resources/GDP. pdf.

73. 埃克森同一年的销售额是4 420亿美元ExxonMobil, Fortune 500（2009）, available online at http://money. cnn.com/magazines/fortune/fortune500/2009/snapshots/387.html.

74. 埃克森有83 600员工ExxonMobil at a glance, Forbes.com, http://finapps.forbes.com/finapps/jsp/finance/compinfo/CIAtAGlance.jsp.? sedol=2326618.

75. 埃克森有250万股东ExxonMobil website, www. exxonmobil.com /Corporate/community_ccr_stakeholders.aspx.

76. 埃克森在46家炼油厂拥有所有者权益“Global Capabilities for the 21st Century,” ExxonMobil website, www. exxonmobil.com/Corporate/Newsroom/Publications/XOMGlobalCap/page_5.html.

77. 2006年，埃克森的预算支出超过4 000亿美元ExxonMobil 2006

Summary Annual Report, available online at http://exxonmobil.com/corporate/files/corporate/xom_2006_SAR.pdf.

78. 瑞典的预算严重地受到权益支出左右Erik Lundberg, "The Rise and Fall of the Swedish Model," *Journal of Economic Literature* 23, no. 1（March 1985）: 10.

79. 瑞典在30多个国家设有使领馆 "Sweden Embassies Worldwide," www.allembassies.com/swedish_embassies.htm.

80. 埃克森几乎在全世界都有经营 "Global Capabilities for the 21st Century," ExxonMobil website, www. exxonmobil.com/Corporate/Newsroom/Publications/XOMGlobalCap/page_5.html.

81. 瑞典的现役部队和后备军很小，大概只有 "Sweden" CIA World Factbook, www. cia.gov/library/publications/the-world-factbook/geos/sw. html.

82. 最著名的就在印度尼西亚的亚齐省 "A Matter of Complicity? ExxonMobil on trial for its Human Rights Violations in Aceh," International Center for Transnational Justice, October 27, 2008, www. ictj.org/en/news/features/2080.html.

83. 瑞典是促成主张减少温室气体排放的《京都议定书》的主要国家之一 "Bildt Presents Foreign Policy in Riksdag," The Local, February 13, 2008, www.thelocal.se/9971/20080213.

84. "美国总统拒绝签署京都议定书" "Revealed: How Oil Giant Influenced Bush," *Guardian*, June 8, 2005, www.guardian.co.uk/news/2005/jun/08/usnews.climatechange.

85. 斯道拉恩索200亿的年销售 "Stora Enso CEO Jouko Karvinen's Message to Shareholders at the Company's AGM," Storaenso.com, April l, 2009.

86. 斯道拉在全球35个国家有3.2万员工Stora Enso Annual Report 2008, "a clear vision for a bright future," available online at www. storaenso.com/media-centre/publications/annual-report/Documents/SE_Annual_ Report_08_en.pdf.

87. 它拥有的土地相当于卡塔尔的国土面积Stora Enso, "Planting for our future," Sustainability Performance（2009）, 16. Available online at www. storaenso.com/media-centre/publications/sustainability-report/Documents/S_Stora_Enso_Sustainability_2009.pdf.

88. 斯道拉提供住房、学校，自己建立法庭乃至军队Gunnar Olsson and Burnett Anderson, *Stora Kopparberg: Six Hundred Years of Industrial Enterprise*（Falun, Sweden: Stora Kopparbergs Bergslags Aktiebolag, 1951）, 72-77.

89. 今天的公司往往好像自有一套外交政策 "The Corporate Diplomats," *Financial Times*, November 23, 2009, www. ft.com/cms/s/0/8f03208e-d86a-11de-b63a-00144feabdc0.html.

90. "先锋企业"在追逐这些高尚目标的同时Rosabeth Moss Kanter, *SuperCorp: How Vanguard Companies Create Innovation, Profits, Growth, and Social Good*（New York: Cross Business, 2009）.

91. 美国企业慈善促进委员会2008年发布了一份报告Committee Encouraging Corporate Philanthropy, "Giving in Numbers, 2008 Edition," 4. Available online at www. hepdata.com/pdf/GivinginNumbers2008.pdf.

92. 联合水果公司是划时代的先行者，在字面和比喻意义上都是如此Peter Chapman, *Bananas: How the United Fruit CompanyShaped the World*（Edinburgh: Canongate, 2007）, 30, 47.

93. "联合水果……为了香蕉的缘故所发起的'政权更替'" Ibid., 7.

94. 于是便与另一家大型水果供应公司联手，支持前总统推翻Peter J. Dosal, *Doing Business with the Dictators: A Political History of United Fruit in Guatemala*（Oxford: SR Books, 2005）, 81.

95. 1970年社会主义者萨尔瓦多·阿连德作为总统候选人登场以后Edward Boorstein, *Allende's Chile: An Inside View*（International Publishers, 1977）, 260.

96. 专栏作家杰克·安德森在《华盛顿邮报》上发表的爆炸性报道文章Brent Fisse and John Braithwaite, *The Impact of Publicity on Corporate Offenders*（SUNY

Albany, 1983）, 124.

97. 一致决定全力给阿连德施加经济压力Boorstein, *Allende's Chile*, 85.

98. 奥兰多·勒特里尔是阿连德的驻华盛顿大使Naomi Klein, *The Shock Doctrine: The Rise of Disaster Capitalism*（New York: Henry Holt, 2008）, 86.

99. "要在艾森豪威尔时代，我们就是英雄。" Kissinger TelCon 9/16/73, available online at www. gwu.edu/~nsarchiv/NSAEBB/NSAEBB255/19730916KP5.pdf.

100. "事情不是我们做的。我的意思是我们尽量帮了他们" Ibid.

101. "看书是从头看到尾" Quoted in Jack Stack and Bo Burlingham, *A Stake in the Outcome: Building a Culture of Ownership for the Long-Term Success of Your Business*（Random House Digital, 2003）, 36.

102.壳牌石油涉入尼日利亚"正在进行的一切事务" *The Guardian* published the cable online at www. guardian.co.uk/world/us-embassy-cables-documents/230356.

103.美国驻尼日利亚大使罗宾·桑德斯在一份日期标记为2009年的越洋电报中写道Smith Lagos, "Cables Reveal Shell's Grip on Nigerian State," *Guardian*, December 9, 2010.

104. "壳牌无所不在。他们在尼日利亚的每个部门都有眼线和耳目" Quoted in ibid.

105.石油业在尼日利亚享有非同寻常的影响力Amnesty International, *Nigeria: Petroleum, Pollution and Poverty in the Niger Delta*（Amnesty International Publications, 2009）, 9. Available online at www. amnesty. org/en/library/asset/AFR44/017/2009/en/e2415061-da5c-44f8-a73c-a7a4766ee21d/afr440172009en.pdf.

106.壳牌自己的估计是，它的尼日利亚公司Royal Dutch Shell website, www. shell.com.ng/home/content/nga/aboutshell/at_a_glance/.

107. 根据维基解密披露的信息，壳牌向美国领事馆索要敏感信息Smith Lagos, "Cables Reveal Shell's Grip on Nigerian State", *Guardian*, December 9, 2010.

108. 这一地区是3 000多万人繁衍生息的家园Amnesty International, *Nigeria*, 9.

109. 联合国发展计划对这一地区的描述UNDP, *Niger Delta Human Development Report*, 2006.

110. 2004年，透明国际把时任尼日利亚总统桑尼·艾巴查排在第4位 Transparency International, TI Global Corruption Report 2004, www. transparency. org/publications/gcr/gcr_2004#download.

111. “壳牌在200多个国家从事经营活动” Quoted in Kristin Sharon Shrader-Frechette, *Environmental Justice: Creating Equality, Reclaiming Democracy*（Oxford: Oxford University Press, 2002）, 118.

112. “尼日尔三角洲泄漏了1 300多万桶石油” Amnesty International, “Nigeria,” 13.

113. “公司是股东的财产” Quoted in Joel Bakan, *The Corporation: The Pathological Pursuit of Profit and Power*（New York: Free Press, 2004）, 34.

114. “我们有时候导致冲突加深”“Shell Admits Blame in Nigeria,” CNN World, June 11, 2004.

115. 企业家型国家通常都是小国家，我们可以把它们看做政府最佳实践与创新的实验室Klaus Schwaab, World Economic Forum, The Global Competitiveness Report 2010-2011 （Geneva, 2010）, www3.weforum.org/docs/WEF.GlobalCompetitivenessReport_2010-11.pdf

116. 贝莱德有8 900位员工，它的中坚力量是一群薪酬很高的精英分析师Katrina Brooker, “Can This Man Save Wall Street? ” CNNMoney. com, October 29, 2008, http://money, cnn.com/2008/10/28/magazines/fortune/blackrock_brooker.fortune/index2.htm.

117. “目前贝莱德每天运行着数以百万计的风险模型。” Ibid.

118. “英国历史上最可怕的灾难和最大的投降。” Winston Churchill, *The Second World War*, vol. 4, *The Hinge of Fate*（Houghton Mifflin Harcourt, 1986）, 81.

119. 新加坡在某些重要方面不符合西方对自由社会的标准：新加坡不同寻常的转型能力经常遭到保罗·克鲁格曼等经济学家的强烈批评，克鲁格曼在他的文章中写道，“李光耀领导下的新加坡的发展与斯大林领导下的苏联的发展是一对经济上的双胞胎——其发展纯粹是靠调动资源而实现的。” “The Myth of Asia’s Miracle: A Cautionary Fable,” *Foreign Affairs* 73, iss. 6（November/December 1994）

120. “一种亚洲模式、新加坡式资本主义” Kishore Mahubani, 与作者访谈2010.

121. “我们看到了盎格鲁—美式资本主义的不足” Tharman Shanmugarantnam, interview with the author, 2010.

122. “提供所有公民都渴望的事物” Quoted in John Kampfner, *Freedom for Sale: Why the World Is Trading Democracy for Security*（New York: Basic Books, 2010）, 30.

123. 国家有步骤、有计划地付出努力，每隔两年制定和更新一次国家竞争力战略John W. Thomas and Lim Siong Guan, “Using Markets to Govern Better in Singapore,” Working Paper Series rwp02-010（Cambridge: Harvard University, John F. Kennedy School of Government, 2002）, 18.

124. “平息一切议论的方法是政府突然严重不称职。” Quoted in Seth Mydans, “Singapore announces 60 percent pay raise for ministers,” *New York Times*, April 9, 2007, www. nytimes.com/2007/04/09/world/asia/09iht-sing.3.5200498.html?_r=l.

125. “利用市场概念给予奖励” Thomas and Guan, “Using Markets to Govern Better in Singapore,” 17.

126. 卫生保健、住房和教育服务都按用户付费的市场机制来提供M. Ramesh, “Social Security in Singapore: Redrawing the Public-Private Boundary,” *Asian Survey* 32, no. 12（December 1992）: 1,100.

127. 它推出150亿美元的经济刺激计划，占GDP的6%，内容包括

Siow Yue Chia, “Singapore Weathers the Crisis and Prepares for a Stronger Year,” *East Asia Forum*, January 12, 2010, www. eastasiaforum.org/2010/01/12/singapore-weathers-the-crisis-and-prepares-for-a-stronger-year/.

128. 它的人均GDP是62 200美元，排在世界第5位“Singapore,” CIA World Factbook, www.cia.gov/library/publications/the_world_foctbook/geos/sn.html.

129. 它有世界最低的失业率*Ibid*.

130. 它的预期寿命排在世界第13位，卫生系统的业绩排在第6位World Health Organization, World Health Report 2000, Health Systems: Improving Performance, www.who.int/whr/2000/en/.

131. 新加坡被评为全世界经商环境最佳的国家“Doing Business 2007: How to Reform,” World Bank, 2007, available online at www. doingbusiness.org/reports/global-reports/doing-business-2007.

132. 第二自由经济体Index of Economic Freedom, Heritage Foundation, 2011, available online at www. heritage.org/index/ranking.

133. “新加坡是世界上管理最完善的公司”Stewart Brand, review of *Strategic Pragmatism: The Culture of Singapore's Economic Development Board*, by Edgar H. Schein, Global Business Network website, http://web.archive.org/web/20050414192858/http:/www.gbn.com/BookClubSelectionDisplayServlet.srv? si=248.

134. 今天，阿联酋只有25%的收入来自石油和天然气CIA World Factbook: United Arab Emirates, 2010, available at www. cia.gov/library/publications/the-world-factbook/geos/ae.html.

135. 从建筑到工程，从信息技术到马斯达尔实验性质的“绿色城市”Christopher M. Davidson, *Dubai: The Vulnerability of Success*（New York: Columbia University Press, 2008）, 1.

136. 发展几只重要的主权财富基金，把国家财富重新指向See, for example, Edwin M. Truman, “Sovereign Wealth Funds: The Need for Greater

Transparency and Accountability," Peterson Institution for International Economics Policy Brief （August 2007）, 1, www. iie.com/publications/pb/pb07-6.pdf.

137. 世界银行在贸易便利性一项把阿联酋排在全球第3位“Doing Business 2011: United Arab Emirates, Making a Difference for Entrepreneurs," The International Bank for Reconstruction and Development/World Bank （2011）, 2, www/doingbusiness.org/~/media/FPDKM/Doing%20 Business/Documents/Profiles/Country/DB11/ARE.pdf.

138. 根据世界经济论坛的评选，它的基础设施投资名列世界第三 World Economic Forum, The Global Competitiveness Report 2010-2011, 38.

139. 人均收入排在第18位CIA World Factbook: United Arab Emirates, 2010.

140. 阿联酋在长期资产多样化方面采取了审慎而具有创造性的举措 Christopher M. Davidson, “The Impact of Economic Reform on Dubai,” in A. Ehteshami and S. Wright, eds., *Reform in the Middle East Oil Monarchies* （Reading, UK: Ithaca Press, 2008）, 158.

141. 以色列的创新能力目前排名世界第6，总体竞争力排名世界第24位The World Bank, *Doing Business 2011: Israel*; World Economic Forum, The Global Competitiveness Report 2010-2011.

142. “社会民族主义意识形态”Ofira Seliktar, “The Israeli Economy,” in Robert Freedman, ed., *Contemporary Israel* （Boulder, CO: Westview Press, 2009）, 159.

143. “苏联阵营以外最具社会主义特色的经济”Ibid.

144. 1985年，国家开始实施一项重大改革，叫做经济稳定计划Stanley Fischer, “The Israeli Stabilization Program, 1985-86,” *American Economic Review* 77, no. 2（May 1987）: 275-78,276.

145. 到2008年，以色列的公共部门下降到了“只占”GDP的45%Rafi Melnick and Yosef Mealem, “Israel's Economy: 1986-2008,” Jewish Virtual Library Publications, June 2009, 5, www.jewishvirtuallibrary, org/jsource/isdf/text/

anthologytoc.html.

146. 以色列“拥有全世界人均数量最多的新公司” Karlin Lillington, “What Ireland Has to Learn from Israel's High-Tech Companies,” *Irish Times*, June 26, 2010, www.irishtimes.com/newspaper/weekend/2010/0626/1224273322693.html.

147. 以色列在纳斯达克股市挂牌交易的科技公司*Ibid.*

148. 以色列工业产出的40%以上为出口导向Melnick and Mealem, “Israel's Economy,” 2.

149. 以色列在IT领域吸引的风险投资（VC）按人均计算是欧洲的30倍 Lillington, “What Ireland Has to Learn from Israel's High-Tech Companies.”

150. 根据《牛津英语词典》，“国际”这个词“International,” Oxford English Dictonary Online, 2011.

多种资本主义

1. “这种普遍持有的观点” Dennis C. Blair, “Annual Threat Assessment of the Intelligence Community,” Testimony to the Senate Select Committee on Intelligence, Washington, D.C., February 12, 2009, 2.

2. 瑞典韦斯特罗斯附近的田野里有一块神符石 “Vs Fv1988;36” in Scandinavian runic-text database, www. nordiska.uu.se/forskn/samnord.htm.

3. 一位维京领袖“远行者英瓦尔” 以前往里海卡斯皮安地区的倒霉的远征而名扬天下Kathryn Hinds, *Barbarians: Vikings*（Tarrytown, NY: Marshall Cavendish, 2010）, 57.

4. 他“从未见过如此完美的体格”Thomas J. Craughwell, *How the Barbarian Invasions Shaped the Modern World: The Vikings, Vandals, Huns, Mongols, Goths, and Tartars Who Razed the Old World and Formed the New*（Beverly, MA: Fair Winds Press, 2008）, 140.

5. 2008年9月彼得·杰伊在BBC节目中评论说“Viewpoints: Where Now for Capitalism? ” BBC News, September 19, 2008, http://news.bbc.co.uk/2/

hi/7621771.stm.

6. 伦敦《卫报》的一位专栏作家写道 John Gray, “A Shattering Moment in America’s Fall from Power,” *Guardian*, September 28, 2008.

7. “透过当前的危机考察反对监管的思想的缺陷和错误，显然并不嫌早” “Wall Street Casualties,” *New York Times*, September 15, 2008.

8. “对于政策改变将会有巨大需求” “Viewpoints: Where Now for Capitalism? ”

9. “美国将失去全球金融体系中超级大国的地位” William L. Watts, “German Finance Minister Criticizes Lax Regulation, Focus on Short-term Profit,” MarketWatch, September 25, 2008, www. marketwatch.com/story/us-to-lose-financial-superpower-status-german-finance-minister.

10. “一贯正确、无所不能的市场结束了” Quoted in “It Is Time to Put Finance Back in Its Box,” *Financial Times*, April 13, 2009.

11. 乔治·奥斯本也加入了怀疑者的行列 “Let Us Put Markets to the Service of the Good Society,” *Financial Times*, April 13, 2009.

12. “对放松管制的信念动摇了” Edmund L. Andrews, “Greenspan Concedes Error on Regulation,” *New York Times*, October 24, 2008.

13. 央行的政策 “如果加以协调将会更加强大” “The Credit Crunch: World on the Edge,” *Economist*, October 2, 2008.

14. BBC把这次挑战看做一个分水岭 “New World Order Emerges from Chaos,” BBC News website, April 2, 2009, http://news.bbc.co.uk/2/hi/business/7979918.stm.

15. 巨额的政府刺激计划，干预资金高达数百亿美元乃至万亿美元 Andrew Batson, “China Sets Big Stimulus Plan in Bid to Jump-Start Growth,” *Wall Street Journal*, November 10, 2008.

16. 错误地把经济福祉与经济增长合到了一起 See Arthur C. Brooks, *The Battle: How the Fight Between Free Enterprise and Big Government Will Shape America’s Future*

（New York: Basic Books, 2010）.

17. 他们在2001年出版*The Institutional Foundations of Comparative Advantage*（Oxford: Oxford University Press, 2011）.

18. 他必须筹集到7.5亿到10亿美元才能保住自己现在的位子Ken Thomas, “Obama, Dems Hoping to Raise $60M by Late June,” Associated Press, June 2, 2011, www. msnbc.msn.com/id/43250286/ns/politics-decision_2012/t/obama-dems-hoping-raise-m-late -june/.

19. 美国传统的“洛克式自由主义”理想John B. Judis, “Anti-Statism in America,” *New Republic*, November 11, 2009, www.tnr.com/article/anti-statism-america.

20. 以购买力平价计算，它的经济规模可能在2016年赶超美国Brett Arends, “IMF Bombshell: Age of America Nears End,” MarketWatch, April 26, 2011, http://finance.yahoo.com/banking-budgeting/article/112616/imf-bombshell-age-america-end-marketwatch.

21. 而在许多其他人眼中则是“具有中国特色的资本主义”Yasheng Huang, *Capitalism with Chinese Characteristics: Entrepreneurship and the State*（Cambridge: Cambridge University Press, 2008）.

22. 劳伦斯·萨默斯认为它构成了新生的德里共识的核心C. Raja Mohan, “Raising the Game in Asia,” IndianExpress.com, October 25, 2010, www. indianexpress.com/news/raising-the-game-in-asia/701978/4.

23. 德国不仅领先于欧洲所有其他国家Nicholas Kulish, “Defying Others, Germany Finds Economic Success,” *New York Times*, August 13, 2010.

24. 4亿多中国人摆脱了贫困United Nations Industrial Development Organization, *Industrialization, Environment and the Millennium Development Goals in Sub-Saharan Africa*（UNIDO, 2004）, 85.

25. 2010年，它超过日本成为世界第二大经济体David Barboza, “China Passes Japan as Second-Largest Economy,” *New York Times*, August 15, 2010.

26. 目前它拥有世界最大的外汇储备“Country Comparison: Reserves of Foreign Exchange and Gold,” *CIA World Factbook*, www. cia.gov/library/publications/the-world-factbook/rankorder/2188rank.html.

27. 不由国家占多数所有权的公司却占到了产出的2/3“Let a Million Flowers Bloom,” *Economist*, March 10, 2011, www. economist.com/node/18330120？ story_id=18330120.

28. 根据韩国的一项估计，它们构成了中国GDP的近3/4 Ibid.

29. 这种态度有个说法叫“睁一只眼闭一只眼”“Bamboo Capitalism,” *Economist*, March 10, 2011, www. economist.com/node/18332610.

30. 据报道仅去年一年就爆发了18万次示威活动Didi Kirsten Tatlow, “Indifference as a Mode of Operation at China Schools,” *New York Times*, May 18, 2011, www. nytimes.com/2011/05/19/vworld/asia/19iht-letter19.html.

31. 《经济学人》的编辑等观察者得出结论，“‘具有中国特色的资本主义’”“Bamboo Capitalism.”

32. 举例说明，4亿印度人的生活中仍然没有电World Bank website, http://web.worldbank.org/WBSITE/EXTERNAL /TOPICS/EXTENERGY2/0,contentMDK:22855502~pagePK:210058~piPK:210062~ theSitePK:4114200,00.html.

33. 5 000万巴西人，占巴西人口的近1/3，仍然生活在贫困线以下Alain Rouqie, “Brazil, a South American State Among the Key Players,” in Christopher Jaffrelot, ed., *Emerging States: The Wellspring of a New World Order*, Cynthia Schoch, trans.（New York: Columbia University Press, 2009）, 98.

34. 它的人类发展指数却排在第73位Human Development Report 2010, “The Real Wealth of Nations: Pathways to Human Development”（UNDP, 2010）, http://hdr. undp.org/en/media/HDR_2010_EN_Complete_reprint.pdf.

35. 贫困率从22%下降到了7%*World Bank*, September 27,2010, http://web.worldbank.org/WBSITE/EXTERNAL/COUNTRIES/LACEXT/BRAZILEXTN

/0,print:Y~isCURL:Y~contentMDK:20754490~menuPK:2024799~pagePK:141137~piPK:141127~theSitePK:322341, 00.html.

36. 到他离任时，外国投资达到了破纪录的水平Riordan Roett, *The New Brazil*（Washington, D.C.: Brookings Institution Press, 2010）, 91-95.

37. 拉里·萨默斯2010年在孟买的一次讲话中指出Vikas Bajaj, "In Mumbai, Adviser to Obama Extols India's Economic Model," *New York Times*, October 15, 2010, www. nytimes.com/2010/10/16/business/global/16summers html.

38. 印度也还保有一部分正在收缩但仍然值得注意的"公营事业""Public Sector Undertakings in India," http://india.gov, in/spotlight/spotlight_archive.php? id=78.

39. 这种实践根源于印度刚刚获得独立以后指引了国家近45年的社会民主政策当中Uma Kapila, *India's Economic Development Since 1947*（New Delhi: Academic Foundation, 2008）.

40. 一位杰出的印度商界人士所谓的"甘地工程"Abhishek Malhotra, Art Kleiner, and Laura W. Geller, "A Gandhian Approach to R&D," *strategy+business*, August 24, 2010, www. strategy-business.com/article/10310? gko=516c7.

41. 要求用银行股权来交换政府投资，由此保证让瑞典纳税人承受的风险获得收益Carter Dougherty, "Can the U.S. Learn Any Lessons from Sweden's Banking Rescue? " *International Herald Tribune*, September 22, 2008.

42. 如果我走进一家银行，我宁愿要股权"Sweden's Model Approach to Financial Disaster," *Time,* September 24, 2008.

43. "德国人虽然享有刻板的名声，却也比美国更乐意"David Leonhardt, "The German Example," *New York Times*, June 7, 2011, www. nytimes.com/2011/06/08/business/economy/081eonhardt.html.

44. "美国有一种普遍的感觉：政府和经济"Jia Lynn Yang, "Where Germany, U.S. Differ: How Much Should Government Steer the Economy? " *Washington Post*, June 7, 2011.

45. “其他国家比较乐于接受所谓的‘产业政策’，这是事实”Ibid.

46. 管理方式可供像中国的深圳之类城市借鉴Saw Swee-Hock and John Wong, eds., *Regional Economic Development in China*（Singapore: ISEAS Publishing, 2009）, 168-70.

47. 它很可能类似于美国政府在历史上扮演过的角色Jeff Madrick, *The Case for Big Government*（Princeton, NJ: Princeton University Press, 2009）.

48. 法伦的土地再也挖不出一粒矿石The mine officially ceased operations in 1992. “Stora Enso History,” Stora Enso website, http://81.209.16.116/WebRoot/503425/Taso2_content_siivottu.aspx? id=515562.

49. 它具有霍夫曼虚构小说中的暗示E.T.A. Hoffmann and R. J. Hollingdale, *Tales of Hoffmann: The Mines of Falun*（New York: Penguin Group, 1982）, 336-40.

50. 正如瑞典前财政部长帕尔·纳德指出的那样Par Nuder, interview with the author, 2010.

致　谢

埃里克·钦斯基（Eric Chinski）是一位世界级的优秀编辑，显然，我正需要这样一位编辑，却不知道自己有没有与拥有如此才能、智慧、机敏和无限耐心的人士合作的好运气。这种好运降临了，生活告诉我，要不假思索地接受。因这本书再次与他合作，为此我无比感激；我也无比感激他在 Farrar, Struas and Giroux 出版社以乔纳森·加拉西（Jonathan Galassi）为首的同事们，特别是杰夫·塞罗伊（Jeff Seroy）和他的团队以及加布里埃拉·杜布（Gabriella Doob），杜布在关键时刻用他深刻的幽默感给了我指导和鼓励。

要不是我的朋友兼代理人埃斯蒙德·哈姆斯沃思（Esmond Harmsworth），我也许不会结识埃里克、FSG 出版社的同僚以及其他出版界人士。之前我开始写书是他的主意，我能够实现这个终生的夙愿也是靠他的引导。我写的书越多，我欠他的债就越多，不过这是我们两个人都接受的一种商业模式，与其说它是一种交易关系，不如说是我在对他表示诚挚的谢意。

我还要感谢杰西卡·马修斯和卡耐基国际和平基金会（Carnegie Endowment for International Peace）的工作人员，他们在本书写作期间给予我大力支持。这么多年在卡耐基作一名访问学者是一项特权，这是我被吸收加入卡耐基以来 10 年间写的第 4 本书。

卡耐基为我提供了理想的工作环境、丰富的参考资料和出色的研究团队，我对本书所探讨的主题的兴趣则多半是受到了杰西卡本人思想的启发。我在正文中提到，她在《外交》杂志发表的文章“权力转移”是她在这个领域作出的重要贡献，对我来说，其重要性不亚于这些年来我有幸与她就相关话题进行过的交谈。她是卡耐基基金会的杰出会长，她把这个机构建设成了真正世界一流的智囊机构；她在培养团队忠诚敬业的同时，本人也是一位居于前沿的思想家。团队成员中，我要向当初带我进入卡耐基的朋友莫伊塞斯 · 奈姆（Moises Naim）致以诚挚的谢意，我感谢尤里 · 达杜什（Uri Dadush）对本书提出了中肯的意见，感谢保罗 · 巴拉兰（Paul Balaran），保罗是卡耐基的秘密武器，他游刃有余地主持着它的日常运行。

同样，我还要感谢伯纳德 · 施瓦茨（Bernard Schwartz），他慷慨的进言成就了我的这本书；感谢卡耐基的研究团队，他们为我过去几年的工作创造了条件。伯纳德是一位相当成功的有眼光的企业家，多年来他也为美国领导人提供明智的忠告。他见解深刻，人情味浓厚，勇敢无畏，他作为我的朋友而不是捐助人更让我心存感激。

这本书真正的幕后工作不是我做的，而是研究团队做的，他们使《权力组织》的写作成了一件我几乎不愿结束的美差。这些天赋很高、作为新星冉冉升起的年轻人当初参与这份工作，肯定是为了从中学到什么，或者为了加强已然十分了得的学术素养，但是，我要告诉他们的是，在这个项目执行期间，我从他们身上学到的东西远比他们可能无意中从我身上学到的东西多。

这个团队的领导者是克里斯 · 佐伊阿（Chris Zoia），他顽强地挺过了我们钻研古代历史的艰难时期，并且经常在我们共同开掘的矿脉中发现珍贵的金块。他给这个项目注入了幽默感、重压之下的优雅，体现出了他自己也许并未意识到的编辑天分和管理能力。他注定取得辉煌的成就，我有机会在过去几年里与他合作是莫大的荣幸。

项目进行期间，克里斯的几位同事工作效率极高，他们都对这本书作出了有形的贡献。其一是现为执业律师的乔纳森 · 罗斯（Jonathan Ross），他在从法学院毕业、尚未走上工作岗位之前来到我们身边，他是查资料的好手，并经常提出精辟的意见，引发活跃的讨论，在多个方面促进了这本书的写作。另一位是梅 · 萨班（May Saban），他不是一次，而是两次驻留，用巧妙的方法为项目提供了可靠的资料参考，他从不消沉的好心情也提振了大家的士气。希瑟 · 霍恩（Heather Horn）在担任项目的首席研究员期间也作出了重要贡献，特别是她在欧洲史领域造诣很深；罗宾 · 马克（Robyn Mak）也是，从瑞典史到亚洲崛起的经济体等，他的努力都功不可没。贾里德 · 米勒（Jared Miller）和苏珊 · 米勒（Susanne Mueller）也在参与项目的短暂期间提供了重要的研究论文和有益的视角，对此我十分感激。

艾利 · 佩奇（Elly Page）是我上一本书《超级阶层》的首席研究员，她也参与了这次的项目，坦白地说，没有她，这个项目不会达到现在的水平。她是一位诤友，目前也在从事律师职业；两次有机会与她共事，我感到十分骄傲，希望将来有更多类似的机会。

除了这个团队，还有一群朋友充当了我的顾问、密友和灵感来源，在本书写作期间起到了举足轻重的作用。关于企业、政府以及企业与政府的关系问题，我的商业伙伴杰弗里 · E. 加藤博士（Dr. Jeffrey E. Garten）遗忘的内容比我知晓的内容都多，我在克林顿政府时期与他共过事，我们合伙开了加藤罗 · 思科夫（Garten Rothkopf），最重要的是，我在数不清的早餐、午餐和晚餐会上与他闲聊、交谈、一起思考世界局势，从而得以窥探他的伟大思想何以往往比其他人领先一步，我对他的感激难以言表。是的，与他共事 20 多年是生活对我的意外垂青。

同样，我特别感谢以精明强干的克莱尔 · 凯西（Claire Casey）为首的加藤 · 罗思科夫公司的其他同事，感谢我们思特普特和约翰逊（Steptoe & Johnson）律师事务所的合伙人，特别是大使苏珊 · 埃瑟曼（Susan Esserman）、阿尔弗雷德 · 曼雷特（Alfred Mamlet）和不知疲倦的哈罗

德 · 弗雷利克（Harold Freilich，他也是我的网球伙伴，他体格健硕，内心充满爱心），感谢他们的支持。

过去几年我一直在为《外交政策》撰稿，每天给他们获过奖的网站写博客。我做这件事不是为了钱。我做这件事的主要理由是，我喜欢与伟大的编辑们共事，他们当中有《外交政策》今年取得成功的幕后功臣、才华出众的苏珊 · 格拉瑟（Susan Glasser），与流行文化格外步调一致的贝姬 · 弗兰克尔（Becky Frankel）。希尔达 · 奥乔亚—布里林伯格（Hilda Ochoa-Brillembourg）、玛丽 · 乔克西（Mary Choksi）、德布 · 博迪克（Deb Boedicker）和战略投资集团（Strategic Investment Group）的团队以及新兴市场管理（Emerging Market Management）的安托万 · 范阿托梅尔（Antoine van Agtmael）也都是可贵的朋友和同事，他们的思想促使形成了本书的主要观点。

在本书写作期间，还有一些朋友虽然不是每天与我打交道，却也为我出谋划策，付出了超过本分的努力为我提供指点和忠告。《纽约时报》的汤姆 · 弗里德曼是我多年来与之交流思想的密友，他对我澄清书中的几处重点议题助益匪浅。他的同事、另一位近 20 年的老友戴维 · 桑格（David Sanger）也为我出了不少主意，他的批评让我打消了许多不必要的顾虑。《纽约时报》三人组的最后一位同仁海伦妮 · 库珀（Helene Cooper）也是一位碰巧在该报任职的难得的朋友。我认识海伦妮的时间和认识另外两个人一样久，她也在我写作期间慷慨地与我分享了她的精妙思想与观点。《金融时报》（*Financial Times*）的专栏作家、优秀作家埃德 · 卢斯（Ed Luce）也许不得不多次与我探讨本书的写作事宜，他在每次谈话中都让我受益匪浅。表现出类似的慷慨并提出中肯的忠告和见地的还有（按字母顺序）：全球发展中心（Center for Global Development）的南希 · 伯索尔（Nancy Birdsall），新美国基金会（New America Foundation）的史蒂夫 · 克莱蒙斯（Steve Clemons），《大西洋月刊》的杰弗里 · 戈德堡（Jeffrey Goldberg），现任负责经济事务的副国务卿任、前高盛管理人员鲍勃 · 霍马茨（Bob Hormats），索纳康公司（Sonacon LLC.）的罗布·夏皮罗（Rob Shapiro），前国务院工作人员、现在回到普林斯顿的安妮–玛丽·斯劳特，巴纳德学院（Barmad College）的德博拉·斯帕尔（Debora Spar），明德学院（Middlebury College）的艾莉森·斯坦格（Allison Stanger）。我还应该感谢我的朋友菲利普·布伊农（Phillippe Bourguignon），他不仅建言献策，还让我在他位于亚利桑那州米拉佛度假村（Miraval Resort）的家里完成了本书重要章节的写作。

在这本书的前期准备和后期写作期间，我采访并与来自商界、政界和学术界的许多人谈过话。有些访谈是非正式或者充当背景知识的，我无法逐一枚举谁接受了我的采访，但我还是想要对他们表示感谢。此外，我必须澄清一点，本书表达的观点不一定代表我正式采访过的对象的观点。如果没有刘易斯·亚历山大（Lewis Alexander）、尼尔·艾伦（Neil Allen）、塞尔索·阿莫林（Celso Amorim）、查伦·巴申斯基（Charlene Barshefsky）、唐·贝尔（Don Baer）、桑迪·伯杰（Sandy Berger）、莱尔·布雷纳德（Lael Brainard）、L·保罗·布雷默、伊恩·布雷默、理查德·伯恩斯（Richard Burns）、科特·坎贝尔（Kurt Campbell）、史蒂夫·凯斯（Steve Case）、陈庆珠（Heng Chee Chan）大使、内尔森·坎宁安（Nelson Cunningham）、丹·迪米科（Dan DiMicco）、尼尔·弗格森（Niall Fergusson）、卡罗尔·格雷厄姆（Carol Graham）、侯赛因·哈卡尼（Hussain Haqqani）大使、弗雷德·霍克伯格（Fred Hochberg）、沃尔特·艾萨克森（Walter Isaacson）、约翰·朱迪斯（John Judis）、苏珊·莱文（Susan Levine）、戴维·利普顿（David Lipton）、麦克·麦克拉蒂（Mack McLarty）、路易斯·阿尔伯托·莫雷诺（Luis Alberto Moreno）、迈克尔·奥伦（Michael Oren）、安东尼奥·帕特里奥塔（Antonio Patriota）、卡伦·庞尼亚奇克（Karen Poniachik）、克莱德·普雷斯托维奇（Clyde Prestowitz）、迪伦·拉蒂根（Dylan Ratigan）、吉姆·罗杰斯（Jim Rogers）、弗朗西斯科·桑切斯（Francisco Sanchez）、戴维·桑达罗（David Sandalow）、罗杰·桑特（Roger Sant）、克劳斯·施瓦布（Klaus Schwab）、米拉·沙卡（Meera Shankar）、托马斯·沙农（Thomas Shannon）、萨尔曼·沙姆加特南（Tharman Shanmugarantnam）、约瑟夫·斯蒂格利茨、劳伦斯 · 萨默斯、朱利亚 · 斯韦格（Julia Sweig）、阿图罗 · 瓦伦苏埃拉（Arturo Valenzuela）、莫罗 · 维埃拉（Mauro Vieira）、蒂莫西 · 沃思（Timothy Wirth）和丹尼尔 · 耶金等人的坦诚对话和思想交流，这本书不可能完成。我还想特别感谢两个人，我成年以后的思想受到他们极大的影响，他们却在这本书的筹备期间去世。理查德 · 霍尔布鲁克（Richar Holbrooke）大使与前美国国会代表斯蒂芬 · 索拉茨（Stephen Solarz）是走在时代前列的国际思想家和领袖，我怀着钦佩、赞赏和爱戴之情铭记着他们。

当然，我最应该感谢的是我的家人。我的父母经常鼓励、劝说、督促、启发我写完这本书，我必须说明，父亲对这本书所倾注的特殊热情是我完成这本书的一大动力。事实再次证明我的母亲是一位出色的编辑，她不仅审阅了初稿，还让我在疏忽大意时一再想起她的叮嘱（过去 50 多年来几乎一直是这样）。

我的女儿乔安娜和劳拉不但是我做每件事情的动力，也是我有勇气从事创作的原因；我知道，不管这项活动结果如何，我都已经创造了两件伟大的作品。我知道，人人都认为自己的孩子是特别的，最好的。我的孩子真的很特别，大家都要知道这一点。

最后，我要特别感谢一个人，她值得我给予全部的感激：我的妻子。她的职业碰巧处在政府与商业的接合点。所以这本书主要是为她写的，我希望它不仅可以对她赖以安身立命的领域在一两个方面提出管中窥豹的见解，还可以确凿无疑地证明，与公众普遍的看法不同，她所从事的职业是世界第二古老的职业。她对这个项目从始至终给予了坚定不移的支持，这也是她自从我们在一起以后始终如一的做法。她是一个奇迹，是我的快乐源泉。对于她为我付出的一切，这本书也许能够有所回馈，也许能够帮助她应对生活中正在面临的重大挑战。是的，有时候她晚上睡眠不太好……

译后记

在许多西方经济学家看来，2008 年金融危机，以其来势之猛，蔓延之广，对世界经济的影响之深远，成了自 1930 年代大萧条以来最为严重的一次金融危机。即使多国央行多次向金融市场注入巨额资金，危机仍无法免于失控。它导致多家大型金融机构倒闭或者被政府接管，并直接引发了全球经济衰退，加速了欧洲主权债务危机的爆发。它暴露出美国政府对金融公司监管不力，曾经被认为一贯正确、无所不能的市场存在严重缺憾。危机的爆发震撼了西方政治经济学界，引发了政治经济学界广泛的反思。《权力组织》这本书就是从大公司与政府之间权力之争的角度做了思考和探讨。

该书作者戴维 · 罗特科普夫（David Rothkopf）生于 1955 年，他即担任过商界高管，对大公司与政府之间的权力博弈具有深刻的洞察。他曾于克林顿第一任期内担任负责国际贸易问题的商务部助理副部长和助理部长，后出任基辛格顾问公司（Kissinger Associates）总经理。如今他是位于华盛顿特区的加藤罗特科普夫国际顾问公司的总裁，专长于转型期的全球趋势研究，对能源、安全和新兴市场等全球问题保持着敏锐的视角。他还长期为《外交政策杂志》（*Fore Policy Magazine*）撰稿，并于 2012 年兼任了该杂志 CEO。他的著作《超级阶层：全球权力精英与他们正在创造的世界》（*Supeclass:The Global Power Elite and the Word They Are Making*）专门讨论了全球化时代一个新兴的权力阶层，正是本书第三部分“思考：构建新秩序”中讨论的公私权力博弈的一种全新现象。

在《权力组织》这本书中，作者追根溯源，用瑞典一家历史极其悠久的公司斯道拉的发展为贯穿全文的线索，追溯了公共和私人力量的组织形式的形成、较量以及二者的动态平衡过程，进而分析了靠市场机制解决经济和社会问题的理念在发展到哪一步时出了错，避免在当前时代迷失历史视角。

斯道拉号称是世界上经营至今的最古老公司，诞生于君权神授的时代。当时的瑞典国王马格努斯认识到，为了换取矿工的劳动，必须保护矿工的某些权益，他颁布特许状，允许他们享有私有财产权及其他一些自由权，由此揭开了私人权力生根发芽并不断争取更多权益的序幕。与此同时，教皇与世俗的皇帝作为公共领域的两支力量，不断发生冲突，留下许多令人荡气回肠的历史故事。它们两败俱伤的同时，第三等级发展成长起来。他们创立东印度公司等，不仅为国家创造收入，还在海外开疆拓土。这些公司对三十年战争之后欧洲地缘政治的重新部署发挥了举足轻重的作用，促成了《威斯特法利亚条约》体系的建立。商人和企业在重新排序的欧洲主权国家的地位开始上升，在国家事务中所起的作用也被平等对待。

随着法律逐渐取代神权和君权成为社会秩序的一种基础，公共和私人权力部门的天平继续调整。英国权利法案注重个人自由和财产权，并且建立一套复杂的司法体系来限制国家的权力。“财产权”这个专业名词开始引起了广泛的关注，它不是对财产的权利，而是财产本身的权利。作为“物”的公司很快享有个人刚刚才开始为自己主张的权利。这种现象在新的世界经济重心——美国尤为显著。美国独立后，进入公司大发展的时代，一批真正伟大的私营公司应运而生，它们促成了管理和企业融资的新形式，催生了新的竞争手段，企业与政府的关系进入了全新的阶段。

美国为公司赋予了许多特权。作者认为，美国在对待公司的法律地位问题上与英国分道扬镳的关键点在于以约翰·马歇尔法官的裁决为起点的一系列司法裁决。马歇尔给公司下了个久负盛名的定义："公司是一个看不见摸不着的拟制的人，只存在于法律思考当中。作为纯粹是法律的创造物，公司仅仅拥有授权设立公司的特许状所明确赋予的特性……这其中最重要的就是它的永久性；如果可以用这个词表达，还有它的个体性。被许多人永久继承的财产权可以被看做是相同的，可以像单个人那样行为。"按照这个定义，最高法院把越来越多的"个人"权利授予公司，终于使之被看做是具有"单独存在和独立权利"的"自然实体"，能够利用其经济力量达成明确的政治目的。在相当长的时期内，美国经济呈现出来的活力掩盖了这个定义存在的瑕疵。

此次金融危机敲响了一记警钟，它提醒人们，不受约束的资本主义具有自我毁灭的倾向，依靠市场、排斥政府的制度存在问题。危机也凸显了一个事实，私人权力的代表——公司作为市场机制下最为活跃的经济单位，从狭隘的自身利益出发，主要追逐经济利益，一旦它们介入到有关权利、影响力和机会等的社会契约，成为赋予其虚拟生命的国家的对手乃至凌驾于国家之上，将会严重地挑战乃至削弱公共部门的地位。欧美资本主义尤其是美国资本主义的发展，是私人权力不断扩大的结果，所以美国模式在金融危机中尤其饱受诟病。

作者指出，除了美国模式之外，目前还有多种资本主义与之展开竞争，从中国的"带有中国特色的资本主义"到印度和巴西的"民主发展的资本主义"，从北欧以强有力的公私结合为特点的资本主义到新加坡、以色列和阿联酋的新创业模式等。作者认为这些国家发展模式中的公共权力对私人力量的控制为美国模式提供了借鉴，中国等新兴市场国家的崛起正是由于在政府与大公司的博弈中，强大的政府力量起到了推动国家发展的作用。

《权力组织》一书对大公司与政府博弈的思考无疑具有启发性。欧美资本主义在发展过程中，处于有利地位的私人权力部门每每像老鹰一样盘旋在高空，时刻准备俯冲下来攫取普通公民的利益。作者在论及中国模式时显示出五味杂陈的复杂情绪，一方面认为，中国是全世界经济发展最有活力的国家，政府扮演了积极的角色；另一方面却认为，中国经济是野蛮生长，比如金融管理不善和缺乏透明度等。这些都呈现出认识中国模式的另一视角。

公司作为世界通行的经济组织形式，具有如有限责任、分权治理等法律结构，在传统中国“率土之滨，莫非王土”的情况下，赋予公司以抗衡国家的权力是不可想象的。传统的中国商人按照商业习惯和同业行会认定的规则经商，并没有西方受法律保护的私人财产权利。到了晚清，国门被西方国家的船坚炮利打开，公司制度作为强国的舶来品进入中国，于是产生了“官督商办”、“官商合办”等新型企业组织形式，掀起了第一次兴办公司的热潮。新中国成立后开始施行计划经济，探索公有制企业的发展模式，但由于取消私有产权和自由定价，严重遏制了经济的活力。政府在新时期启动改革开放，公司进入新一轮的蓬勃发展阶段，市场的活力再次被激发出来。

但是正如作者对中国的观察所得，目前，在中国，公共和私人力量的拉锯战正在社会的各个层面显现出来。改革开放以来，政府在经济中的作用显著收缩，即便这样，中国政府在经济中扮演的角色仍然远比其他主要经济体的政府更大。政府对国有公司干预过多，民营公司则远未平等地享受到政府提供的公共服务。

目前，大公司与政府之间的权力博弈仍在继续，新的世界秩序正在构建，何去何从惹人关注。大公司对全球性的问题麻木不仁，为了逐利为所欲为，无疑表现了市场失灵，但值得注意的是，市场失灵的背后往往伴随着政府失灵。完善的市场需要现代政府为社会提供公共产品和公共服务，包括健全的法制、社会保障以及经济监管等。如何健全代表公共权力的政府责任和驾驭代表私人权力的公司利益，平衡好政府与市场的力量，如何加强全球治理机制和公私合作机制，是世界各国也是中国经济发展面临的一个重要命题。